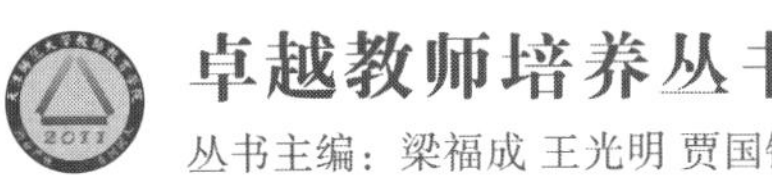

卓越教师培养丛书

丛书主编：梁福成 王光明 贾国锋

LISHI XUEKE ZHISHI
YU JIAOXUE NENGLI

历史学科知识与教学能力

（高中）

陈光裕 薛伟强 主编

北京师范大学出版集团
BEIJING NORMAL UNIVERSITY PUBLISHING GROUP
北京师范大学出版社

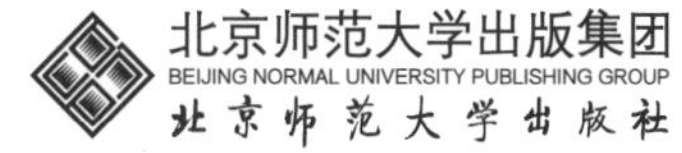

图书在版编目（CIP）数据

历史学科知识与教学能力：高中 / 陈光裕，薛伟强主编. —北京：北京师范大学出版社，2023.7
（卓越教师培养丛书）
ISBN 978-7-303-28731-4

Ⅰ.①历… Ⅱ.①陈… ②薛… Ⅲ.①中学历史课—教学法—高中—中学教师—资格考试—自学参考资料
Ⅳ.①G633.512

中国国家版本馆 CIP 数据核字（2023）第 018147 号

教 材 意 见 反 馈 **gaozhifk@bnupg.com 010-58805079**
营 销 中 心 电 话 010-58802135 58802786
北师大出版社教师教育分社微信公众号 京师教师教育

LISHI XUEKE ZHISHI YU JIAOXUE NENGLI：GAOZHONG
出版发行：北京师范大学出版社 www.bnup.com
北京市西城区新街口外大街 12-3 号
邮政编码：100088
印 刷：北京同文印刷有限责任公司
经 销：全国新华书店
开 本：787 mm×1092 mm 1/16
印 张：24.25
字 数：534 千字
版 次：2023 年 7 月第 1 版
印 次：2023 年 7 月第 1 次印刷
定 价：48.00 元

策划编辑：王剑虹 责任编辑：李春生
美术编辑：陈 涛 焦 丽 装帧设计：陈 涛 焦 丽
责任校对：丁念慈 责任印制：马 洁 赵 龙

编　委　会

主　编：陈光裕　薛伟强

副主编：何　睦　燕　慧

编　委：（以姓氏笔画为序）

许　军　李学敏　何　睦

张　宏　陈光裕　范英军

熊国荣　燕　慧　薛伟强

总　序

自从2010年教育部启动了“卓越工程师教育培养计划”之后，“卓越”一词越来越多地出现在各行各业的人才培养中，“卓越医生”“卓越法律人才”等一系列“卓越计划”也相继推出。2011年，教育部组织实施教师资格考试和定期注册试点，建立“国标、省考、县聘、校用”的教师准入和管理制度，师范类学生在毕业时不能直接获得教师资格证，都需要和非师范类学生及其他社会人员参加全国认证考试才能申请教师资格证。这项制度是《国家中长期教育改革和发展规划纲要（2010—2020年）》在加强教师队伍建设方面提出的重要举措，严把教师的入口关也是培养卓越教师的举措之一。师范类高校作为培养教师的摇篮，在“卓越计划”的大潮中亦应遵循“卓越计划”的战略设计，积极应对《中小学和幼儿园教师资格考试标准（试行）》，对现行教师教育培养目标和模式进行新的定位和规划。它不仅涉及学科专业本身，而且涉及教育理论与方法；不仅涉及教学内容的取舍和课程体系的构建，而且涉及教学思想和教育观念的更新。为此，天津师范大学成功申报“天津市普通高等学校本科教学质量与教学改革研究计划重点课题——卓越教师培养模式的创新与实践”。追求“卓越”是系统工程，而建设优质的教师教育课程教材是卓越教师培养中的关键环节。由此，2013年11月在天津召开了由天津师范大学、沈阳师范大学、韶关学院以及北京师范大学出版社参加的教师教育课程建设与教材编写研讨会。会议决定出版“卓越教师培养丛书”，由天津师范大学教师教育处负责具体统筹与协调工作。

这套丛书兼顾了《中小学和幼儿园教师资格考试标准（试行）》与《教师教育课程标准（试行）》的要求，遵循《中学教师专业标准（试行）》《小学教师专业标准（试行）》的理念，不仅对卓越教师应通识的教育学、教育心理学等基本知识做了更为深刻、全面的论述，而且对卓越教师的职业道德、德育、班级管理以及学科教学知识与教学能力提出了更为明确的界定和深刻的阐述。为增强教师的教育文化底蕴、丰富卓越教师在教育史方面的知识，丛书特别添加了中外教育史等知识。同时，为了提高卓越教师的科研能力，丛书又添加了教育科学研究方法的详细介绍和指导。对卓越教师的培养，丛书全方位构建了系统可行的教材体系。

“卓越教师培养丛书”汇集了多所师范大学的教育智慧，凝聚了北京师范大学出版社的编辑智慧，是不断完善、通力合作、协同创新的成果。本套丛书可作为修读本科教师教育课程的教材，也可作为教师资格证考试的参考资料。我相信，丛书的出版不仅会对广大职前教师理解卓越教师的精神实质、提高教育理论知识和解决教育教学问题等方面有很大的帮助，而且会对广大职前教师树立正确的教育理念、明确自身的发展有很好的启示，是教师职业养成与专业发展起航阶段的有益教学材料。

高玉葆

2015年于天津师范大学

前 言

为适应我国基础教育改革深入发展，促进我国基础教育教师专业化，推动我国基础教育事业发展，2011 年以来，教育部在部分省市试行教师资格认定的国家统一考试，后在全国各省区市陆续推广，这是提高教师队伍整体素质、促进教师专业化的重大战略举措。

2011 年以来，我国基础教育尤其是初高中学段的学科课程标准进行了较大调整，相应的教材也发生了很大变化，这给一线教学及资格认定考试均带来较大影响。为了适应这种变化，指导学生有效应对高中历史教师资格证考试，本书编委会深入理解《普通高中历史课程标准（2017 年版 2020 年修订）》的理念及要求，严格遵循教师资格认定考试大纲，认真研究近年考试真题，结合一线高中历史新课程实践，努力为考生编写更具科学性、针对性和适用性的参考资料。

本书依据新课程改革及教师资格认定考纲的要求，尝试建构适应未来中学历史教师专业发展的学科知识与能力体系。其中，前三个模块侧重于历史学科知识，依据《普通高中历史课程标准（2017 年版 2020 年修订）》的内容体系，结合最新的部编版必修及选择性必修教材，简明扼要地介绍了高中历史学科的主要知识内容，意在为考生提供一个既相对专业系统又容易上手把握的知识框架。后三个模块依次为高中历史课程理论与史学理论、高中历史教学设计与教学方法、高中历史学业评价与教学评价，侧重于历史教学知识与能力、理论与实践结合，尽量选用最新案例，意在提升考生对高中历史学科教学理念和教学实践的应用能力。

本书采用“模块—章—节”结构，除正文之外，每章还包含“本章要点”“学习目标”“课程导言”“拓展阅读”“本章小结”“关键术语”等形式多样的辅助栏目。为帮助考生理解和掌握重难点知识，根据需要，在正文中穿插设置“延伸阅读”“概念链接”等小栏目，有利于拓宽考生的知识和学术视野，提升考生的历史学科教学意识与能力。辅助栏目中，“课程导言”意在“激趣引思”；“关键术语”是考生应重点掌握和理解的基本概念；“拓展阅读”供学生理解正文，拓展视野；“本章要点”是对“学习目标”的强调和细化；“复习注意问题”简明扼要地指出了复习的重点和难点，容易出现的典型错误等；“本章小结”揭示了本章的重点内容及其内在联系；“实训练习”按照考试大纲精心编制了相关试题，其中有很多精选的近年国家统考试题，并附参考答案，意在帮助考生学用结合、提升应考能力。

本书编写团队包含高校教师、一线优秀教研员和骨干教师，多数具有丰富的高中历史教学经验和良好的历史试题命制能力。本书作者的分工如下：第一章，何睦（天津师范大学）；第二、三章，许军（天津市经济技术开发区第二中学）；第四章，范英军（天津市第四十一中学）；第五、六章，范英军（天津市第四十一中学）、孙明雯（天津市滨海新区塘沽第十三中学）、唐国佳（天津市第四十三中学）；第七章，樊百玉

（山西师范大学）；第八章，燕慧（山东师范大学）；第九章，王雅克（贵州师范大学）；第十章，陈光裕（天津师范大学）；第十一、十二章，熊国荣（天津市滨海新区教师发展中心）；第十三章，燕慧（山东师范大学）；第十四章，齐斌（天津市经济技术开发区第一中学）；第十五章，薛伟强（江苏师范大学）；第十六、十八章，张宏（天津市南开区教师发展中心）；第十七章，郑晓峰（天津市和平区教师发展中心）；第十九章，柏松（吉林师范大学）；第二十章，陈光裕（天津师范大学）；第二十一、二十三章，李学敏（天津市河北区教师发展中心）；第二十二章，胡红梅（天津市河东区教师发展中心）。全书由陈光裕、薛伟强统稿。

本书的编写借鉴和吸收了诸多专家学者的研究成果和宝贵经验，特此表示衷心感谢！编写过程中，编委会核心成员及编者们多次进行研讨、商议、修改和调整，付出了大量心血和汗水。在此，对参与本书编写的所有老师们致以深深的感谢！同时也感谢北京师范大学出版社编辑的辛勤劳动！

陈光裕　薛伟强

2021 年夏

目 录

模块一 中外历史纲要知识（中国历史）

模块二 中外历史纲要知识（世界历史）

模块三　中外历史专题知识（高中选择性必修）

模块四　高中历史课程理论与史学理论

模块五 高中历史教学设计与教学方法

模块六 高中历史学业评价与教学评价

模块一　中外历史纲要知识（中国历史）

第一章 中国古代史知识

【本章要点】

中国古代史自远古社会起，至清朝(鸦片战争以前)止，总体上叙述了三条历史线索。首先，以马克思主义唯物史观为指导，从生产力与生产关系、经济基础与上层建筑的辩证关系出发，介绍中国古代重要历史事件、历史人物和历史现象，叙述中国古代历史的发展变化和社会形态的演变过程。其次，贯穿中华民族多元一体的历史发展趋势。中国古代史的主流是诸多分散存在的民族单位经过接触、混杂、联结和交融，同时也有分裂和消亡，逐渐形成你中有我、我中有你又独具个性的多元统一体。在这个多元统一的格局中，华夏-汉民族是各民族凝聚的核心，扮演了将多元结合成一体的主角。最后，阐释中国文明在发生与演变中表现出来的精神特征。中国是一个有着辉煌文明的古老国度，在数千年的古代历史中，中华民族以不屈不挠的顽强意志和勇于探索的聪明才智，谱写了波澜壮阔的历史画卷，创造了同期世界历史上极其灿烂的物质文明与精神文明。

【学习目标】

1. 认识中华文明起源以及私有制、阶级和国家的产生。

2. 理解战国时期变法运动的必然性；了解老子、孔子学说和“百家争鸣”的局面及其意义。

3. 认识统一多民族封建国家的建立及巩固在中国历史上的重要意义；认识秦朝崩溃和两汉衰亡的原因。

4. 认识三国两晋南北朝至隋唐时期的制度创新、民族交融、区域开发及中外交流的历史意义，以及思想文化领域的新成就。

5. 认识两宋政治、经济、文化与社会等方面的新变化；认识北方少数民族政权在统一多民族封建国家发展中的重要作用。

6. 认识明清时期统一多民族国家版图奠定的重要意义；了解明清时期社会经济、思想文化的重要变化；认识明清时期中国社会面临的危机。

【课程导言】

中国古代历史是中国各族人民在漫长的历史和社会发展中共同创造的科学知识、价值观念的物化成果和精神成果的有机整体。它以独具特色的语言文字、浩如烟海的文化典籍、精彩纷呈的文学艺术、嘉惠世界的科技工艺、富含智慧的哲学宗教、系统中和的伦理道德彪炳于世，是世界历史上唯一延续至今而未曾发生断裂的古老悠久的文化类型。通过本章内容的学习，读者应了解和掌握唯物史观的基本观点，体会唯物史观的科学性，理解不同时空条件下历史的延续、变迁与发展，学习史料实证的基本方法，能够在此基础上对历史作出正确的解释；深化对中华民族多元一体发展趋势的认识，认同社会主义核心价值观和中华优秀传统文化。

一、从中华文明的起源到秦汉统一多民族封建国家的建立与巩固

(一)中华文明的起源与早期国家

1. 石器时代的古人类和文化遗存

原始社会因石器制作技术不同可分为旧石器时代和新石器时代。旧石器时代是指以打制的方法制作石器的时代，代表性遗址是位于周口店，距今约 70 万—20 万年的北京人遗址。

距今约 1 万年前，我国进入新石器时代。新石器时代是指以磨制的方法制作石器的时代。我国已发现的新石器时代文化遗存分布广泛，并逐渐朝着多元一体、中原核心的方向发展。距今约 7000—5000 年前，黄河中游地区进入仰韶文化时期，它的基本特征是彩绘陶器，以粟为主要栽培作物。大致同一时期，长江下游有河姆渡文化。河姆渡文化的居民种植水稻，并且掌握了养蚕缫丝技术。距今约 5000 年前，黄河流域的大汶口文化和仰韶文化被以黑陶为代表器物的龙山文化所替代。同时期还有北方辽河上游的红山文化和长江下游的良渚文化。

2. 从部落到国家

传说中居五帝之首的黄帝，是黄河中上游一带的部落首领。黄帝联合炎帝结成炎黄部落联盟，被后世共尊为华夏始祖。尧、舜时期实行禅让制更换部落首领之位。有夏氏部落的禹因治水有功，接受舜的禅让成为联盟首领。约公元前 2070 年，禹建立了我国最早的奴隶制国家——夏朝。禹死后，其子启继位，世袭制代替禅让制。河南偃师发现的二里头遗址，很有可能是夏文化的遗存。

3. 商和西周

约公元前 1600 年，黄河下游的商部落首领汤推翻了夏朝，建立商朝。商朝国家机构完善，国家管理实行内外服制度。殷墟出土了大批龟甲、兽骨，上面刻有文字——甲骨文。殷墟还出土了许多青铜器，造型雄奇，纹饰华丽。公元前 1046 年，周族首领周武王率众伐商，商被周取代。周定都于镐京，史称西周。

西周初年为稳定政治形势，实行分封制与宗法制。公元前 841 年，周厉王为政暴虐引发国人暴动。公元前 771 年，犬戎攻破镐京，周幽王死，西周灭亡。

概念链接

宗法制

宗法制是具有血缘关系的宗族组织内部的制度，严格实行嫡长子继承制，周王是大宗，诸侯是小宗。诸侯国内，诸侯是大宗，卿大夫是小宗。以此类推，层层区别，形成政权与族权的结合。《左传·桓公二年》记载：“天子建国，诸侯立家，卿置侧室，

大夫有贰宗，士有隶子弟，庶人工商各有分亲，皆有等衰。”这是分封制与宗法制的结合。

商和西周是我国奴隶制社会经济发展并走向繁荣的时期，井田制是这一时期的土地经营的基本方式；青铜铸造是手工业生产中的主要部门；绢帛已成为商周贵族普遍使用的衣料。

(二)诸侯纷争与变法运动

1. 列国纷争与华夏认同

公元前770年，周平王迁都洛邑，史称“东周”。东周分为春秋和战国两个阶段。春秋时期，一些大的诸侯国扩张势力，齐国、晋国、楚国、吴国与越国等先后建立了霸权。春秋后期到战国前期，经过长期纷争，许多中小诸侯国消失，形成了齐、楚、燕、韩、赵、魏、秦七个大国，史称“战国七雄”。春秋时期，因社会发展比相邻的戎狄蛮夷先进，不但中原各国自称华夏，周边民族也产生了华夏认同观念。进入战国之后，内迁的戎狄蛮夷逐渐融入华夏族。

概念链接

华夏

唐朝孔颖达在《春秋左传正义·定公十年》中说：“中国有礼仪之大，故称夏；有服章之美，谓之华。”“华夏”连称，本义指衣冠华美又重礼仪。华夏作为族群、文化实体、国家政权，在春秋战国时被周边民族所认同。各族同源共祖的观念滋生发展。

2. 经济发展与变法运动

春秋战国时期，铁制农具广泛使用，牛耕也得到推广。各国纷纷兴建水利灌溉工程，如都江堰、郑国渠等。农业进步推动社会分工，促进了工商业的繁荣。战国时期，手工业分工更加细密，货币流通广泛，各地涌现出一批中心城市。

战国时期，各大国纷纷实行变法，以求富国强兵。通过变法，先后建立了代表封建地主阶级利益的官僚制中央集权国家。其中，变法收效最大的是秦国。公元前356年，商鞅在秦孝公支持下开始变法，主要内容包括：重农抑商，奖励耕织；奖励军功，剥夺和限制贵族特权；强制大家庭拆散为个体小家庭，推动土地私有制发展；在民间实行什伍连坐，互相纠察告发；行政管理上推行县制，主要官员由君主任免等。商鞅变法为秦统一奠定了基础。

3. 从孔子、老子到百家争鸣

孔子是儒家学派的创始人，其核心思想是“仁”，并继而主张推行“仁政”，以德治国。孔子在教育方面成就显著，他以“有教无类”的思想办学，打破了过去贵族阶层垄断文化教育的局面，推动了私学的发展。他的主要思想和言论记载在由弟子及再传弟子整理成书的《论语》当中。

老子是道家学派创始人，其思想包含着朴素的辩证法。他将天地万物的本原归结为抽象的“道”，认为人们应顺应自然。因此，他在政治上主张“无为而治”，甚至退回到小国寡民的时代。这些观点见于《老子》(又名《道德经》)一书。

战国时期，旧的贵族等级体系开始瓦解，新兴的士阶层崛起。士人从各自代表的阶级、阶层集团利益出发，分别提出对政治、社会乃至宇宙万物的看法，形成众多学说、学派百家争鸣的思想文化繁荣局面。其中，儒家代表人物是孟子和荀子，道家代表人物是庄子。新出现的重要派别有墨家、法家等。墨家代表下层平民利益；法家主张以法治国、君主独裁，反映了中央集权君主专制的政治思想。

(三)秦统一多民族封建国家的建立

1. 秦的统一

公元前 221 年，秦国灭掉东方六国，定都咸阳，建立我国历史上第一个统一的多民族封建国家——秦朝。随后，秦朝又征服了南方越族地区，加强了对云贵一带西南夷的控制，并击退了北方游牧民族匈奴的进攻，修筑了西起临洮、东至辽东的万里长城，奠定了此后历代疆域的基本版图。

秦朝采取了一系列巩固君主专制中央集权的统治措施。确立皇帝制度，嬴政自称“始皇帝”，史称秦始皇。皇帝之下由三公九卿组成中央政府，负责管理全国的政务。在地方彻底废除分封制，设立郡、县两级行政机构，其主要官员由中央任免和考核。此外，秦朝还大规模推行巩固统一的措施，如统一车轨、文字、货币和度量衡，颁行法律，编制户籍等。秦朝确立的这套政治体制被以后的王朝长期沿用。

2. 秦朝的暴政

秦始皇完成统一后，穷奢极欲，大兴土木，徭役、兵役繁重，如修长城、阿房宫、陵墓等；加上秦法刑罚严苛，社会阶级矛盾严重激化。为了钳制思想，秦始皇接受李斯的建议“焚书坑儒”，在中国历史上产生了十分恶劣的影响。公元前 210 年，秦始皇在巡行途中死去，秦二世残忍昏庸，致使阶级矛盾和统治阶级内部矛盾激化，最终导致秦末农民起义的爆发。

3. 秦末农民起义与秦朝的速亡

公元前 209 年，陈胜、吴广在大泽乡发动起义，陈胜自立为王，建立张楚政权。陈胜、吴广起义虽然不久便告失败，但项羽、刘邦等领导的反秦势力日益壮大。公元前 207 年，刘邦的军队进入咸阳，秦王子婴投降。秦朝灭亡后，项羽和刘邦展开了长达 4 年的楚汉战争，最终项羽被刘邦击败。

(四)西汉与东汉——大一统国家的巩固

1. 西汉的建立与文景之治

公元前 202 年，刘邦建立汉朝，定都长安，史称西汉，刘邦为汉高祖。汉初，汉高祖及其后继者吸取秦朝速亡的教训，奉行黄老无为思想，采取“与民休息”政策，减轻赋税、徭役和刑罚，提倡节俭。至汉文帝、汉景帝时期，政治清明，经济得到恢复，社会稳定，史称“文景之治”。

延伸阅读

汉初的分封

西汉初年的各种制度基本沿袭秦代，史称“汉承秦制”。只有地方行政制度采取郡县与分封并行体制。刘邦在将异姓诸侯王逐渐剪除后，“惩戒亡秦孤立之败”，又陆续分封了一批同姓诸侯王。这些诸侯王领地一度占据汉朝疆域半壁，给国家的统一和稳定埋下了隐患。汉景帝在位时，削减诸侯封地，曾引发了吴楚等七国叛乱。但叛乱不得人心，3 个月内即被平定。

2. 西汉的强盛

汉武帝时期，大一统国家得以巩固，对内加强中央集权。政治上，颁布“推恩令”，要求诸侯王将封地再行分封给子弟；加强皇权，削弱丞相权力，设立直接听命于皇帝的中朝；建立以察举制为代表的新的官吏选拔制度；将全国划分为 13 个州部，分设刺史；加强地方治理，严厉镇压豪强、游侠等社会势力。经济上，改革币制，将铸币权收归中央；实行盐铁官营；推行均输平准，国家介入并经营商业贸易，增加收入，平抑物价；抑制工商业者。思想上，接受卫绾、董仲舒的建议，确立儒学独尊地位。此后，儒学成为我国封建社会主流意识形态。

概念链接

大一统

“大一统”一词始见于《公羊传·隐公元年》：“何言乎王正月，大一统也。”大一统的“大”是动词“尊大”，“一”是元，“统”是始，“一统”就是元始。元始是包括政治社会在内的万物本体，“一统”的本义是指政治社会自下而上地归依于一个形而上的本体，而不是自上而下地以一个最高权力为中心来进行政治范围的集中统一。董仲舒对此进一步发挥，《汉书·董仲舒传》谓：“《春秋》大一统者，天地之常经，古今之通谊也。”并以此作为自己主张“罢黜百家，独尊儒术”之理论依据。中国的大一统思想由来已久，先秦儒道墨法等各派思想中都潜藏着大一统的身影。

汉武帝还积极开拓疆域，任用卫青、霍去病为将，经过 3 次对匈奴的战争，夺取了阴山以南和河西走廊的大片区域，在河西走廊设立酒泉、武威、张掖、敦煌四郡。为配合对匈奴的战争，汉武帝遣张骞两次出使西域，开辟了中西交通道路，即“丝绸之路”，大大促进了西域与中原的政治、经济、文化联系。

3. 东汉的兴衰

公元 9 年，外戚王莽夺取皇位，改国号为新，西汉灭亡。王莽在位期间，实行了一系列改革，但不仅没有挽救社会危机，反而激化了社会矛盾，绿林、赤眉起义爆发，推翻了王莽政权。公元 25 年，西汉宗室刘秀在地主豪强支持下在洛阳称帝，史称汉光武帝，逐步消灭了农民起义军和地方割据势力，建立起大一统的东汉政权。光武帝在位期间，吸取西汉后期的教训，加强中央集权，注重发展经济、恢复生产，社会出现了比较安定的局面，史称“光武中兴”。

东汉中期以后，皇帝几乎都是幼年即位，因而出现外戚、宦官轮流把持朝政的局面，政治腐败不堪。豪强地主势力发展迅速，各地土地兼并严重，阶级矛盾日益尖锐。184 年，黄巾起义爆发，虽然遭到镇压，但此后出现地方官僚拥兵自重、军阀割据局面，东汉政权名存实亡。

4. 两汉的文化

《史记》与《汉书》是两汉史学代表性成就，汉赋和乐府诗则为文学的代表。医学和科技取得新成就：《黄帝内经》奠定了中医理论的基础，《神农本草经》是中国古代第一部药物学专著；《九章算术》在代数和几何学上贡献突出；东汉宦官蔡伦改进造纸术，此后纸成为主要书写材料，为中国和世界文化的传播发展作出了重大贡献。

二、三国两晋南北朝的民族交融与隋唐统一多民族封建国家的发展

(一)三国两晋南北朝的政权更迭与民族交融

1. 三国与西晋

东汉末年，曹操、刘备、孙权三大军事集团渐成鼎足之势。220 年，曹操之子曹丕称帝，定都洛阳，国号魏，东汉灭亡。221 年，刘备在成都称帝，仍以汉为国号，史称蜀汉。222 年，孙权称王，国号吴，定都建业，三国鼎立局面形成。263 年，曹魏权臣司马昭发兵灭蜀。266 年，司马昭之子司马炎代魏称帝，国号晋，史称西晋。280 年，西晋灭吴，完成统一。

自东汉以来，西、北边陲的一些少数民族不断向内地迁徙。西晋时期，内迁的少数民族主要有匈奴、羯、氐、羌和活动在长城边缘的鲜卑。316 年，西晋被内迁的匈奴首领刘渊所灭。自此，中国历史进入了一个比较长的政权分立时期。

2. 东晋与南朝

317 年，司马睿在建康重建晋朝，史称东晋。逃到南方的几家高门士族先后执掌朝政，成为东晋政权的主要支柱。420 年，东晋武将刘裕夺取皇位，改国号为宋。此后 170 年间，南方先后经历了宋、齐、梁、陈四个王朝，均定都建康，史称南朝。

概念链接

士族

自三国、西晋以来，一些声名显赫的士大夫家族世代把持官位，享受政治、经济等方面特权，形成一个特殊的社会阶层，称为“士族”。

西晋末年起，北方人民为躲避战乱，大批流亡南下，带来了先进的生产工具和技术，也充实了劳动力资源。东晋南朝时期，南方土地大量开垦，农作物品种增加、产量提高。手工业方面，纺织、矿冶、陶瓷、造船、造纸等行业都有明显进步。

3. 十六国与北朝

东晋统治时期，北方先后出现 15 个割据政权，加上西南地区的成汉，合称“十六国”。它们都采取中原模式的国号、年号，其中的少数民族政权还学习汉族的典章制度。4 世纪下半叶，氐族建立的前秦一度统一北方，但在随后与东晋进行的淝水之战中大败，北方再次陷入分裂割据状态。

4 世纪末，鲜卑拓跋部建立的北魏崛起。魏孝文帝拓跋宏顺应历史发展的潮流，大力推进民族交融，主要措施包括：迁都洛阳；规定官员在朝廷中必须使用汉语，禁用鲜卑语；以汉服代替鲜卑服；改鲜卑姓为汉姓；鼓励鲜卑贵族与汉族高门士族联姻；采用两汉、曹魏的官制、法律等。孝文帝的改革顺应了北方民族交往交流交融的历史趋势，大大缓解了民族矛盾，促进了北魏的经济发展和社会繁荣，为以后北方统一南方以及隋唐盛世的出现打下了基础。

6 世纪前期，北魏发生动乱，分裂为西魏和东魏，后又被北周和北齐取代，上述五个王朝合称北朝。

(二)从隋唐盛世到五代十国

1. 隋朝兴亡

581 年，北周外戚杨坚代周称帝，建立隋朝，定都长安。589 年，隋灭陈，统一南北。隋朝的统一结束了南北近 300 年的分裂局面。杨坚死后，其次子杨广即位，即隋炀帝。隋炀帝大兴土木，兴建洛阳城、开通大运河。大运河贯通南北，对巩固统一、促进南北经济交流以及运河沿岸城市发展起到重要作用，但严重透支民力，使生产遭到严重破坏。加上 3 次征伐高丽，民不聊生，最终引发大规模起义。618 年，隋炀帝被部将杀死，隋朝灭亡。

2. 唐朝的繁荣与民族交融

唐太宗李世民在位期间，吸取隋亡的历史经验教训，重视民力，采取了以农为本、厉行节约、休养生息、文教复兴、完善科举制度等政策；政治上则广开言路、虚心纳谏，重用魏徵等诤臣，使社会上下出现了安定的局面。当时年号为“贞观”(627—649 年)，故史称“贞观之治”。

唐太宗之子唐高宗在位时，皇后武则天参与朝政。高宗死后不久，她废唐称帝，改国号为周。武则天成为中国历史上唯一的女皇帝。在她当权期间，社会经济持续发展。武周政权结束后不久，唐高宗之孙李隆基即位，是为唐玄宗，将唐朝统治推向历史上的全盛时期，史称“开元盛世”。

唐朝时，周边各族迅速发展。唐太宗时期，大败东突厥，俘获其首领颉利可汗，并征服依附西突厥的高昌，设置安西都护府。唐高宗在位时，灭亡西突厥。后来武则天在位时，又设置北庭都护府，与安西都护府分治天山南北。

7世纪前期，唐太宗令宗室女文成公主与吐蕃赞普松赞干布和亲，唐蕃和亲促进了汉藏的友好关系和经济文化交流。唐玄宗时期，封东北的靺鞨族首领大祚荣为渤海郡王。

3. 安史之乱、黄巢起义和五代十国

755年，安禄山、史思明发动叛乱，史称“安史之乱”。这场内乱于763年被平定，但是成为唐朝由盛转衰的转折点。安史之乱期间和之后，唐朝陆续增设节度使。节度使名义上是唐朝的藩镇，但有些藩镇独立性极强，实为割据势力。唐朝后期，宦官专权和朋党之争加剧，进一步削弱了唐朝的统治。唐末，黄巢领导的农民起义一度攻占长安。907年，朱温废唐称帝，国号梁，史称后梁，唐朝灭亡。此后50多年间，黄河流域先后经历了后梁、后唐、后晋、后汉、后周五个朝代，史称“五代”；南方各地先后出现吴越、南唐等9个割据政权，连同五代末期在山西建立的北汉，史称“十国”。五代十国后期，后周实力逐渐增强，为后来北宋结束五代十国分裂局面奠定了基础。

(三)隋唐制度的变化和创新

1. 选官制度

隋朝废除了曹魏以来的九品中正制，同时把汉代察举制中的考试因素加以强化，科举制度开始形成。科举制使一批出身社会中下层的读书人通过相对公平的考试参与政权，扩大了统治的基础，提高了官员的文化素质，加强了中央集权。

2. 三省六部制

隋文帝时，中央正式确立了三省六部制。三省职权分工明确，又互相制约：中书省负责草拟皇帝的诏令，门下省负责审核诏令，尚书省负责执行。下设吏、户、礼、兵、刑、工六部，分工处理各项具体政务。三省长官共议国是，执宰相之职。三省六部制的确立和完备，是中国官制史上的重大变革。此后，历朝基本上沿袭这种制度。

3. 赋税制度

汉代的赋税有不同种类，田租比较轻，人口税和更赋很重。魏晋时期，开始实行租调制，按户征收粮和绢帛。唐初的租庸调制规定了农民负担的上限，以庸代役，保证农民有较充分的生产时间，政府的赋税收入也有了保障。安史之乱后，在籍户口大幅减少，政府财政收入锐减。为了解决财政困难，唐德宗于780年实行两税法，改变了自战国以来以人丁为主的赋税制度，减轻了政府对农民的人身控制。

(四)三国至隋唐的文化

1. 儒学、道教与佛教的发展

魏晋南北朝时，中国的本土宗教道教在民间广为传播；外来宗教佛教在中国盛行，同时吸收了儒、道的思想，渐趋本土化；作为主流统治思想的儒学，自身也开始吸收佛教和道教的精神。隋朝时期，儒学家提出儒、佛、道“三教合归儒”，主张以儒学为主，调和并吸收佛教、道教的理论。唐朝统治者奉老子为祖先，道教最受尊崇。武则天在位时，佛教在社会上也有很大发展，形成不同宗派。其中禅宗修行比较简便，易

于传播，对后世影响最大。佛教和道教的发展导致儒学的正统地位受到挑战，唐中期韩愈率先提出复兴儒学，用儒家的天命论和封建纲常来反对佛教的观点，以巩固儒学主流思想的统治地位。

2. 文学艺术

东汉末年开始，先后出现了以曹操父子为代表的建安文学、东晋陶渊明的田园诗、南朝骈文、南北朝民歌等风格各异的文学形式和流派。唐朝时，诗歌创作进入黄金时代，李白和杜甫的诗作代表了唐诗的最高成就，他们分别被誉为“诗仙”和“诗圣”。

书法在东汉末年成为一种艺术。魏晋南北朝时期，隶书、草书、行书和楷书等各种书体均已完备。东晋大书法家王羲之世称“书圣”，隋唐时期的书法艺术中以颜真卿的颜体和柳公权的柳体最为有名。

东晋开始出现以顾恺之为代表的专职画家，《女史箴图》和《洛神赋图》是其代表作。隋唐绘画题材广泛，唐朝的吴道子被尊为“画圣”。

魏晋至隋唐时期，因佛教广泛传播而修造石窟，如山西大同云冈石窟、河南洛阳龙门石窟、甘肃敦煌莫高窟等。

3. 科技

南朝祖冲之将圆周率精确到小数点后 7 位，北朝贾思勰著述的《齐民要术》是中国现存最早的一部完整的农书。西晋地图学家裴秀绘制出《禹贡地域图》，并提出绘制地图的方法。

唐朝已经有了雕版印刷的佛经、日历和书籍，唐中期的书籍记载了火药的配方。唐朝天文学家僧一行测算出了地球子午线长度；医药学家孙思邈完成医学名著《千金方》，全面总结了历代和当时的医药学成果。唐高宗时编修的《唐本草》，是世界上最早的由国家颁行的药典。

4. 中外文化交流

从东汉到南北朝，陆续有中亚、天竺的高僧来华，将大批佛经翻译成汉文。东晋的法显从长安出发，经西域至天竺，收集了大批梵文经典。唐朝的高僧玄奘，在贞观初年西行前往天竺取经。中国佛教的发展也影响到周边国家。鉴真六次东渡，最终抵达日本，传授佛法。日本、新罗等国常常派学问僧来长安求法，如日本的空海等。

唐都长安是当时的国际大都会。新罗、日本两国文化都受到唐朝的巨大影响，它们向唐朝派了许多使节和留学生。唐朝后期，不少经海路来华的西亚商人在广州、泉州等南方港口城市定居。

三、辽宋夏金多民族政权的并立与元朝的统一

(一)两宋的政治和军事

1. 宋初中央集权的加强

北宋建立后，统治者鉴于唐后期军阀割据、政局动荡的局面，有针对性地采取了

加强中央集权的措施，包括：中央派文官出任地方各州的长官知州，设诸路转运司统管地方财政，将地方精锐部队编入禁军，这三项措施用以加强对地方的控制；在中央设枢密院、三司、副相以分散宰相权力，在地方设“四监司”和通判以与知州互相制约；实行崇文抑武、由文官担任枢密院长官、扩大科举、提倡文治的方针，以抑制武将势力膨胀。

宋初加强中央集权的积极影响在于有效地预防了内部动乱，巩固了国家的统一和安定，达到了强化中央集权的目的；消极影响在于制度束缚过死、权力分割过细，影响了行政效率，助长了因循守旧的政治风气。

2. 边防压力与财政危机

北宋的边防压力与财政危机可以分为两大部分：一是北宋与辽、西夏的战争的结果；二是北宋政府内部的原因。

辽在北宋建立之前就占领了燕云十六州，北宋统一后的两次试图夺回燕云十六州的北伐都以惨败告终，最终与辽通过订立“澶渊之盟”勉强获得了北部边防的安定，北宋每年给辽一笔财物，即“岁币”；北宋与西夏的战争也是屡战屡败，双方最终达成协定，西夏向北宋称臣，北宋每年送给西夏财物，即“岁赐”。

北宋军队是通过招募组建的，多而不精，管理混乱，战斗力低下，但却不断扩编，导致军费开支占到国家财政开支的大半。此外，北宋政府机构设置重叠，致使官僚队伍不断膨胀，养兵和养官成为朝廷的沉重负担，财政状况日益恶化。

延伸阅读

北宋募兵政策的弊端

通过普遍招募方式组建军队的做法开始于唐玄宗时期。北宋统治者将募兵发展为一种有意识的“养兵”政策，希望通过广泛募兵达到稳定社会治安、消除动乱因素的目的，即所谓“不收为兵，则恐为盗”。但募兵过滥致使军队数量不断增加，累增至120余万，军费随之恶性膨胀，成为财政支出的大宗。北宋中期，有人说：“天下六分之物，五分养兵。”

3. 王安石变法

宋仁宗在位时，大臣范仲淹虽然曾经发起以整顿官僚机构为宗旨的“庆历新政”改革，但终因触犯了官僚集团的利益而失败，使北宋的政治形势更加严峻。

王安石于1069年在宋神宗的支持下实行变法，基本原则是加强国家对农业、商业、军事、科举、教育等诸多领域的管理和控制，达到富国强兵的目的。在富国方面，力图在调控经济的同时开辟财源，由官府向农民提供农业贷款，拨巨资从事商业经营；在强兵方面，对农民进行编制管理和军事训练，希望恢复“兵农合一”的征兵制，取代募兵制。

王安石的变法有利有弊，虽然增加了财政收入，但在执行过程中，一些措施加重了人民的负担。随着与西夏战争的再次失败，统治集团内部的分裂日益严重，北宋逐

渐走向衰亡。

4. 南宋的偏安

1127 年，北宋被东北女真族建立的金朝攻灭，宋高宗即帝位后退保南方，是为南宋。在与金军对抗初期，南宋涌现了以岳飞指挥的“岳家军”为代表的几支较有战斗力的部队，但宋高宗和宰相秦桧却秉承崇文抑武国策，视岳飞等拥有兵权的武将为心腹之患，将岳飞逮捕杀害，主动向金求和，于 1141 年与金订立“绍兴和议”，对金称臣，每年向金朝缴纳一笔财物，即“岁贡”。

南宋统治稳定后，将都城定在临安，此后又与金发生了几次战争，地位稍有上升，不再向金称臣，继续维持南北对峙的局面。

(二)辽、夏、金、元的统治

1. 辽与西夏

916 年，契丹族首领耶律阿保机建立契丹国，定都上京，后改国号为辽。辽分别设置了负责管理汉人地区事务的南面官和负责管理契丹等游牧民族事务的北面官，皇帝和宫廷仍然保持草原习俗，迁徙中的行营成为国家政治中心。

1038 年，党项族首领元昊脱离宋朝称帝，定都兴庆府，其制度基本模仿北宋。北宋灭亡后，西夏向金朝称臣，仍然保持事实上的独立。

2. 金朝入主中原

1115 年，女真族首领完颜阿骨打建立金朝，定都会宁府，也称上京。1125 年灭辽、1127 年灭北宋后，金与南宋逐渐形成对峙局面。1153 年迁都燕京，改燕京为中都。

金朝基本沿袭唐宋制度，同时保留了女真族的“猛安谋克”管理系统。凡女真民户，每 300 户编为一谋克，每 10 谋克编为一猛安。他们大批迁入中原，在汉族村落之间筑寨居住，平时耕作，战时选拔丁壮出征。

3. 从蒙古崛起到元朝统一

1206 年，漠北蒙古部首领铁木真统一草原各部，建立蒙古汗国，被尊为“成吉思汗”。此后半个世纪，蒙古汗国持续扩张，先后灭掉西辽、西夏和金朝，招降吐蕃诸部，兼并云南的大理政权，还远征到中亚、西亚和东欧地区。

1260 年，成吉思汗的孙子忽必烈即位，将统治重心从漠北转移到汉地，1271 年定国号为“大元”，忽必烈为元世祖。此后蒙古在西方的统治区脱离元朝独自发展，形成了四大汗国，名义上仍将元朝尊为宗主国。1276 年，元军占领南宋都城临安。1279 年元军击败南宋余部，完成统一。

为了巩固统一，元朝采取了一系列措施，包括：修筑驿道，设立驿站和急递铺；实行行省制度；设直属中央政府的宣政院管理吐蕃地区；设北庭都元帅府、宣慰司等管理西域军政事务；设澎湖巡检司管理台湾。

延伸阅读

元朝对边疆的成功统治

元朝不仅版图辽阔，而且对边疆地区实施了长时间和比较稳定的统治，这是前代大一统王朝没有做到的。《元史·地理志》总结道："盖岭北、辽阳与甘肃、四川、云南、湖广之边，唐所谓羁縻之州，往往在是，今皆赋役之，比于内地。"汉唐王朝的辽阔疆域维持时间都不是很长，对内陆边疆地区往往是通过册封和朝贡实施控制，很不稳定。元朝的辽阔疆域则与王朝统治相始终，边疆管理也更多地呈现出与内地一体化的趋向。

4. 元朝的民族关系

蒙古族和回族，基本上是在元朝形成的。蒙古统治者为了保障自己的统治利益，推行民族歧视和压迫的"四等人制"，四等人依次为蒙古人、色目人、汉人、南人。元朝灭亡后，一部分蒙古宫廷贵族退回草原，大批留居内地的蒙古人、色目人等与汉族等杂居相处。

(三)辽宋夏金元的经济与社会

1. 农业和手工业的发展

宋朝时期，一年两熟的稻麦复种制在南方已经普及，有些地方还可以一年三熟，提高了粮食产量；户口的增长是农业发展的一个重要指标，北宋末年人口达到1亿多。此外，在辽夏金元统治下的边疆地区也得到进一步开发。作为经济作物的棉花在内地种植始于宋朝，推广于元朝，带动了棉纺织业的发展。

宋朝制瓷技术不断改进，出现了五大名窑——汝窑、官窑、定窑、哥窑、钧窑；元朝出现了新型彩绘瓷器青花瓷和釉里红。宋元时期，瓷器大量出口海外，成为继丝绸之后中华文明新的物质象征。

北宋时期，煤的开采量很大，都城东京的居民普遍使用煤作燃料，大大提高了金属冶炼的产量和质量；印刷业的迅速发展有力地推动了文化的普及，进一步带动了造纸业的发展。

2. 商业和城市的繁荣

宋朝是中国古代商品经济发展的一个高峰。北宋钱币铸造量远高于唐朝，并且出现了最早的纸币——交子。元朝时，纸币在全国范围内作为主币发行，推动了商业的发展。宋与辽夏金之间的经济往来十分密切，不仅官方设置榷场进行互市交易，民间贸易也相当活跃。宋元海外贸易也非常繁荣，外贸税收成为两朝国库的重要财源。大型远洋海船装载丝织品、瓷器等，远销亚非许多国家和地区，主要的外贸港口有广州、泉州、明州。北宋东京和南宋临安人口多时均超百万，市场活跃，交易频繁，娱乐活动丰富多彩。元大都是当时北方最大的经济中心和商品集散地。

3. 经济重心南移

北宋时期在经济上对南方依赖明显，户口分布南多北少的格局也已经定型；北宋灭亡后，大批中原人口为了躲避战乱南渡，带去了充足的劳动力、先进的生产工具和生产技术，进一步奠定了南方的经济重心地位。在这一时期，长江下游流域和太湖一带成为全国最重要的粮仓。到了元朝，南北经济差距继续扩大，全国大部分人口和税收集中在江南。为了方便财赋北运，元朝重新开通了大运河，并且改变了隋唐时期迂回曲折的路线，缩短了南北交流的航程。元朝还开辟了长途海运航线，主要任务也是运输江南的粮食。

4. 社会的变化

宋朝时，由于科举制的完善，大批平民出身的士人进入政坛，甚至有不少人官居高位，给政治增添了活力。门第观念的衰落还表现在当时的婚姻观念开始以当下政治、经济为重，而不再关心祖先名望。

国家对社会的控制在宋朝有比较明显的松解，主要表现为土地买卖、典当基本不受政府干预，官府对于百姓迁移住所、更换职业以及日常生活标准的限制比前代更为松弛。人身不完全自由的贱民阶层数量在宋朝也显著减少。

（四）辽宋夏金元的文化

1. 儒学的复兴

从三国到五代，儒家学说日益僵化，社会影响总体来说不及佛教和道教。从北宋中期起，一批学者掀起了儒学复兴运动，目的是希望充分发挥儒学在强化社会伦理道德秩序、树立基本价值观方面的作用。其中，被称为理学的学派影响逐渐增大，这一学派也被称为“程朱理学”，代表人物主要是北宋的程颢、程颐兄弟和南宋的朱熹。从南宋后期起，程朱理学受到官方尊崇，在历史上产生了深远影响。

2. 文学艺术

词是在唐朝后期出现、在宋朝进入鼎盛的一种新诗体，士大夫的著名词作在社会上广泛流传，代表人物主要有豪放派的苏轼、辛弃疾和婉约派的柳永、李清照。

元朝时期文学的主要成就是曲，包括散曲和杂剧。散曲适应了元朝时期市民阶层的扩大。杂剧不仅具有文学价值，作为舞台艺术也取得很高成就，标志着我国古代戏曲艺术的成熟，代表剧作家有关汉卿、王实甫等。

此外，宋元时期城市中说书演出非常盛行，说书底本称为话本，实际上就是早期的白话小说。这一时期书法名家辈出，与唐朝相比更加追求个性，不拘法度。绘画成就以山水画最为突出，不强调写实，注重意境和笔墨情趣，花鸟画、人物画水平也很高。

3. 科技

北宋雕版印刷已经相当普及，工匠毕昇又发明了活字印刷术；火药被大量制造并用于军事，燃烧型火器逐步发展为爆炸型火器和管制射击火器；人们利用磁石指示南北的特性，用人工磁化的方法造出了指南针，并且广泛应用于航海。上述三大发明为人类文明的进步作出了重要贡献。

北宋沈括所著的《梦溪笔谈》记载和总结了当时的许多科技成果。元朝时期，著名的科学家郭守敬设计和监制多种天文观测仪器，主持全国范围的天文测量，编定新的历法《授时历》。

四、明清中国版图的奠定与面临的挑战

(一)从明朝建立到清军入关

1. 明朝政治制度的变化

1351年，元朝爆发农民起义，起义迅速波及全国大部分地区。1368年，朱元璋称帝，定都应天府，国号大明。同年，明军攻占大都，结束了元朝在全国的统治。

明太祖为巩固统治、加强皇权，废除了宰相制度，使皇帝可以直接领导六部等具体职能部门。为了缓解皇帝集繁多的政事于一身的压力，明成祖朱棣在位时成立了内阁，一定程度上减轻了皇帝的政务负担。而宦官比内阁更多地得到皇帝信任，内廷宦官机构司礼监获得了协助甚至代理皇帝批红的权力。此外，司礼监还负责提督东厂、控制锦衣卫，对官民的言行进行监视、侦查，有权逮捕、施刑，实际上是直辖于皇帝的特务机构。

概念链接

批红

指皇帝对大臣奏章的批答，因为用朱笔，所以称批红或朱批。明初，由皇帝亲笔批示。明宣宗宣德以后，每天入内的奏章文书，皇帝亲批数本，其余由司礼监的秉笔、掌印、随堂太监分批。本来太监要按照阁臣的票拟照录，如偶有错字，亦得奉旨更改。但是明代中后期，因皇帝怠政，宦官便借机擅权，通过批红代传圣旨，专恣肆行。

2. 海上交通与沿海形势

15世纪前期，明成祖派遣宦官郑和率领船队先后7次远航海外，访问了亚非30多个国家和地区，最远到达非洲东海岸和红海沿岸，史称“郑和下西洋”。郑和下西洋是世界历史上规模空前的远洋航行，在各方面都大大领先于半个多世纪之后欧洲远洋航海家的航行，但其主要目的是“耀兵异域，示中国富强”，给明朝带来较大的财政负担，因此未能持续下去。

从元朝末年起，日本海盗不时在我国东部沿海骚扰，被称为“倭寇”。明廷派遣戚继光等人平倭，经过长期战斗，东南沿海的形势稳定下来。

明朝中后期，随着新航路的开辟，欧洲殖民者在中国沿海的活动日益频繁。16世纪中叶，葡萄牙人通过贿赂地方官获得了在濠镜澳(即今澳门)的租住权。明朝末年，荷兰独占了台湾。

3. 内陆边疆与明清易代

元朝灭亡后，草原上的蒙古势力逐渐形成鞑靼、瓦剌两大集团，明朝重修长城进行防御。1571 年，鞑靼首领俺答汗与明朝订立和议，接受明朝册封，和平局面基本维持到明末。明朝时加强了对西南和东北边疆的管理，明前期曾在黑龙江流域设置了奴儿干都司，并对东北女真各部落首领封授官号；在乌思藏(藏族地区)封授当地的僧俗首领以法王、王等称号，并设立了行都指挥使司等机构。

16、17 世纪之交，女真建州部首领努尔哈赤逐渐统一女真各部，于 1616 年称汗，国号大金，并对明朝发动进攻。努尔哈赤的儿子皇太极于 1636 年称帝，改国号为大清，并将女真族改名为满族。清朝崛起之际，明朝政治黑暗，加之天灾不断，农民纷纷起义，统治摇摇欲坠。1644 年，农民军领袖李自成在西安建立大顺政权，随后攻占北京，明思宗崇祯自缢，明朝灭亡。清朝摄政王多尔衮统军进入山海关，打败李自成，进占并迁都北京。此后又经过 20 多年，清朝将农民军余部和明朝残余势力逐一击败，统一全国。

(二)清朝前中期的鼎盛与危机

1. 康雍乾时期的君主专制

清朝皇帝康熙(1661—1722 年在位)、雍正(1722—1735 年在位)、乾隆(1735—1795 年在位)在位期间，出现了 100 多年的鼎盛局面，政局稳定、经济繁荣、疆域开拓并巩固，被称为“康乾盛世”。

这一时期，部分官员向皇帝单独呈送密封报告，不经过其他中转、收发环节，皇帝亲手批阅后返回，形成了奏折制度。这一制度使皇帝能够更直接、广泛地获取信息，建立起迅速、机密的联系方式，提高了决策效率，强化了对官僚机构的控制。同时，中枢秘书机构也发生了变化。雍正帝时，在皇帝寝宫旁边设立军机处，军机大臣在皇帝直接监督下，商议军情，起草或处理机要文书。内阁只负责处理一般文书。

清朝统治者对思想文化的控制非常严密，主要表现在频繁地制造文字狱，阻碍了思想文化的发展与进步。

2. 疆域的奠定

1662 年，郑成功为了获得抗清的根据地，驱逐荷兰殖民者，收复台湾。郑成功去世后，1683 年清军渡海远征，郑氏后裔战败投降，清军收复台湾。1684 年，清朝在台湾设府，隶属福建省。

17 世纪中叶，沙皇俄国的势力扩展到黑龙江流域。康熙前期，发兵围攻俄军据点雅克萨，迫使沙俄同意进行谈判。1689 年，两国签订《尼布楚条约》，划定了东部边界。

17 世纪后期，漠西蒙古准噶尔部的首领噶尔丹势力强大，占据天山南北，又向东进攻漠北和漠南蒙古。清军与噶尔丹及其后继者进行了长期战争，至 1757 年将其彻底击败。此后，又平定了原受准噶尔部统治的维吾尔贵族大、小和卓的叛乱。在蒙古族地区，朝廷设立盟、旗两级单位进行统治。在维吾尔族地区，朝廷委派伊犁将军总领军政事务，基层行政委任伯克进行管理。

清初，西藏最有影响的藏传佛教格鲁派领袖五世达赖进京朝贺，清廷册封以“达赖喇嘛”尊号。另一位格鲁派领袖五世班禅在康熙时被赐予“班禅额尔德尼”尊号。此后，历世达赖和班禅都经由中央政府册封。1727 年，清朝开始派遣驻藏大臣，代表朝廷与达赖、班禅共同治理西藏。1793 年，清政府颁布《钦定藏内善后章程二十九条》，以法律的形式明确和落实了中央政府对西藏地方的管辖权。

清朝中期，疆域西跨葱岭，西北达巴勒喀什池，北接西伯利亚，东北至外兴安岭和库页岛，东临太平洋，东南到台湾及其附属岛屿，包括钓鱼岛、赤尾屿等，南包括南海诸岛，西南抵喜马拉雅山脉。现代中国版图至此奠定。

延伸阅读

钓鱼岛

钓鱼岛又称钓鱼屿(《郑开阳杂著》)、钓鱼台(《指南正法》《琉球国志略》)，在今台湾岛东北约 180 千米，面积 5 平方千米，是台湾岛的附属岛屿，与琉球群岛间隔有 2000 米以上的深海沟。钓鱼岛与附近的黄尾屿、赤尾屿、南小岛、北小岛等组成钓鱼列岛。据明嘉靖时陈侃《使琉球录》载，钓鱼岛在明朝海域之内。明清以来，钓鱼岛作为天然渔场，常有台湾、福建一带人民在此捕鱼。

3. 统治危机初显

清朝人口迅速膨胀使得资源危机日益显露，加上政治腐败和贫富矛盾积累，导致乱象逐渐萌生。从乾隆后期起，农民起义屡屡爆发，其中大部分是由民间秘密宗教白莲教领导的。

这一时期，以英国为首的西方列强在中国东南沿海频繁活动，要求扩大对华贸易，开拓中国市场。清朝奉行闭关自守政策，但不能消除外来潜在威胁，反而加深了隔阂与矛盾，使中国逐渐落后于世界潮流。

概念链接

摊丁入亩

明朝后期曾颁行“一条鞭法”，规定农民不再为官府服役，改交役银。在此基础上，清朝首先对役银中按人丁摊派的部分——丁银加以固定。雍正帝即位后，进一步将这笔数额固定的丁银完全分摊到田赋当中，每田赋银一两，附带征收丁银若干(数额因地而异)，称为“摊丁入亩”。这样相当于废除了人头税，使得“穷民免累，而国赋无亏”，体现了国家对百姓人身束缚的减弱。

(三)明至清中叶的经济与文化

1. 社会经济的发展与局限

农业方面，一些新的农作物品种在明清时期输入中国，其中高产粮食作物玉米、

甘薯获得推广种植，大幅度提高了粮食总产量；江南等地区农业的多种经营日益兴盛。手工业方面，明朝后期，在南方一些地区的丝织、榨油、制瓷等行业中出现了新的经营方式，即开设工场，自由雇佣劳动力进行较大规模的生产。这类情况在清朝继续有所发展。商业方面，自明朝中期起，美洲等地的白银通过海外贸易大量流入，促进了长途和大额贸易的发展，也有利于商业资本的集聚，著名的商帮有安徽南部的徽商和山西的晋商；一批以经济功能为主的工商业市镇兴起，成为地区贸易网络的核心。

但从全社会来看，男耕女织、自给自足的传统小农经济还占据压倒优势，再加上日益僵化的专制统治，压制和阻碍着社会进步与转型。

2. 思想领域的变化

程朱理学成为官学后，日益僵化。明朝中期，王守仁在南宋陆九渊思想的基础上提出一套以“致良知”为核心的理论，形成陆王心学。陆王心学强调主观能动性，激励人们奋发立志；而其以自己的内心为准则，又隐含一定的平等和叛逆色彩。明朝后期，以李贽为代表的一些思想家提倡个性自由，蔑视权威和教条，甚至否定传统伦理道德标准，在社会上引起很大震动。

明末清初社会的剧烈动荡，促进了思想界的活跃。思想家黄宗羲严厉抨击君主专制制度，称专制帝王为“天下之大害”。他还反对重农抑商观念，提出“工商皆本”。顾炎武、王夫之也对宋明以来高度集权的政治体制进行了批判。

3. 小说与戏曲

随着城市商品经济繁荣、市民阶层不断壮大、社会娱乐活动丰富、文化知识进一步普及，明清小说与戏曲取得了重要成就。

明清小说成就的突出表现是出现四大名著，即元末明初施耐庵的《水浒传》、罗贯中的《三国志通俗演义》，明朝中期吴承恩的《西游记》和清朝中期曹雪芹的《红楼梦》。此外还有清朝中期吴敬梓的《儒林外史》。

明清时期的戏曲创作也趋向长篇化，情节更加曲折复杂，称为传奇。代表作家主要有明朝的汤显祖、清朝的孔尚任等。清朝道光年间，又以徽班为基础，融合徽、汉二调，吸取昆曲和其他地方的艺术成分，形成了京剧。

4. 科技

明朝后期，在科技上取得的突出成就是几部重要科技著作相继问世。李时珍的《本草纲目》系统记载了中国古代医药学的相关知识，徐光启的《农政全书》介绍了中国古代农学的知识，宋应星的《天工开物》系统阐释了中国古代工艺学的相关知识，三人都在各自领域对传统科学技术进行了总结。徐弘祖的《徐霞客游记》则是一部地理和地质学名著。这一时期，一些欧洲天主教传教士来到中国进行传教活动，代表人物有意大利人利玛窦等。他们的目的主要是借助于传播科学知识来进行传教，并与一些开明的中国士大夫合作翻译西方科学书籍，在一定范围内传播了西方科技知识。

复习注意问题

1. 以时间为线索，了解、熟悉、掌握各个朝代的具体状况，并在此基础上关注贯穿整个中国古代的重要专题。

2. 在牢固掌握客观史实、深刻理解和掌握唯物史观的基础上，贯彻论从史出的学习和思考原则。

3. 结合相应史实，认识不同历史时期的时代特点。

4. 学习中应注意中国古代史中的政治、经济、民族、对外交往、文化五个方面之间的相互联系和作用。

本章小结

中国古代文明从孕育发生到壮大雄强，有一个漫长而曲折的发展历程。一开始即呈现多元发生、相互融合的特点，至春秋战国时期出现了“百家争鸣”的现象，奠定了中华文化日后发展的根基。秦汉以后，中国古代文明在融合中走向统一，出现了气度恢宏、博厚精深的汉唐文化。宋以后，中国古代文明日趋精致而成熟，产生了宋明理学、明清之际的实学和启蒙思潮，为传统文化向近现代文化的转型创造了条件。

关键术语

多元一体　国家治理　疆域　大一统　中央集权

思考题

1. 如何认识中国古代多元一体的历史发展格局？

2. 谈谈中国古代国家治理体系的演变和现代启示。

拓展阅读

卜宪群总撰稿，中国社会科学院历史研究所撰稿：《中国通史》(全五卷)，北京，华夏出版社，合肥，安徽教育出版社，2017。

实训练习

【单项选择题】

1.“周武王，始诛纣，八百载，最长久。”西周与商朝相比，政治上最突出的特点是(　　)。

A. 实行世袭制　　B. 实行分封制

C. 实行郡县制　　D. 实行行省制

2.《国语·晋语》载：“宗庙之牺(祭品)，为畎亩之勤(劳力)。”这说明春秋时期出现了一种新的耕作方式(　　)。

A. 耜耕　　B. 牛耕　　C. 耧车　　D. 机耕

3. 许多成语典故来源于历史，如退避三舍、卧薪尝胆、围魏救赵、纸上谈兵等。这些成语反映出春秋战国时期的哪一特点？(　　)

A. 诸侯兼并争霸　　B. 封建制度确立

C. 生产力飞速发展　　　　　　　　D. 奴隶制开始瓦解

4. 孔子是中国历史上伟大的思想家，儒家学派的创始人，他主张以爱人之心调节社会人际关系，使之和谐。其思想体系的核心是(　　)。

A.“仁”和“礼”　　B. “无为”　　C. “兼爱”和“非攻”　　D. “法治”

5. 自秦朝统一后，秦始皇在中央设置的太尉一职曾“虚设其位”。对这一现象较为合理的解释是(　　)。

A. 削弱中央军事力量　　　　　　B. 增强对方军事权力

C. 皇帝亲自控制军权　　　　　　D. 丞相、太尉职位合一

6.“六合之内，皇帝之土；乃今皇帝，一家天下。”这则纪功石刻说的是(　　)。

A. 秦始皇统一六国

B. 秦始皇统一文字

C. 元世祖巩固和发展统一多民族国家

D. 元世祖奠定今天中国行政区域划分的基础

7. 儒生董仲舒认为“文德为贵，而威武为下”，治国应以教化为主。他的治国理念师承的是(　　)。

A. 无为而治　　B. 兼爱非攻　　C. 为政以德　　D. 严刑峻法

8.“宗室权落，外戚兴起；外戚势衰，而宦官又盛。”这一现象是指东汉(　　)。

A. 统治阶级内部的派系斗争　　　　B. 中央和地方矛盾的加强

C. 皇帝昏庸愚昧，不理朝政　　　　D. 外戚和宦官交替专权

9. 被誉为世界三大宗教之一的佛教在我国信徒众多、影响甚广，这与中国政府一直以来推行宗教信仰自由政策密切相关。该宗教由古代印度传入我国中原地区大约是在(　　)。

A. 秦朝末年　　B. 西汉末年　　C. 东汉末年　　D. 唐朝末年

10. 公元3世纪，西域商人只有得到魏国敦煌太守发给的专门许可证，才可以去洛阳从事商业贸易。这种现象说明(　　)。

A. 西北地区民族关系紧张　　　　B. 政权分立影响经济发展

C. 中外文化交流基本中断　　　　D. 丝绸之路仍在发挥作用

11.“(魏主)去夷即华，易姓建都，遂(于是)定天下之乱，然后修礼乐，兴制度而文之。”该材料与下列哪一历史事件有关？(　　)

A. 周平王迁都洛邑　B. 商鞅变法　　C. 张骞通西域　　D. 北魏孝文帝改革

12. 唐太宗、高宗时，“各国或派使臣来朝见进贡，或送子弟到长安留学，以及民间的自由往来……域外交通，非常发达”。材料陈述的是(　　)。

A. 诸子百家争鸣　B. 大运河的开通　　C. 中外交流频繁　D. 都市生活繁华

13. 有学者认为，“它(科举制)是唯一没有被动摇过基础的制度，是在权威一再崩溃和颠覆中唯一能维持全面而广泛影响的制度”，“中国竞争性文士考试制度是该国特有的制度，并持续了一千多年”。材料表明科举制(　　)。

A. 有利于选拔社会人才　　　　　　B. 可以推动教育发展

C. 具有稳定性和延续性　　D. 能够防止政权覆灭

14. 有位历史老师是个对联迷，他写了许多有关中国历史上著名帝王的对联，下列哪一副对联是描写唐太宗的？(　　)

A. 开明君主吸隋训，贞观之治创唐荣　　B. 武周政治得发展，无字之碑任后评

C. 调整政策呈开元，沉淫酒色误王国　　D. 陈桥兵变成君主，黄袍加身显威风

15. 据记载，文成公主入藏时，携带的嫁妆有释迦佛像，360 卷经典，大量珍宝、金鞍玉辔、绸帛、种子，60 种营造与工技著作，100 多种医方及 4 种医学论著等。丰富的嫁妆种类折射出唐朝(　　)。

A. 对边疆统治加强　　B. 民族交融成为主流

C. 经济文化的繁荣　　D. 开元盛世成就辉煌

16. 唐朝从“小邑犹藏万家室”到“人烟断绝，千里萧条”的转折点是(　　)。

A. 开凿运河　　B. 安史之乱　　C. 黄巢起义　　D. 靖康之变

17. 宋初的大将曹翰写下了一首《退将诗》，有“曾因国难披金甲，不为家贫卖宝刀”之句；当时有谚语曰：“做人莫将军，做铁莫做针。”材料说明宋朝的统治者采取了什么政策，以防止唐末以来武将专横跋扈的弊端重现？(　　)

A. 重武轻文　　B. 重农抑商　　C. 奖励耕战　　D. 崇文抑武

18. 南宋时，都城临安曾有谚语“东门菜，西门水，南门柴，北门米”，这主要说明临安(　　)。

A. 蔬菜品种丰富　　B. 水利建设获得发展

C. 城市商业繁荣　　D. 经济重心南移完成

19.《宋史·食货志(下)》记载：“初，蜀民以铁重，私为券，谓之交子，以便贸易，富民十六户主之。”这一经济现象出现在(　　)。

A. 三国时期蜀国　　B. 三国时期吴国　　C. 唐朝四川地区　　D. 北宋四川地区

20. 同学们在帮助老师整理历史资料室时，发现了两张残损的历史地图，其中一张只能依稀看出“岭北行省”“宣政院辖地”等字迹，另一张图例中有“省界”“将军辖区”“办事大臣辖区”。老师让同学们判断这是哪两个朝代的疆域图，同学们所给出的以下答案正确的是(　　)。

A. 西汉和唐朝　　B. 明朝和清朝　　C. 元朝和清朝　　D. 元朝和明朝

21. 词风委婉、细腻、清秀的宋代女词人是(　　)。

A. 李白　　B. 苏轼　　C. 李清照　　D. 辛弃疾

22.《明太祖实录》载，以后子孙做皇帝时，“并不许立丞相。臣下敢有奏请设立者，文武群臣即时劾奏，处以重刑”。朱元璋立下这条“祖训”的主要目的是(　　)。

A. 提高效率　　B. 造福子孙　　C. 加强皇权　　D. 限制大臣

23.“水落尚存秦代石，潮平不见汉时槎。遥知百国微茫外，未敢忘危负岁华。”这是 1555 年一位抗倭名将视察山东文登营时留下的著名诗篇。该名将和生活的时代分别为(　　)。

A. 文天祥　南宋后期　　B. 郑成功　明末清初

C. 戚继光　明朝前期　　　　　　　　D. 戚继光　明朝中期

24. 乾隆嘉庆时期，文人大多埋头于古籍，不敢过问社会现实，考据之风大盛，形成为考据而考据的现象。这反映了清代(　　)。

A. 思想专制加强　B. 传统文化衰落　C. 八股取士盛行　D. 儒家地位提高

25. 清朝有部小说，通过四大家族的兴衰变化，深刻反映了我国封建社会末期的社会现实。有人曾评价“不看这部书，就不了解中国的封建社会”。这部小说可能是(　　)。

A.《三国演义》　B.《水浒传》　C.《西游记》　D.《红楼梦》

【简答题】

26. 略述“百家争鸣”发生的社会背景。

27. 简述两税法出现的原因及其内容和意义。

28. 略述元代的行省制度。

【材料分析题】

29.

材料一：

伏尔泰对孔子的思想极为推崇，孔子成为他敢于反抗专制的“守护神”。他把孔子的思想概括为“德治主义”，坚定地主张法国应该实行“德治主义”。

——《孔子思想对世界文化的影响》

材料二：

东亚国家大量吸收中国文化，是在唐室中衰以后。自此可见，中国文化的价值并非完全依附国力对外传播。一些东亚国家把唐代的经书作为士大夫的必读书，其典章制度几乎完全由中国移植而去，城市的格局也仿照长安的市坊制建立。

——《东亚文化圈》

材料三：

如果想看看各种发明的力量、作用，最显著的例子就是新近发明的印刷术、火药和指南针。因为这三种东西改变了整个世界的面貌。第一种在文学上，第二种在战争中，第三种在航海上。

——培根

问题：

(1)据材料一，“德治主义”体现了孔子思想的核心是什么？伏尔泰为什么推崇孔子思想？

(2)据材料二，概括指出唐代文化对东亚国家产生的影响。

(3)据材料三，分别指出“这三种东西”怎样“改变了整个世界的面貌”？

【参考答案】

1. B　2. B　3. A　4. A　5. C　6. A　7. C　8. D　9. B　10. D　11. D　12. C　13. C　14. A　15. C　16. B　17. D　18. C　19. D　20. C　21. C　22. C　23. D　24. A　25. D

26. “百家争鸣”是战国社会大变革在意识形态上的反映。战国时期，旧的贵族等级体系开始瓦解，新兴的士阶层崛起。士人从各自代表的阶级阶层集团利益出发，分别提出对政治、社会乃至宇宙万物的看法，形成众多学说、学派“百家争鸣”的思想文化繁荣局面。

27. 唐朝后期，土地兼并严重，均田制被破坏，农民失地破产，沦为地主的佃户，唐初按丁征收租庸调的办法无法继续。为解决财政困难，780 年，唐德宗统一各项税收，创立两税法，主要内容是：(1)根据财政支出定出全国税额；(2)取消租庸调及一切杂税、杂役；(3)不分主户客户一律收税；(4)根据人丁和资产征收户税，根据田亩的多少征收地税；(5)每年分夏秋两季征税。两税法代替租庸调法是我国赋税制度的一大变化，它扩大了纳税面，使官僚地主不再享有免税特权。根据资产、田亩征税比按丁收税合理、进步，顺应了社会经济发展的必然趋势。

28. 元代在中央设置中书省总理政务，同时直接管辖大都及其邻近地区。其他地区设行中书省，简称“行省”，作为中书省的派出机构，后来逐渐变成了常设机构。这些行省后来发展成为行政区的名称，初步奠定了明清乃至今天我国省区的规模。元代的行省制度，是我国历史上政治制度的一项重大改革，巩固了多民族国家的统一。

29.(1)核心：仁(答爱人亦可)；原因：认为孔子思想是反封建专制的武器。

(2)影响：影响了社会各个方面；促进了政治、教育、城市建设的发展。

(3)印刷术促进了资产阶级文化的传播；火药为欧洲资产阶级战胜封建势力提供了条件；指南针促进了新航路的开辟和地理大发现。

第二章　中国近代史知识

【本章要点】

中国近代史内容以 1840 年鸦片战争为起点，以 1949 年中华人民共和国成立为终点。

中国近代史是一部屈辱史。两次鸦片战争、甲午战争、八国联军侵华战争以及后来日本发动的侵华战争等西方列强对华侵略接踵而至，中国半殖民地半封建化程度步步加深，民族灾难日益深重。

中国近代史是一部抗争史。面对日益深重的民族危机，中国人民进行了坚决的反抗，虎门销烟、抵制洋货、五四运动、抗日战争等，无不反映了中华儿女为争取民族独立而浴血奋战的伟大事迹。

中国近代史是一部转型史。国门洞开，西方政治、经济、文化各方面思潮涌入中国，中国开启了由农耕文明到工业文明、由专制到民主、由传统到现代的全面转型过程。

【学习目标】

1. 认识列强侵华对中国社会的影响，概述晚清时期中国人民反抗外来侵略的斗争事迹，理解其性质和意义；认识农民阶级、地主阶级、资产阶级等社会各阶级为挽救危局所做的努力及其存在的局限性。

2. 了解三民主义的基本内容，理解辛亥革命对中国结束帝制、建立中华民国的意义及局限性；了解北洋军阀的统治及特点；概述新文化运动的主要内容，探讨其对近代中国思想解放的影响。

3. 认识五四运动及马克思主义在中国传播的历史意义，认识国共合作领导国民革命的历史作用；了解南京国民政府的成立；认识中国共产党开辟革命新道路的意义；认识红军长征的历史意义。

4. 了解日本军国主义的侵华罪行；通过了解正面战场和敌后战场的抗战，感悟中华民族英勇不屈的精神；认识中国共产党是全民族团结抗战的中流砥柱；认识中国战场是世界反法西斯战争的东方主战场，理解十四年抗战胜利在中华民族伟大复兴中的历史意义。

5. 通过了解全面内战的爆发及人民解放战争的进程，分析国民党政权在大陆统治灭亡的原因，探讨中国共产党领导人民取得中国革命胜利的原因和意义。

【课程导言】

自鸦片战争始，中国被迫卷入弱肉强食的世界舞台，开启了屈辱的近代史。接踵而至的侵略战争将中华民族推向生死存亡之绝境。然而绝境伴随着转机，可歌可泣的中华儿女们以“我自横刀向天笑，去留肝胆两昆仑”(谭嗣同语)的气魄，以“革命尚未成功，同志仍须努力”(孙中山语)的担当，以“为有牺牲多壮志，敢教日月换新天”(毛泽东语)的决绝勇气，奋起反抗。经过百余年的救亡努力、近代转型探索，尤其是中国共产党团结带领人民进行的艰苦卓绝的斗争，谱写了气吞山河的壮丽诗篇，赢得了民族独立。

一、晚清时期的内忧外患与救亡图存

(一)第一次鸦片战争

19 世纪上半叶，英国率先完成工业革命，对市场和原材料的需求越来越强烈。中国仍停留在封建社会，政治上君主专制，经济上自给自足的小农经济是主要生产方式，外交上依旧奉行“闭关锁国”和“宗藩体制”，致使中国全面落后。第一次鸦片战争前的中英贸易中，中国出超，英国为扭转入超的不利地位，向中国大量输入鸦片，造成极大危害。为此，道光帝任命林则徐为钦差大臣赴广州查禁鸦片。1839 年 6 月 3 日至 25 日，林则徐主持在虎门海滩销毁收缴的鸦片，向世界表明了清政府禁烟的决心，显示了中华民族反抗外来侵略的坚强意志。

英国大鸦片贩子认为中国禁烟措施损害了英国的利益，英国政府因此宣布对华发动战争。1840 年 6 月，第一次鸦片战争爆发。英军于 1841 年年初强占香港岛，威逼广州。此后，英国继续扩大侵略战争，于 8 月 5 日闯入南京下关江面。道光帝派耆英和伊里布前往南京与英国侵略者谈判，鸦片战争结束。战后，清政府被迫签订了中国近代史上第一个不平等条约《南京条约》；中英双方代表于次年继续就条约有关细则进行谈判，签订了《五口通商章程》和《虎门条约》，英国攫取了领事裁判权、片面最惠国待遇以及在通商口岸租赁土地等特权。美法两国趁火打劫，又和清政府于 1844 年分别签订中美《望厦条约》和中法《黄埔条约》，进一步扩大侵略权益。鸦片战争给中国带来巨大屈辱和深重灾难，从此外患接踵而至。中国主权和领土完整不断遭到破坏，由一个独立国家沦为半殖民地半封建国家，开始了反封建、反侵略以及近代化的艰难历程。

概念链接

片面最惠国待遇：最惠国待遇是指一国在通商、航海、税收或公民法律地位等方面给予另一国享受现时或将来所给予任何第三国同样的一切优惠、特权或豁免等待遇。最惠国待遇一般是相互的，缔约双方在平等互利原则的基础上相互享受最惠国待遇。但清朝与外国签订的条约往往只片面规定该缔约外国要享受最惠国待遇，而中国则无对等权利，是片面的。片面最惠国待遇本质上反映了侵略性和不平等性。

领事裁判权：领事裁判权又称为“治外法权”，指一国公民在侨居国成为民事、刑事诉讼被告时，该国领事具有的按照本国法律予以审判、定罪的权力。依据此项权力，清政府失去了对侨居中国的外国人的司法管辖权，其实质是对中国司法主权的损害和侵犯。

(二)第二次鸦片战争

列强们不满足既得利益。为进一步打开中国市场，1856 年，英法两国分别借口“亚罗号事件”和“马神甫事件”对中国发动第二次鸦片战争，美俄两国以“调停”面目出现。英法组成联军攻陷广州，继而北上进逼天津。1858 年，天津大沽口炮台失陷后，英法联军进犯天津。清政府派钦差大臣分别与英、法、俄、美代表签订《天津条约》，主要内容包括公使进京、增开沿海沿江通商口岸、巨额赔款、内地游历经商传教、军舰和商船在长江口岸通航等。

1859 年，英法拒绝按照清政府指定路线进京换约，再起冲突。英法联军接连攻陷天津、北京，咸丰帝携皇后等人离京逃往承德，英法联军洗劫并焚烧了圆明园，清政府被迫签订中英、中法《北京条约》。在 19 世纪 50—80 年代，俄国通过签订一系列割地条约的方式侵占我国东北和西北 150 多万平方千米的领土。第二次鸦片战争使中国的主权进一步遭到侵犯和践踏，加深了中国的社会危机及其半殖民地化程度。

(三)太平天国运动

鸦片战争后，鸦片走私和白银外流加剧，手工业者纷纷破产；战争赔款分摊到参战省份，加之连年的自然灾害，使百姓陷于饥饿和死亡境地。民族矛盾伴随着阶级矛盾，农民暴动和起义此起彼伏。1851 年 1 月，洪秀全集合拜上帝教群众，在广西桂平县金田村起义，建号太平天国，起义军称为“太平军”。1852 年春，太平军从永安突围北上，连战连捷，迅速壮大。1853 年攻克南京，改名为“天京”，定为国都，与清廷对峙。与此同时，颁布了纲领性文件《天朝田亩制度》，派兵北伐和西征。

1856 年，太平天国领导集团发生内讧，元气大伤。洪秀全提拔青年将领陈玉成和李秀成负责军事；洪仁玕总理朝政、实行改革，于 1859 年颁布了《资政新篇》，提出新的社会经济政策，试图回答农民革命应当向何处去的问题。1860 年以后，在中外反动势力的联合打击下，太平军损失惨重，其根据地几乎全部失守。1864 年洪秀全病逝后不久，天京陷落，太平天国运动失败。

太平天国运动是几千年来中国农民战争的最高峰，虽然由于各种局限性因素而失败，但它沉重打击了清王朝的统治，引起政治和权力结构的变化。它也在促使清政府为了维护自身统治而不断推行近代化改革策略方面发挥了重要的刺激作用①，尤其是推动了洋务运动的勃兴。

延伸阅读

《天朝田亩制度》与《资政新篇》

《天朝田亩制度》反映了农民要求获得土地的愿望，是几千年来农民反封建斗争的思想结晶。它根据“凡天下田，天下人同耕”和“无处不均匀”的原则，规定不论男女，

① 刘明：《浅论太平天国与中国近代化进程》，载《赤峰学院学报(汉文哲学社会科学版)》，2015(6)。

按人口和年龄平均分配土地；根据“天下人人不受私，物物归上主”的原则，规定留足口粮后，其余归国库。但该制度体现的绝对平均主义思想严重脱离实际，无法实现。

《资政新篇》的主要内容是：向西方学习，以法治国，官吏由公众选举；发展工商业，奖励技术发明，开设新式学堂等。它是先进的中国人首次提出的在中国发展资本主义的设想，但迫于形势，未能实行。

(四)洋务运动

第二次鸦片战争后，清政府面临内忧外患的窘境。为了挽救国家的颓势，一些较为开明的当权人物推行一系列以“自强”和“求富”为目标的洋务新政。他们被称为“洋务派”，在中央以奕䜣为代表，在地方以曾国藩、李鸿章、左宗棠和张之洞等人为代表。

为了自强，从19世纪60年代起，洋务派陆续创办了诸如安庆内军械所、江南制造总局、福州船政局、天津机器制造局等一批官办军事工业。为了求富，从19世纪70年代起，洋务派又以官督商办的形式陆续创办了诸如轮船招商局、汉阳铁厂、开平煤矿、湖北织布局等一批民用企业。从19世纪70年代中期起，洋务派开始筹划海防，到80年代中期，初步建成包括南洋、北洋、福建三支水师在内的近代海军。洋务派还创办了京师同文馆等一批新式学堂，又选派留学生出国深造，开近代教育之先河，培养了一批新式人才。

洋务运动是中国早期现代化的尝试，洋务新政在刺激民族工业发展、抵制外国经济侵略、瓦解封建自然经济等方面均有积极作用。但洋务派的初衷不是改变封建统治，只是引进资本主义国家新的军事和生产技术，是在封建制度的基础上修修补补。因此，洋务运动的失败是必然的。

(五)中日甲午战争

日本在1868年明治维新后，对内积极发展资本主义，改革图强。但其国内市场狭小，故急欲蓄积力量、准备扩张，把吞并朝鲜、侵略中国作为基本国策。1894年，朝鲜爆发东学党领导的农民起义，中日同时出兵，日本借机扩大事端、挑起战争。

1894年7月25日，日本海军在丰岛海面袭击清军运兵船，丰岛海战爆发。8月1日，中日双方正式宣战。9月15日，日军进逼平壤，清军总指挥叶志超带领部分将士逃出平壤，致使军心大乱，伤亡惨重。总兵左宝贵坚持抵抗，不幸中炮牺牲，日军占领朝鲜全境，清军退回国内。随后，双方在黄海海面展开海战，李鸿章命令北洋水师退守威海卫港，日军趁机夺取黄海制海权。紧接着，日军进攻中国的辽东和山东半岛，相继占领大连、旅顺等地，并在旅顺实施了屠杀中国居民的暴行。1895年年初，日军海陆两路夹击威海卫，攻占北洋水师基地，北洋水师全军覆没。中日甲午战争以中国失败告终。

战败后，清政府与日本签订了屈辱的《马关条约》，主要内容有割地赔款、开放商埠、允许在华投资设厂等。《马关条约》使中国的主权和领土遭受严重损失，令列强的

侵略势力深入中国内地，民族危机进一步加深；巨额赔款及列强对华资本输出途径的扩展，也严重阻碍中国民族资本主义经济的发展。中国社会半殖民地化程度大大加深了。

延伸阅读

19 世纪末列强掀起瓜分中国的狂潮

甲午战争中国战败，刺激了列强瓜分中国的野心。列强掀起了抢夺修筑铁路、开采矿山等利权，强租海港，划分势力范围的瓜分狂潮；美国从自身利益出发，提出了“门户开放”政策，中国民族危机再一次加深。

(六)义和团运动

义和团运动是在反洋教的斗争中兴起的。西方势力深入中国城市、乡村后，引起了一系列冲突。特别是德国强占胶州湾，进一步刺激了山东民众。1898 年，山东冠县义和拳在赵三多的率领下竖起“助清灭洋”的旗帜，拉开了义和团运动的序幕。各国公使一再要求清政府采取严厉手段镇压义和团运动及惩办镇压不力的官员，并以派水陆各军“代为剿平”相威胁。1900 年，义和团在北京、天津等地抗击八国联军，在廊坊、杨村等地进行了有效的阻击战。最后，义和团运动在中外反动势力的联合绞杀下失败。

义和团运动提出的“扶清灭洋”口号具有强烈的反帝爱国倾向，反映了当时中华民族与帝国主义之间的矛盾已成为中国社会主要矛盾，在一定程度上打击了帝国主义的侵略气焰。但义和团运动存在明显的盲目排外行为，而且由于没有先进阶级的领导，也无法阻止中国滑向半殖民地的深渊。

(七)维新运动

19 世纪末，随着中国民族资本主义经济的初步发展，资产阶级力量进一步壮大。在甲午战争中国战败后民族危机加深的情况下，资产阶级维新思想有了进一步发展。1895 年，以康有为为代表的资产阶级维新派动员各省在北京应试举人 1300 多名联名上书光绪帝，反对签订《马关条约》，主张“拒和、迁都、变法”，史称“公车上书”，拉开了维新运动的序幕。

为了推动维新思想的传播，维新派组织强学会，创办《万国公报》(后改名《中外纪闻》)、《实务报》等，宣传变法图强的主张。1897 年德国强占胶州湾，康有为于 1898 年 1 月再次上书请求变法。光绪帝接受维新派的变法主张，于 6 月 11 日颁布“明定国是”诏，主持变法，颁布维新法令，推动包括政治、经济、军事、文教各个方面的新政，史称“戊戌变法”。以慈禧太后等人为代表的清朝守旧派反对变法维新，于 9 月 21 日发动宫廷政变，幽禁光绪帝，杀害谭嗣同等变法六君子，废除大部分新政，史称“戊戌政变”。

维新运动实质上是资产阶级维新思想与封建思想的正面交锋，其要求发展资本主义经济和扩大资产阶级政治权利的主张符合近代中国发展的历史趋势，也具有思想启蒙作用。但由于守旧势力仍很强大，而维新派缺乏可靠的社会基础，没有严密的组织，又把希望寄托在并未完全掌握实权的皇帝身上，导致这场运动未能实现预期目标，以失败告终。

(八)八国联军侵华战争

1900年6月10日，英、美、法、德、日、俄、意、奥八国组成联军，在英国海军中将西摩尔的率领下由天津乘火车进犯北京，在廊坊附近遭到义和团和清军的顽强抵抗，被迫退回天津。6月中旬，八国联军攻陷大沽炮台，向天津进犯，义和团和清军奋起投入天津保卫战。6月21日，慈禧太后作出向各国“宣战”的决定。7月14日，天津陷落。8月中旬，北京失陷，慈禧太后和光绪帝仓皇出逃，后到西安。逃亡途中，慈禧太后发布铲除义和团的谕旨，并指定庆亲王奕劻和李鸿章为全权代表与列强议和。

八国联军占领北京后，继续派兵侵略其他地方，在所到之处烧杀抢掠、无恶不作，犯下骇人听闻的罪行。俄国军队趁机侵占中国东北。当时，南方各省督抚与英、美等国洽商“东南互保”协议，严重动摇了清政府的统治根基。

1901年9月，清政府被迫签订了丧权辱国的《辛丑条约》，该条约是列强强加给中国的又一极为沉重的枷锁。帝国主义通过这个条约从政治、经济、军事等方面对中国进行严酷的控制和勒索，迫使清政府成为帝国主义统治中国的工具，标志着中国完全沦为半殖民地半封建社会。

二、辛亥革命与中华民国的建立

(一)辛亥革命

《辛丑条约》签订后，清政府迫于形势，相继推行“新政”和“预备立宪”，进行改革。这些改革虽未能挽救江河日下的清政府，却在客观上促进了资本主义的发展。民族资产阶级迅速成长，为中国近代资产阶级民主革命准备了物质条件和阶级基础。

1894年，孙中山在檀香山建立了中国第一个资产阶级革命团体——兴中会；1905年8月，兴中会、华兴会、光复会等团体的骨干于日本东京成立了中国第一个统一的资产阶级革命政党——中国同盟会。孙中山在同盟会机关刊物《民报》发刊词中将同盟会的纲领概括为民族、民权、民生三大主义，即三民主义。1911年清政府发布“铁路国有”法令，激起了川、鄂、湘、粤等省的保路运动。

概念链接

三民主义

三民主义是孙中山所倡导的资产阶级民主革命纲领，是其民主思想的精髓和高度概括。民族主义指“驱除鞑虏，恢复中华”，民权主义指“创立民国”，民生主义指“平均地权”，分别指向民族革命、政治革命、社会革命。

清政府调湖北新军入川镇压保路运动，湖北防务空虚，湖北革命党人乘机策划起义。1911 年 10 月 10 日，武昌城内新军工程营的革命党人率先起义，经过一夜激战，革命军占领武昌，后成立湖北军政府。12 日，占领武汉三镇。到 11 月下旬，全国有十几个省份宣布脱离清廷独立。孙中山 12 月返回国内，被推举为临时大总统。

1912 年 1 月 1 日，中华民国临时政府在南京成立。2 月 12 日，清宣统帝宣布退位，清朝覆灭。13 日，袁世凯通电赞成共和，孙中山向南京临时参议院提出辞职，接着南京临时参议院推举袁世凯为临时大总统。3 月，袁世凯在北京就任中华民国临时大总统，辛亥革命果实旁落。南京临时参议院还颁布了中国历史上第一部资产阶级性质的民主宪法《中华民国临时约法》。

延伸阅读

《中华民国临时约法》

《中华民国临时约法》规定，中华民国是一个独立的主权国家，其主权属于国民全体；人民享有人身、居住、迁徙、言论、出版、集会、结社、通信、信教的自由和选举、被选举、考试、请愿、陈诉、诉讼的权利，有纳税和服兵役的义务；国内各民族一律平等。《中华民国临时约法》是中国历史上第一部具有资产阶级共和国宪法性质的法典，具有反对封建专制制度的进步意义。

辛亥革命开始了比较完全的意义上的反帝反封建的民族民主革命，它推翻了清王朝，结束了两千多年的封建君主专制制度，建立起共和政体，传播了民主共和观念，推动了中华民族思想解放，促使社会经济、思想文化和社会风俗等方面发生新的变化，冲破了封建主义的藩篱，客观上也打击了帝国主义侵略势力，为中国民族资本主义经济的发展创造了有利条件。

（二）北洋军阀统治

袁世凯在北京就任中华民国临时大总统，标志着北洋军阀统治的建立。北洋政府对内坚持专制，对外投靠帝国主义。袁世凯企图在民主共和的幌子下建立封建军事独裁统治，于 1913 年镇压二次革命，取缔国民党；于 1914 年解散国会，召开约法会议炮制《中华民国约法》取代《中华民国临时约法》；于 1915 年公布《大总统选举法》，规定大总统任期 10 年，可连选连任，大总统继承人由现任大总统推荐。1915 年 12 月 31 日，袁世凯下令改次年为洪宪元年，定于 1916 年元旦正式登基当上“中华帝国”皇帝。在全国的一片声讨声中，袁世凯众叛亲离，被迫于 1916 年 3 月 22 日宣布撤销帝制，6 月 6 日病死于北京。袁世凯死后，出现了直、皖、奉三系军阀混战、轮流坐庄的复杂局面。

在社会经济方面，中华民国建立为中国民族资本主义经济发展提供了一定条件。

南京临时政府鼓励民间兴办实业以及第一次世界大战期间西方列强忙于欧战，使中国民族工业得到迅速发展，速度和规模甚至超过此前半个世纪所取得的成绩。与此同时，群众性反帝爱国运动此起彼伏，特别是1915年因反对“二十一条”而掀起的抵制日货、提倡国货运动，有力推动了纺织、面粉等轻工业系统的民族资本主义经济的发展。随着民族工业的发展，中国产业工人的人数也急剧增加，成为不可忽视的社会力量。

(三)新文化运动

1915年9月，陈独秀在上海创办《青年杂志》(第二卷起改称《新青年》)，标志着一场势所必然的新文化运动卷起狂飙。这场运动源于对辛亥革命失败原因的痛苦反思。人们认识到，共和制度之所以不能真正得到巩固，根本原因在于缺乏对旧思想、旧文化、旧礼教的彻底批判，大多数国民的头脑仍被专制和愚昧牢牢地束缚着。1917年，蔡元培任北京大学校长，倡导兼容并蓄、百家争鸣的思想，聘请陈独秀、胡适、李大钊等人前来北大任教，《新青年》也迁至北京。北大和《新青年》成为新文化运动的主要阵地。

新文化运动高举民主和科学两面大旗，抨击以儒家伦理道德为中心的封建专制主义和蒙昧主义，提倡新思想、新道德、白话文和文学革命。1917年后，新文化运动着重提出了文学革命的问题。胡适在《新青年》上发表《文学改良刍议》，陈独秀在《新青年》上发表《文学革命论》。鲁迅则写出了《狂人日记》《孔乙己》等小说，把文学的反封建内容与白话文形式有机结合起来，树立起新文学的典范。

新文化运动推动了思想文化革新，具有解放思想的重大意义。

三、中国共产党成立与新民主主义革命的兴起

(一)五四运动和马克思主义的传播

1919年初春，在“一战”后的巴黎和会上，中国外交失败，消息传来，举国震怒。1919年5月4日，北京大学等校的三千多名学生到天安门前集会，举行游行示威，五四运动爆发。为支援学生的爱国斗争，从6月5日起，上海工人罢工。从此，中国工人阶级登上政治舞台。随后，工人罢工、商人罢市、学生罢课的浪潮波及全国。在巨大的压力下，政府被迫释放被捕学生，罢免曹汝霖、章宗祥、陆宗舆三人的职务，参加巴黎和会的中国代表团也拒绝在和约上签字。五四运动取得了初步胜利。

五四运动是一次彻底的不妥协的反帝反封建革命运动，是一场传播新思想、新文化、新知识的伟大的思想启蒙运动。它促进了马克思主义在中国的传播和马克思主义同中国工人运动的结合，为中国共产党的成立做了思想上和干部上的准备，是中国从旧民主主义革命走向新民主主义革命的转折点。

(二)中国共产党成立(中共一大召开)

1920年年初，陈独秀和李大钊最早提出并推动在中国建立共产党。同年4月，共

产国际派代表来到中国，先后与李大钊、陈独秀商议建党事宜。8月，上海发起成立了中国共产党早期组织。10月，北京建立了共产党小组。武汉、长沙、济南、广州等地也相继建立了共产党早期组织。

1921年7月23日，中国共产党第一次全国代表大会在上海秘密召开，毛泽东、董必武等15人代表全国50多名党员参会。会上，规定党的名称为“中国共产党”，制定了党的纲领，并就党员的基本条件、接受新党员的程序和办法、党的组织和活动规则、党与其他党派的关系等问题做了初步规定。大会明确了中国共产党的奋斗目标是推翻资产阶级，建立无产阶级专政，实现社会主义和共产主义。大会还选举产生了党的领导机构，陈独秀任中央局书记。

中共一大召开，标志着中国共产党的诞生。中国共产党是以马克思主义作为指导思想的新型政党，它的成立使中国革命有了坚强的领导力量。自从有了中国共产党，中国革命有了正确的前进方向，中国人民有了强大的凝聚力量，中国命运有了光明的发展前景。从此，中国革命面貌焕然一新。

(三)国共合作与北伐战争

1923年，中国共产党第三次全国代表大会通过中国共产党与中国国民党合作的决定，确定全体共产党员以个人名义加入中国国民党、建立革命统一战线的方针。在共产国际和中国共产党的帮助下，孙中山于1924年1月在广州主持召开有共产党员参加的中国国民党第一次全国代表大会，提出了新三民主义的主张。大会实际上通过了联俄、联共、扶助农工三大政策，以党内合作为主要方式的第一次国共两党合作正式形成。

在国共合作的背景下，反帝反封建的工农运动蓬勃发展。1924年5月，黄埔军校在广州成立，蒋介石任校长，周恩来任政治部主任。1925年，国民政府在广州成立。1926年开始北伐，以消灭帝国主义支持的北洋军阀吴佩孚、孙传芳和张作霖三派势力为目标。北伐军确定了集中兵力、各个击破的军事战略，以湖南、湖北为主攻方向，势如破竹，很快歼灭吴佩孚、孙传芳部主力，革命势力发展到长江流域，基本推翻了北洋军阀的反动统治。1927年，国民政府迁往武汉。

随着革命高潮的到来，统一战线内部争夺领导权的斗争加剧，特别是1925年3月孙中山逝世后，国民党右派篡夺领导权的活动日益猖獗。1927年4月12日，蒋介石在上海发动反革命政变，大肆捕杀共产党人和革命群众。7月15日，汪精卫集团在武汉“分共”。第一次国共合作全面破裂，由国共合作发动的国民革命失败。

(四)开辟井冈山道路

国民革命失败后，中国共产党开始认识到掌握武装力量的重要性。1927年8月1日，周恩来、贺龙率领革命军在南昌起义，打响了武装反抗国民党统治的第一枪，也标志着中国共产党独立领导武装斗争、创建人民军队和武装夺取政权的开始。

1927年8月7日，中共中央在汉口秘密召开紧急会议，即“八七会议”。会议清算了陈独秀右倾错误，确定了开展土地革命和武装反抗国民党统治的总方针。会上，毛泽东提出了“政权是由枪杆子中取得的”的重要思想。会后，毛泽东以中央特派员的身份赶赴湖南，组织领导湘赣边界秋收起义。9月，起义军在进攻长沙途中受挫。毛泽东主持召开会议，决定改向敌人统治力量薄弱的山区进军，于10月到达井冈山，创建了中国第一个农村革命根据地——井冈山革命根据地。该根据地的建立，点燃了“工农武装割据”的星星之火。从此，中国革命走上了建立农村革命根据地，农村包围城市、武装夺取政权的道路。

毛泽东的武装斗争、土地革命和根据地建设即“工农武装割据”思想的实施，粉碎了国民党的经济封锁，巩固了红色政权，还使根据地不断扩大。到1930年夏，全国已建立起大小十几块农村革命根据地，分布在十几个省。1931年11月，中华苏维埃第一次全国代表大会在江西瑞金召开，宣布成立中华苏维埃共和国临时中央政府，定都瑞金，毛泽东为临时中央政府主席。中华苏维埃共和国临时中央政府的建立，是中国共产党人创建人民革命政权的宝贵探索与尝试。

(五)国民党“围剿”与红军长征

从1930年10月起，蒋介石先后向中央革命根据地发动四次大规模军事“围剿”，结果都被红军粉碎了。1933年秋，蒋介石调动100万军队对中央革命根据地进行第五次“围剿”。由于共产国际的指导脱离中国革命实际，中共中央犯了“左”倾错误，导致红军第五次反“围剿”失利。

1934年10月，中央机关和中央红军8万多人离开根据地，开始长征。1935年召开遵义会议后，成立了由毛泽东、周恩来、王稼祥组成的中央三人军事指挥小组，指挥全军。1935年10月，中央红军到达陕北吴起镇，与当地红军会师。1936年10月，红二方面军和红四方面军到达甘肃，与红一方面军会师，长征胜利结束。

长征的胜利，实现了红军的战略大转移，粉碎了国民党反动派消灭红军的企图，保存了党和红军的基干力量，宣传了中国共产党的政治主张，在沿途播下了革命种子，鼓舞了广大人民群众，铸就了长征精神，打开了中国革命的新局面。

延伸阅读

遵义会议

1935年1月，中共中央在贵州遵义召开政治局扩大会议，集中全力纠正博古等人的“左”倾错误，肯定毛泽东的正确军事主张，选举毛泽东为政治局常委，取消博古、李德的军事指挥权。会后，政治局常委进行分工，由张闻天代替博古负总责，毛泽东协助周恩来指挥军事。遵义会议结束了“左”倾错误在中央的统治，事实上确立了以毛泽东为核心的党中央的正确领导，成为党的历史上一个生死攸关的转折点。

四、中华民族的抗日战争

(一)局部抗战与西安事变

1929年秋，资本主义世界性经济危机爆发，严重影响日本。日本统治集团为缓和国内矛盾、摆脱困境，急于发动侵略中国的战争。

1931年9月18日夜，日本关东军制造了九一八事变，标志着中国局部抗战的开始。随后，日军进一步扩大侵略，占领整个东北。1932年1月28日，日军又在上海挑起侵略战争；3月，日本扶植清废帝溥仪做傀儡，在吉林长春建立伪满洲国。在深重的民族危机面前，民众抗日救亡运动兴起。由游击队改编而成的东北人民革命军在极端困苦的环境下坚持抗战；1933年，日军由东北向长城沿线进犯，遭到了中国军队的顽强抵抗。

日本占领东三省后，将侵略矛头指向华北，积极策划“华北自治运动”。1935年12月9日，北平学生举行大规模游行示威，即一二·九运动。运动宣传了中国共产党“停止内战，一致抗日”的救国主张，促进了中华民族新的觉醒，抗日救亡运动掀起高潮。

在中共抗日民族统一战线政策的感召下，张学良和杨虎城劝说蒋介石以国家民族大义为重，容纳抗日主张。二人的努力失败后，于1936年12月12日凌晨发动“兵谏”，扣押蒋介石，武力逼蒋抗日，这就是西安事变。后经各方努力，蒋介石被迫同意接受停止内战、联共抗日的主张，西安事变得到和平解决。从此，十年内战的局面基本结束，全国团结抗战的局面初步形成。

(二)全面抗战

1937年7月7日夜，日军进攻宛平城和卢沟桥，中国军队进行抵抗还击，史称“卢沟桥事变”，中国全面抗战由此开始。此后，日本派遣大量军队入侵中国，北平和天津相继失守。面对日本全面侵华的威胁，国共两党停止内战，组成抗日民族统一战线，共赴国难。日军占领平津以后，继续向华北和华中发动进攻。国民政府在正面战场积极组织淞沪会战、太原会战、徐州会战、武汉会战等多次重大战役，中国军队英勇抵抗，取得平型关战斗、台儿庄战役等的胜利，但终因敌强我弱，无力扭转战局，华北、华中、华南和华东的大片领土相继沦陷。1938年10月，广州、武汉失守后，抗战进入相持阶段。

日军侵华期间，烧杀抢掠，无恶不作。1937年12月日军攻陷南京后，对南京的和平居民进行了惨绝人寰的大屠杀。日军还在东北成立专门研究细菌战的“七三一部队”，用活人做实验，因受实验而惨遭杀害的中国人达三千名以上。不仅如此，日本侵略者实行“以华制华”和“以战养战”方针，在占领区扶植傀儡政权，进行野蛮的经济掠夺；对敌后抗日根据地实施烧光、杀光、抢光的“三光”政策，对战时陪都重庆进行长达五年半的战略轰炸和无差别轰炸；在中国强征随军性奴隶，推行“慰安妇”制度。

延伸阅读

南京大屠杀死难者国家公祭日

2014年2月27日，十二届全国人大常委会第七次会议通过决议，将每年的12月13日设立为南京大屠杀死难者国家公祭日。这使得对南京大屠杀死难者的纪念上升到国家层面，也表明了中国人民反对侵略战争、捍卫人类尊严、维护世界和平的坚定立场。

面对日军的暴行及其对抗日根据地的“大扫荡”，1940年下半年，彭德怀指挥八路军一百多个团，在华北两千多千米的战线上开展了声势浩大的交通破袭战，有效打击了日军的侵略气焰，提振了我抗日军民的士气。中国军队还开辟国外战场。1942年年初，中国政府派遣远征军赴缅甸同日军作战。经过激战，中国远征军救出被围英军七千多人。1945年年初，在英美军队的配合下，中国远征军击败侵缅日军。

抗日战争时期，中国共产党积极倡导、建立和维护抗日民族统一战线，开展独立自主的山地游击战和有条件的运动战，建立敌后根据地，战略上配合了正面战场作战，牵制了侵华日军一半以上的兵力，成为抗日战争取得胜利的中流砥柱。

(三)抗日战争的胜利

在抗战胜利前夜，为总结中国革命基本经验、彻底打败日本侵略者，1945年4月至6月，中国共产党第七次全国代表大会在延安隆重举行。大会确立毛泽东思想为党的指导思想。在中国人民抗日战争和世界反法西斯战争的沉重打击下，1945年8月15日，日本帝国主义宣布投降，中国人民抗日战争和世界反法西斯战争胜利结束。10月25日，陈仪在台北代表中国政府庄严宣布台湾光复。从此，台湾作为中国的一个省回到祖国怀抱。

抗日战争是中国近百年来在反对外敌入侵中第一次取得完全胜利的伟大民族解放战争，增强了中华民族的自尊心和自信心。中国人民抗日战争是世界反法西斯战争的重要组成部分，为世界反法西斯战争的胜利作出了卓越贡献。这一伟大胜利开辟了中华民族伟大复兴的光明前景，开启了古老中国凤凰涅槃、浴火重生的新征程。

五、人民解放战争

(一)重庆谈判

抗日战争胜利后，蒋介石先后三次电邀毛泽东赴重庆共同商讨国是。为避免战争、争取和平，1945年8月底，中国共产党派毛泽东、周恩来、王若飞为代表赴重庆，与国民党进行谈判。谈判过程充满激烈斗争，焦点是军队和解放区问题。10月10日，国共双方代表签订并公开发表《政府与中共代表会谈纪要》，即《双十协定》。国民党政府

接受中共提出的和平建国的基本方针，双方协议“必须共同努力，以和平、民主、团结、统一为基础”，“长期合作，坚决避免内战，建设独立、自由和富强的新中国”。双方还确定召开各党派代表及无党派人士参加的政治协商会议，共商和平建国大计。这是重庆谈判最重要的两项成果。1946年年初，政协会议在重庆召开，通过了有利于人民的政协协议，但国民党六届二中全会很快否定了这些协议。

(二)解放战争经过

1946年6月26日，蒋介石大举进攻中原解放区，内战爆发。毛泽东制定了以消灭敌人有生力量为主的战略，国民党的全面进攻被粉碎。1947年春开始，国民党又对陕北和山东解放区进行重点进攻，经过几个月的斗争，又一次被解放军粉碎。1947年6月，刘伯承、邓小平率晋冀鲁豫解放军主力渡过黄河，挺进大别山，拉开战略反攻的序幕。在军事斗争的同时，10月10日，中共制定颁布了《中国土地法大纲》，在解放区全面进行土地改革，废除封建剥削制度，实行耕者有其田、按人口平均分配土地。土改激发了农民革命和生产的积极性，他们踊跃参军、支援前线。

到1948年秋，敌我力量发生重大变化，战略决战的时机已经到来。9月起，人民解放军连续发动了辽沈、淮海、平津三大战役，歼灭和改编国民党军队一百五十多万人，国民党军队主力基本被消灭。1949年4月，国共两党代表在北平谈判签署《国内和平协定》最后修正案，但南京国民政府拒绝签字，和谈破裂。4月21日，毛泽东、朱德发布《向全国进军的命令》，人民解放军横渡长江，国民党军队防线土崩瓦解。23日，解放军占领南京，统治中国22年的国民政府覆灭。人民解放战争取得胜利。

(三)国民党政权在大陆统治的灭亡

为了维持战争的庞大开支，国民政府无限制地发行纸币，导致恶性通货膨胀，物价飞涨。国民党的反动政策和官僚资本的巧取豪夺，使工人、农民、城市小资产阶级受到残酷的压迫和剥削，民族资产阶级也受到排挤和打击，广大人民生活水平不断下降，民不聊生。政治上，1946年11月至12月，国民党包办的“国民大会”在南京召开。中国共产党和中国民主同盟坚决反对，拒绝出席。出席大会的国民党代表占85%，还有依附于国民党的青年党、民主社会党和若干“社会贤达”。会议通过的《中华民国宪法》只是国民党专制统治和蒋介石独裁的装饰品，进一步暴露了国民党当局坚持独裁和内战的真面目。国民党不能解决中国社会的根本矛盾，不能应对中国社会的发展要求，不能代表广大民众的切身利益，从而失去了民众的支持，丧失了在中国大陆的统治权。

复习注意问题

自西方列强的坚船利炮打开中国的国门后，中国原有发展模式和路径就被迫中断，不得不睁眼面对陌生的外部世界，中国与世界的关系日益复杂和密切。学习中国近代史需要把握几个原则：

一是把握“被迫性”与“主动性”原则。要意识到中国的抗争、探索和转型的努力是在被迫应对西方列强的蹂躏和挑战的过程中不断地萌芽和生长的；同时，应对的策略、内容、效果以及为应对挑战而选择学习的对象、内容等，又具有明显的自主性。

二是把握“立足世界看中国”原则。自新航路开辟以来，世界日益连成一个整体，中国是世界之一部分，是世界中的中国，世界历史发展的潮流与趋势深刻影响着中国人的抗争和抉择。因此，要把中国近代史上所发生的重大历史事件放在国际大背景下进行考察和理解，这样更能看清楚中国与世界之间的互动关系，以及中国近代发展的脉络和趋势。

三是把握“不平衡性”原则。即中国近代史上政治、经济、思想、文化等方面所发生的变化在沿海与内地、城市与农村、南方与北方等维度上均表现出明显的差异性。

本章小结

中国近代史既是西方列强步步加深对中国的侵略而变中国为半殖民地半封建社会的过程，也是中国各阶级、各阶层的志士仁人为了民族独立、国家转型与富强而前赴后继地作出艰苦求索的历程。尤其是在中国共产党的坚强领导下，新民主主义革命扛起反帝反封建的大旗，以争取民族独立和民主为目标，团结工农群众和各界爱国人士，最终谱写了赢得民族独立的壮丽诗篇。

关键术语

半殖民地半封建　近代化　新民主主义革命

思考题

日军侵华期间，制造了惨绝人寰的南京大屠杀，并在政治、经济等领域实施了一系列犯罪行为。结合对日本近代史和日军侵华史有关史实的了解，思考日本为什么会犯下如此滔天罪行？这给予我们怎样的启示？我们如何在尊重历史、面向未来的基础上正确处理中日关系？

拓展阅读

1. 陈旭麓：《近代中国社会的新陈代谢》，上海，上海人民出版社，1992。

2. 茅海建：《天朝的崩溃：鸦片战争再研究》，北京，生活·读书·新知三联书店，2005。

3. 步平、荣维木主编：《中华民族抗日战争全史》，北京，中国青年出版社，2010。

实训练习

【单项选择题】

1.(2018 年上半年教师资格考试题)晚清一位大臣针对列强在华攫取的某项特权说："一国所得，诸国安然而享之；一国所求，诸国群起而助之。是不啻驱西洋诸国，使之协以谋我。"这项特权指的是(　　)。

A. 领事裁判权　　B. 外国公使进驻北京

C. 开矿筑路权　　D. 片面最惠国待遇

2. 有学者曾针对中国近代史提出了"转石效应"，即改革牵一发而动全身，一经发动，便如危崖转石，非达于平地不止。引发"转石效应"的历史事件是(　　)。

A. 洋务运动　　B. 戊戌变法　　C. 二次革命　　D. 五四运动

3.(2017 年下半年教师资格考试题)《中国现代的区域研究》中记载："1880 年，直隶总督李鸿章委派候补知县戴华藻集股两万两白银，开办中兴矿局，约为商股。"由此可以判断中兴矿局的经营方式是(　　)。

A. 官督商办　　B. 官办　　C. 商办　　D. 官商合办

4.(2017 年上半年教师资格考试题)《上海县竹枝词》云："卅年求富更求强，造炮成船法仿洋。海面未收功一战，总归虚牝掷金黄。"词作者的态度是(　　)。

A. 支持守旧势力　　B. 痛斥外国列强　　C. 批评洋务运动　　D. 同情海军官兵

5.(2019 年上半年教师资格考试题)据史料统计，1872—1890 年，进口棉纱价格下降了 1/4 以上，如以 1872 年的进口棉纱价格为基数，1886 年的进口棉纱价格仅为它的 66.9%。这一变化引起的直接后果是(　　)。

A. 政府财政收入增加　　B. 民族工业迅速发展

C. 自然经济加速解体　　D. 阶级矛盾空前尖锐

6.(2017 年上半年教师资格考试题)《清史稿》载："(光绪帝)师徒挠败，割地输平，遂引新进小臣，锐志更张，为发奋自强之计。"这里的"发奋自强之计"是指(　　)。

A. 实行维新变法　　B. 推动预备立宪

C. 创建近代海军　　D. 废除科举制度

7.(2017 年上半年教师资格考试题)1912 年，孙中山表示要以全力"尽扫专制之流毒，确定共和，以达革命之宗旨"。此话应出自(　　)。

A.《民报》发刊词　　B.《临时大总统宣言书》

C.《中华民国临时约法》　　D.《中华民国约法》

8. 孙中山认为："土地就等于空气一样，应该为大家公共享受，所以土地不能归诸私人，而应该归国家所有才对。"这种思想属于(　　)。

A. 民权主义　　B. 民族主义　　C. 扶助农工　　D. 民生主义

9.(2020 年下半年教师资格考试题)孙中山曾说："万户涕泪，一人冠冕，其心尚有共和二字存耶？既忘共和，即称民贼，戮此民贼，以拯吾民。"他所描述的是哪一个历史事件？(　　)

A. 武昌起义　　B. 二次革命　　C. 护国战争　　D. 护法战争

10.(2015年上半年教师资格考试题)白寿彝在《中国通史纲要》中指出："它对封建主义的打击是前所未有的，它对知识青年摆脱旧思想的束缚起了巨大的作用，它为马克思列宁主义在中国的传播开辟了道路。"文中的"它"指的是(　　)。

A. 护国运动　　B. 新文化运动　　C. 护法运动　　D. 一二·九运动

11.(2020年下半年教师资格考试题)李大钊的著作《我的马克思主义观》最早发表在(　　)。

A.《新青年》　　B.《晨报》　　C.《每周评论》　　D.《时务报》

12. 1924年，中国国民党第一次全国代表大会在广州举行。此次会议的主要任务是(　　)。

A. 改组国民党　　B. 选举产生中央执行委员会

C. 通过组织国民政府的决议案　　D. 讨论收回租界问题

13. 毛泽东说"中国的秘密在农村"。为此，毛泽东在20世纪20年代所进行的探索是(　　)。

A. 参加中共"一大"　　B. 开创"农村包围城市"道路

C. 领导南昌起义　　D. 广泛建立敌后抗日根据地

14.(2019年下半年教师资格考试题)下列红军长征历程中的重大事件，按时间先后排列正确的是(　　)。

①召开遵义会议　②飞夺泸定桥　③吴起镇会师　④巧渡金沙江

A. ①②③④　　B. ①③④②　　C. ①④②③　　D. ②④①③

15. 延安时期是毛泽东思想的成熟时期。以下体现这种"成熟"的理论成果是(　　)。

A. 工农武装割据理论　　B. 新民主主义革命理论

C. 人民民主专政理论　　D. 社会主义革命理论

16. 1945年，随着日本宣布投降，中国人民迎来了抗日战争的完全胜利。其重要影响是(　　)。

①对世界反法西斯战争作出重要贡献　②大大增强了全国人民的自尊心和自信心

③中国的国际地位并未因此有所变化　④是近代以来第一次取得反侵略完全胜利

A. ①②③　　B. ②③④　　C. ①②④　　D. ①③④

17.(2019年下半年教师资格考试题)中国共产党在某次会议上提出："党要立即开始着手建立事业，一步一步地学会管理城市，并将恢复和发展城市中的生产作为中心任务。"这次会议是(　　)。

A. 中共六大　　B. 瓦窑堡会议

C. 洛川会议　　D. 中共七届二中全会

18. 近代中国思想主要经历了"师夷长技以制夷""中学为体，西学为用""托古改制""民主共和""民主与科学"等演进过程。它们反映的共同主题是(　　)。

A. 发展资本主义　B. 反抗外来侵略　C. 救亡图存　　D. 反对专制统治

19. 从社会发展的角度看，太平天国运动、辛亥革命和中国共产党领导的新民主主义革命的相同点在于(　　)。

A. 推动民主化进程　　B. 关注解决民生问题

C. 明确提出反帝主张　　D. 宣布平均分配土地

20.(2018 年上半年教师资格考试题)有人说:“天安门见证了新民主主义革命的开端和胜利。”与此说法相关的是(　　)。

①新文化运动　②五四运动　③中共一大　④开国大典

A. ①②　　B. ①③　　C. ②④　　D. ③④

【简答题】

21. 简述 19 世纪鸦片贸易对中国经济发展造成的影响。

22. 简述抗日战争胜利的原因。

【材料分析题】

23.

材料一:

中国代表团的顾维钧指出,德国在山东的一切权利应直接归还中国。中日关于山东的换文系因欧战爆发所致,此次和会理应予以变更。当日本代表强调它所获得的德国在山东的权益“公平合理”时,顾维钧当即反驳,“二十一条”是日本以武力威胁迫使袁世凯签署的,这不能成为依据。日本侵略山东不仅违反国际法,更会危害亚洲和世界安全,这不是巴黎和会的本意。

——摘自王芸生:《六十年的中国与日本》

材料二:

(1919 年)6 月 24 日以后,北京外交部接连电告代表团:国内局势紧张,人民要求拒签,政府压力极大,签字一事请中国代表团自行决定。

——摘自《顾维钧回忆录》

问题:

(1)根据材料一,概括指出中国代表团在巴黎和会上提出的要求和理由。

(2)根据材料并结合所学知识,说明中国代表团在巴黎和会上拒签和约的原因。

【参考答案】

1. D　2. A　3. A　4. C　5. C　6. A　7. B　8. D　9. C　10. B　11. A　12. A　13. B　14. C　15. B　16. C　17. D　18. C　19. B　20. C

21. 鸦片贸易不仅打破了中国对外贸易的优势,而且打破了中国经济发展的原有进程。其影响具体表现如下:

(1)鸦片贸易使中国对外贸易由顺差转为逆差,扰乱了中国经济的正常秩序,阻碍了中国经济的正常发展。白银的流向也由长期的流入变为流出,造成银贵钱贱,通货膨胀严重,民众生活更加困难。

(2)鸦片贸易影响中国其他贸易的正常开展,使经济状况恶化。在对外贸易方面,鸦片排挤了其他商品，成为进口商品中的最主要部分，外贸赤字数额逐年大幅增加。在国内贸易方面，鸦片泛滥造成国内劳动生产率下降，直接导致人们购买能力下降。

22. 抗日战争胜利的原因：(1)建立了抗日民族统一战线；(2)中国共产党坚持全面抗战路线，坚持抗日持久战总方针；抗击了大部分侵华日军和几乎全部伪军，成为全民族抗战的中流砥柱；(3)国民政府在正面战场的对日作战；(4)中国抗战胜利离不开爱国华侨和世界人民的大力援助；(5)抗日战争是一次反抗日本帝国主义灭亡中国的正义战争。

23.(1)要求：收回德国在山东的一切权利；废除中日两国之前签署的“二十一条”。

理由：山东自古以来就是中国领土；中国作为“一战”的战胜国，理应获得合法权益；“二十一条”是日本凭借武力威胁袁世凯签署的，违背条约签订应遵循的双方自愿原则；日本侵略山东不仅违反国际法，而且威胁亚洲和世界安全。

(2)原因：中国提出的合理要求遭到无理拒绝；国内爆发五四运动，强烈要求中国代表团拒绝在和约上签字，这是社会民意的要求；出于民族道义和历史责任，中国代表团坚决维护国家主权与领土完整，捍卫民族尊严。

第三章 中国现代史知识

【本章要点】

本章主要讲述1949年中华人民共和国成立以来的历史。在探索中华民族富强复兴的征程中，虽然经历失误和挫折，但中国共产党带领各族人民建立、健全了社会主义民主政治，探索出了符合国情的、有中国特色的社会主义市场经济体制；在对外关系上，探索出一条独立自主的和平外交之路；加强思想文化、科技、教育、国防、文艺等领域建设，全面改变中国积弱积贫面貌，引领中国走向繁荣富强。在此背景下，中国的国际地位和国际影响力日益增强，成为维护世界和平的重要力量。

【学习目标】

1. 认识中华人民共和国成立的伟大意义；概述新中国巩固人民政权的主要举措；认识新中国为民主政治建设和向社会主义过渡所作出的努力。

2. 了解20世纪50—70年代中国探索社会主义建设道路的曲折发展和伟大成就，认识“文化大革命”的错误及教训；理解政治、经济、外交、国防等领域所取得的成就在新中国历史上所具有的开创性、奠基性意义；认识毛泽东思想对近现代中国的深远影响。

3. 认识真理标准问题大讨论和党的十一届三中全会的历史意义；认识改革开放以来中国在各个领域取得的成就，综合国力及国际影响力的不断提高；认识“一国两制”对实现祖国完全统一的重大意义。

4. 认识邓小平理论的重要指导意义，“三个代表”重要思想和科学发展观的重大价值；认识中国特色社会主义进入新时代的重大意义和我国发展新的历史方位；认识习近平新时代中国特色社会主义思想是中华民族伟大复兴的行动指南。

【课程导言】

1949年10月1日，中华人民共和国成立了，自1840年以来百余年的奋斗结出了民族独立之果，实现了中国从几千年的封建专制政治向人民民主的飞跃。但中华民族迎来“站起来”只是万里长征的第一步，实现“富起来”“强起来”的伟大飞跃依然任重道远。中国共产党团结带领人民确立社会主义基本制度，敢于面对曲折，勇于修正错误，推进社会主义建设，完成了中华民族有史以来最为广泛而深刻的社会变革，创造了一个又一个彪炳史册的人间奇迹。重温过去、牢记历史、明确使命，可以点燃我们为中华民族伟大复兴而奋斗的激情。

一、中华人民共和国成立和社会主义的过渡

(一)1949年中国人民政治协商会议及中华人民共和国成立的历史意义

1949年9月，中国人民政治协商会议第一届全体会议在北平召开。中国共产党、各民主党派、无党派人士、国外华侨及特邀代表662人参加了会议。会议讨论通过了《中国人民政治协商会议共同纲领》(简称《共同纲领》)和关于国都、纪年、国歌、国旗四个议案。国都定于北平，自即日起改名为北京；纪年采用公元；以《义勇军进行曲》为国歌；国旗为五星红旗。

《共同纲领》规定中华人民共和国为新民主主义即人民民主主义的国家，实行工人阶级领导的、以工农联盟为基础的、团结各民主阶级和国内各民族的人民民主专政，反对帝国主义、封建主义和官僚资本主义，为中国的独立、民主、和平、统一和富强而奋斗。大会选举产生了中央人民政府委员会，毛泽东为主席，朱德、刘少奇、宋庆龄、李济深、张澜、高岗为副主席。

延伸阅读

《共同纲领》

《共同纲领》是新中国第一部具有临时宪法性质的文献，是中国共产党建设新民主主义社会理论的具体体现，对即将诞生的人民共和国的各项工作起到了规范和指导的作用，是新中国的建国纲领。

1949年10月1日下午3时，在天安门广场隆重举行开国大典。毛泽东庄严宣告中华人民共和国中央人民政府成立，并宣读中央人民政府公告。中华人民共和国的成立，结束了帝国主义、封建主义和官僚资本主义长期压迫和剥削中国各族人民的历史，人民真正成为国家的主人，从根本上改变了中国社会的发展方向，为实现由新民主主义向社会主义过渡创造了前提条件。中华民族开始以崭新的姿态自立于世界民族之林，中国历史进入新纪元。

(二)土地改革运动

1950年，中央人民政府颁布《中华人民共和国土地改革法》，作为推进新解放区土地改革工作的基本依据。它规定废除地主阶级封建剥削的土地所有制，实行农民土地所有制。同年冬起，全国分批进行土地改革，到1952年年底，除一部分民族地区外，土地改革在中国大陆基本完成，约三亿无地少地农民共获得七亿亩土地。土改摧毁了封建剥削土地所有制，解放了农村生产力，促进了农业的恢复和发展，为国家工业化和农业社会主义改造扫除了障碍。

(三)抗美援朝战争

1950年6月25日，朝鲜爆发内战，美国公开宣布将武装援助韩国，同时“命令第七舰队阻止对台湾的任何攻击”，阻止中国解放台湾。美国还操纵联合国安理会通过决议，组成以美国为首的“联合国军”，越过三八线，直逼中朝边境的鸭绿江和图们江，扩大侵朝战争，严重威胁中国国家安全。1950年10月，应朝鲜政府要求，中国政府决定，派出以彭德怀为司令员的中国人民志愿军开赴朝鲜，抗美援朝，保家卫国。

战争分为前后两个阶段，1950年10月到1951年6月为战争第一阶段，志愿军以“运动战为主，与部分阵地战、敌后游击战相结合”的战略方针，把对方从鸭绿江边赶回到三八线以南，使战线稳定在三八线附近。从1951年7月起，在苏联的建议下，双方开始举行停战谈判，战争进入第二阶段，出现边谈边打的局面。1953年7月27日，美国被迫在停战协定上签字，朝鲜战争结束①，中国人民取得抗美援朝战争的胜利。

抗美援朝战争打出了国威和军威，提高了新中国的国际地位，为我国经济建设及社会改革争取了相对稳定的和平环境。在战争中和战争结束后，美国对中国实行长期封锁，致使两国关系长期处于敌对状态。这场战争塑造了伟大的抗美援朝精神，志愿军可歌可泣的英雄事迹汇成强大的民族凝聚力，极大地鼓舞着全国人民为保卫和建设祖国而团结奋斗。

(四)国民经济恢复工作

中华人民共和国成立时，由于帝国主义的长期侵略和掠夺、国民党反动派的腐朽统治以及战争的破坏摧残，财政极为困难，国民经济是一个千疮百孔的烂摊子。为恢复和发展国民经济，党和政府主要采取了三个方面的措施：没收官僚资本以建立国营经济、稳定物价和统一财经、合理调整工商业。为解决通货膨胀和应对投机资本利用财政困难哄抬物价、扰乱市场的行为，人民政府通过加强金融管理和“银元之战”“米棉之战”等斗争来稳定市场物价。为了从根本上稳定物价，政务院通过统一全国财政收支、统一全国物资调度、统一全国现金管理等措施，实现了国家财政经济的统一。1950年6月中共七届三中全会后，人民政府在统筹兼顾的原则下开始全面调整工商业，使私营工商业不但渡过了难关，而且有很大发展，促进了整个国民经济的恢复和发展。

经过三年的努力，到1952年年底，国民经济恢复工作基本完成。与此同时，国民经济结构也发生了深刻变化，“国营经济、合作经济、个体经济、私人资本主义经济、国家资本主义经济都得到了发展，而国营经济的发展最为迅速。”②为国家有计划地开展经济建设打下了良好的基础。

(五)中华人民共和国成立初期外交工作

中华人民共和国成立后，为了建立新中国独立自主的新型外交，毛泽东提出了“另

---

① 张岂之主编：《中国历史·中华人民共和国卷》，27～29页，北京，高等教育出版社，2001。

② 林元旦、李心华：《我国社会主义改造的历史经验再反思》，载《兰州大学学报(社会科学版)》，2014(1)。

起炉灶”“打扫干净屋子再请客”“一边倒”等重要外交方针。

概念链接

“另起炉灶”：是指不承认国民党政府同各国建立的旧外交关系，而要在新的基础上经过谈判同各国另行建立新的外交关系，使中国在政治上建立起独立的对外关系。

“打扫干净屋子再请客”：是指不急于同帝国主义国家建交，把帝国主义在中国的残余势力清除一下，再探讨建交问题。

“一边倒”：是指新中国的外交倒向社会主义阵营一边，和苏联站在一条战线上。

新中国积极同邻近国家和新兴民族国家发展友好关系。1949 年 10 月 3 日，苏联第一个同新中国建交。到中华人民共和国成立一周年时，与中国建交的国家有 17 个，另有 8 个国家承认了中华人民共和国。1953 年 12 月，周恩来在接见印度代表团时，第一次提出了和平共处五项原则。该原则在国际上产生了深远影响，成为解决国与国之间问题的基本原则。

1954 年 4 月，讨论朝鲜问题和印度支那问题的日内瓦会议召开，这是新中国首次以世界五大国之一的地位参加讨论国际问题的重要会议。印度支那问题由于中国作出的努力得以政治解决，显示了刚刚登上国际舞台的新中国在通过谈判解决国际争端、维护世界和平方面所起的积极作用。1955 年，29 个亚非国家政府首脑在印尼的万隆举行国际会议，周恩来提出“求同存异”的方针，促进了会议取得成功，加强了中国同亚非各国的联系。亚非会议后，中国独立自主的和平外交取得了新进展。从 1954 年 9 月至 1956 年，中国与挪威、南斯拉夫、阿富汗、尼泊尔、埃及、叙利亚、也门等国建交，同英国、荷兰建立了代办级外交关系。

(六)政治协商制度的建立和发展

1949 年中国人民政治协商会议第一届全体会议的召开，标志着中国共产党领导的多党合作和政治协商制度的建立。1954 年第一届全国人大召开及人民代表大会制度的建立，使人民政协的职能发生了重大变化。1954 年 12 月，中国人民政治协商会议第二届全国委员会第一次会议在北京召开，强调在代行全国人大职权的作用结束后，全国政协作为统一战线组织仍然存在，并继续发挥重要作用。

政协成为各民主党派和爱国民主人士参政议政的舞台，其主要职能是政治协商和民主监督。1956 年，中国共产党提出与民主党派“长期共存、互相监督”的方针，受到各民主党派的热烈拥护，组成了最广泛的爱国统一战线，中国的政治协商制度发展到新阶段。

(七)民族区域自治制度

为了实现民族平等、民族团结和各民族共同繁荣，1949 年《共同纲领》明确规定，在“各少数民族聚居地区，应实行民族区域自治”。1954 年宪法正式确认，民族区域自

治制度为中国的一项基本政治制度。1947 年 5 月内蒙古自治区成立，成为我国最早的省级民族区域自治地方。1955 年 10 月新疆维吾尔自治区成立，1958 年 3 月广西壮族自治区成立，1958 年 10 月宁夏回族自治区成立，1965 年 9 月西藏自治区成立。

民族区域自治制度的长期实行，既满足了少数民族人民当家作主的愿望、促进了各民族的共同发展繁荣，也营造了团结和谐的民族关系，对实现“两个一百年”奋斗目标和中华民族伟大复兴意义重大。

（八）第一届全国人民代表大会及 1954 年宪法

1954 年 9 月 15 日至 28 日，第一届全国人民代表大会第一次会议在北京召开。大会通过《中华人民共和国宪法》。《中华人民共和国宪法》规定我国是“工人阶级领导的、以工农联盟为基础的人民民主国家”，“人民行使权力的机关是全国人民代表大会和地方各级人民代表大会”；规定“公民有言论、出版、集会、结社、游行、示威的自由”，同时也规定公民有爱护和保卫公共财产的义务，有依法纳税和服兵役的义务。

1954 年宪法体现了人民民主和社会主义两大原则，是中国第一部社会主义类型的宪法，为中国从新民主主义社会过渡到社会主义社会提供了法律保证。大会确立的人民代表大会制度是根本政治制度，中国共产党领导的多党合作和政治协商制度、民族区域自治制度是基本政治制度，它们初步构成了我国的社会主义政治制度体系。

（九）第一个五年计划和三大改造

1953 年，中国共产党根据国内经济、政治条件及国际形势的变化，提出过渡时期总路线，实施发展国民经济的第一个五年计划，逐步实现国家的社会主义工业化，并逐步实现国家对农业、手工业和资本主义工商业的社会主义改造。

“一五”计划的基本任务是集中主要力量发展重工业，建立国家工业化和国防现代化的初步基础，相应地发展轻工业、农业、交通运输业、商业和文教科学事业。其中，工业化建设以苏联援建的 156 项重点工程为中心，侧重于重工业，突出冶金工业和机械工业。到 1956 年，原定主要指标大都提前完成；到 1957 年年底，各项计划指标超额完成。这为社会主义工业化奠定了初步基础，开始改变中国经济落后面貌。同时，人民生活水平得到提高。

随着过渡时期总路线的提出和宣传，国家对农业、手工业和资本主义工商业的社会主义改造也有步骤地开展。广大农民组织起来，参加农业生产合作社，走集体化道路；手工业者也纷纷加入手工业生产合作社；在农业、手工业合作化的影响下，资本主义工商业采取和平改造的方针，掀起全行业公私合营高潮。到 1956 年年底，三大改造基本完成，中国社会经济结构发生了根本变化，生产资料私有制变为社会主义公有制，社会主义经济体系在我国基本建立起来。这表明中国已经从新民主主义社会过渡到社会主义社会，进入社会主义初级阶段。

二、社会主义建设在探索中曲折发展

(一)“双百方针”

1956 年，随着我国社会制度发生变化，人民生活方式、社会交往方式也发生很大变化。党和国家面临全面探索建设社会主义，希望知识分子在社会主义建设中发挥更大作用。1956 年春，毛泽东在中共中央政治局扩大会议上提出在科学和文化工作中实行“百花齐放、百家争鸣”的方针，即艺术问题上“百花齐放”，学术问题上“百家争鸣”。此后，“百花齐放、百家争鸣”成为我国促进艺术发展和科学进步，促进社会主义文化繁荣的指导方针。

(二)中共八大

1956 年 9 月 15 日至 27 日，中国共产党第八次全国代表大会在北京召开。根据社会主义制度已经在我国建立起来的新形势，大会提出，“国内的主要矛盾，已经是人民对于建立先进的工业国的要求同落后的农业国的现实之间的矛盾。已经是人民对于经济文化迅速发展的需要同当前经济文化不能满足人民需要的状况之间的矛盾”。因此，党和人民的主要任务是集中力量把我国尽快地从落后的农业国变为先进的工业国。大会重申了必须坚持既反保守又反冒进，即在综合平衡中稳步前进的经济建设方针；重申了在科学和艺术工作中必须坚持“双百方针”。

中共八大为即将到来的全面社会主义建设指明了前进方向，是我国建设社会主义道路的一次成功探索。但八大之后，由于国内外形势的变化，党在指导思想上产生“左”的错误，八大的路线和许多正确方针未能在实践中坚持下去。

(三)八大二次会议、“大跃进”及人民公社化运动

1958 年 5 月，中共中央在北京召开了党的八大二次会议。会议是在批判反冒进、高扬“大跃进”的气氛下进行的，中共中央提出了“鼓足干劲、力争上游、多快好省地建设社会主义”的总路线。会后，全国以大炼钢铁为中心的“大跃进”迅速掀起高潮，片面要求大办工业、大办农业。工业生产各部门制定出在几年内产量赶超英国和美国的高指标，农业上出现“人有多大胆，地有多大产”等主观臆断的口号。在“大跃进”运动进入高潮时，中央又通过在农村建立人民公社的决议。这样，一个由小社变大社进而转为办人民公社的人民公社化运动在全国农村很快达到高潮。

“大跃进”和人民公社化运动反映了广大人民迫切要求改变我国经济落后面貌的普遍愿望，但忽视了经济发展的客观规律，超越了历史发展阶段。加上社会主义建设的经验不足以及当时的自然灾害等因素，1959—1961 年，我国经济出现了严重困难。

(四)“八字方针”的提出和落实

面对“大跃进”和人民公社化运动所造成的严重困难，中共中央开始纠正经济工作

中的“左”倾错误，对各项政策进行大幅度调整。国家计委重新编制1961年国民经济计划时，李富春提出应以整顿、巩固、提高为主，得到周恩来肯定。周恩来补充了“充实”，将“整顿”改为“调整”，这就形成了“调整、巩固、充实、提高”的“八字方针”。1961年1月召开的中共八届九中全会正式批准了“八字方针”。国民经济调整中，在农村，着重解决人民公社化运动中以“一平二调”为主要内容的“共产风”，调整人民公社管理体制，调动农民和基层干部的积极性；在城市，缩短重工业和基本建设战线，精简职工，动员城市人口下乡。同时，努力做好稳定市场、缓和供应紧张及加强对工商业的管理等工作。经过贯彻“八字方针”，从1962年起，经济逐步得到恢复和发展。到1965年，国民经济调整任务基本完成，并在一些领域取得重大成就。[1]

（五）“文化大革命”

1966年，“文化大革命”开始。其间，在林彪、江青等人的煽动下，各地造反派到处揪斗所谓“走资派”“反动学术权威”和“牛鬼蛇神”，大批党和政府的各级领导人、各界知名人士和学者惨遭批斗、抄家和残酷的人身迫害。“文化大革命”使我国根本政治制度人民代表大会制度、政治协商制度以及法制遭到严重破坏，公民的基本权利和人身自由失去保障，中华人民共和国成立后逐渐建立起来的社会主义民主政治制度中断了。

国民经济也因社会大动乱而急剧恶化，经济工作的指挥、调度和管理系统陷入瘫痪、半瘫痪状态，物资不足、市场供应紧张，人民生活水平随之下降。面对困难局面，1971年，周恩来主持中央日常工作，着手恢复调整国民经济。到1973年，国民经济出现复苏局面。1975年，周恩来病重，在毛泽东支持下，邓小平主持中央日常工作，明确提出全面整顿的思想，采取有效措施，使国民经济呈现迅速回升状态。但不久，邓小平被再次打倒，刚刚稳定的形势又陷入混乱。

1976年9月，毛泽东逝世，江青反革命集团加紧进行夺取党和国家最高领导权的阴谋活动。同年10月，中央政治局执行党和人民的意志，毅然粉碎了江青反革命集团，结束了为期十年的“文化大革命”。实践证明，“文化大革命”不是任何意义上的革命或社会进步，而是一场由领导人错误发动、被反革命集团利用，给党、国家和各族人民带来严重灾难的内乱。

（六）打开外交新局面

中华人民共和国成立以来，由于美国奉行孤立政策，中国在联合国的合法席位一直被台湾国民党集团非法占据。1971年10月25日，联合国大会第二十六届会议由阿尔巴尼亚等18国（后增加为23国）代表提议，将恢复中国在联合国合法权利案作为紧急问题列入议程，并以压倒性多数获得通过，从而恢复了中华人民共和国在联合国的合法席位，同时把台湾国民党集团代表从联合国的一切机构中驱逐出去。这是我国外

---

① 张岂之主编：《中国历史·中华人民共和国卷》，137～142页，北京，高等教育出版社，2001。

交的重大胜利，使美国孤立中国的政策破产。

20 世纪 70 年代，中国外交打开新局面，迎来了中华人民共和国成立以来与世界各国建交的又一次高潮。与中国建交的国家的数量从 1965 年的 49 个增加到 1976 年的 111 个，其中多数是发展中国家。1972 年，中美两国结束长期敌对状态，开始走向关系正常化；1979 年，中美两国正式建立外交关系。1972 年，中日邦交正常化。至此，20 世纪 50 年代以来美国遏制中国所形成的外交僵局终于被打破，我国外交出现新局面。

三、改革开放与社会主义现代化建设新时期

(一)伟大的历史转折

1978 年 12 月，中共十一届三中全会在北京召开。全会以邓小平的《解放思想，实事求是，团结一致向前看》重要讲话为指导，决定停止使用“以阶级斗争为纲”，作出把党和国家工作中心转移到经济建设上来，实行改革开放的战略决策。全会重新确立了党的思想路线、政治路线和组织路线，恢复了党的民主集中制的优良传统，审查和解决了中华人民共和国成立以来遗留的一批重大问题和一些重要领导人的功过是非问题。中共十一届三中全会实现了中华人民共和国成立以来党和国家历史上具有深远意义的伟大转折，开启了改革开放和社会主义现代化建设新时期。

中共十一届三中全会以后，党和国家按照实事求是、有错必纠的原则加快平反冤假错案的步伐，“文化大革命”中受到迫害的干部、各党派人士和知识分子等相继恢复了名誉。1981 年 6 月，中共十一届六中全会召开，审议并通过了《关于建国以来党的若干历史问题的决议》，科学总结了中华人民共和国成立 32 年来的历史，为统一全党思想、开展改革开放新的伟大革命打下了重要的思想基础。1982 年年底，五届全国人大五次会议表决通过了《中华人民共和国宪法》。这部宪法增加了适应改革开放和社会主义现代化建设的新规定，标志着我国社会主义民主政治建设进入新的阶段。

(二)农村和城市经济体制改革

经济体制改革首先从农村开始。1978 年，安徽、四川一些农村开始实行包产到组、包产到户的农业生产责任制，得到中央肯定。不久，在全国普遍推行了以家庭承包经营为主要形式的生产责任制。家庭联产承包责任制的推行，解放了农村生产力，使农村出现了大量剩余劳动力，党和政府积极鼓励他们从事社会急需的行业。1984 年后，国家同意将社队企业名称改为乡镇企业。由此，乡镇企业异军突起，成为中国农村实现小康的重要途径。[①]

农村经济体制改革的成功，促进了城市经济体制改革。1984 年以后，以增强企业活力、把企业搞活为中心环节的城市经济体制改革全面展开。在管理体制上，实行政

---

① 张岂之主编：《中国历史·中华人民共和国卷》，276 页，北京，高等教育出版社，2001。

企分开、简政放权，使企业成为自主经营、自负盈亏的社会主义商品生产者和经营者。在所有制上，变单一公有制经济为以公有制经济为主体、多种所有制经济共同发展。在分配上，实行以按劳分配为主、多种分配方式并存的分配制度。

1992 年年初，邓小平先后赴南方视察武昌、深圳、珠海和上海等地，发表了一系列重要讲话，阐明了社会主义的本质，提出要搞好社会主义市场经济。同年 10 月，中共十四大召开，提出我国经济体制改革的目标是建立社会主义市场经济体制。我国按照现代企业制度的总体思路推进国有企业改革，大力推进财政、税收、外贸、外汇、价格、住房、社会保障等方面的体制改革。进入 21 世纪，改革开放向重点领域和关键环节稳步推进，国民经济迈上新台阶。

(三)对外开放格局的基本形成

1980 年，国家正式将“出口特区”定名为“经济特区”，深圳、珠海、汕头、厦门成为我国第一批经济特区。1988 年，中国设立海南省，划出海南岛设置经济特区。经济特区以吸收和利用外资为主，实行以社会主义公有制为主导的多元化经济所有制形式，经济活动以市场调节为主，对外商投资给予优惠和方便，使经济特区成为全国发展的排头兵。深圳作为最早的经济特区，被称为“一夜崛起的城市”。

经济特区外向型经济的建立和发展具有探索和示范作用，为全国提供了宝贵经验。1984 年，国家决定开放天津、上海、福州、广州、青岛、大连等 14 个沿海港口城市，形成我国对外开放的“黄金海岸”。1985 年以后，长江三角洲、珠江三角洲、闽东南地区和环渤海地区又相继开辟为沿海经济开放区。同时，还在沿海和其他地区的开放城市中划出一定区域建立经济技术开发区，以引进外资，生产高新技术产品或加工出口产品。1990 年，中央决定开发开放上海浦东，这成为 20 世纪 90 年代初国家经济发展的重大战略步骤。

2000 年 10 月，中共十五届五中全会提出实施“走出去”战略，后来发展成为“引进来”和“走出去”相结合的开放战略。2001 年 12 月，中国正式加入世界贸易组织，使中国更深层次地参与经济全球化进程、参与国际规则的制定。经过多年努力，我国已形成了全方位、多层次、宽领域的对外开放新格局。

(四)“一国两制”构想和祖国统一大业

20 世纪 80 年代初，邓小平提出“一个国家、两种制度”的构想，即在一个中国前提下，国家主体坚持社会主义制度，香港、澳门、台湾保持原有资本主义制度长期不变。在国际上代表中国的，只能是中华人民共和国。

“一国两制”构想首先用于解决香港、澳门问题。1984 年 12 月，经过谈判，中英双方在北京签署了关于香港问题的联合声明，中国政府于 1997 年 7 月 1 日对香港恢复行使主权。中国与葡萄牙经过谈判，于 1987 年 4 月签署了关于澳门问题的联合声明，1999 年 12 月 20 日，中国政府对澳门恢复行使主权。

1979 年元旦，中国人民解放军停止炮击金门，实现了两岸 30 年来的真正停火；

1987年开始，台湾当局采取一些开放措施允许台湾居民赴大陆探亲，并在经济文化方面进行交流，两岸隔绝状态被打破。1990年台湾成立海峡交流基金会，次年大陆成立海峡两岸关系协会。1992年，两会达成“九二共识”，即“海峡两岸均坚持一个中国原则”的重要共识，这是两岸关系发展的一次历史性突破。2008年，两岸实现了“三通”，即通邮、通航、通商。2015年11月7日，两岸领导人习近平、马英九在新加坡会面，就进一步推进两岸关系和平发展交换意见。这是自1949年以来两岸领导人的首次会面，翻开了两岸关系历史性的一页。

(五)新时期的外交建树

中共十一届三中全会后，全党全国工作重点转移到经济建设上来。实行改革开放需要一个和平的国际环境，反对霸权主义、维护世界和平成为中国外交政策的目标。

中国积极参加联合国及其专门机构和其他国际组织的活动，积极开展以联合国为中心的多边外交，对世界和平与发展作出了重大贡献。中国还积极参与地区性国际组织的外交活动，如于2001年10月在上海成功举办了亚太经合组织第九次领导人非正式会议。中国还积极发展与周边国家的睦邻友好关系，以建立和平的周边环境。

中国积极促进全球治理体系改革与完善，推动气候变化《巴黎协定》生效。中国倡议设立的亚洲基础设施投资银行，是对既有国际金融体系的有益补充。共商、共建、共享是中国提出的“一带一路”倡议的核心理念，是各方推进“一带一路”建设的重要共识，被写入联合国决议和亚太经合组织领导人宣言等重要国际文件。中国正从经济全球化的积极参与者变成更具有影响力和作用力的推动者。中国坚持和平发展道路，推动构建人类命运共同体，为世界和平与发展提供中国方案。

(六)中国特色社会主义理论的形成和发展

中共十一届三中全会后，以邓小平同志为主要代表的中国共产党人总结中华人民共和国成立以来正反两方面的经验，解放思想，实事求是，实现全党工作中心向经济建设转移，实行改革开放，开辟了社会主义事业发展的新时期，逐步形成了建设中国特色社会主义的路线、方针、政策，阐明了在中国建设、巩固和发展社会主义的基本问题，创立了邓小平理论。邓小平理论指引着我国社会主义现代化事业不断前进。在1997年中共十五大上，邓小平理论被写入党章，并被确立为党的指导思想。

延伸阅读

邓小平理论形成过程

1.1982年中共十二大上，邓小平首次提出“建设有中国特色的社会主义”的命题。

2.1987年中共十三大系统阐述了社会主义初级阶段理论和党在社会主义初级阶段的基本路线。

3.1992年邓小平南方谈话围绕“什么是社会主义，怎样建设社会主义”展开，把我国的改革开放和现代化建设推向新阶段。

4.1992 年中共十四大明确将建立社会主义市场经济体制作为经济体制改革目标，确立了邓小平建设有中国特色社会主义理论在全党全国工作中的指导地位。

5.1997 年中共十五大将邓小平理论作为党的指导思想写入党章。

1989 年中共十三届四中全会以后，以江泽民同志为主要代表的中国共产党人加深了对什么是社会主义、怎样建设社会主义和建设什么样的党、怎样建设党的认识，形成了“三个代表”重要思想。在 2002 年中共十六大上，“三个代表”重要思想被写入党章，并被确立为党的指导思想。中共十六大以后，以胡锦涛同志为主要代表的中国共产党人深刻认识和回答了新形势下实现什么样的发展、怎样发展等重大问题，形成了以人为本、全面协调可持续发展的科学发展观。在 2007 年中共十七大上，科学发展观被写入党章。在 2012 年中共十八大上，科学发展观被确立为党的指导思想。

2017 年，中国共产党第十九次全国代表大会召开。大会明确指出，中国特色社会主义迈入了新时代，我国社会主要矛盾已经转化为人民日益增长的美好生活需要和不平衡不充分的发展之间的矛盾。大会确立习近平新时代中国特色社会主义思想为中国共产党必须长期坚持的指导思想，这是马克思主义中国化的最新成果，是全党全国人民为实现中华民族伟大复兴而奋斗的行动指南。

2022 年，中国共产党第二十次全国代表大会召开。大会深刻阐述了习近平新时代中国特色社会主义思想的科学内涵和精神实质。大会明确提出以中国式现代化全面推进中华民族伟大复兴的使命任务，精辟论述了中国式现代化的中国特色、本质要求和重大原则，深刻阐释了中国式现代化的历史渊源、理论逻辑、实践特征和战略部署，大大深化了我们党关于中国式现代化的理论和实践。大会指出，教育、科技、人才是全面建设社会主义现代化国家的基础性、战略性支撑；全过程人民民主是社会主义民主政治的本质属性。

(七)新中国的科技成就

中华人民共和国成立后，我国果断作出了发展原子弹、导弹和人造地球卫星即“两弹一星”的战略决策。1956 年，国家把原子弹、火箭和电子计算机等高科技列为发展重点。1963 年，我国部署了导弹、原子弹、氢弹的研究实验，安排了人造卫星的研制。1964 年，我国自行设计制造的中近程导弹试验成功。同年，中国第一颗原子弹爆炸成功，我国由此跨入核国家行列。1970 年，我国第一颗人造地球卫星“东方红一号”发射成功，使我国成为世界上第五个能独立发射人造卫星的国家，中国开始进入航天时代。20 世纪 90 年代，我国开始实施载人航天工程。1999 年 11 月，神舟一号无人飞船成功完成载人航天工程第一次飞行试验，开启了我国的飞天之旅。2003 年 10 月，航天员杨利伟乘坐神舟五号飞船升入太空，并成功返回地面，我国成为世界上第三个掌握载人航天技术的国家。

1986 年 3 月，面对世界高技术蓬勃发展、国际竞争日趋激烈的严峻挑战，党中央、国务院启动实施了“高技术研究发展计划”，即“863 计划”。该计划的科学研究集中在生物技术、航天技术、信息技术、激光技术、自动化技术、能源技术和新材料领域。1996年，又将海洋高技术列为该计划的第八个领域。“863计划”所取得的成就在提升我国自主创新能力、提高国家综合实力、增强民族自信心等方面发挥了重要作用。

20世纪70年代，农业科学家袁隆平经过多年反复试验，成功培育出籼型杂交水稻，比常规稻增产20%左右。袁隆平和他的杂交水稻为解决我国这样一个人口大国的吃饭问题和保障我国的粮食安全作出了巨大贡献，对解决世界性饥饿问题也有重要贡献。

(八)新中国的国防建设

中华人民共和国成立伊始，中央军委提出了“为建设现代化正规化的国防军而奋斗”的军队建设总方向和总目标。“人民解放军在陆军的基础上先后建立了空军、海军、炮兵、装甲兵、防空部队、公安部队、工程兵、铁道兵、通信兵、防化兵部队等。到1953年，人民解放军完成了由单一步兵型军队向诸军种合成的转变，迈出了现代化正规化建设的重要一步。”①同时，在国防物质技术基础建设、政治思想教育、军事训练等方面也取得显著成绩。

1971年我国自行研制成功导弹驱逐舰、核潜艇等，并多次远洋航行，圆满完成科学考察和对外出访的任务。至20世纪90年代以后，我国海军已形成由水面舰艇部队、潜艇部队、海军航空兵、海军陆战队等多兵种组成的格局。1956年我国仿制成功歼-5型歼击机，改革开放以来又自行研制和引进了一批新型飞机，提升了空军现代化装备水平。1957年我国开始建设战略导弹部队，1966年中国人民解放军第二炮兵在北京正式成立，这是新中国国防史上具有重大意义的事件，标志着人民解放军的现代化建设进入新阶段。

同时，我国国防和军队改革取得历史性突破，形成军委管总、战区主战、军种主建新格局，人民军队组织架构和力量体系实现革命性重塑。中国人民解放军整体实力跃升，向着世界一流军队迈进。划设东海防空识别区，开展钓鱼岛维权斗争，执行南海常态化战斗巡航，有效进行海上维权、反恐维稳、抢险救灾、国际维和、亚丁湾护航、人道主义救援等重大任务。

复习注意问题

1. 历史地看待中国共产党带领全国人民探索建设社会主义过程中所发生的“大跃进”、人民公社化运动等，不能简单地用改革开放后的历史否定改革开放前的历史，反之亦然。

2. 要基于中国特色社会主义理论发展的具体历程，体会和感悟中国共产党人坚持解放思想、实事求是、与时俱进、开拓创新的精神担当。

3. 要注意搞清楚“社会主义初级阶段”的起始时间，分析理解“社会主义初级阶段”

① 张岂之主编：《中国历史·中华人民共和国卷》，74页，北京，高等教育出版社，2001。

的基本特征、主要矛盾、主要任务等，即准确分析“社会主义初级阶段”的国情。

4. 通过梳理新中国取得的伟大建设成就，增强中国特色社会主义道路自信、理论自信、制度自信、文化自信。

本章小结

本章主要学习了中国共产党团结带领全国各族人民完成社会主义革命，确立社会主义基本制度，推进社会主义建设，完成中华民族有史以来最为广泛而深刻的社会变革的历史。在此过程中，虽然经历了“左”倾思想泛滥以致发生“文化大革命”等严重错误的曲折岁月，但人大、政协、民族区域自治、“一国两制”等基本制度的确立，社会主义市场经济体制的日益健全，外交领域和舞台的扩展，改革开放的持续深化等，实现了中华民族由近代不断衰落到根本扭转命运、持续走向繁荣富强的伟大飞跃。

关键术语

三大改造　改革开放　社会主义市场经济　新时代中国特色社会主义

思考题

1978 年中共十一届三中全会以来，中国迈入了改革开放的社会主义建设新时期。改革开放以前与改革开放以后的历史发展似乎有很大区别，那么，我们应如何看待改革开放前近 30 年的历史与改革开放后 40 多年的历史之间的关系？

拓展阅读

1. 林毅夫：《中国经济专题(第二版)》，北京，北京大学出版社，2012。

2. [美]吉尔伯特·罗兹曼主编：《中国的现代化》，南京，江苏人民出版社，2010。

3. 金冲及：《二十世纪中国的崛起》，上海，上海人民出版社，1999。

实训练习

【单项选择题】

1.(2017 年上半年教师资格考试题)统计数据表明：全国农村人口的人均乡村社会商品零售额 1950 年为 21.7 元，到 1952 年提高到 30.7 元，平均每年递增 18.9%。这说明(　　)。

A. 农民生活有了明显改善　　B. 合作社促进了农业生产

C. 农产品价格大幅度提升　　D. 城乡交流已经初见成效

2.(2015 年上半年教师资格考试题)毛泽东说：“现在我们能造什么？能造桌子、椅子，能造茶壶、茶碗，能种各种粮食，还能磨成面粉，还能造纸，但是一辆汽车、一架飞机、一辆坦克、一辆拖拉机都不能造。”为了改变这一落后面貌，党和国家采取的措施是(　　)。

A. 进行土地改革　　B. 开展人民公社化运动

C. 实行“一五”计划　　　　　　　　　　D. 掀起“大跃进”运动

3. 抗美援朝战争取得胜利，极大地振奋了中国人民保家卫国、投身社会建设的热情。抗美援朝战争结束于(　　)。

A. 1951 年 6 月　　B. 1952 年 8 月　　C. 1952 年 10 月　　D. 1953 年 7 月

4.(2018 年上半年教师资格考试题)下图是我国“一五”计划期间各部门的投资比例示意图，此图反映的是(　　)。

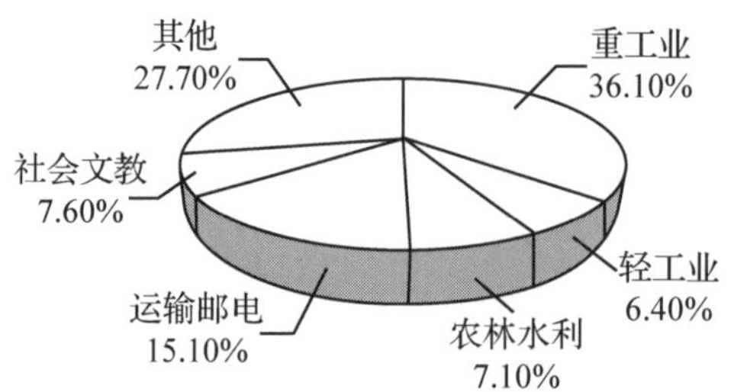

A. 优先发展重工业　　　　　　　　　　B. 各行业协调发展

C. 奠定轻工业基础　　　　　　　　　　D. 国民经济比例失调

5. 1953—1956 年，我国进行了社会主义三大改造。社会主义三大改造的实质是(　　)。

A. 引导广大农民走社会主义道路　　　　B. 把农民私人生产纳入计划经济

C. 探讨我国社会主义建设的道路　　　　D. 变革生产关系的社会主义革命

6. 民族区域自治制度是我国的一项基本政治制度。在我国的五个自治区中，最早和最晚成立的分别是(　　)。

A. 内蒙古自治区 西藏自治区　　　　　B. 内蒙古自治区 宁夏回族自治区

C. 新疆维吾尔自治区 宁夏回族自治区　D. 广西壮族自治区 西藏自治区

7. 1954 年宪法将我们国家的性质表述为“工人阶级领导的、以工农联盟为基础的人民民主国家”，该表述表明(　　)。

A. 我国资产阶级被消灭　　　　　　　　B. 三大改造还没有完成

C. 人民公社体制已确立　　　　　　　　D. 经济基础还十分薄弱

8. 中华人民共和国成立后，在“一边倒”外交方针指导下的外交实践有(　　)。

①与苏联建立外交关系　②签订《中苏友好同盟互助条约》

③参加万隆会议　　　　④提出和平共处五项原则

A. ①②　　　　B. ①②③　　　　C. ①②④　　　　D. ①②③④

9.(2017 年上半年教师资格考试题)下列我国外交方针中，最能体现“君子和而不同”理念的是(　　)。

A. 另起炉灶　　B. 一边倒　　C. 求同存异　　D. 联美遏苏

10.“双百方针”是促进我国社会主义科学和文化繁荣的基本方针，但贯彻中曾经历曲折，主要原因是(　　)。

A.“百花齐放”中的文艺作品偏离主题

B.“百家争鸣”中的学术活动观点混乱

C. 它否认社会主义社会依然存在着矛盾

D. 将文艺和学术的问题看成是政治问题

11.（2018年上半年教师资格考试题）有报道说：“过去每亩（山药）两千棵秧子的耕作法发展到这里的每亩一万五千棵，计划产量从每亩二十万斤直到一百万斤。”这段报道反映的史实是（　　）。

A. 土地改革运动　　B.“大跃进”运动

C. 农业合作化　　D. 农村经济体制改革

12.（2019年上半年教师资格考试题）据统计，福建宁德地区的粮食产量从1978年的70万吨提高到1983年的82万吨，1992年全地区16.6万户贫困户累计解决温饱16.1万户。导致这一结果的直接原因是（　　）。

A. 中共十一届三中全会的召开　　B. 农业税的取消

C. 家庭联产承包责任制的实行　　D. 扶贫攻坚计划的开展

13. 我国社会主义市场经济体制的基本框架最终确立是在（　　）。

A. 中共十二大　　B. 中共十四大

C. 中共十四届三中全会　　D. 中共十五大

14. 改革开放后，我国在深圳、珠海等地设立经济特区，这是因为它们（　　）。

A. 经济发展水平居全国领先地位　　B. 拥有邻近港澳的地理优势

C. 已相继设立了许多外资企业　　D. 城市经济体制改革取得成绩

15. 1979年，安徽凤阳县小岗村的粮食获得空前大丰收。这个自农业合作化以来从未向国家交过一斤公粮的村子，第一次向国家交了公粮。这是因为（　　）。

A. 家庭联产承包责任制调动生产积极性　B. 人民公社体制激发农民生产活力

C. 城市经济体制改革带动农民增收　　D. 对外开放持续扩大带来先进技术

16. 曾有国际舆论评论中国政府“开放整个海岸”是中华人民共和国成立35年来所“采取的最大胆行动”。该“行动”是指（　　）。

A. 开放14个沿海港口城市　　B. 开放内陆省会城市

C. 开放沿边各省城市　　D. 开发开放上海浦东

17.（2019年下半年教师资格考试题）下表为中国某一时期制定和修改的法律。制定和修改这些法律的主要目的是（　　）。

制定	证券法、合同法、招标投标法、信托法、个人独资企业法、政府采购法等
修改	对外贸易法、中外合资经营企业法、外资企业法、专利法、商标法、著作权法等

A. 建立新民主主义经济　　B. 保障社会主义改造的推进

C. 启动城市经济体制改革　　D. 适应加入世界贸易组织的需要

18. 20世纪90年代，我国在政治、经济、科技、外交等诸多领域出现迅速发展的态势，社会面貌发生极大变化。下列说法正确的是（　　）。

A. 载人航天技术步入先进国家行列

B. 深化国企改革，适应市场经济体制

C. 全国人大通过“一国两制”方针

D. 签署《上海合作组织成立宣言》

19.(2015年下半年教师资格考试题)有西方学者评论说:“这是一个具有高度标志性的事件,它表明中国的航天技术在21世纪已经走到了欧洲和日本的前面。”他所评论的事件是(　　)。

A. 中近程运载火箭发射成功　　B.“东方红一号”卫星发射成功

C. 返回式遥感卫星发射成功　　D. 神舟五号飞船发射成功

20. 20世纪90年代,为了让中低收入的职工能以较低价格买到合适的住房,我国在城市启动了(　　)。

A.“菜篮子工程”　　B.“安居工程”

C.“希望工程”　　D.“211工程”

【简答题】

21.(2016年上半年教师资格考试题)简述1954年宪法颁布的背景和历史地位。

22. 简要说明我国经济特区“特”在哪里?在我国经济建设中发挥了怎样的作用?

【材料分析题】

23.

材料一:

图1　向农民宣传土地改革法

图2　农民申请加入农业生产合作社

材料二:

2020年2月5日,新华社受权发布《中共中央 国务院关于抓好“三农”领域重点工作确保如期实现全面小康的意见》,这是21世纪以来第17个指导“三农”工作的中央一号文件。文件指出,2020年是全面建成小康社会目标实现之年,是全面打赢脱贫攻坚战收官之年。党中央认为,完成上述两大目标任务,脱贫攻坚最后堡垒必须攻克,全面小康“三农”领域突出短板必须补上。

问题:

(1)材料一中的图1反映的是什么历史事件?它的推行促使我国农村土地所有制发生了什么变化?

(2)根据材料一中的图2并结合所学知识,分析开展农业合作化运动的主要原因。该运动的开展使我国农村土地所有制发生了什么变化?

(3)改革开放之后,国家又实行了什么土地政策?根据材料二并结合所学知识,为

社会主义新农村建设提出一条合理化建议。

(4)党和政府在不同历史时期不断调整农村政策，说明了什么道理?

【参考答案】

1.A　2.C　3.D　4.A　5.D　6.A　7.B　8.A　9.C　10.D　11.B　12.C　13.C　14.B　15.A　16.A　17.D　18.B　19.D　20.B

21.背景：新中国政权建立并巩固；社会经济得到恢复并开始进行社会主义改造；人民对政治民主化的要求日益强烈。

历史地位：是中国第一部社会主义类型的宪法，体现了人民民主原则和社会主义原则；它的颁布加强了人民民主专政，提高了人民建设社会主义的积极性，为社会主义民主和法治建设奠定了基础。

22.“特”在：有较大经济管理权限；以吸收和利用外资为主；实行公有制为主导的多元化经济所有制；以市场调节为主。

作用：对沿海地区实行外向型经济战略具有探索和示范作用；其改革为全国提供了宝贵经验。

23.(1)土地改革运动。由地主土地所有制转变为农民土地所有制。

(2)小农经济影响农业生产的发展，农产品满足不了工业化建设的需要。由农民土地私有制转变为社会主义公有制。

(3)家庭联产承包责任制。调整农村产业结构；加强农村基础设施建设；完善农村医疗机构，解决农民看病难、看病贵的问题；等等。

(4)党和政府在根据中国国情与时俱进地制定农村政策。

模块二　中外历史纲要知识（世界历史）

第四章　世界古代史知识

【本章要点】

世界古代史主要包括公元5世纪以前的世界上古史和公元5—15世纪的世界中古史。约公元前3500年起，在西亚的两河流域、北非的尼罗河流域、南亚的印度河和恒河流域、中国的黄河和长江流域、欧洲的巴尔干半岛南部和爱琴海的部分岛屿陆续出现五种古代文明，呈现出多元特点。约公元前6世纪起，波斯帝国、亚历山大帝国、罗马帝国陆续兴起，各个帝国争霸、扩张，客观上推动了各种文明的交流与互鉴。

中古的西欧为典型的封建社会，包括封君封臣制度、庄园与农奴制度、基督教会制度。东欧出现拜占庭、俄罗斯两大帝国。在亚洲，阿拉伯帝国是东西方文化交流的桥梁。13世纪兴起的奥斯曼帝国灭亡了拜占庭帝国，阻碍了东西方之间贸易。印度笈多帝国和德里苏丹国对印度的宗教产生深远影响。日本发生大化改新，仿效中国建立了中央集权制度，12世纪起进入幕府时期。朝鲜同样仿效中国建立了中央集权制度。在非洲，兴起了桑给巴尔、马里、桑海、津巴布韦等国家。在美洲，印第安人创造了独特的文明，包括玛雅文明、阿兹特克文明、印加文明。

【学习目标】

1. 知道早期人类文明的产生；了解各文明古国发展的不同特点并分析、认识这些特点形成的不同时空条件；认识古代各大帝国的区域性影响和不同文明之间的早期联系。

2. 通过了解中古时期欧亚地区的不同国家、民族、宗教和社会变化以及世界其他地区的社会状况，认识这一时期世界各区域文明的多元面貌。

【课程导言】

上古时期是从文明产生到公元476年，这是人类第一代文明从诞生到衰亡的时期。第一代文明包括古代两河流域文明、古代埃及文明、古代印度文明、古代中国文明、古代希腊文明及希腊化时期、古代罗马文明等，都是农业文明。这一时期，人类开始由关注物质文明转向关注精神生活。中古时期是从公元476年到15世纪，这是亚欧大陆第二代文明繁荣、其他大陆出现文明的时期。从某种意义上说，中古时期是宗教文明时代，如欧洲的基督教，西亚、北非等地的伊斯兰教，亚洲的佛教、印度教、道教等。简言之，中古时期的文明可以概括为“农业文明＋宗教文明”。①

① 摘编自刘景华：《人类六千年》(上)，10～14页，北京，中国青年出版社，2017。

一、古代文明的产生与发展

(一)文明的产生与早期发展

1. 人类文明的产生

原始社会时期，人类主要依靠采集植物的根茎、果实以及狩猎为生。农业和畜牧业的产生，是人类迈向文明的前提。西亚地区的居民最早培植出大麦、小麦和豆类作物，南亚、中国和中南美洲等地也先后培育出水稻、粟(小米)、大豆、甘薯、玉米等农作物。农业和畜牧业产生后，人类从食物的采集者变成食物的生产者。社会分工的发展和劳动生产率的提高，使人类在满足自己的基本需要之外有了剩余产品，为私有制和剥削的产生创造了条件。奴隶制成为人类第一种剥削和压迫形式，奴隶反抗奴隶主的斗争成为最早的阶级对抗形式。在阶级矛盾和部落战争的双重作用下，逐渐出现了政府、军队和监狱等强制机关，国家开始形成。

2. 古代文明的多元特点

世界上最早的文明诞生于西亚的两河流域、北非的尼罗河流域、南亚的印度河和恒河流域、中国的黄河和长江流域、欧洲的巴尔干半岛南部和爱琴海的部分岛屿。古代各个文明基本独立发展，表现出明显的多元特征。

(1)两河流域文明

两河流域是指亚洲西南部底格里斯河和幼发拉底河中下游地区，地理范围大致相当于今天的伊拉克。两河流域形似一弯新月，土地肥沃，有“新月沃地”之称，又被称为美索不达米亚(古希腊语，意为两河之间的地方)。公元前2113年，乌尔第三王朝建立，其开国君主乌尔纳木颁布了现今所知世界历史上第一部法典《乌尔纳木法典》，以法律的形式确立了自己在两河流域南部的最高统治权。约公元前18世纪，古巴比伦的汉谟拉比基本统一了两河流域，建立起专制主义中央集权制度，宣扬君权神授，自称“众神之王”，将专制王权与神权合二为一，并制定了《汉谟拉比法典》以维护自己的统治。

延伸阅读

《汉谟拉比法典》

古巴比伦实行奴隶制度，为了维护私有制和奴隶主阶级的利益，汉谟拉比制定了《汉谟拉比法典》。《汉谟拉比法典》正文共282条，内容包括诉讼程序、军人份地、租佃、雇佣、高利贷、继承、奴隶等方面，比较全面地反映了古巴比伦时期的社会情况，是世界上现存最早的较完整的成文法典。

两河流域的苏美尔人发明了楔形文字，这是世界上最古老的文字。所谓楔形文字是指用削成三角形尖头的芦苇秆(或骨棒、木棒)当笔，刻在泥版上，落笔之后自然形成楔形。楔形文字对西亚许多民族语言文字都有影响。两河流域文明的天文历法已比较发达，如将一年分为12个月，置闰月，发现黄道，记载流星、彗星等。苏美尔人与古巴比伦人的数学知识达到很高水平，苏美尔人采用10进位和60进位记数法、懂得商高定理(勾股定理)等。苏美尔人的著名文学作品《吉尔伽美什》是目前所知最早的史诗。塔庙是苏美尔建筑的典型代表，最著名的塔庙是乌尔大塔庙。

(2)古埃及文明

尼罗河纵贯埃及全境，对埃及农业影响巨大，古希腊史家希罗多德写道："埃及是尼罗河的赠礼。"约公元前3500年，尼罗河流域出现几十个奴隶制国家。到了公元前3100年，埃及实现统一，建立了法老(埃及国王)统治的集权国家。法老的权威在早王朝时期(公元前3100—前2660年)和古王国时期(公元前2660—前2160年)已经达到一个高峰，巨大的金字塔象征着他们的权力与神性。中王国时期(公元前2040—前1640年)，法老的权势有所下降，但依然能够有效地稳定埃及。新王国时期(公元前1550—前1070年)，埃及较为繁盛，法老建立了强大的军队和复杂的官僚系统来进行统治。但新王国时期的法老们并没有为自己修建金字塔，而是修建了无数的神庙、宫殿和纪念碑来彰显自己的权势。新王国时期之后，埃及陷入了长时期的衰落。

延伸阅读

埃及金字塔

金字塔是古代埃及国王的坟墓，因其形似汉字的"金"字，中国人称之为"金字塔"。最大的金字塔是第四王朝的胡夫国王修建的，在胡夫金字塔的旁边有同属第四王朝的哈佛拉国王的金字塔和狮身人面像(斯芬克斯)。之所以雕成狮身，是因为古埃及人认为狮子是进入天国的门户的守护者。在金字塔的四周俯伏着许多贵族的马斯塔巴，这象征着君主专制对其臣属至高无上的地位。金字塔的建造，证明古埃及人能够计算圆周率、开平方根。

除了金字塔之外，古埃及文明的另外两个特点是象形文字和木乃伊。至少在公元前3200年，埃及就已经出现了文字，早期文字是象形文字。古埃及人认为死亡是人在另一个空间的新生，对于不朽的渴望使他们热衷于制作木乃伊。此外，古埃及人根据尼罗河水的涨落制定了世界上第一部太阳历，尼罗河的特产莎草纸是古代埃及主要的书写材料。

(3)古印度文明

古代印度是一个地理概念，指喜马拉雅山以南的整个南亚次大陆。哈拉巴文化(约公元前2300—前1750年)标志着古代印度进入文明时期，这一时期已经出现文字，也出现了很多城市国家。哈拉巴文化之后，古代印度进入吠陀时代(约公元前1500—前600年)。

延伸阅读

吠陀时代

有关吠陀时代的传说材料收集在被称为“吠陀”的文献中，故得名。“吠陀”意为知识，是神圣的或宗教的知识。吠陀文献的编写者自称为“雅利安”，意为“高贵的人”。

早期吠陀时代出现了等级划分现象，但尚未形成种姓制度，种姓制度正式形成于后期吠陀时代。婆罗门教的典籍规定了种姓制度(四瓦尔那制度)中各个瓦尔那的地位和权利、义务关系。第一等级是婆罗门，主要掌管宗教祭祀，充任不同层级的祭司，也有一些人参与政治。第二等级是刹帝利，掌握军事和政治大权，国王一般属于刹帝利阶层。第三等级是吠舍，主要从事农业、牧业和商业，无政治特权。前三个等级均是雅利安人氏族部落公社成员，属于再生族。第四等级是首陀罗，没有雅利安人氏族部落公社成员身份，不能参加宗教礼仪，属于非再生族。首陀罗从事农牧渔猎和被视为低贱的各种职业，是地位低下的受苦人，但不是奴隶。在四个种姓之外，还出现了贱民，他们处在社会的最底层。各等级在法律面前不平等，原则上禁止通婚。

延伸阅读

古印度文明的贡献

古代印度产生了享誉世界的史诗《摩诃婆罗多》和《罗摩衍那》，其中《摩诃婆罗多》被认为是一部百科全书式的史诗。古印度人创造了“0”和从 1 到 9 的数字，提出按位计值的方法。古印度人发明的数字后来由阿拉伯人传至欧洲，被欧洲人误称为“阿拉伯数字”。近代以来，阿拉伯数字逐渐在各国传播开来，成为世界通用的数字。

公元前 6 世纪到公元前 2 世纪属于古代印度的列国时代，早期佛教的文献对研究这一时代非常重要，因此其又称为“早期佛教时代”。在列国时代，奴隶制有了明显发展。奴隶制度下，一个人的阶级地位是随其社会经济地位的变化而改变的。但种姓制度下，一个人的社会地位并不随其阶级地位的变化而改变。种姓制度成为了限制奴隶制度发展的障碍。列国时代出现了反婆罗门教的各种社会思想流派，其中以耆那教和佛教影响最大。佛教的创始人是乔达摩·悉达多，佛教的教义和婆罗门教有一个很大的不同之处，就是主张“众生平等”。佛教的教义反映了其他各种姓反对婆罗门种姓特权的要求，获得大批信徒，成为一大宗教。

(4)古希腊文明

公元前 2000 年，希腊爱琴地区进入中晚期青铜时代，先在克里特岛、后在希腊半岛出现了希腊最早的文明和国家，统称爱琴文明。自此，古代希腊的历史大致分为五个阶段：①爱琴文明或克里特-迈锡尼文明时代(公元前 20—前 12 世纪)；②荷马时代(公元前 11—前 9 世纪)；③古风时代(公元前 8—前 6 世纪)；④古典时代(公元前 5—前 4 世纪中期)；⑤马其顿统治时代(公元前 4 世纪晚期—前 2 世纪中期)。

公元前8世纪，希腊地区重新出现众多国家。这些国家皆以一个城市或市镇为中心，结合周围农村而成，称为城邦。城邦的特点是独立自主、小国寡民，其最本质的特征是公民政治获得了充分发展，乃至建立起了奴隶制民主政治。希腊城邦建立后，便在地中海地区进行海外殖民，建立了面积远大于本土的殖民地。殖民地有利于缓和城邦内部矛盾和整个希腊世界商品经济的发展，同时加强了希腊世界同埃及、叙利亚、巴比伦等东方文明的联系，以及与非洲、黑海沿岸、中欧、西欧的联系，构成了一个以地中海为中心的连接东西方的巨大经济圈。古希腊文明的规模远超爱琴文明。

延伸阅读

古希腊城邦

一般而言，世界各民族从原始社会进入文明社会后，最早建立的国家都是城邦类型的小国，再由小国演变为大国以至帝国。古希腊文明的特点却是长期保持了城邦类型的小国状态，而且王权不像东方各国那样日益强大，反而逐渐衰落。绝大多数城邦都逐渐废弃君主而实行共和，而后又限制乃至推翻贵族政治，建立起古代公民权利最发达的民主政治。

这一时期希腊众多城邦中，最强大的是斯巴达和雅典。到公元前8世纪时，雅典已经建立起了没有国王的贵族政治，一批靠工商业致富的平民成为反对贵族政治的重要力量。在这种背景下，先后出现了梭伦改革、克里斯提尼改革。改革彻底消除了旧氏族贵族的世袭特权，标志着民主政治确立起来。

从公元前492年到公元前449年，发生了希波战争，最终希腊胜利，世界文明发展的格局由东方占优势变为东西方文明并立共存。在希波战争期间，雅典民主不断取得新进展，到希波战争结束时，雅典政治已经达到在古代奴隶制条件下民主政治的顶峰。这一时期民主派的领袖是执掌政权数十年的伯里克利，故又称“伯里克利时代”。

在古典时代，雅典产生了三位最著名的希腊哲学家：苏格拉底(公元前469—前399年)、柏拉图(公元前427—前347年)和亚里士多德(公元前384—前322年)。苏格拉底认为美德即知识，他还创立了“产婆术”来帮助人们思辨。苏格拉底的学生柏拉图提出了“理念论”的哲学思想和“理想国”的政治思想。柏拉图的学生亚里士多德被认为是古希腊最博学的人，他创立了物理学、植物学、动物学、逻辑学等学科。

延伸阅读

古希腊的其他文化成就

古希腊人袭用腓尼基字母创造了希腊字母，举行奥林匹克运动会。古希腊的神话、悲剧、喜剧是世界文学宝库中的奇葩。古希腊史学影响巨大，希罗多德(约公元前484—约前425年)著成《历史》，被尊为“史学之父”；修昔底德(约公元前460—约前400年)以其《伯罗奔尼撒战争史》成为西方史学中政治史传统的奠基人。

古典时代的希腊在自然科学上的研究成就在整个古代可以说是最高的。德谟克利特创立了原子学说，是古希腊唯物主义发展的最重要成果。阿基米德发现了杠杆定律和浮力定律等。天文学家热衷于用几何数学和物理原理解释天文现象，正确解释了日食和月食现象。

(二)古代世界的奴隶制帝国

1. 古代文明的扩展

人类最初的文明仅限于亚非欧大陆的若干地区。奴隶制帝国的兴起推动古代文明各自的扩展，使不同文明区相互连接起来。

(1)波斯帝国

公元前 6 世纪，波斯兴起于伊朗高原，建立起地跨亚非欧三洲的帝国。波斯帝国继承了西亚地区传统的君主专制制度，国王是整个政权的核心和最高主宰，他的权力被认为来自神授。地方实行行省制，行省总督和军事长官相互监督和制约。

(2)亚历山大帝国

公元前 4 世纪，希腊北部的马其顿崛起。马其顿的亚历山大三世于公元前 334 年跨地中海东征，公元前 324 年回到巴比伦，结束了历时十年的东征。亚历山大的东征使他的统治区域由巴尔干半岛扩展到了印度河流域、两河流域、尼罗河流域，建立起了横跨欧亚非三洲的大帝国。东征在客观上使希腊文明与埃及、巴比伦和印度的文明得以接触、交流、融汇，扩大了各民族已知世界的范围，加快了人类历史由分散走向整体的进程。亚历山大帝国的建立在世界史上具有划时代的意义。

延伸阅读

希腊化时期的文化

从公元前 334 年亚历山大开始东征到公元前 30 年埃及被并入罗马帝国的这一历史时期的文化，被称为希腊化时期的文化。希腊化时期的文化是希腊文化与东方文化交流融合的产物，与古典时代的希腊文化有明显不同。它不仅包含了东方文化元素，而且是对当时扩大了的世界的反映。希腊化时期的文化在科学方面的成就最为辉煌，而其中又以天文学的成就为最大，例如出现了“日心说”“地心说”等。

(3)孔雀帝国

公元前 3 世纪，孔雀帝国初步把整个南亚统一起来。阿育王时期，孔雀帝国达到鼎盛。佛教在孔雀帝国时期得到广泛传播，其通过两个方向向外传播：向北传入中亚、中国、朝鲜、日本等，形成大乘佛教；向南传入斯里兰卡、泰国、缅甸等，形成小乘佛教。佛教逐渐成为世界性的三大宗教之一。

(4)罗马帝国

公元前 509 年，罗马共和国建立。在对外扩张中，罗马与西地中海强国迦太基(腓尼基人建立)在公元前 264 年至公元前 146 年间进行了三次战争。因罗马人称迦太基人为“布匿”，故称为布匿战争。布匿战争后，罗马逐渐完全控制了西地中海地区。此后，罗马建立起横跨欧亚非三洲的霸权国家。

向海外扩张过程中，罗马在所征服地区建立行省来统治当地人民。在长期的对外征服过程中，罗马掠夺了大量土地和财富，也俘获了大批奴隶，使罗马的奴隶制得到迅速发展。公元前 1 世纪 70 年代末，罗马爆发了斯巴达克领导的大规模奴隶起义。斯巴达克起义虽然最终失败，但沉重打击了罗马奴隶主阶级的统治。起义后，隶农制开始发展起来，同时也加速了罗马由共和国向帝国的转变。公元前 27 年，屋大维获得罗马元老院赠予的“奥古斯都”(意为至圣至尊)称号，正式确立元首制，标志着罗马从共和国时代进入帝国时代。

安敦尼王朝时期(公元 96—192 年)，罗马帝国达到鼎盛，在罗马历史上称为“黄金时代”。公元 3 世纪，罗马帝国爆发了严重的社会危机，史称 3 世纪危机。公元 4 世纪至 5 世纪，帝国分裂为西罗马帝国和东罗马帝国，且日趋衰落。在日耳曼人入侵之下，西罗马帝国于公元 476 年灭亡。此后西欧和北非奴隶制社会历史宣告结束，开始进入封建社会的历史阶段。而东罗马帝国一直到 15 世纪方才灭亡。

延伸阅读

罗马文化

罗马文化(又称拉丁文化)深受希腊文化的影响。罗马的建筑在共和国后期有相当的发展，到帝国前期取得了长足进步。罗马帝国前期自然科学方面的代表人物是老普林尼(公元 23—79 年)，他写成一部百科全书式的巨著《自然史》。公元 2 世纪托勒密所著《天文学大全》继承并完善了“地心说”天文学体系，其后来在欧洲占统治地位达 1400 年之久。

2. 古代文明的交流

文明之间交往的总趋势是不断增多，相互影响也不断扩大。西亚的农耕技术向东传入伊朗高原，向西传入希腊并进一步传到西欧和北欧，向南传入埃及和非洲。冶铁技术最初起源于西亚，从那里扩散到埃及和希腊等地，人类从此进入铁器时代。西亚的神话曾传入希腊，成为希腊神话的重要内容。希腊最初的雕刻艺术特别是人像雕刻，在很多方面都模仿埃及。字母文字最初起源于西亚地区的腓尼基，这里地处埃及和西亚文明的交汇点，商业比较发达。为方便记录，人们发明了 22 个字母组成的文字。字母文字在东方演化为阿拉马字母，由阿拉马字母发展出古代西亚、埃及以及印度等地的多种字母；它向西传入希腊，形成希腊字母，再演化出拉丁字母。希腊字母和拉丁字母成为今天欧洲几乎所有字母文字的祖先。公元前后，秦汉王朝和罗马帝国分别兴起于亚欧大陆的东西两端。两大强国相互之间缺乏官方的直接往来，但通过丝绸之路有间接的经贸和文化交流。早在波斯帝国时期，中国的丝绸已到达地中海东岸。东汉的班超为经营西域，曾派甘英出使大秦(即罗马)，但是未能到达。直到 2 世纪中前期，先后有三批来自罗马的商人分别从海路和陆路到达洛阳，两大强国间方才有了直接交往。

二、中古时期的世界

(一)中古时期的欧洲

1. 西欧封建社会

(1)封建制度

西罗马帝国灭亡后，日耳曼人的一支法兰克人建立了法兰克王国。法兰克王国在加洛林王朝时期不断推行分封制。分封制是指国王或贵族赐给自己的武装扈从一块终身领有的土地，作为他们服役的费用。赐土者称封君，受赐者称封臣，土地称采邑。随着分封制的发展，采邑逐渐由终身领有演变为封臣的世袭地产，世袭采邑称封土。加洛林王朝时期，自由农民境遇不断恶化，只好投靠封建主，成为封建依附农民，并和原来的依附性耕作者隶农等逐渐混同，演变成农奴阶层，这样就形成了西欧封建社会。西欧封建社会的主要特征是封君封臣、庄园与农奴制度。

843 年，加洛林王朝查理大帝的三个孙子罗退尔、日耳曼路易和秃头查理在凡尔登缔结条约，将查理曼帝国(加洛林帝国)一分为三，路易所得相当于今天的德国西部，地理上称日耳曼(又译为德意志)；查理所得大致与今天的法国相合，地理上称法兰西；罗退尔所得相当于今天的意大利中部、北部和洛林地区。法国国王到 15 世纪时基本完成了法兰西的统一。英国自 1066 年诺曼征服后逐步形成比较强大的王权。15 世纪末，在伊比利亚半岛形成了西班牙和葡萄牙国家。

在欧洲中世纪分封制之下的封土上，逐渐形成了庄园制度。9—13 世纪是封建庄园兴盛时期，庄园成为中世纪欧洲的基本政治、经济单位。庄园不仅是经济单位，而且是集政治、司法、军事于一体的行政单位。它是中世纪西欧的人们结成的生产生活共同体，是西欧封建社会的基础。

延伸阅读

庄园

庄园的规模大小不等，其土地由耕地、林地、草地组成，这些土地又包括领主自营地、农奴份地和人人共有的公地。领主与农奴之间有互相约定的权利与义务。农奴的身份介于自由人与奴隶之间，并没有完全失去人身自由，但又附着于土地。典型的庄园主要采用劳役地租，即农奴要为领主耕种土地，还要承担各种劳役。另外，农奴需要交婚姻税、继承税等，使用公共设施如磨坊、烤炉与酿酒设备等也要付费。领主必须分给农奴土地，提供保护，执行司法和行政管理等。庄园法庭是庄园的管理机构，只涉及庄园的内部事务，庄园内各种事务都可以在庄园法庭进行诉讼。教堂则是庄园的宗教生活中心，教会通过教堂对农奴收取什一税等税费。庄园制度在中世纪维持了很长时间，直至中世纪后期才逐渐衰落。

(2)基督教

公元1世纪，基督教产生于罗马帝国统治下的巴勒斯坦地区，它的基本教义是原罪说与救赎论。392年，基督教正式成为罗马国教。西罗马帝国灭亡后，基督教成为罗马文明存续的象征，并在整个欧洲起到了维护社会秩序的作用。在中世纪，教皇与各国国王之间长期存在着权力之争，是为政教之争。11世纪末，以教皇格里高利七世为代表的克吕尼派修士推行教会改革，历史上将其统称为“格里高利改革”或“教皇革命”。教皇革命令教皇权力与西欧各国君主权力相互制约，使西欧在中世纪既没有出现君主专制也没有出现教皇专权，而是形成一种教权与君权对立的二元权力结构。

基督教会利用强大的经济和精神力量，在西欧社会占据举足轻重的地位。教会拥有大量庄园和广袤土地，并向信徒征收什一税；它是最大的有组织的力量，形成了从教皇到各级神职人员的等级制度；它控制着人们的精神生活，整个西欧社会的居民几乎都是基督教徒。

从14世纪初开始，连续七任教皇被法王控制在法国边境的阿维农，史称“阿维农之囚”。教皇权力一落千丈，为宗教改革和以加强王权为核心的民族国家的崛起提供了条件。

(3)城市与大学

5世纪罗马帝国衰亡后，罗马的很多城市已经毁灭，不再是居民点。到7至9世纪时，中世纪类型的城市开始出现，11至12世纪时大规模兴起，13世纪达到高潮。14世纪，城市分布已达饱和状态。11世纪以来西欧经济的繁荣给文化的昌盛创造了前提，12世纪时出现了一些大学。“大学”一词原来就是指有权决定学校事务的学生同乡会或教师联合会，欧洲中世纪大学如巴黎大学、牛津大学等多是自治团体，有程度不同的自治权。它们既不隶属于教会，又不受制于地方，保持相对独立性。但是，它们都与教会有着密切的关系。

延伸阅读

中世纪城市的特征

中世纪城市有以下几个特征：第一，所有的城市都取得了或试图取得特许状。特许状赐予城市以法律和经济特权，使城市摆脱领主，拥有相对独立的行政权和司法权。城市都坐落在封建领地上，国王和领主可以根据领主权对城市居民进行剥削，这不利于城市工商业的发展。因此，城市一般通过赎买方式获得自由或自治，只有极少数城市如法国的琅城通过武力获得自治权。第二，城市的主要产业是工商业。第三，城市有起防御作用的城墙，它把城市与周围乡村地区区分开来。

2. 拜占庭与俄罗斯

(1)拜占庭

公元395年，罗马帝国分裂为西罗马帝国和东罗马帝国。东罗马帝国因为首都君士坦丁堡旧称拜占庭，故又称拜占庭帝国。在西罗马帝国于5世纪灭亡后，拜占庭帝国又继续存在了近一千年时间，极盛时的版图包括欧洲的巴尔干半岛、爱琴海诸岛，亚洲的小亚细亚、亚美尼亚、叙利亚、巴勒斯坦、美索不达米亚上游地区，以及非洲的埃及、利比亚等地区，成为横跨欧亚非三洲的庞大帝国。拜占庭集希腊罗马文化之大成，有着高度发达的封建政治、经济、文化、宗教等。在整个中世纪，拜占庭都是东方与西方、欧洲与亚洲经济文化交流的桥梁。

延伸阅读

《民法大全》

拜占庭皇帝查士丁尼为总结古罗马的统治经验，特成立罗马法编纂委员会，于529年编成《查士丁尼法典》，后来又陆续编成《学说汇纂》《法理概要》《新法典》。上述所有法律文献统称《查士丁尼民法大全》，简称《民法大全》。《民法大全》肯定皇帝的专制权力，把皇权视为至高无上的。它是欧洲历史上第一部系统完备的法律文献，标志着罗马法体系的最终形成。

6世纪的查士丁尼统治时期(527—565年)被认为是拜占庭帝国历史上的第一个“黄金时代”。6世纪中期之后，拜占庭陷入混乱。14世纪初奥斯曼土耳其兴起后，不断入侵拜占庭。1453年，君士坦丁堡被攻陷，帝国灭亡。

(2)俄罗斯

俄罗斯发端于9世纪建立的基辅罗斯，深受拜占庭帝国的影响。13世纪中期，基辅罗斯被蒙古征服，成为金帐汗国的臣属。在反抗蒙古统治过程中，莫斯科公国逐渐兴起。16世纪初，建立起以莫斯科为中心的统一国家，并向周围扩张。1547年，伊凡四世正式加冕为沙皇，他镇压大贵族，巩固和强化了中央集权。俄罗斯不断扩张，到17世纪末时已经将疆界推进到太平洋，成为地跨欧亚两洲的庞大帝国。

延伸阅读

伊凡四世与沙皇俄国

1547年，伊凡四世正式加冕亲政，一顶金色的王冠由马卡里大主教戴到了他头上。这顶王冠原本是拜占庭皇帝所赐的贵重礼品，现在成了俄罗斯最高权力的标志和象征。伊凡四世效法古罗马的恺撒，以其名来改换大公名号，自称为“沙皇”。自此，莫斯科公国也就变成了实行中央集权君主专制制度的沙皇俄国。

(二)中古时期的亚洲

1. 阿拉伯帝国

穆罕默德(约570—632年)7世纪初创立以《古兰经》为经典的伊斯兰教，以共同的宗教信仰团结了阿拉伯各氏族部落，为建立统一阿拉伯国家奠定了思想和组织基础。穆罕默德于622年逃出麦加，迁往麦地那，并在麦地那以穆斯林公社为组织形式，开

始了统一阿拉伯半岛的进程。到632年，阿拉伯半岛大体上归于统一，同年穆罕默德病逝。661年，倭马亚王朝(哈里发由世袭产生）建立，旗帜尚白，中国史籍称之为“白衣大食”。王朝末期，阿拉伯帝国基本形成，横跨欧亚非三洲，是当时世界上疆域最大的帝国。750年，倭马亚王朝灭亡后，阿拔斯王朝(750—1258年)建立，旗帜尚黑，中国史籍称之为“黑衣大食”。1258年，蒙古军队攻陷阿拔斯王朝首都巴格达，彻底消灭哈里发政权，阿拉伯帝国灭亡了。

延伸阅读

阿拉伯帝国的文化成就

阿拉伯帝国境内是古代印度、埃及、两河流域文明的荟萃之地，阿拉伯人通过翻译、吸收被征服地区的文化，在科学、文学等领域取得了巨大的成就。阿拉伯学者制造了很多精密的天文学仪器，花剌子密(780—850年)制定的《天文表》成为东西方各种天文表的蓝本。脍炙人口的故事集《一千零一夜》(又名《天方夜谭》)是阿拉伯文学宝库中的明珠。

阿拉伯-伊斯兰文化在中世纪欧洲文化史上居于承前启后、继往开来的重要地位。阿拉伯学者通过翻译保存了大量古希腊学术著作，并把这些著作回传给欧洲，使欧洲重新发现希腊文化，为文艺复兴和近代自然科学的建立奠定了基础。阿拉伯各族人民是东西方文化交流的伟大使者，作出了巨大贡献。中国的四大发明和印度的数学、棉花、食糖等都是由阿拉伯人传入欧洲的，促进了欧洲社会的发展进程。

2. 奥斯曼帝国的兴起

13世纪，信奉伊斯兰教的奥斯曼土耳其人在两河流域上游发展起来，不断攻击拜占庭帝国。1453年，奥斯曼土耳其攻占君士坦丁堡，拜占庭帝国灭亡。奥斯曼帝国将君士坦丁堡改名为伊斯坦布尔，定为首都。到16世纪后期，奥斯曼帝国先后征服西亚和北非部分地区，建立起地跨亚非欧三洲的大帝国。奥斯曼帝国的最高统治者是苏丹，他既是宗教领袖，又是国家和军队的主宰，还是全国土地的最高所有者。15—16世纪，奥斯曼帝国控制了连接亚欧的商路，对过往商品征收重税，东西方之间的贸易受到一定影响，这成为欧洲人开辟新航路的重要动因。

3. 南亚与东亚的国家

(1)印度

4世纪初，在恒河中游兴起的笈多帝国经过多年征战，几乎征服了北印度。笈多帝国时期，由婆罗门教演变而来的印度教得到统治阶级支持，逐渐发展为印度的主要宗教。但笈多帝国的强大和统一维持的时间并不长，5世纪中叶已有一些部落脱离帝国独立，570年帝国灭亡。

7世纪初，坦尼沙国进入戒日王统治时期。戒日王征服了北印度，建立了以恒河中上游为统治中心的戒日帝国。这一时期，印度的中央集权君主专制制度达到了一个前所未有的高度。

突厥人11世纪入侵印度，13世纪初建立起以伊斯兰教为国教的德里苏丹国。最高统治者称苏丹，握有最高行政、立法、司法和军事权力；地方划分为行省。到1500年，穆斯林已占印度总人口的1/4左右。

延伸阅读

法显与玄奘

笈多帝国鼎盛时期，中国高僧法显遍访印度各地，历时15年，回国后撰成《佛国记》，这是中国人对于南亚次大陆的首次详细记载。戒日王统治时期，中国高僧玄奘在印度游历14年，回国后撰成《大唐西域记》，这是研究印度及中亚历史的珍贵史料。

(2)日本

秦汉之际，中国移民迁入日本，带去了冶铁和水稻种植技术。7世纪以来，随着铁犁牛耕推广，日本的部民制度发生动摇。645年孝德天皇(645—654年)即位，建年号“大化”，立中大兄为皇太子兼摄政。新政府誓以“帝道唯一”为宗旨，建设新国家。646年元旦，天皇颁布诏书，开始国制改革，史称“大化改新”。大化改新是以中大兄为首的改新派在遣唐使和留学生的影响和支持下以唐朝为典范而进行的政治体制改革，确立了日本成为律令制的天皇中心主义的中央集权国家。受到唐朝影响后，日本形成了“国风文化”，产生了有“日本的诗经”之誉的《万叶集》和世界历史上最早的一部长篇小说《源氏物语》。

延伸阅读

鉴真东渡

唐朝时，中日两国之间的交往非常频繁。来到中国的日本人有遣唐使、留学生、学问僧三类，去日本的中国人也有使节、僧侣、商人等。唐朝高僧鉴真在经历5次失败后，最终以66岁高龄东渡成功，将中国的佛学、医学、建筑、艺术等传入日本，并设计和主持修建了唐招提寺，被誉为“日本文化的恩人”。

10世纪，日本的中央集权体制开始瓦解，贵族、佛寺和神社广占土地，形成庄园。贵族及领主为保护财产豢养武士，在日本社会逐渐形成了武士阶层。12世纪末，武士集团的首领源赖朝在镰仓建立了自己的军事机构——幕府，日本进入长达670多年的幕府政治时期。17世纪建立的德川幕府面对世界变局，意图以锁国加强统治，抵制外来影响。在幕府政治时期，以天皇为首的朝廷只保有名义上的中央政府称号，实权由以将军为首的幕府掌握。将军与武士结成主从关系，将军赐予武士官职和俸禄，武士对将军宣誓效忠，并承担纳贡和服役等义务。

(3)朝鲜

4世纪，中国东北民族政权高句丽迁都平壤，与百济和新罗为邻。高句丽已经设立太学，教授贵族子弟学习汉文和儒家经典。7世纪末，新罗初步统一了朝鲜半岛，模仿中国建立中央集权国家。新罗积极提倡儒学，不断向唐朝派遣留学生和求法僧。10世纪初，高丽王朝建立，仿效唐朝制度，中央政府设三省六部，地方划分为十道，推行土地国有，学习儒学，引入科举制度。14世纪末，高丽大将李成桂自立为王，迁都汉城，改国号为朝鲜。16世纪末，壬辰战争爆发，中国援助朝鲜抗击日本侵略并取得胜利，维护了朝鲜的独立和尊严，谱写了中朝人民患难与共的友谊。

延伸阅读

壬辰战争

壬辰战争，中国明清时期的史书多称为“万历朝鲜之役”，今人多称为“万历援朝战争”。壬辰战争是因发生于壬辰年(1592年)而得名，这是一场由日本太阁丰臣秀吉发兵侵略朝鲜进而入侵中国，导致明朝出兵援救朝鲜的东北亚地区的国际战争。这场战争前后历时7年，直到1598年9月丰臣秀吉病亡，日本才不得不从朝鲜撤兵，中朝取得了最后的胜利。壬辰战争使朝鲜遭受重大损失；使日本丰臣政权被削弱，为德川家康统一日本创造了条件；使明朝国力受到损耗，给明朝东北地区女真人的扩张提供了机会。

(三)古代非洲与美洲

1. 古代非洲文明

非洲是古代农业一个重要的发生地，西非居民班图人培育出了甜高粱、西瓜和棉花等重要农作物，驯养了牛。7—9世纪，班图人逐渐成为撒哈拉以南地区的主要居民。

古代埃及文明深刻影响了尼罗河上游地区的发展。埃及衰落后，在今埃塞俄比亚地区兴起了阿克苏姆王国。由于农业的进步、环印度洋贸易的发展和伊斯兰教的传入，10—15世纪，在东非沿海地区出现了桑给巴尔、蒙巴萨等一系列国家。阿拉伯商人从印度、波斯和中国等地把瓷器、纺织品等各种手工制品输入非洲，作为交换，当地出口黄金、象牙和奴隶。

在西非，8—15世纪，加纳、马里和桑海等国家先后兴起。这些国家拥有丰富的黄金资源，控制着穿越撒哈拉沙漠的商路和黄金交易，极其富有。它们也出口象牙和奴隶，买进马、布匹和盐。马里名城廷巴克图成为西非重要的文化中心。桑海16世纪达到极盛，它实行中央集权，官吏直接由国王任免；扩大对外贸易，奴隶成为生产中的重要力量。在南部非洲，4—5世纪，班图人开始兴建巨石建筑群；11世纪末，形成津巴布韦国家。古津巴布韦都城大津巴布韦是南部非洲文明的代表。

2. 古代美洲文明

古代美洲的印第安人创造了灿烂的文明，独立培育出其他大陆没有的很多农作物，包括马铃薯、玉米、番茄和花生等。在农业和贸易发展的基础上，印第安人先后在中南美洲创造了玛雅、阿兹特克和印加文明。玛雅人发展了以种植玉米为主的农业，建立了众多城市国家。玛雅人的城市建筑精美，城内有大量用于祭祀的金字塔庙宇。他们制造精美的陶器，发明了独特的表意文字，用复杂的历法纪年，并采用 20 进位制，可能也知道 0 的概念。15 世纪中期，玛雅文明衰落。14 世纪，阿兹特克人兴起于今墨西哥地区；16 世纪初，阿兹特克人国家进入鼎盛时期。阿兹特克人的经济基础是农业，他们发明了“浮动园地”，扩大了耕地面积。阿兹特克人国家的都城特诺奇蒂特兰位于特斯科科湖中心的小岛上，面积约 10 平方千米，人口 20 万—30 万。城内最著名的建筑是太阳金字塔。

13 世纪，印加人崛起于秘鲁的库斯科地区。15 世纪末至 16 世纪初，印加帝国发展到鼎盛时期，是当时最为强大的印第安人国家。印加帝国将全国划分为四大政区，每个政区设立一个长官，以贵族充任。为征税和征兵，政府编制了详细的人口调查表。帝国修建了完善的道路系统，用于传递政府的命令和情报以及调动军队。

复习注意问题

1. 把握世界历史发展的规律性，如人类社会形态从低级向高级发展、生产力和生产关系之间的辩证关系、经济基础和上层建筑之间的相互作用、人民群众在社会发展中的重要作用等，能够正确认识人类历史发展的总趋势。

2. 了解世界历史发展的多样性，理解和尊重世界各国、各民族的文化传统，具有广阔的国际视野，树立正确的文化观。

3. 对于世界上古史、中古史的学习要把握重大的历史事件，不必纠结于历史的细节，关注历史发展的脉络性和阶段性。

本章小结

一般认为公元 5 世纪以前属于上古时期。这一时期，人类文明陆续产生于两河流域、尼罗河流域、印度河和恒河流域、黄河和长江流域、巴尔干半岛南部和爱琴海的部分岛屿，呈现出多元发展的特征。约公元前 6 世纪起，波斯帝国、亚历山大帝国、罗马帝国陆续兴起，客观上推动了各种文明的交流与互鉴。

一般认为公元 5—15 世纪属于中古时期。这一时期，西欧为典型的封建社会，东欧存在着拜占庭、俄罗斯两大帝国。亚洲的阿拉伯帝国、奥斯曼帝国、笈多帝国和德里苏丹国、中国、日本、朝鲜等都产生过重要的影响。非洲兴起了加纳、马里、桑海、津巴布韦等国家。美洲印第安人创造了玛雅文明、阿兹特克文明、印加文明。

关键术语

古代文明　古代亚非文明　古代欧洲文明　中世纪

思考题

1. 上古时期各类文明的多元特征及其相互之间的联系是怎样的？

2. 中古时期世界各区域文明的多元面貌是怎样的？

拓展阅读

1. 吴于廑、齐世荣主编：《世界史·古代史编》(上下卷)，北京，高等教育出版社，2011。

2. 刘景华：《人类六千年》(上)，北京，中国青年出版社，2017。

3. 晏绍祥：《世界上古史(第2版)》，北京，中国人民大学出版社，2020。

实训练习

【单项选择题】

1. 人类文明在大约5500年前从西亚和北非地区发源。公元前3500年左右，两河流域的苏美尔人迈进了文明的门槛。可以作为苏美尔人迈进文明门槛的依据为出现了(　　)。

①楔形文字　　②城市　　③国家　　④农业

A. ①②③　　B. ①②④　　C. ②③④　　D. ①③④

2. 黑格尔说，史诗就是一个民族的“传奇故事”。世界古代史上，各民族创作了丰富多彩的史诗。目前所知最早的史诗是(　　)。

A.《吉尔伽美什》　　B.《摩诃婆罗多》

C.《罗摩衍那》　　D.《一千零一夜》

3. 世界历史上曾经出现过多个帝国，地跨欧亚非三洲的大帝国中最早建立的是(　　)。

A. 阿拉伯帝国　　B. 波斯帝国　　C. 罗马帝国　　D. 亚历山大帝国

4. 法国学者费奈隆认为：“民众支配雅典，演说支配民众。”这句话表明他对古代雅典民主政治的看法是(　　)。

A. 民众缺乏民主意识　　B. 公民大会形同虚设

C. 民主制度有局限性　　D. 雅典缺乏民主传统

5. 雅典城邦通过抽签产生的公民陪审团规模很大，代表不同的公民阶层，负责解释法律、认定事实、审理案件等。而在罗马，通常由专业法官和法学家进行司法解释。由此可见，在雅典城邦的司法实践中(　　)。

A. 职业法官拥有审判权　　B. 负责司法解释的主体与罗马相同

C. 公民直接行使司法权　　D. 公民陪审团维护所有人的法律权益

6. 有学者认为：“在政体形式这个关键问题上，只有完全的一致，或者多数派强大到近乎全体一致的程度，即使那些不完全赞同的人也必须尊重这种政体，才能让政治激情不至于造成流血，同时让国家所有权威部门受到人们充分而自如的平和批评。”这一论述可以用于说明(　　)。

A. 雅典民主政治　　B. 僭主政治　　C. 罗马共和政体　　D. 寡头政治

7. 在古代雅典的梭伦、克里斯提尼和伯里克利执政时期，“公民”的权利和义务发生了变化，主要表现在(　　)。

A. 与自由民的身份区别已不复存在　　B. 参与政治的机会越来越多

C. 不再履行自备武装服兵役义务　　D. 进入议事会的资历条件逐渐提高

8. 梭伦写道："黑色的土地，将是最好的证人，因为正是我，为她拔掉了众多的债权标，以前她备受奴役，而今已重获自由。许多被出卖的人们……我都使他们获得解放！"梭伦为"使他们获得解放"而采取的措施是(　　)。

A. 废除债务奴隶制　　B. 实行土地私有制

C. 按财产多少划分公民等级　　D. 实行陶片放逐法

9. 苏格拉底提出"认识你自己"这一哲学命题的背景是(　　)。

A. 欧洲启蒙运动倡导理性　　B. 罗马教皇出售"赎罪券"

C. 文艺复兴运动提倡人文主义　　D. 古代雅典社会出现道德危机

10.《理想国》一书中明确指出，政治的本质在于公正，一个"理想国"应该具有智慧、勇敢、节制和正义四种美德。《理想国》的作者是(　　)。

A. 普罗泰戈拉　　B. 苏格拉底　　C. 柏拉图　　D. 亚里士多德

11.(2018年下半年教师资格考试题)英国诗人雪莱说："我们全都是希腊人，我们的法律、我们的文学、我们的宗教，根源皆在希腊。"这句话强调的是(　　)。

A. 英国人与希腊人同宗同源　　B. 英国全盘继承古希腊遗产

C. 西方法律、文学与宗教联系密切　　D. 希腊文明对西方文明影响深远

12.(2019年上半年教师资格考试题)继公民法之后，罗马逐渐形成了万民法，其主要原因是(　　)。

A. 领土的不断扩张　　B. 帝制取代共和制

C. 公民矛盾逐渐激化　　D. 社会经济的繁荣

13. 恩格斯认为，罗马法"包含着资本主义时期的大多数法律关系"，是"商品生产者社会第一个世界性法律"。下列表述符合恩格斯论断的是(　　)。

A. 罗马法是第一部资产阶级成文法典　　B. 罗马法是罗马帝国统治的有力支柱

C. 罗马法提倡法律面前公民人人平等　　D. 罗马法是近代欧美国家的立法基础

14. 为统治庞大的国家，处理罗马公民同外邦人和被征服地区居民在法律上的矛盾和纠纷，罗马帝国最早形成的法律是(　　)。

A.《十二铜表法》　　B. 公民法　　C. 万民法　　D.《民法大全》

15. 公元前5世纪，罗马的《十二铜表法》规定："期满，债务人不还债的，债权人得拘捕之，押其到长官前，申请执行。"这一条款体现的是(　　)。

A. 维护私有财产　　B. 限制贵族权力　　C. 维护平民利益　　D. 扩大统治基础

16. 罗马共和国时期，平民和贵族展开了长达两个世纪的斗争，斗争的成就主要体现为其间所颁布的一系列法律。这些法律包括(　　)。

A. 陶片放逐法　　B.《十二铜表法》　　C.《汉谟拉比法典》　　D. 万民法

17. 从476年西罗马帝国灭亡到1500年左右的西欧社会，被史学家称为封建社会。西欧封建社会的基本特征不包括(　　)。

A. 封君封臣制度　　B. 种姓制度　　C. 农奴制度　　D. 庄园制度

18. 拜占庭帝国最为强盛的时期是6世纪中叶皇帝查士丁尼统治时期，为了恢复和重建过去的罗马帝国，查士丁尼以罗马的继承人自居，着手编纂了《民法大全》。《民法大全》主要包括（　　）。

①《查士丁尼法典》　②《学说汇纂》　③《新法典》　④《法理概要》

A. ①②③④　　B. ②③④　　C. ①③④　　D. ①②④

19. 中古时期，阿拉伯商人和旅行家成为东西方文化交流的桥梁，他们（　　）。

A. 把欧洲的疾病传入美洲　　B. 把佛教、基督教传入非洲

C. 把中国的造纸术传入欧洲　　D. 把玉米、甘薯传入亚洲

20. 中世纪的晚期，以手工业享誉欧洲的城市是（　　）。

A. 热那亚　　B. 巴黎　　C. 威尼斯　　D. 佛罗伦萨

【简答题】

21. 世界历史上最初的文明产生于哪些地区？

22. 古埃及文明的主要成就有哪些？

【材料分析题】

23.

材料一：

自文明诞生到476年是上古世界，这一时期产生的文明都是农业文明。由于农业生产的地点是固定的，生产条件主要受自然因素影响，不需要与外界有太多的交往。因而农业文明的本质特征是孤立的、闭塞的，但它也具有一定的扩张性和外向性。各个文明出现后，大都有一个由小到大的过程，从城邦到王国到帝国是很常见的一种发展趋势。文明的这种内在发展势必要同其他文明展开交往，因此文明间的联系是存在着的，尤其是相邻各文明之间。

——摘编自刘景华：《人类六千年》(上)

材料二：

11世纪至13世纪十字军东征期间，形成阿拉伯文化西传的热潮。大量阿拉伯文著作被翻译成拉丁文、西班牙文、希伯来文等，欧洲由此重新发现了大量古代希腊学术著作，进而掀起一个研究古典文化的热潮。欧洲学者对希腊、阿拉伯学术著作的翻译和研究，为欧洲文艺复兴的兴起和近代自然科学的建立奠定了基础。

——李荣建：《中古时期阿拉伯文化与西方文化的交流》

材料三：

文明因交流而多彩，文明因互鉴而丰富。任何一种文明，不管它产生于哪个国家、哪个民族的社会土壤之中，都是流动的、开放的。这是文明传播和发展的一条重要规律。在长期演化过程中，中华文明从与其他文明的交流中获得了丰富营养，也为人类文明进步作出了重要贡献。

——习近平：《在纪念孔子诞辰2565周年国际学术研讨会暨国际儒学联合会第五届会员大会开幕会上的讲话》(2014年9月24日)

问题：

(1)据材料一结合所学，举三个案例说明早期文明之间的交流。

(2)据材料二结合所学，简述中古时期阿拉伯人在文化领域所作出的贡献及其意义。

(3)据材料三结合所学，简述古代中华文明对日本、朝鲜的影响。

【参考答案】

1.A 2.A 3.B 4.C 5.C 6.A 7.B 8.A 9.D 10.C 11.D 12.A 13.D 14.C 15.A 16.B 17.B 18.A 19.C 20.D

21. 西亚的两河流域、北非的尼罗河流域、南亚的印度河和恒河流域、中国的黄河和长江流域，欧洲的巴尔干半岛南部和爱琴海的部分岛屿。

22. 建立了以法老为最高统治者的比较完善的官僚系统；创作了丰富多彩的神话和文学故事；创造了象形文字；制定了世界上第一部太阳历；建造了金字塔，体现出较高的建筑和数学水平；制造出莎草纸，成为重要的书写材料。

23.(1)第一，西亚的农耕技术传播到中亚、欧洲和北非一些地区。第二，西亚的冶铁技术传播到埃及、希腊等地。第三，西亚的神话传播到希腊，影响到希腊神话。第四，埃及的雕刻艺术传播到希腊，影响到希腊雕刻。第五，西亚的腓尼基字母向东传播发展为阿拉马字母，进而发展为埃及、印度等地的多种字母；向西传入希腊，演化为希腊字母、拉丁字母，进而演化为欧洲的各种字母文字。(以上五个案例，任举出三个即可)

(2)贡献：第一，阿拉伯人广泛吸收被征服地区的文化，融合东西方文化，在文学、艺术、科学、思想等领域取得重要成就。第二，阿拉伯商人和旅行家成为东西方文化交流的桥梁，中国的造纸术、印度的数字等先后由阿拉伯人传入欧洲。意义：促进了西欧文化发展；为欧洲文艺复兴的兴起和近代自然科学的建立奠定了基础。

(3)秦汉之际，中国移民把冶铁和水稻种植技术带到日本；7 世纪，日本大化改新，模仿中国建立了中央集权国家；7 世纪末，新罗模仿中国建立了中央集权国家；10 世纪初，高丽王朝仿效唐朝制度，在中央设三省六部，将地方划分为十道，推进土地国有，引入科举制度，学习儒学；16 世纪末，中国支援朝鲜抗击日本侵略取得胜利，维护了朝鲜独立。

第五章　世界近代史知识

【本章要点】

本章介绍世界近代史知识，包括1500年前后西欧资本主义萌芽产生发展、新航路开辟、文艺复兴运动兴起等。在资本主义经济发展和文艺复兴、宗教改革、启蒙运动等西方人文主义思想解放运动的基础上，17—18世纪，欧美爆发资产阶级革命和改革，推动资本主义制度的确立与发展。伴随资本主义发展、对外扩张及世界市场的扩大，从18世纪中后期到20世纪初，先后发生两次工业革命，深刻改变了世界面貌。第一次工业革命使资本主义进入自由资本主义阶段，第二次工业革命使资本主义进入垄断资本主义即帝国主义阶段，资本主义世界体系最终形成。两次工业革命引发生产关系的深刻变化，先后出现工厂制度和垄断组织，社会日益形成工业资产阶级和工业无产阶级两大阶级。1848年《共产党宣言》发表，马克思主义诞生，社会主义运动蓬勃开展。面对欧美列强的殖民侵略与扩张，亚非拉殖民地半殖民地不断掀起民族独立解放运动高潮。

【学习目标】

1. 通过了解新航路开辟所引发的全球性流动、人类认识世界的视野和能力的改变以及对世界各区域文明的不同影响，理解新航路开辟是人类历史从分散走向整体的过程中的重要节点。

2. 通过了解文艺复兴、宗教改革、启蒙运动与资产阶级革命的历史渊源，认识资产阶级革命的发生和资本主义制度的确立是近代西方政治思想理念的初步实现。

3. 通过了解工业革命带来的社会生产力的极大发展以及所引起的生产关系的深刻变化，理解工业革命对资本主义世界体系的形成及人类社会生活的深远影响。

4. 通过了解马克思主义产生的时代背景以及马克思、恩格斯的理论探索与革命实践，了解《共产党宣言》的主要内容，理解马克思主义产生的世界意义。

5. 通过了解西方列强对亚非拉的殖民扩张、世界殖民体系的建立以及亚非拉人民的抗争，理解世界殖民体系的建立与殖民地半殖民地民族独立解放运动对世界历史发展的影响。

【课程导言】

到了15、16世纪，资本主义在西欧萌芽滋长。随着“地理大发现”、西方国家的海外殖民扩张以及世界市场的形成，过去长期存在的各国、各地区、各民族间的闭关自守状态才在越来越大的程度上被打破，整个世界在经济、政治、文化等各方面也才逐步形成密切联系、互相依存又互相矛盾的统一体。马克思曾经指出：“世界史不是过去一直存在的；作为世界史的历史是结果。”这个历史结果是经历了15、16世纪以来一系列重大转折之后才出现的。（吴于廑、齐世荣主编：《世界史》前言）

一、走向整体的世界

(一)全球航路的开辟

1. 新航路开辟的动因和条件

14、15世纪，地中海沿岸手工业及商业贸易有了相当程度的发展，出现资本主义萌芽，对于金银的需求越来越多。《马可波罗行纪》中有关中国富甲天下、金银遍地的描写，吸引了欧洲人到东方寻金。但从15世纪中叶起，奥斯曼帝国占据交通要地君士坦丁堡及东地中海和黑海周围广大地区，对过往商人横征暴敛，加之频繁的战争和海盗活动，阻碍西欧与东方陆上贸易的通道；而从东方经由波斯湾—两河流域—地中海和经由红海—埃及—地中海的两条海上商路，又完全为阿拉伯人所操纵。因此，欧洲商人和封建主为了获得东方商品和黄金，并免受土耳其人、阿拉伯人及意大利人的层层盘剥，急于探求通向东方的新航路。同时，西方各国在生产技术方面已有很大进步，指南针传入欧洲、航海术的提高、多桅快速帆船的出现、利用火药制造大炮和轻便毛瑟枪以及地圆学说获得承认等，都为远洋探航提供了物质条件和思想准备。

2. 主要航路的开辟

从13世纪开始，伊比利亚半岛的居民就尝试从大西洋诸岛屿获取木材、粮食和食糖等资源。他们不断取得成功，迈向海洋的步伐随之加快。在葡萄牙支持下，1487—1488年，迪亚士到了非洲南端的好望角，成为探寻新航路的一次重要突破。1497年，达·伽马奉葡王之命从里斯本出发，绕过好望角，沿非洲东海岸北上，之后由阿拉伯水手领航横渡印度洋，于1498年到达印度西海岸的卡里库特，次年载着大量香料、丝绸、宝石和象牙等返抵里斯本。这是第一次绕非洲到印度的成功航行，被称为“新航路的发现”。在西班牙支持下，开始了向西航行到达东方的尝试。1492年，哥伦布开辟了从欧洲横渡大西洋到达美洲的新航路，这被称为“发现新大陆”，但他至死都认为自己到达的是亚洲。1519—1522年，葡萄牙人麦哲伦的船队从西班牙出发，绕过美洲横渡太平洋(麦哲伦死在了菲律宾群岛上)、印度洋，经好望角沿非洲西海岸北上，最终回到了西班牙，完成了人类历史上第一次环球航行。

3. 其他航路的开辟

新航路开辟后，西班牙和葡萄牙占据了欧洲至亚洲和美洲的最有利的通商航路。英国、荷兰等国为发展海上贸易，开始在北大西洋的高纬度地区寻找通往亚洲的航路。1497年，英国人卡伯特父子发现了纽芬兰岛。16世纪，法国人卡蒂埃到达拉布拉多半岛，荷兰航海家巴伦支三次航行北冰洋地区。17世纪初，效力于荷兰的英国人哈德逊曾多次向西北航行，探索经北冰洋通向亚洲的航路。俄国人开辟了北太平洋到北冰洋的航线。欧洲人也加强了对南半球的探索：1578年，英国人德雷克到达美洲南端的合恩角；1642—1643年，荷兰人塔斯曼环航澳大利亚时到达新西兰和塔斯马尼亚岛。这些航海探险，进一步加强了世界各地的联系。

(二)新航路开辟的影响——全球联系的初步建立与世界格局的演变

1. 人口迁徙与物种交换

新航路开辟促进了世界各地人们的相互往来，推动了人口的迁徙。新航路开辟后的100年间，随着欧洲人入侵美洲并在美洲建立殖民地，印第安人人口减少90%—95%。与此同时，欧洲人大批来到美洲，并把非洲黑人作为奴隶贩卖到美洲，使美洲成为族群混合程度很高的地区，土著印第安人、欧洲白人、非洲黑人以及其他混合血统的人共同生活在这里。大洋洲、非洲和亚洲等地区也都有族群混合现象。

人口迁徙促进了世界动植物的大交流。欧洲人把欧亚大陆的马、牛、猪、羊、鸡等家畜家禽，小麦、燕麦、大麦、裸麦等农作物，橄榄和葡萄等水果引入美洲；美洲的特产马铃薯、玉米、番茄、甘薯、花生、南瓜和可可等也流向世界各地。

人口和动物的全球流动也导致了各种疾病的传播。欧洲人将天花、麻疹、白喉、水痘、流感等疾病的病原体带到美洲和大洋洲，造成对此不具免疫力的世居民族人口的大量死亡。据估计，1500—1800年，美洲和大洋洲有近1亿人死于传染病。传染病造成的世居民族人口的死亡和原有社会的解体，是欧洲人能够在美洲迅速建立殖民统治的重要原因。

2. 商品的世界性流动

全球海路的开辟大大提升了海路在世界贸易中的重要性，传统的印度洋贸易和新兴的大西洋贸易、太平洋贸易形成齐头并进的态势。新航路开辟后，欧洲商人很快出现在印度洋贸易中，并且在与阿拉伯商人的竞争中逐渐占据优势。在新航路开辟后的世界贸易中，中国的生丝、丝绸、瓷器等销往世界各地，日本与美洲的白银则大量流入中国，逐渐形成了一个围绕白银流入中国的贸易网络。这促进了白银成为中国的主要货币，也刺激了中国东南沿海地区经济的进一步发展。

延伸阅读

白银流入中国

葡萄牙人入居澳门后，很快便形成以澳门为主要中转站的海上贸易网络，贸易路线跨越大西洋、印度洋和太平洋。葡萄牙商人把中国的生丝、瓷器等货物经澳门运往印度果阿，再转运到欧洲各国进行贸易，获取大量白银。但是，这些白银大部分又流入中国。另外，随着中国对白银需求的增长，葡萄牙人以澳门为据点，参与获利巨大的中日之间的丝银贸易。但是，这些白银的绝大部分也流入中国。西班牙经营的横跨太平洋的贸易主要在其两大殖民地菲律宾和墨西哥之间进行，坚固、快速和装备精良的西班牙武装商船“马尼拉大帆船”运载中国生产的大量生丝、丝绸、棉布和瓷器等产品到墨西哥交换白银，再将白银运回菲律宾。这些白银也基本流入了中国。

3. 世界近代史开启

新航路开辟给欧洲社会带来了商业革命和价格革命，使得封建制度濒于解体，资本主义加速发展。欧洲加速迈向资本主义社会，世界开始进入大变革的时代。

新航路开辟使世界各地结束了相对孤立的状态，各种联系日益紧密，逐渐连成一个整体。欧洲在这个全新的整体中起到主导作用，以西欧为中心的世界市场雏形开始出现。新航路开辟后，从历史的纵向发展来看，人类逐渐进入资本主义时代；从历史的横向发展来看，世界日益连成一个整体。从这个意义上说，新航路开辟拉开了世界近代史的大幕。

延伸阅读

商业革命和价格革命

新航路开辟后，对于欧洲经济产生重大影响。随着世界各地的联系日益密切，欧洲的贸易规模不断扩大，商品种类不断增多；欧洲贸易中心由地中海转移到大西洋沿岸，意大利的商业走向衰落，代之而起的是西班牙、葡萄牙、英国、法国、荷兰等国。新的商业经营方式产生，股份公司和证券交易所相继出现，这些现象被称为“商业革命”。美洲金银大量流入欧洲，引起通货膨胀和物价上涨，打乱了传统的经济关系，从事工商业的新兴资产阶级地位上升，依靠固定地租的封建地主地位下降，这些现象被称为“价格革命”。

4. 早期殖民扩张

新航路开辟拉开了欧洲海外扩张的序幕，葡萄牙和西班牙很快走上了大规模殖民掠夺的道路。16 世纪，葡萄牙将巴西变成殖民地，并在非洲沿海、印度果阿、马六甲和中国澳门等地建立了几十个殖民据点和商站。西班牙的殖民侵略目标以美洲为主，巴西之外的中南美洲广大地区以及亚洲的菲律宾逐渐沦为西班牙的殖民地。17 世纪，荷兰、英国、法国也在亚洲、非洲、北美洲建立了多个殖民地。

15 世纪末，随着哥伦布发现新大陆，欧洲与美洲之间开辟了新航线，繁荣了大西洋贸易。在大西洋贸易中，欧洲商人把欧洲生产的纺织品、枪支和手工制品等运到非洲，从当地酋长手里换取黑人；欧洲人自己也抓捕非洲黑人，然后把他们运到美洲卖为奴隶，再换回美洲的贵金属、蔗糖和烟草，形成了罪恶的“三角贸易”。从 16 世纪开始的“三角贸易”历时 400 年之久，它促进了欧洲资本主义的充分发展，是资本原始积累的重要步骤。同时，黑奴贸易为美洲殖民地的开发提供了大批廉价劳动力，促进了近代美洲资本主义文化的形成。然而，黑奴贸易对非洲人的摧残和对非洲社会经济的破坏却是不可估量的，使非洲丧失了将近一亿的精壮劳动力。

二、资本主义制度的确立

(一)文艺复兴

文艺复兴是 14 世纪到 17 世纪初发生在欧洲的以人文主义为核心的资产阶级新文

化运动。文艺复兴发端于意大利，主要原因为：资本主义萌芽最早在意大利产生，这是根本原因；意大利是古罗马的故乡，拥有丰富的古希腊罗马文化遗存；继承了西欧文化的传统；位于地中海地区，便于受到东方文化影响；意大利分裂，又是教皇大本营，深受教会压榨，因此反对教会封建专制的要求强烈。

文艺复兴在形式上为复兴古希腊罗马文化，实质上是创立新兴的资产阶级文化。文艺复兴抨击教会的腐化、愚昧，提倡市民文化，追求现世幸福，宣传理性。文艺复兴的思想核心是人文主义，就是由中世纪的“以神为中心”转向“以人为中心”，肯定人的价值和尊严。

文艺复兴可以分为两个阶段。第一阶段是14—15世纪中叶，这一时期文艺复兴发端于意大利，以“文学三杰”但丁、彼特拉克、薄伽丘为代表。第二阶段是15世纪后期至17世纪初，这一时期文艺复兴运动向西欧各国扩展，同时在意大利形成了文艺复兴的高潮，以“美术三杰”达芬奇、米开朗琪罗、拉斐尔为代表。其他国家的人文主义代表人物有英国的莎士比亚、法国的拉伯雷、西班牙的塞万提斯、捷克的夸美纽斯等。

延伸阅读

文艺复兴时期的代表人物

“文学三杰”中，但丁被恩格斯誉为“中世纪的最后一位诗人，同时又是新时代的最初一位诗人”，代表作为《神曲》；彼特拉克提出以“人的学问”代替“神的学问”，被称为“人文主义之父”，代表作为《歌集》；薄伽丘的代表作为《十日谈》。“美术三杰”中，达芬奇是一个全才，代表作为《最后的晚餐》《蒙娜丽莎》等；米开朗琪罗的代表作为《大卫》《摩西》等；拉斐尔擅长画圣母像，代表作为《雅典学院》《金翅雀圣母》等。莎士比亚的代表作为《哈姆雷特》等四大悲剧、《威尼斯商人》等四大喜剧；拉伯雷的代表作为《巨人传》；塞万提斯的代表作为《堂吉诃德》；夸美纽斯开创了近代人文主义教育体系，被誉为“近代教育学之父”。

文艺复兴继承和发展了古典文化；冲击了封建教会的统治，使人们转向关注人与现实世界；为自然科学的发展开辟了道路。

(二)宗教改革

16世纪首先在德意志地区爆发，随后迅速席卷西欧的宗教改革是一次大规模的、意义深刻的社会政治运动。天主教会是各国最有势力的封建领主，它是封建主阶级的精神统治工具。德意志地区由于政治分裂等原因，是西欧各地中受天主教会榨取最重的地区。1517年神学教授马丁·路德贴出《九十五条论纲》，痛斥天主教会出卖“赎罪券”等做法，提出因信称义的原则，发起了宗教改革运动。此后西欧各国陆续出现宗教改革运动，并形成了德意志的路德宗、英国国教、瑞士的加尔文教等新教教派。宗教改革运动推崇民族语言，主张建立独立的民族教会、国家高于教会，为西欧民族国家的形成创造了条件。宗教改革实际上是早期资产阶级的反教会、反封建斗争，推动了思想解放，为资本主义的进一步发展开辟了道路。

(三)科学革命

继16世纪哥白尼提出日心说以后，欧洲自然科学突飞猛进。17世纪，欧洲出现科学革命。牛顿以1687年的《自然哲学的数学原理》等著作创立经典力学体系，揭示了自然界按照引力法则运行的规律，启发启蒙思想家去寻找支配人类社会的法则。自然科学的发展令人们相信人类能够征服自然，人类社会是不断前进的，这使得启蒙思想家形成了社会不断进步的观念。

(四)启蒙运动

17、18世纪，资本主义经济进一步发展、资产阶级力量日益壮大，文艺复兴、宗教改革、科学革命推动了思想解放，君主专制、教会统治则依然笼罩着西欧。强大起来的资产阶级日益要求冲破封建统治的束缚，启蒙运动应运而生。启蒙运动的核心是理性，启蒙思想家批判君主专制与天主教会，希望用理性的光辉驱散中世纪的黑暗，主张天赋人权、自由、平等、民主、法治。

启蒙运动起源于17世纪的英国，最早的启蒙思想家是霍布斯和洛克，两人都提出了社会契约的思想，洛克还主张立法权、行政权、外交权三权分立。18世纪的法国成为启蒙运动的中心。伏尔泰赞成“开明专制”。孟德斯鸠在《论法的精神》中提出三权分立的政治主张，即议会掌握立法权、君主掌握行政权、法院掌握司法权，三者相互制约、分权制衡，以防止君主专制。卢梭提出社会契约论，主张直接民主，建立民主共和国。狄德罗主编《百科全书》，吸引大批思想家加入，被称为“百科全书派”。启蒙运动还扩展到欧美各国，其中，荷兰的斯宾诺莎是近代《圣经》解释学的开创者；英国的亚当·斯密反对重商主义，主张自由竞争，被称为“现代经济学之父”；德国哲学家康德对启蒙运动做了总结。

与文艺复兴相比，启蒙运动不仅批评天主教会，而且反对君主专制，为资产阶级革命做了思想准备。启蒙运动为资本主义“理性王国”做了理论准备，有助于美、法等国确立起资本主义制度。启蒙思想促进了殖民地半殖民地的人们开展民族民主运动。启蒙运动传播自由和平等思想，成为人类追求精神解放的重要思想资源。

(五)英国资产阶级革命与君主立宪制建立

新航路开辟后，伴随着资本主义经济发展，英国资产阶级与新贵族的力量日益壮大。资产阶级与新贵族以议会为基地反对专制王权，1640年英国革命爆发。在克伦威尔领导下，资产阶级最终战胜王党，处死查理一世，推翻斯图亚特王朝统治，建立了资产阶级共和国。后来克伦威尔自封为护国公，建立了军事独裁统治。克伦威尔统治时期，英国推行重商主义，颁布《航海条例》打击荷兰，引发三次英荷战争并最终胜利，从而取得了海上霸权。克伦威尔死后，英国政局动荡，斯图亚特王朝复辟。1688年，议会邀请英王詹姆士二世的女儿玛丽、女婿荷兰执政威廉承袭英国王位，这场不流血

的政变被称为“光荣革命”。“光荣革命”说明资产阶级已经掌握了国家大权，标志着英国资产阶级革命的胜利。1689 年，议会通过《权利法案》，保障和扩大议会权力，限制王权，英国君主立宪制逐步形成。

英国君主立宪制的特点是：国王为国家元首，“统而不治”；议会是国家最高立法和权力机构，“权力至上”；内阁掌握行政权，受议会监督，对议会负责。

延伸阅读

英国首相

18 世纪 20 年代，议会下院多数党领袖沃波尔经常主持内阁会议，英国责任制内阁开始形成，沃波尔被认为是英国第一位首相。在责任制内阁中，首相由议会下院多数党领袖担任。首相通过议会下院掌握立法权、通过内阁掌握行政权，因此掌握了国家大权。首相有权提名各部大臣组成内阁，内阁成员要与首相共进退，实行集体负责原则。内阁由议会产生，对议会负责，如果议会通过对于内阁的不信任案，内阁就要垮台。首相也可以提请国王解散议会，重新选举议会。

英国首相与美国总统相比，英国首相由议会产生，美国总统由全国选民投票选举产生；英国首相不是国家元首，美国总统是国家元首；英国首相拥有立法权，美国总统没有立法权。

(六)美国资产阶级革命与联邦共和制建立

18 世纪 70 年代，英属北美 13 块殖民地面对英国的限制与压榨，发动了独立战争。独立战争的领导机构是大陆会议，独立战争的最主要领导者是华盛顿，独立战争开始的标志是 1775 年 4 月波士顿附近的“莱克星顿枪声”。独立战争中，1776 年 7 月 4 日，由杰斐逊主笔的《独立宣言》发表，标志着美国诞生。萨拉托加大捷是独立战争的转折点，约克镇大捷标志着北美战场战争的结束。1783 年，英国承认美国独立，独立战争胜利。

美国独立之初实行邦联制，中央软弱，各州权力过大，导致政局动荡、经济萧条。为扭转这种局面，华盛顿主持制定了 1787 年宪法。1787 年宪法规定美国实行联邦制，联邦政府拥有最高权力，各州政府保留一定的自治权。联邦制取代邦联制，加强了中央权力，维护了美国的统一与稳定。1787 年宪法还确立了“三权分立”原则，即总统掌握行政权，国会掌握立法权，最高法院掌握司法权，三者独立平等、相互制衡。1787 年宪法是世界近代史上第一部比较完整的资产阶级成文宪法，它增强了国家权力，体现了分权制衡的原则，有利于维护社会稳定与政治民主，促进了美国资本主义的发展。

延伸阅读

1787 年宪法的调和性

1787 年宪法的正式名称为《联邦宪法》，它是各派力量协商博弈的结果，具有很强的妥协性与调和性。它既规定联邦权力高于各州，又为各州保留了较大的自治权，从而调和了中央集权派与地方自治派之间的矛盾。它规定参议院议员名额每州不论大小均为两名，众议院议员名额则按各州人口比例分配，调和了大小州之间的矛盾。它规定各州众议员名额及直接税的数量都与各州的人口成正比例，其中黑人奴隶人口按照五分之三计算，调和了南方与北方的矛盾，但是也体现出了这部宪法在种族歧视上的局限性。

(七)法国大革命与资本主义制度建立

启蒙运动解放了人们的思想，资产阶级日益壮大。法国专制制度严重阻碍资本主义发展，遭到资产阶级反抗。在美国资产阶级革命的影响下，1789 年 7 月 14 日，巴黎人民攻占巴士底狱，标志着法国大革命爆发。1789 年 8 月，《人权与公民权宣言》即《人权宣言》发表。《人权宣言》以启蒙学说为理论蓝本，明确提出了天赋人权、自由、平等、民主、法治、人民主权、保护私有财产等原则，具有反对封建专制制度的进步意义。法国大革命遭到英国等国的反对，国内各政治派别的斗争也异常激烈。直到 1799 年，拿破仑通过“雾月政变”建立起了军事独裁统治。拿破仑统治时期，对内颁布《法国民法典》，维护大革命所确立的资本主义制度，确立了现代民法体系，成为世界多国民法典的蓝本；对外先抵抗欧洲各国的联合进攻，后转向侵略扩张。法国大革命沉重打击了欧洲各国的封建制度，传播了启蒙思想和大革命的成果，促进了欧洲资本主义的发展。

大革命中及大革命后，先后建立了法兰西第一共和国(1792 年)、法兰西第一帝国(1804 年)、法兰西第二共和国(1848 年)、法兰西第二帝国(1852 年)。1870 年，皇帝拿破仑三世在普法战争中失败被俘，第二帝国被巴黎人民推翻，法兰西第三共和国建立。1875 年《法兰西第三共和国宪法》通过，最终确立了法国的共和制度。

三、工业革命与马克思主义的诞生

(一)影响世界的工业革命

1. 工业革命的背景

1688 年的“光荣革命”标志着英国资产阶级革命完成。1689 年，议会通过《权利法案》，国王“统而不治”的君主立宪制在英国逐渐确立起来。君主立宪制的确立使英国走上资产阶级政治民主化的道路，有利于资本主义发展，为工业革命创造了良好的政治环境。圈地运动、农业革命和农业资本主义的迅速发展，为英国工业发展提供了充裕的农产品、自由劳动力和国内市场。通过长期的殖民掠夺和扩张，英国实现了资本的原始积累，到 18 世纪中期时已经成为世界上最强盛的殖民帝国，号称“日不落帝国”，获得了大量廉价的原材料和广阔的海外市场。英国的呢绒业发展迅速，手工工场发展水

平较高，为技术改革和机器发明提供了条件。17 世纪欧洲出现科学革命，英国已经成为欧洲的科学技术中心之一，科技发展为工业革命提供了重要的条件。在上述诸因素推动下，工业革命最早在英国发生。

2. 工业革命的进程

工业革命是机器生产取代手工劳动的过程。工业革命作为一个整体，常常被划分为两个阶段，即第一次工业革命和第二次工业革命，后者可视为前者的延续和发展。工业革命始于棉纺织业。从 18 世纪 30 年代提高织布速度的“飞梭”开始，在半个多世纪内，通过珍妮纺纱机、水力纺纱机、骡机、水力织布机等一系列发明创造，棉纺织业基本实现了机械化生产。为了提高效益、加强管理，人们开始将机器、工人集中起来进行生产，工厂出现了。1771 年，阿克莱特在曼彻斯特开办了第一家水力纺纱厂，成为近代工厂的开端。采用机器生产的工厂逐渐取代了手工工场。1785 年，瓦特研制的改良型蒸汽机开始在棉纺织工厂使用，极大地提高了生产效率。蒸汽机是第一次工业革命的主要标志，此后蒸汽动力逐渐取代水力，成为工业的主要动力。改良型蒸汽机的问世，催生了交通工具的革命。19 世纪初，汽船(美国人富尔顿发明)、火车(英国人斯蒂芬森发明)先后问世，人类进入“蒸汽时代”。19 世纪中叶，英国的机器制造业也实现了机械化，标志着英国工业革命基本完成。从 18 世纪末到 19 世纪中叶，工业革命从英国逐渐扩展到欧洲大陆和北美，西方国家相继进入工业时代。

19 世纪中后期，自然科学取得一系列突破性成果，新技术、新发明层出不穷，推动了第二次工业革命的开始。第二次工业革命主要表现为电力技术的广泛开发和应用，人类进入“电气时代”。“电气时代”的重要发明有：1866 年德国人西门子发明发电机，1876 年美国人贝尔发明电话，19 世纪 70 年代爱迪生发明电灯。第二次工业革命其他方面的重要成就还有：内燃机的创制和应用，产生了汽车、飞机等新式交通工具。其中，1885 年德国人戴姆勒和本茨各自独立制成了最早的三轮汽车，1903 年美国人莱特兄弟制成了有较好性能的飞机。化学工业兴起，塑料、药品、炸药、人造纤维等化工产品诞生。通过新技术改造的旧产业部门如炼钢、纺织、采煤、机器制造和铁路运输等，也焕发出新的活力。

延伸阅读

第二次工业革命的特点

第二次工业革命是在第一次工业革命基础上的进一步发展，同时与第一次工业革命又有着显著差别。首先，第一次工业革命的发明主要是生产经验的积累；第二次工业革命的发明则主要是科学技术与生产的紧密结合，科技发挥了更重要的作用。其次，第一次工业革命发生于英国，然后传播到其他国家；第二次工业革命则在几个主要的资本主义国家几乎同时发生，范围更广、规模更大、进展更迅速，其中美国与德国最为突出。

3. 工业革命的影响

两次工业革命使生产力出现了前所未有的大发展，人类先后进入“蒸汽时代”和“电气时代”。工业革命使生产组织与管理方式发生重大变革：第一次工业革命时出现了工厂；第二次工业革命时生产和资本日益集中，出现了垄断组织。随着工厂制的发展，科学化的管理日益受到重视，出现了美国的“福特制”“泰罗制”等先进的生产管理制度。

工业革命造成社会阶级结构的重大变化，工业资产阶级和工业无产阶级逐渐成为社会的两大阶级。随着经济实力的增长，工业资产阶级在欧美各国通过革命和改革进一步巩固了统治地位，包括英国的1832年议会改革、美国内战、德意志的统一和君主立宪制的建立，以及法国大革命、拿破仑战争和法兰西第三共和国建立等。工人阶级迅速崛起，为争取自己的权利展开斗争，其中包括德意志西里西亚纺织工人起义、法国里昂工人起义和英国的宪章运动。工业革命推动了城市发展，出现了大批工业城市，英、美等国城市人口逐渐超过农村人口。工业革命推动社会生活发生巨大变化，现代工业提供了价廉物美的商品，人们的生活有所改善；休闲娱乐和群众性体育运动逐渐兴起；报纸书籍发行量大增，人们的文化素养得到提高；女性获得了更多的求学和就业机会；人口呈现出较大幅度的长期增长。但是，工业革命也导致了社会贫富分化加剧、城市居住条件恶劣、环境污染严重、疾病与犯罪等一系列社会问题。

工业革命彻底改变了世界的面貌，使世界各地的联系日益紧密。主要资本主义国家凭借工业革命提供的强大经济和军事实力，继续向世界各地大肆扩张，强行在拉丁美洲和亚洲、非洲的大部分地区建立起殖民统治，逐渐形成了东方从属于西方的世界格局。19世纪末20世纪初，资本主义世界殖民体系最终形成。工业革命极大地推动了社会生产力的发展，19世纪中期，世界市场基本形成；19世纪末20世纪初，资本主义世界经济体系最终形成。但各资本主义国家在经济、文化、政治、军事等各个方面发展的不平衡使其争夺市场、原材料和世界霸权的斗争更加激烈，最终导致了两大军事集团的形成和第一次世界大战的爆发。

(二)马克思主义的诞生与传播

1. 马克思主义诞生

马克思主义诞生的背景如下：伴随着工业革命的开展尤其是经济危机的发生，资本主义的种种弊端日益暴露；贫富差距扩大，无产阶级的繁重劳动和贫困生活导致无产阶级与资产阶级的矛盾日益尖锐。

在这一背景下，欧洲出现了大规模的工人运动和空想社会主义思潮。19世纪三四十年代爆发的法国里昂工人起义、英国工人争取普选权的宪章运动和德意志西里西亚纺织工人起义，表明无产阶级开始作为独立的政治力量登上历史舞台。法国人圣西门、傅立叶和英国人欧文批判资本主义制度的种种弊端，提出建立平等的理想社会，但是具有空想性质，被称为“空想社会主义”。

19世纪中叶，德意志思想家马克思和恩格斯深刻批判了资本主义制度，批判继承了德意志古典哲学、英国古典政治经济学、英法空想社会主义，总结了欧洲三大工人

运动经验，创立了马克思主义。马克思主义是马克思主义理论体系的简称，由马克思主义哲学、马克思主义政治经济学和科学社会主义三大部分组成。

1846—1847 年，马克思和恩格斯帮助将德意志流亡工人的组织“正义者同盟”改组为共产主义者同盟，并受共产主义者同盟第二次代表大会委托起草同盟纲领，即 1848 年发表的《共产党宣言》。

延伸阅读

《共产党宣言》的内容

《共产党宣言》肯定了资本主义的历史进步作用，揭示了资产阶级对工人阶级的残酷剥夺必将引起工人阶级反抗的社会现实，论证了资本主义必然灭亡、共产主义必然胜利的客观规律。《共产党宣言》肯定阶级斗争在阶级社会中推动历史发展的重要作用，宣告了无产阶级作为资本主义掘墓人和共产主义建设者的伟大使命。《共产党宣言》作为党纲，阐述了共产党的性质、目的和策略原则。《共产党宣言》驳斥了对共产主义的种种污蔑，批判了形形色色的非科学的社会主义思潮。《共产党宣言》号召：“全世界无产者，联合起来!”

《共产党宣言》是国际共产主义运动的第一个纲领性文件，第一次较为完整系统地阐述了马克思主义的基本原理，阐明了社会发展的客观规律，标志着科学社会主义的诞生，也标志着马克思主义的诞生。1867 年，马克思撰写的政治经济学巨著《资本论》第一卷出版，揭示了资本家剥削工人的秘密在于剩余价值，创立了剩余价值理论。

2. 国际工人运动与社会主义运动的发展

在《共产党宣言》中，马克思和恩格斯发出了“全世界无产者，联合起来”的伟大号召，积极促进工人阶级的国际联合。1848 年，欧洲各国普遍发生革命，马克思和恩格斯回到德意志，投入实际的革命斗争。1864 年，“国际工人协会”在伦敦成立，这就是历史上的第一国际。马克思领导了第一国际的工作，马克思主义成为第一国际的灵魂。1871 年 3 月，在普法战争中法国战败和政局动荡的背景下，巴黎爆发工人起义，起义者建立了自己的政权——巴黎公社。巴黎公社虽然失败了，但它是无产阶级建立政权的第一次伟大尝试，它的实践丰富了马克思主义学说，为国际工人运动和社会主义运动的发展提供了宝贵的经验和教训。

四、世界殖民体系与亚非拉民族独立运动

(一)资本主义世界殖民体系的形成

1. 过程

拉丁美洲：1496 年，西班牙在海地岛建立了第一个永久性殖民地圣多明各。到 16 世纪中叶，西班牙已经把除巴西之外的大部分南美洲、整个中美洲和部分北美洲变成

了自己的殖民地。葡萄牙紧随西班牙之后侵入拉丁美洲，建立巴西殖民地。到 18 世纪晚期，拉丁美洲已完全处于欧洲列强的殖民统治之下，其中绝大部分土地为西班牙和葡萄牙的殖民地，小部分土地被荷兰、英国和法国占据。

延伸阅读

西班牙的总督

西班牙对各殖民地的直接统治主要由总督负责。总督是由西班牙国王任命的，是国王在殖民地的代表。总督的主要责任是保护殖民地，防止印第安人的反抗和外国的入侵，以及为维持王室增加收入。总督集殖民地各项实际统治大权于一身，他的意志差不多就是殖民地的法律。

亚洲：16 世纪中叶，葡萄牙在亚洲建立了包括中国澳门在内的几十个商站，西班牙入侵菲律宾。在南亚，17 世纪，英国人来到印度，通过东印度公司掠夺了大量财富和巨额利润；19 世纪中后期，英国几乎控制印度全境。在东南亚，19 世纪中后期，荷兰占领整个印度尼西亚；19 世纪末 20 世纪初，英国将缅甸和马来半岛的大部分变成殖民地，法国侵占越南、柬埔寨和老挝；美国取代西班牙，成为菲律宾的宗主国。在西亚，18 世纪末 19 世纪初，英、法、俄纷纷在奥斯曼帝国扩大势力范围；俄国和英国不但控制了伊朗的经济和内政，还分别在伊朗北部和南部划分势力范围。在东亚，鸦片战争后，列强迫使清政府签订了一系列不平等条约，使中国逐步沦为半殖民地半封建社会；1910 年，日本吞并了朝鲜半岛。

非洲：英国占领埃及，法国入侵阿尔及利亚；英法德争夺撒哈拉以南地区，制定“有效占领”原则。19 世纪晚期，欧洲殖民国家侵占了几乎整个非洲。

延伸阅读

东印度公司

东印度公司是指 16 至 19 世纪葡萄牙、英国、荷兰、丹麦、法国等欧洲殖民主义国家为了对印度和东南亚各国经营垄断贸易、进行殖民地掠夺而特许设立的公司。这些国家的东印度公司不仅享有贸易独立权，还有权代表政府订立条约，有权组建军队，有权发动战争。它们享有独立国家的主权，拥有政治权力和军事权力。英国东印度公司在 1833 年以前一直垄断着英国对中国的贸易。到了 19 世纪初，随着工业革命后世界市场的扩大，为了适应新兴工商资本迅速发展的需要，东印度公司的作用逐步下降，特权相继被取消。

2. 表现

19 世纪末 20 世纪初，亚洲、非洲、拉丁美洲相继沦为依附于欧美国家的殖民地或半殖民地，资本主义世界殖民体系最终形成。各资本主义国家纷纷向殖民地半殖民地进行商品输出和资本输出，将殖民地半殖民地变为它们的商品市场、原料产地和投资场所。世界被瓜分完毕。

概念链接

商品输出与资本输出

商品输出是指在第一次工业革命之后，自由资本主义国家到殖民地的市场倾销工业加工品，获取高额利润。

资本输出是指在第二次工业革命之后，资本主义国家的政府或资本家为了获取高额利润或利息在国外进行的投资或贷款。如甲午战争后，日本通过《马关条约》攫取在中国投资设厂的特权。

3. 影响

对资本主义国家：资本主义国家围绕殖民地和世界市场展开大规模扩张和激烈争夺，主要列强发展到帝国主义阶段。

对殖民地半殖民地：西方列强的殖民侵略和扩张给殖民地半殖民地带来深重民族灾难，被掠夺、压迫的人民的反抗斗争不断高涨。

对世界：到 19 世纪末，世界上几乎所有国家和地区都被卷入资本主义世界市场中，世界越来越紧密地连为一体。帝国主义对殖民地的争夺日益激烈，加剧了国际局势的紧张，最终导致第一次世界大战的爆发。

(二)亚非拉民族独立运动

1. 拉丁美洲的民族民主革命

(1)背景

18 世纪末 19 世纪初，拉丁美洲的经济有了一定发展，启蒙思想的传播使当地人民的民主意识日益增长；法国大革命削弱了法国在拉丁美洲的殖民统治，美国的独立鼓舞了当地人民。

(2)过程

民族独立：1804 年，海地独立拉开了拉丁美洲独立运动的序幕。在玻利瓦尔和圣马丁的领导下，西属拉美殖民地取得独立运动的胜利。到 1826 年，西班牙和葡萄牙在拉丁美洲的殖民地基本全部独立。

民主革命：1898 年，巴西废除君主制，建立共和国。1910 年，墨西哥爆发资产阶级革命；1917 年，墨西哥颁布资产阶级宪法。

(3)历史意义

拉美民族独立运动中建立了 17 个独立国家，基本上形成了今天拉丁美洲各国的政治格局。运动为拉美初步建立了民主政治的基础，给拉美各国资本主义的发展创造了有利条件。运动也沉重地打击了西班牙和葡萄牙的腐朽封建势力，同西欧和北美资产阶级革命运动相配合，加速了欧洲封建主义的崩溃。

2. 亚洲的觉醒

(1)背景

一方面，亚洲各国民族危机加剧；另一方面，亚洲各国封建经济进一步解体，近代化进程加快，民族资本主义得到一定发展，思想解放运动促进人民民族意识和民主意识觉醒，掀起了反帝反封建运动的新高潮。

(2)表现

印度的民族解放运动：1885 年，印度民族资产阶级成立国民大会党，简称“国大党”，要求民族平等和自治。1905 年，以提拉克为首的国大党激进派主张联合人民群众的力量，进行一切形式的斗争，推翻殖民统治，实现民族独立。1908 年，英国殖民当局逮捕了提拉克，引发了孟买 10 万多工人的政治总罢工。孟买工人总罢工表明印度无产阶级开始登上政治舞台。

延伸阅读

提拉克

印度资产阶级民族运动领导人、国大党小资产阶级激进派领袖提拉克(1856—1920年)是一位坚强的正统印度教徒，也是著名的学者、历史学家、政治家、战略家和组织家。提拉克把印度的启蒙运动推向了革命的民族主义运动阶段，他强调群众性的革命政治行动，带领国大党以这个特征迎接 20 世纪初的“亚洲觉醒”时代。

伊朗的立宪革命：1905—1911 年，伊朗发生了立宪革命。革命期间，制定了伊朗历史上第一部资产阶级性质的宪法，规定伊朗为君主立宪国家，进行一系列的社会改革等。由于缺乏革命政党的有力领导，此次立宪革命在伊朗统治阶级和帝国主义武装干涉的联合镇压下失败，但革命打击了伊朗的封建主义和外国势力，传播了民族民主革命思想。

中国的辛亥革命：1911 年，中国爆发辛亥革命。1912 年，中华民国成立，建立亚洲第一个资产阶级共和国，开始了比较完全意义上的近代民族民主革命。

(3)历史意义

亚洲的觉醒沉重地打击了外来殖民者和本国封建势力，振奋了民族精神，激励了后世，是世界人民反对殖民侵略和压迫的斗争的重要组成部分，也宣告了资产阶级民主革命时代的到来，这场革命提供了丰富的经验教训，为亚洲资产阶级日后继续革命和无产阶级领导革命提供了营养。

3. 非洲的抗争

(1)主要形式

武装斗争。

(2)表现

埃及抗英斗争：埃及在反对英国侵略的斗争中成立了以爱国军官和知识分子为骨干的祖国党，领袖是资产阶级民主主义者阿拉比。祖国党是非洲第一个政党，提出“埃

及是埃及人的埃及”的口号，以此唤起埃及人民的民族意识。阿拉比领导埃及军民进行了英勇无畏的抵抗，后抵抗失败，阿拉比被俘。1882年，英国占领埃及。

苏丹马赫迪起义：1881年，苏丹爆发反英大起义，起义领导人自称“马赫迪”，号召人民起来斗争。这次武装起义持续近20年，起义者曾占领苏丹大部分地区。起义失败后，英国控制了苏丹。起义沉重地打击了英国殖民主义者，是非洲近代反帝斗争史上的重要篇章，马赫迪也被苏丹人民尊为“独立之父”。

埃塞俄比亚抗意斗争：1894年，意大利发动对埃塞俄比亚的侵略战争。埃塞俄比亚皇帝孟尼利克二世发表《告人民诏书》，号召人民抗击侵略者，保卫国家的独立。全国人民英勇抵抗，终于在1896年打败意军，埃塞俄比亚独立。

(3)历史意义

非洲的抗争沉重打击了帝国主义列强，延缓了其沦为殖民地的进程；各国人民英勇不屈的反抗精神激励着非洲人民继续战斗。

4. 亚非拉民族独立运动的意义与影响

亚非拉民族独立运动沉重地打击了帝国主义侵略势力，削弱了本国封建势力，促进了本国近代化进程，推动了民族独立和世界历史的发展。

复习注意问题

1. 要看到世界近代史上欧洲的中心地位，但是不要陷入“欧洲中心论”之中。不要以欧洲的视角看世界历史，而应该以世界的视角看世界历史。

2. 注意资本主义发展的阶段性特征。世界近代史上，资本主义主要经历了三个发展阶段：从新航路开辟到第一次工业革命为早期资本主义阶段；第一次工业革命后进入自由资本主义阶段；第二次工业革命后进入垄断资本主义阶段。资本主义在发展的不同阶段的政治、经济特点是不同的。

3. 辩证地看待资本主义的殖民扩张。首先，在资本主义发展的不同阶段，殖民扩张的影响是不同的。其次，殖民扩张对于不同主体的影响更是不同的。例如，早期资本主义的殖民扩张为欧洲提供了资本的原始积累，给被殖民地区带去了灾难和破坏，加强了世界各地的联系和交往。

4. 要清楚资本主义的经济、政治、文化三者的关系。资本主义经济发展是基础，经济发展推动资本主义的文化如人文主义的发展，资本主义经济与文化的发展促进资产阶级革命与资本主义制度建立。资本主义制度建立后又反作用于资本主义的经济，为工业革命的发生、发展提供了保障。

本章小结

1500年前后，资本主义萌芽产生并发展，新航路开辟，文艺复兴运动兴起，世界历史进入近代。新航路开辟后，世界日益从分散走向整体。随着资本主义经济的发展，文艺复兴、宗教改革、启蒙运动等西方人文主义运动开展。资产阶级冲破封建束缚，推动资本主义制度的确立与发展。

资本主义民主制度的发展、资本主义对外扩张所带来的世界市场的扩展、资本主义工场手工业的发展促进了工业革命的发生发展，两次工业革命使得人类由农业社会进入工业社会，推动资本主义世界体系最终形成。19世纪中叶，马克思主义诞生，宣告了科学社会主义的兴起。

资本主义的发展建立在对外殖民扩张的基础之上。西方列强通过对亚非拉的长期扩张，建立起资本主义世界殖民体系；亚非拉人民奋起抗争。资本主义世界殖民体系的建立和殖民地半殖民地民族独立运动，对世界历史发展产生重要影响。

关键术语

资本主义　新航路开辟　人文主义　工业革命　马克思主义　殖民主义　民族运动

思考题

1. 将1500年左右作为世界近代史开端的原因。
2. 西方人文主义的内涵与相关思想解放运动的开展。
3. 资本主义制度建立与发展的主要阶段与主要类型。
4. 工业革命发生的原因与重要影响。
5. 殖民主义扩张与民族独立运动的历史评价。

拓展阅读

1. 吴于廑、齐世荣主编：《世界史·近代史编》，北京，高等教育出版社，2011。
2. 刘景华：《人类六千年》(下)，北京，中国青年出版社，2017。
3. 刘宗绪主编：《世界近代史》，北京，北京师范大学出版社，2018。

实训练习

【单项选择题】

1. 关于新航路开辟后出现的“三角贸易”，下列说法中正确的是(　　)。

①给非洲带来巨大的人口损失　　②给美洲带去了廉价的劳动力

③推动了欧洲的资本原始积累　　④美国是奴隶贸易最大获利者

A. ①②③　　B. ①②④　　C. ①③④　　D. ②③④

2. 有学者认为：“16世纪前后，它的生产、传播、消费，连起来美洲、欧洲、中亚、东亚等地，成为流淌在全球贸易机体中的血液。”文中的“它”指的是(　　)。

A. 香料　　B. 白银　　C. 瓷器　　D. 呢绒

3. 新航路开辟推动了人口的迁徙，世界各地都出现了族群混合现象，其中族群混合程度最高的地区是(　　)。

A. 美洲　　B. 大洋洲　　C. 非洲　　D. 亚洲

4. 房龙在《人类的故事》中指出：“人们的人生观已经改变，他们开始穿与以前不同的服装，不再把全部思想与精力集中于天堂等待幸福的永生，他们试图在今生、在地球上建立他们的天堂。”下列与上述“改变”相关的史实是（　　）。

A. 新航路开辟　　B. 文艺复兴运动的开展

C. 法国启蒙思想的传播　　D. 工业革命的扩展

5. 斯塔夫里阿诺斯在评论一位科学家时说，他“因为发现支配宇宙中的物体的定律而统治 17 世纪的科学”。这位科学家指的是（　　）。

A. 牛顿　　B. 门捷列夫　　C. 达尔文　　D. 爱因斯坦

6. 有学者评价某一史实时指出：“在 14 世纪严峻的考验中……新思想渗透到激流涌动的城市国家里。学者和政治家一同复苏了人类尊严的骄傲、人类实践主义的自信及古典思想的魅力。”该史实指的是（　　）。

A. 文艺复兴　　B. 新航路开辟　　C. 宗教改革　　D. 启蒙运动

7. 下列思想家中，属于英国启蒙思想家的有（　　）。

①卢梭　　②洛克　　③霍布斯　　④斯宾诺莎

A. ①②　　B. ②③　　C. ③④　　D. ②④

8. 19 世纪初提出“用进废退”的早期生物进化思想的科学家是（　　）。

A. 胡克　　B. 施莱登　　C. 达尔文　　D. 拉马克

9. 美国《独立宣言》的起草者是（　　）。

A. 华盛顿　　B. 杰斐逊　　C. 林肯　　D. 富兰克林

10. 17 世纪早期，英国的一位国王说：“我不允许议论我的政权，君主制是地上最高制度，君主是上帝派来统治人民的总督。”这位国王是（　　）。

A. 詹姆士一世　　B. 詹姆士二世　　C. 查理一世　　D. 查理二世

11. 有史学家评论某一文件“是一份对既定权威造反有理的声明”，是美国“创造了一个新的、不同类型的国家”的标志。这一文件是（　　）。

A.《常识》　　B.《独立宣言》　　C.《邦联条例》　　D.《联邦宪法》

12. 1776 年年初，潘恩的《常识》在北美大地流行，其中写道“现在是分手的时候了”。此处“分手”的含义是指（　　）。

A. 南部种植园主要分裂　　B. 印第安人要求自治

C. 黑人要消除种族歧视　　D. 殖民地人民要独立

13. 有史学家将某项发明称为“棉纺织业发明中具有里程碑意义的标志性发明”，并且是工业革命的开端。这项发明是（　　）。

A. 飞梭　　B. 珍妮纺纱机　　C. 水力纺纱机　　D. 水力织布机

14. 下图显示 1751—1851 年英国城市人口占总人口比例不断增加，导致这种变化的相关因素是（　　）。

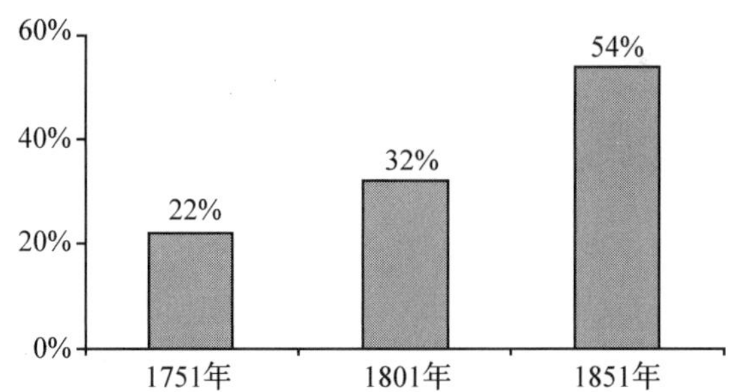

①农村自然灾害频发迫使大量农民涌入城市

②工业革命为城市人口增加提供了物质基础

③工业发展促进了城市数量增加和规模扩大

④圈地运动使部分农民流入城市成为雇佣工人

A. ①②③　　B. ①②④　　C. ①③④　　D. ②③④

15. 1904年，美国在圣路易斯市举行世博会，隆重纪念从法国购买路易斯安那100周年。这场世博会向参观者展示的最新科技成果是(　　)。

A. 瓦特改良型蒸汽机　　B. 富尔顿的汽船

C. 内燃机驱动的汽车　　D. 珍妮纺纱机

16. 据统计，1870年，美国有钢铁企业808家，工人7.8万人，钢产量320万吨，投资额1210万美元；到1900年，美国有钢铁企业669家，工人27.2万人，钢产量2950万吨，投资额59亿美元。这些数据反映的19世纪后期美国钢铁业发展变化的主要特征是(　　)。

A. 行业竞争激烈　　B. 生产和资本走向集中

C. 企业规模保持稳定　　D. 劳动生产率快速提高

17. 某法令规定："一切公职人员，都只应领取相当于工人工资的薪金，并且毫无例外地可以随时撤换。"这一法令出自(　　)。

A. 国民公会　　B. 巴黎公社　　C. 共产国际　　D. 工兵代表苏维埃

18. 林承节在《论二十世纪初亚洲的觉醒》中写道："二十世纪初的'亚洲觉醒'是不可逆转的历史潮流。"这里的"亚洲觉醒"主要是指(　　)。

A. 资产阶级民主革命时代的到来　　B. 无产阶级开始承担领导革命的责任

C. 亚洲国家民族民主运动的高涨　　D. 亚洲国家意识到联合斗争的重要性

19. 马克思认为："美洲金银产地的发现，土著居民的被剿灭、被奴役和被埋葬于矿井，对东印度开始进行的征服和掠夺，非洲变成商业性地猎获黑人的场所：这一切标志着资本主义生产时代的曙光。"这段话主要强调的是殖民掠夺(　　)。

A. 给亚非拉带来了深重的灾难

B. 促进了世界各地联系的加强

C. 推动了落后地区旧制度的瓦解

D. 为西欧资本主义发展提供了条件

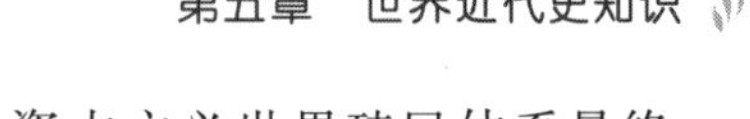

20. 随着西方国家15世纪以来不断地进行殖民扩张，资本主义世界殖民体系最终形成，其形成时间为（　　）。

A. 16世纪末17世纪初　　B. 17世纪末18世纪初

C. 18世纪末19世纪初　　D. 19世纪末20世纪初

【简答题】

21. 法国大革命前夕，“旧制度”的危机有哪些主要表现？

22. 美国内战前夕，南北两种经济制度的矛盾有哪些表现？

23. 18世纪60年代至20世纪初，先后发生了两次工业革命。两次工业革命的影响有哪些？

【材料分析题】

24.

材料：

第11条　普鲁士国王享有德意志皇帝的尊称，皇帝在国际关系上代表帝国，以帝国的名义宣战，与外国缔结和约、同盟和其他条约，委派并接受使节。

第12条　联邦议会与帝国议会的召集、开会、延会、闭会之权属于皇帝……

第15条　帝国首相是唯一行政负责人，由皇帝任命。

第17条　签署并公布帝国法律及监督执行之权属于皇帝……皇帝的命令和指示应以帝国名义下达，并须有帝国首相副署，方为有效，后者通过副署而承担责任。

第18条　皇帝任命帝国官吏……并有权在必要时解除其职务。

第63条　各邦的各支部队构成统一的军队，在平时和战时都服从皇帝的命令。

——摘编自1871年《德意志帝国宪法》

问题：

（1）概括上述材料中德意志皇帝拥有的权力。

（2）依据材料并结合所学知识，说明1871年《德意志帝国宪法》有哪些进步性和局限性。

25.

材料一：

启蒙运动的现象并不是偶然的。首先，它是资产阶级反封建反专制制度的时代要求。17、18世纪西欧的资产阶级的力量日益壮大，握有雄厚的经济力量，但是垂死的封建专制制度是他们进一步发展的巨大障碍。为了推翻这个“旧制度”，资产阶级必须制造舆论。

——吴于廑、齐世荣主编：《世界史·近代史编》（上卷）

材料二：

在18世纪的启蒙思想家眼中，科学和社会的进步也是由于理性思维的发展。这种认知使他们“对人类精神解决它的问题的能力充满信心”，而且理所当然地借助于理性去“理解并阐明人类生活——诸如国家、宗教、道德、语言——和整个宇宙”，并展望一个更美好的社会。

——何平、曾祥裕:《从概念史的角度看启蒙运动》

问题:

(1)据材料一并结合所学知识,概括启蒙运动产生的背景。

(2)据材料二并结合所学知识,归纳启蒙运动宣扬的主要思想,简析启蒙运动对西方社会发展的积极影响。

【参考答案】

1. A　2. B　3. A　4. B　5. A　6. A　7. B　8. D　9. B　10. A　11. D　12. D　13. B　14. D　15. C　16. B　17. B　18. C　19. D　20. D

21. 法国大革命前夕,"旧制度"的危机主要表现如下:(1)波旁王朝的专制统治阻碍了资本主义发展,封建贵族和资产阶级矛盾尖锐。(2)波旁王朝面临严重赤字危机,政府财政面临破产的危险。(3)法国森严的社会等级使国王、贵族和教士与第三等级间的矛盾异常尖锐。(4)启蒙思想在法国不断传播,民众的革命呼声日益高涨。

22. 美国内战前夕,南北双方属于两种不同的经济制度,北方属于资本主义工商业经济,南方属于奴隶制种植园经济。奴隶制的存废问题成为南北双方矛盾的焦点,具体表现在以下方面:(1)在劳动力方面,北方需要大量自由劳动力,南方则需要大量奴隶从事生产。(2)在原料方面,北方需要大量工业原料,南方则将北方需要的工业原料输往海外。(3)在关税方面,北方要求提高关税来保护国内工商业,南方则希望降低关税。(4)在西部是否实行奴隶制方面,北方坚决反对奴隶制扩展到西部,南方则要求把奴隶制扩展到西部。

23. 积极影响:促进生产力发展,推动资本主义经济繁荣;工业化带动商业、交通运输业、农业发展;生产组织与管理方式发生重大变革,出现大工厂制度和垄断组织;社会阶级结构出现重大变化,工业资产阶级和工业无产阶级成为社会两大阶级;带来社会生活重大变化,城市化进程加快,人们生活有所改善,休闲娱乐和群众性体育运动兴起,女性获得更多教育和就业机会,人们文化素养得到提高,人口明显增加等;极大改变世界面貌,使世界各地的联系日益密切;加快各资本主义国家的殖民扩张,推动资本主义世界殖民体系的形成;19 世纪末 20 世纪初,进入垄断资本主义阶段,资本主义世界经济体系最终形成。

消极影响:导致社会贫富分化加剧;造成了严重的环境污染;导致工人居住环境恶劣;疾病与犯罪问题严重。

24.(1)权力:第一,外交权,具体包括在国际关系上代表帝国,可以对外宣战、缔结条约,委派并接受使节。第二,立法权,主持联邦议会与帝国议会的权力。第三,行政权,具体包括任命帝国首相作为行政负责人,任免帝国官吏。第四,军事权,所有军队在平时和战时都要服从德意志皇帝的命令。

(2)进步性:第一,巩固了国家统一,将资产阶级革命成果以法律的形式巩固下来。第二,标志着德国从封建社会形态进入到资本主义发展阶段。第三,有关鼓励、保护资本主义工商业的规定有利于德国资本主义经济的迅速发展。第四,对于日本等欧亚部分国家的近代宪法制定与资本主义制度确立产生了一定影响。局限性:第一,

保留了大量封建专制主义的残余因素，如赋予了德意志皇帝以至高无上的权力，不利于保护议会和普通民众的合法权利，阻碍德国近代资本主义议会民主政治的发展。第二，保留了普鲁士的军国主义传统，成为德国卷入世界大战的历史根源，给世界人民带来了灾难。

25.(1)背景：文艺复兴和宗教改革的推动；自然科学发展的影响；资本主义经济的发展与资产阶级的力量日益壮大；封建专制制度严重阻碍了资本主义发展。

(2)思想：强调理性；相信进步；批判封建专制制度；提出资本主义社会政治构想；提出天赋人权、人民主权、自由、平等、法治等理念。积极影响：冲击欧洲的封建专制统治；推动欧美资产阶级革命爆发；指导资产阶级政治制度确立；鼓舞殖民地半殖民地人民的民族民主运动；传播自由和平等思想，推动人们追求解放。

第六章　世界现代史知识

【本章要点】

世界现代史内容时间跨度为从20世纪初一直至今，叙述了20世纪初以来的世界现代历史发展的基本进程及国际格局的变化。主要内容包括：第一次世界大战与战后国际秩序、十月革命的胜利与苏联的社会主义实践、亚非拉民族民主运动的高潮、第二次世界大战与战后国际秩序的形成、“二战”后资本主义国家的新变化、“二战”后社会主义国家的发展与变化、“二战”后世界殖民体系的崩溃与新兴国家的发展、冷战与国际格局的演变、世界多极化与经济全球化、和平发展合作共赢的时代潮流。

【学习目标】

1. 了解两次世界大战，理解20世纪上半叶国际秩序的变动。

2. 了解列宁领导的十月革命爆发的原因、过程，理解十月革命的世界历史意义。

3. 理解两次世界大战之间亚非拉民族民主运动对国际秩序的影响。

4. 了解第二次世界大战后资本主义、社会主义与第三世界国家的变化，认识其发展中的成就与问题。

5. 了解冷战时期的典型事件，认识冷战的基本特征，理解冷战的发生、发展与世界格局变化之间的相互影响。

6. 了解冷战结束后世界多极化、经济全球化、社会信息化、文化多样化的发展特点以及出现的全球性问题，认识人类社会面临的机遇与挑战，理解和平、发展、合作、共赢成为时代潮流。

7. 树立构建人类命运共同体意识，共同担当，同舟共济，共促全球的和平与发展。

【课程导言】

20世纪被英国著名历史学家霍布斯鲍姆称为“极端的年代”。在政治上，由于政治和经济的不平衡爆发了两次世界大战，“二战”后的冷战、世界殖民体系走向瓦解给世界格局带来了深远的变化；从“一战”后的凡尔赛-华盛顿体系到“二战”后的雅尔塔体系再到冷战后的“一超多强”，多极化趋势不断加强，和平与发展的世界主题日渐凸显。在经济上，资本主义国家和社会主义国家都进行了经济政策的调整。资本主义国家经历了经济危机和“二战”，纷纷走上了国家垄断资本主义道路，发展第三产业和福利国家。以苏俄(联)为代表的社会主义国家进行社会主义建设道路的探索，历经了战时共产主义、新经济政策、斯大林模式、“二战”后的改革，这其中有成功的探索也有失败的经验，为其他社会主义国家的经济发展提供了借鉴与教训。在思想文化上，第三次科技革命使得人们进入了信息时代，推动了社会经济发展和历史进程。多样性是世界文化的基本特征，各国都在努力维护自己的文化特性。中国在传承和传播中华优秀文化的同时，尊重世界文化多样性，促进和而不同、兼收并蓄的文明交流，推动世界的和平与发展。

一、两次世界大战、十月革命与战后国际秩序

(一)第一次世界大战与战后国际秩序

1. 第一次世界大战

(1)背景

19 世纪末 20 世纪初，资本主义世界体系最终确立，殖民地几乎被瓜分殆尽。此时，各帝国主义国家政治经济发展不平衡性加剧，形成了三对矛盾：英德矛盾——围绕争夺殖民地和世界霸权，是列强各种矛盾中最主要的矛盾；法德矛盾——围绕阿尔萨斯-洛林领土之争的历史积怨；俄奥矛盾——围绕对巴尔干半岛的争夺。

随着各种矛盾斗争的发展，到 20 世纪初，欧洲形成了截然对立的两大军事集团：德、奥、意组成的同盟国集团，英、法、俄组成的协约国集团。

1914 年 6 月 28 日，奥匈帝国皇储斐迪南大公夫妇在萨拉热窝遇刺，成为第一次世界大战爆发的导火索。

(2)过程

第一次世界大战主要在欧洲的三条战线进行：英法联军对德军的西线、德奥联军对俄军的东线、奥军对俄军的南线。

延伸阅读

施里芬计划

为了在新的战争中战胜法国及其盟国，德军总参谋长施里芬在 1905 年就开始制订作战计划，即施里芬计划。计划内容是：战争初期德国在西线集中主要兵力，在 6 周内打败法国，以少量兵力在东部边境牵制俄国；在打败法国后再将主力东调，打垮俄国。

大战共分为三个阶段：

第一阶段：1914 年的马恩河战役。德军根据施里芬计划进攻法国，9 月德军失败，“速决战”战略破产。

第二阶段：1915—1916 年，英法联军与德军分别进行了凡尔登战役、索姆河战役、日德兰海战等。凡尔登战役是大战中具有决定性意义的一战，法军站稳了脚跟，德国兵力、士气开始衰落。索姆河战役是“一战”中规模最大的战役，但未能决出胜负。日德兰海战是“一战”期间最大的一次海战，虽然英国舰队的损失大于德国舰队，但英国海军仍掌握着制海权。

延伸阅读

“一战”中美国态度的变化

早在战争爆发前，美国同德国的关系已十分紧张。战争爆发后，美国宣布中立，并向交战双方出售军火和物资，坐收渔利。在海上处于劣势的德国于1916年宣布实施“无限制潜艇战”，袭击前往协约国港口的一切船只，美国商船遭到重大损失，推动了美国采取反德立场。为保证借给协约国的巨额贷款能够归还，美国希望协约国取得胜利。1917年4月，美国加入协约国集团，对德国宣战。

第三阶段：1917年，美国和中国参加协约国作战，中国派出十几万劳工奔赴欧洲战场。俄国爆发十月革命后，退出战争。

(3)结果

1918年11月11日，德国被迫签署停战协定，宣布投降，标志着大战以同盟国的失败而结束。

(4)实质

第一次世界大战是一场列强重新瓜分世界、争夺世界霸权的帝国主义战争。

概念链接

委任统治

委任统治是第一次世界大战结束后，帝国主义战胜国所建立的通过国际联盟对战败国的殖民地进行再分割和统治的一种制度。1919年巴黎和会上，帝国主义协约国根据《国际联盟盟约》的规定，确定将德国等战败国的海外殖民地由国联委托各协约国实施殖民管理。委任统治之下，帝国主义打着帮助殖民地人民发展政治制度与国民经济的旗号，大行殖民统治的政治压榨与经济剥削之实。

(5)影响

第一次世界大战对战后国际格局产生广泛而深刻的影响。以欧洲为中心的国际格局开始动摇，美国、日本实力上升，第一个社会主义国家苏俄的诞生挑战着帝国主义世界格局。第一次世界大战削弱了帝国主义和殖民主义的力量，促进了殖民地半殖民地的民族觉醒，亚非拉人民纷纷掀起了民族解放运动。第一次世界大战改变了人们的思想观念，社会主义理想和和平主义思潮盛行一时。

2. 战后国际秩序：凡尔赛-华盛顿体系

凡尔赛-华盛顿体系是第一次世界大战后英、法、美、日等战胜国通过巴黎和会及华盛顿会议建立的帝国主义的国际关系体系，构成了“一战”后新的国际关系格局。

1919年1月18日，巴黎和会在凡尔赛宫召开。和会实际上由几个帝国主义大国控制，其中操纵和会的是“三巨头”：英国首相劳合·乔治、法国总理克里孟梭、美国总统威尔逊。和会最终于1919年6月28日签署《凡尔赛和约》，主要内容是：德国及其各盟国承担战争罪责，重新划定德国疆界，阿尔萨斯-洛林归还法国，萨尔煤矿由法国开采15年，承认奥地利独立，承认捷克斯洛伐克独立，承认波兰独立。德国放弃全部海外殖民地，其海外殖民地由英、法、日、澳等战胜国以“委任统治”的方式加以瓜分。德国在中国山东的重要权益转交日本。限制德国军备，德国不得实行普遍义务兵役制，莱茵河东岸50千米内为非军事区，德国不得设防。德国须向战胜国支付战争赔款。作为战胜国，中国在巴黎和会上遭到外交失败，激起中国人民的极大愤慨，引发五四爱国运动，参加和会的中国代表团拒绝在和约上签字。

为解决“一战”后东亚和太平洋地区的问题，美、英、日等国于1921年召开了华盛顿会议，会议分别签署了《四国条约》《五国条约》和《九国公约》。《九国公约》声称尊重中国的主权、独立和领土完整，但“门户开放”“机会均等”才是列强奉行的对华政策的基本原则。这一公约的签订，使美国长期追求的“门户开放”在中国成为现实。它打破了日本对中国的独占，又使中国恢复到被几个帝国主义国家共同支配的局面。

概念链接

“门户开放”政策

1899年，美国政府先后向英、俄等六国政府提出在中国实行所谓“门户开放”、贸易机会均等的照会。即美国在承认列强在华势力范围和已经获得的特权的前提下，要求“利益均沾”。“门户开放”政策的主要内容有：对任何条约、口岸或任何既得利益不加干涉；各国货物一律按中国政府现行税率5%征收关税；维护中国的主权和领土完整，对资本主义国家开放；各国在各自的势力范围内对他国船只、货物征收的费用不得高于征收本国船只、货物的费用。

国际联盟(国联)是凡尔赛—华盛顿体系的重要组成部分。《国际联盟盟约》于1919年通过，国联的主要机构是大会、行政院和秘书处，总部设在日内瓦。国联是近代第一个由主权国家组成的世界性国际组织，体现了战后国际政治秩序。其宗旨是促进国际合作，保证国际和平。但是，国联形成决议的“全体一致”原则使其客观上失去了对侵略行为采取任何有效行动的可能性，无法制止战争的发生。美国总统威尔逊本是国联的发起人和积极的鼓吹者，但是美国国内存在着强大的孤立主义势力，由他们控制的参议院拒不批准《凡尔赛和约》，因此美国最终没有加入国联，国联被英法所控制。英法将国联作为维护自己既得利益、操纵国际事务的工具，使国联在制裁侵略、保卫世界和平方面没有发挥应有的作用。

概念链接

“全体一致”原则

“全体一致”原则最先是由1920年成立的国际联盟采用的议事原则，即国联所作决议需由全体成员一致同意方可生效，若有任何成员否决，则决议无效。

1919年至1921年形成的凡尔赛-华盛顿体系，在一定程度上调解了帝国主义列强之间的矛盾，创设了相对和平的国际环境，使20世纪20年代资本主义经济获得高速发展。但这个体系建立在帝国主义战胜国剥夺战败国和利益再分配的基础上，导致战胜国与战败国的矛盾加剧；同时战胜国内部分赃不均，使得列强之间矛盾重重。由此建立的世界和平并不能长久。

(二)十月革命的胜利与苏联的社会主义实践

1. 十月革命的胜利

(1)背景

①政治经济背景

19世纪60年代，沙皇政府实行农奴制改革后，俄国的资本主义经济有了一定发展。但沙皇专制统治却日益强化，俄国经济的发展比较缓慢，远远落后于其他欧洲资本主义国家，劳动人民遭受沉重压迫，生活贫困。20世纪初，俄国进入帝国主义发展阶段，但各种社会矛盾十分尖锐。

②国际背景

第一次世界大战进一步激化了各种社会矛盾。随着战争形势的进一步恶化，不仅下层群众想改变现状，就连资产阶级也想推翻沙皇制度，俄国成为帝国主义链条上最薄弱的环节。

③理论背景：列宁主义的形成

1898年，俄国社会民主工党宣告成立，展开了有组织的工人运动。1900年，流亡国外的列宁创办《火星报》，宣传马克思主义，为建立新型无产阶级政党做了思想上和组织上的准备。1903年，布尔什维克(俄国社会民主工党多数派)建立，其指导思想是布尔什维主义，也就是列宁主义。列宁认为，帝国主义是资本主义发展的最高阶段，工人阶级要以暴力推翻资产阶级政权，建立无产阶级专政。

列宁主义是马克思主义与俄国革命实践相结合的产物，在20世纪俄国和世界革命进程中发挥了巨大而深远的影响。

④革命背景：二月革命

1917年3月，俄国爆发二月革命，推翻了罗曼诺夫王朝。在这次革命中，首都彼得格勒的工人和士兵建立了新政权——工兵代表苏维埃，并组织了自己的武装。二月革命后，苏维埃领导人支持临时政府，临时政府掌握实际权力，俄国出现了苏维埃和资产阶级临时政府两个政权并存的局面。

(2)过程

二月革命后，俄国广大人民群众迫切要求早日实现和平，取得土地和面包，但资产阶级临时政府却不顾人民死活，继续进行帝国主义战争。1917年4月，列宁发表著名的“四月提纲”，提出将俄国革命从资产阶级民主革命转变为无产阶级社会主义革命的任务。他还明确提出“不给临时政府以任何支持”和“全部政权归苏维埃”的口号，争取以和平方式取得政权。

在列宁的领导下，布尔什维克决定举行武装起义，夺取政权。1917年11月7日，

起义工人和士兵占领临时政府所在地冬宫。次日，全俄工兵代表苏维埃第二次代表大会宣布推翻临时政府，成立布尔什维克领导的苏维埃政权，列宁当选为人民委员会主席。以此为标志，苏维埃政权在俄国正式建立，宣告了世界上第一个社会主义国家的诞生。

延伸阅读

十月革命期间发布的文件

全俄工兵代表苏维埃第二次代表大会通过了列宁起草的《告工人、士兵和农民书》，正式宣布临时政府已经被推翻，全部政权归苏维埃。大会还通过了《和平法令》和《土地法令》。《和平法令》向一切交战国政府和人民建议立即缔结停战协定，就公正的和约进行谈判，实现不割地不赔款的和平。后来，苏维埃政权同德奥集团达成协定，退出了第一次世界大战。《土地法令》规定没收地主的土地，实现土地国有化，将土地分配给劳动者使用，制定这一法令的目的是消灭俄国的封建土地制度和地主阶级，完成民主革命的任务。

(3)影响

十月革命的胜利是俄国与世界历史进程中的划时代事件。十月革命建立了世界上第一个无产阶级领导的国家，实现了社会主义从理想到现实的伟大飞跃，开辟了人类探索社会主义道路的新时代。十月革命沉重打击了帝国主义对世界的统治，极大地鼓舞了殖民地半殖民地人民的解放斗争，改变了 20 世纪的世界格局。从此，资本主义和社会主义两种社会制度的并存与竞争，成为世界历史的重要内容。

2. 苏联建设社会主义的实践

(1)战时共产主义

十月革命胜利后，新生的苏维埃政权准备进行社会主义建设，但国内外的敌对势力不甘心失败，它们联合起来，企图把第一个社会主义国家扼杀在摇篮里。1918 年夏，苏俄进入艰难困苦的国内战争时期。

面对国内外敌人的强大攻势，苏维埃政权为了集中全国的物力、财力以支持红军战胜内外敌人，在经济领域采取了一系列非常措施，包括：实行余粮收集制，对大中小工业企业全部实行国有化，取消自由贸易和实行普遍义务劳动制。这些措施兼有“战时”和“共产主义”两种特色，因而被称为战时共产主义政策。

战时共产主义政策是在特殊时期实行的特殊政策，它在战争时期对有效集中人力、物力以帮助苏俄取得国内战争的胜利产生了重要作用。但它超越了历史发展阶段，违背了经济发展客观规律，无法真正使苏俄直接过渡到共产主义社会。在战争结束后，苏俄继续实行战时共产主义政策，引发了严重的经济和政治危机。

(2)新经济政策

面对战时共产主义政策引发的经济和政治危机，1921 年 3 月，苏俄政府决定调整政策，以粮食税代替余粮收集制，农民交纳粮食税后，剩下的粮食由自己支配。政府还解除了大部分小企业和一部分中型企业的国有化，允许私人开办小企业。对国家暂时无力开发的一些矿产、森林、油田等，政府以租让的方式让外国资本家经营. 改变由国家垄断贸易的做法，恢复货币流通和商品交换，废除实物分配制。这一系列政策被称为新经济政策。

新经济政策的实施，提高了人民的生产积极性，促进了经济的迅速恢复，有利于稳定政治形势。到 1925 年，苏联国民经济的恢复工作基本完成。

(3)斯大林模式

1922 年 12 月，“苏维埃社会主义共和国联盟”成立，简称“苏联”。1924 年列宁逝世之后，在斯大林领导下，苏联开始建立高度集中的政治、经济体制，优先发展重工业，以迅速增强经济实力和国防力量；在经济体制方面，实行单一的公有制与高度集中的计划经济，建立相对独立于资本主义世界市场之外的经济体系。为了加强对农业的管理、摆脱粮食供应困难，实行农业集体化运动，把分散的农民组织到集体农庄里。

斯大林模式开辟了一种不同于市场经济的计划经济体制和新型的工业化模式，到 1937 年，苏联工业产量跃居欧洲第一位、世界第二位。苏联经济实力的迅速增长，客观上为后来世界反法西斯战争的胜利奠定了物质基础。

但斯大林模式存在严重弊端，即片面发展重工业，导致农业和轻工业长期处于落后状态，人民生活无法改善提升；长期执行计划指令，压制了地方和企业的积极性，阻碍了苏联经济的持续发展。特别是这种高度集中的计划经济体制因没有进行有效的改革而日益走向僵化，成为后来苏联解体的一个重要原因。

(三)亚非拉民族民主运动的高潮

1. 亚洲民族民主运动的新高潮

(1)背景

第一次世界大战和十月革命的胜利，削弱了帝国主义和殖民主义力量，促进了殖民地半殖民地的民族觉醒。受其影响，亚洲各国资产阶级和无产阶级力量壮大，推动了亚洲民族民主运动的深入开展。

(2)表现

①印度尼西亚民族大起义

1920 年，印尼共产党成立。1926—1927 年，印尼共产党领导了第一次反对荷兰殖民统治的武装起义。1927 年，苏加诺等人成立民族主义政党印尼民族党，民族资产阶级开始掌握独立运动的领导权。

②印度非暴力不合作运动

19 世纪中叶，印度完全沦为英国的殖民地。第一次世界大战结束后，英国在印度一方面继续制造种姓间的矛盾，另一方面采用镇压和欺骗相结合的两面策略，导致印度社会反英情绪迅速增长。在此背景下，甘地举起非暴力抵抗的旗帜，即以爱、真理和非暴力争取印度的自治和独立，以及通过动员群众、运用非暴力不合作策略与英印当局进行斗争。运动经历了三个阶段。

第一阶段：1919年，英国殖民当局颁布《罗拉特法案》，法案内容损害印度人民民主权利，甘地立即发动了全国性“文明不服从”运动。英印当局制造“阿姆利则惨案”，进行血腥镇压。1920—1922年，甘地号召印度人民通过放弃英国人授予的爵位、封号和名誉职位，罢课、离职、抵抗法院和立法机关，不买英国布、抵制英国商品等手段，与英印当局斗争。

第二阶段：1924年，甘地被选为印度国大党主席。1929年，国大党通过实现印度完全独立的决议，授权甘地领导运动。非暴力不合作运动在1930年的“食盐进军”中达到高潮。这一年，英国殖民当局制定和颁布了食盐专营法，引起当地人民强烈不满。甘地身体力行，带领一群人步行到海边自制食盐，沿海各地纷纷响应，全国各地纷纷罢工。最后，英国殖民当局被迫改变策略，允许沿海人民煮盐。

第三阶段：1940—1942年。“二战”期间，英国首相丘吉尔为取得印度更多支持，派使节同甘地等商谈战后自治问题。甘地明确提出了“英国退出印度”的主张，再次发起不合作的号召。英国殖民当局逮捕了甘地和国大党重要领导人，非暴力不合作运动陷入低潮。

2. 非洲独立意识的觉醒

(1)背景

第一次世界大战后，非洲多数地区的民族解放运动尚处于萌芽和酝酿时期，但一些北非和东非国家的民族独立意识已经觉醒。

(2)表现

①埃及“华夫脱运动”

埃及人民在以扎格鲁尔为首的民族主义政党华夫脱党领导下，通过游行、示威、罢工、街垒战等斗争方式，迫使英国作出让步，承认埃及为独立主权国家。但英国仍保留驻军等特权。1922年3月，埃及宣布为独立的君主立宪国家，次年颁布第一部宪法。此后，扎格鲁尔又领导华夫脱党进行了12年的护宪运动，要求英国放弃特权，但未获完全成功。

②摩洛哥的曲折斗争

摩洛哥里夫地区的人民在酋长克里姆领导下，多次打败西班牙和法国侵略军。1923年，克里姆联合12个部落，建立里夫共和国。1926年，共和国被西、法殖民军扼杀。

③埃塞俄比亚抗意斗争

1935年，意大利法西斯发动侵略埃塞俄比亚的战争，一度得逞，埃塞俄比亚皇帝塞拉西一世流亡英国，墨索里尼宣布兼并埃塞俄比亚。埃塞俄比亚人民坚持游击战争，最终与反法西斯同盟国军队一起击败了意大利侵略军，1941年恢复了国家独立。

3. 拉丁美洲的民主革命与改革

(1)背景

第一次世界大战后期和两次世界大战之间，随着拉丁美洲各国政治、经济、社会环境的变化以及十月革命的影响，马克思主义在拉美广泛传播，很多拉美国家纷纷建立了共产党。同时，拉美的资产阶级也有了很大发展，20 世纪二三十年代，拉美进入资产阶级民主革命和改革时期。

(2)表现

①尼加拉瓜桑地诺抗美斗争

1926 年，桑地诺带领游击队，以“把美国侵略者赶出国土”为目标，对美国扶植的尼加拉瓜反动独裁政权展开武装斗争，迫使美军于 1933 年撤出尼加拉瓜。次年，桑地诺遭当局刺杀。桑地诺坚持武装斗争，成为拉丁美洲反帝、反独裁运动的一面旗帜。

②墨西哥卡德纳斯改革

1917 年墨西哥宪法颁布，卡德纳斯任总统后，进行了一系列民主改革。他对内推行土地改革，改组国民革命党，发展教育，限制教会，遏制军人势力，确立总统一任制度；对外捍卫民族主权和本国资源，将石油行业收归国有。卡德纳斯改革引领墨西哥走上了现代化之路。

4. 亚非拉民族民主运动的影响

第一次世界大战后出现在亚非拉大地上的民族民主运动，沉重地打击了帝国主义和殖民主义，动摇了世界殖民体系，成为影响国际秩序的重要因素。

(四)第二次世界大战与战后国际秩序的形成

1. 第二次世界大战

(1)背景

第一次世界大战结束后，意大利、日本、德国先后产生了法西斯组织。1919 年，墨索里尼成立“战斗的意大利法西斯”，这是世界上第一个法西斯主义政党。1922 年，墨索里尼建立了意大利法西斯政权。1920 年，希特勒组建“民族社会主义德意志工人党”，简称“纳粹党”，这是德国法西斯运动的开始。1921 年，冈村宁次、东条英机等日本军人订立密约，要求“消除派阀、刷新人事、改革军制、建立总动员态势”，这是日本军部法西斯运动的开始。

延伸阅读

法西斯主义

法西斯主义以极端民族主义为基本特征，反对自由主义和共产主义，主张对内实行恐怖独裁统治，对外侵略扩张，发动战争，称霸世界。其特色是采取极权主义的统治方式，将民族、国家、种族的地位置于个人、制度、组织之上。

1929 年爆发的资本主义世界性经济危机重创了德、日的经济，它们企图通过战争寻找出路。日本法西斯分子认为摆脱危机的出路是对外扩张，他们声称“满蒙是日本的生命线”，妄图把中国东北变成日本独占的海外市场和殖民地。1931 年，日本军队发动“九一八事变”，侵占中国东北。1936 年，广田弘毅上台组阁，日本建立起军事法西斯专政，以扩大对外侵略为基本国策。在德国，纳粹党利用民众对《凡尔赛和约》的强烈不满，煽动民族复仇主义、种族狂热和对外扩张。1933 年，纳粹党攫取德国政权，建立法西斯独裁统治，积极扩军备战。意大利于 1935 年入侵埃塞俄比亚，最终将其吞并。1936 年，意大利和德国结成法西斯轴心国。至此，欧洲和亚洲战争策源地形成。

面对德、意、日法西斯势力的日益扩张，英、法等西方大国却采取绥靖政策，纵容侵略以求自保。1938 年，德国吞并奥地利，并对捷克斯洛伐克提出领土要求。英、法出卖捷克斯洛伐克，与德、意签订《慕尼黑协定》，把苏台德等地区割让给德国，进一步纵容了法西斯侵略的野心。

延伸阅读

李顿调查团

日本侵占中国东北地区后，国际联盟派出以英国人李顿为团长的调查团赴东北调查。李顿调查团确认日本侵占中国领土，但又说中国的革命运动“使日本受害较其他国家为大”，并据此认为日本有“预谋阻止满洲被利用为攻击日本的根据”。日本对中国的侵略，得到英法操纵下的国际联盟的迁就。

(2)过程

①亚洲战场

1931 年，日本制造“九一八事变”，发动了侵华战争，拉开了第二次世界大战的序幕，中国人民开始局部抗战。1937 年 7 月 7 日，日本制造“卢沟桥事变”，发动全面侵华战争，成为第二次世界大战在亚洲爆发的标志。中华民族结成抗日民族统一战线，团结抗日，开辟了对日本法西斯持久作战的东方主战场。

②欧洲战场

1939 年 9 月，德国入侵波兰，英法对德宣战，第二次世界大战全面爆发。德国占领波兰后，以“闪电战”迅速西进，占领欧洲大部分地区。1940 年 6 月，法国投降，英国坚持抵抗。1941 年 6 月，德国入侵苏联，苏联战场成为抵抗纳粹德国的主战场。1941 年 9 月到 12 月的莫斯科战役，宣告德军“闪电战”破产。1942 年 7 月，斯大林格勒战役爆发，它是苏德战场上最激烈的战役，也是欧洲战场推动世界反法西斯战争战局变化的转折点和第二次世界大战的转折点。

③太平洋战场

1941 年 12 月，日本偷袭珍珠港，美国对日宣战，第二次世界大战达到了真正的世界规模。1942 年 1 月，美、苏、英、中等 26 个国家签署《联合国家宣言》，宣告世界反法西斯同盟的建立，大大加强了国际反法西斯力量。

1942 年 6 月的中途岛战役后，日本开始丧失太平洋战场的战略主动权，太平洋战场出现转折。

④北非战场

“二战”初期，德意军队在北非与英军展开旷日持久的拉锯战。1942 年的阿拉曼战役后，北非战场的形势也发生了转折。

(3)结果

1943 年 7 月，意大利退出战争，法西斯轴心国开始瓦解。1945 年 5 月 8 日，德国战败投降，欧洲战场结束。1945 年 8 月上旬，美国在日本广岛、长崎投掷原子弹，苏联对日宣战。8 月 15 日，日本天皇发布投降诏书。9 月 2 日，日本签署无条件投降书，第二次世界大战结束。

2. 战后国际秩序的建立

(1)雅尔塔体系的建立

①背景

第二次世界大战后期，以美、苏、英、中为核心的同盟国召开了一系列重要国际会议，如开罗会议、德黑兰会议、雅尔塔会议和波茨坦会议等，就结束战争、处置法西斯和战后安排等问题进行协商并达成协议，建立了以美苏为主导的国际关系新体系，史称“雅尔塔体系”。

②内容

重新确定欧亚国家的版图，德国由美、苏、英、法分区占领，日本由美国单独占领；日本领土限制在四个岛屿及若干小岛，日本退出第一次世界大战以来在太平洋区域所占的一切岛屿以及窃取于中国的领土——东北地区、台湾及其附属岛屿等归还中国，承认朝鲜最终独立，审判战犯，肃清法西斯主义和军国主义；对德、日、意的殖民地及国联的委任统治地实行托管，原则上承认被压迫民族的独立权利；美、苏、英划分势力范围，成立联合国；等等。

③影响

雅尔塔体系对维护战后世界和平秩序、清除法西斯主义、恢复和发展各国经济都产生了一定积极作用，但是，雅尔塔体系的形成建立在美、苏两国划分势力范围的基础上，带有明显的大国强权色彩，这为后来的美苏两极格局的形成以及冷战提供了条件。雅尔塔体系的确立，意味着近三百年来以维持欧洲大国均势为中心的传统国际关系格局开始逐渐被美苏两极格局所取代。

(2)联合国的建立

1945 年成立的联合国作为主权国家的国际组织，体现了第二次世界大战后的国际政治秩序，其宗旨是维护世界和平与安全，加强国际合作，促进全球经济社会发展。联合国吸取国联的教训，将制裁侵略的权力集中于安理会，实行“大国一致”原则，使和平解决国际争端有更大的可操作性。

二、20 世纪下半叶世界的新变化

(一)第二次世界大战后资本主义国家的新变化

“二战”后，资本主义国家调整本国政策，实现了经济的发展，社会矛盾有所缓和。然而，在发展的同时也孕育着新的危机。这一切构成了资本主义国家的新变化。

1. 国家的宏观调控

“二战”后，资本主义国家反思经济危机时期各国的处理方案与前途，总结经验与教训，随后进行了不同程度的以市场经济为基础、以强化国家干预为核心的调整，以谋求资本主义的发展。既强调市场机制，也主张国家适度调控与国际协调。

延伸阅读

战后三大经济支柱

“二战”后，在美国的主导下，资本主义国家相继建立了国际货币基金组织、世界银行、关税及贸易总协定三大国际经济组织，被称为战后三大经济支柱。

各资本主义国家通过这三大国际经济组织进行相对平等的协商，加强在金融、投资、贸易领域的合作，采取市场干预行动，维护经济秩序。但是，这些组织在一段时期内也加强了美国在世界金融和贸易领域的特权和支配地位。

这种宏观调控从“二战”后持续到20世纪70年代，使欧美国家的经济发展进入了“黄金时期”。然而，到了20世纪70年代，主要资本主义国家出现了经济“滞胀”，这使得各国适当减少了国家对经济的干预。美、英等国逐渐走出一条将政府干预与市场相结合的、国有制与私有制并存的“混合经济”之路。

2. 第三次科技革命

第三次科技革命兴起于20世纪40年代中期，其主要特点是电子计算机、原子能、空间科学技术、互联网、海洋技术和生物工程等的开发和利用。这次科技革命使人类社会进入信息时代，劳动方式日益自动化和智能化。

3. 阶级关系的新变化

随着第三次科技革命带来的社会生产力的提高，发达国家出现了阶级关系多层次化的现象：农业和工业的就业人口比重逐渐下降，从事服务业的人口比重增加，工人阶级内部分化成了“白领”和“蓝领”。同时，中产阶级人数增加，这一阶层的发展趋于稳定。这种稳定性又为福利国家政策的开展提供了有力保障。

4. 社会保障与福利国家

“二战”后，资本主义国家通过构建社会保障体系保证公民享受较好的公共福利，这在缓和收入分配不平等、保持社会稳定方面起到一定的积极作用，但同时也增加了政府的财政负担。因此，在20世纪70年代经济“滞胀”后，欧美国家不同程度地缩小福利国家规模，改革社会保障制度。

延伸阅读

“二战”后的社会运动

尽管“二战”后资本主义国家采取国家干预等方式缓解社会矛盾，但并没有触动造成这种不平等的根源——生产资料资本主义私有制，进而引发了此起彼伏的各种类型的社会运动，主要包括黑人民权运动、妇女运动、大规模的学生运动、反越战运动等。

实际上，这些运动大都反映了资本主义国家发展进程中存在的隐患与历史遗留问题，在“二战”后逐渐地显现出来。

(二)第二次世界大战后社会主义国家的发展与变化

“二战”后，社会主义国家相继建立，形成了以苏联为首的社会主义阵营，成为推动历史发展的伟大力量。在对社会主义的探索与建设中，这些国家经历了快速发展与艰难曲折的变革。

1. 苏联的发展、改革与解体

“二战”后，苏联相继爆炸了原子弹和氢弹，1957 年成功发射了世界上第一颗人造地球卫星，人民的教育和生活水平也有相应的提高。但是，苏联国民经济比例失调问题仍然没有改观。

对此，苏联领导人赫鲁晓夫、勃列日涅夫相继进行改革：在农业和工业领域扩大自主权，承认市场机制，调动人民生产积极性等。这一系列改革虽取得一定成效，但始终没能从根本上突破斯大林模式，国民经济比例依旧失调，社会矛盾加剧。

延伸阅读

苏共二十大与“秘密报告”

1956 年，赫鲁晓夫代表苏共中央向党的二十大作总结报告。报告肯定了苏联重工业发展的成就，同时也指出了此前农业领导上的严重缺点和错误，并提出了相应的改革方案。在苏共二十大结束后，赫鲁晓夫召开特别秘密会议，在会上作了题为《关于个人崇拜及其后果》的秘密报告。该报告打破了对斯大林的个人崇拜，但没有作出全面分析，而是全盘否定了斯大林，给苏联的发展埋下了无穷隐患。

1985 年，戈尔巴乔夫上台，实施经济改革，但受到苏共党内阻挠而收效甚微。于是，他把改革重点转向政治领域：取消苏共领导地位，实行议会制、总统制和多党制，在意识形态上抛弃马克思主义指导、实行多元化。这一改革造成了严重的思想混乱和社会动荡，民族分裂随之而来，立陶宛等加盟共和国相继独立，苏联最终于 1991 年 12 月 26 日解体。

2. 东欧的社会主义建设、改革和剧变

“二战”后，东欧各国在社会主义建设中大多采取苏联模式，造成了国民经济比例失调，民生问题严重。以南斯拉夫为代表的一些东欧国家希望通过改革走自己独立发展的道路，但这些改革大都没有突破斯大林模式的束缚。20 世纪 80 年代，东欧各国陷入困境。1989—1992 年，东欧各国纷纷实行政治多元化，共产党失去执政地位，政局发生剧变。

概念链接

社会主义阵营

社会主义阵营以苏联为首，连带亚洲四国和东欧八国。

亚洲四国：中国、蒙古、朝鲜、越南。

东欧八国：波兰、民主德国、捷克斯洛伐克、南斯拉夫、匈牙利、罗马尼亚、保加利亚、阿尔巴尼亚。

3. 中国特色社会主义道路

在经历了同样的艰难曲折后，中国开始走上新的发展道路——中国特色社会主义道路。

1978年，中共十一届三中全会作出改革开放的伟大决策；1992年，邓小平南方谈话和中共十四大使中国的改革深入发展；2001年，中国加入WTO。

经过不断探索与改革，中国走出了困境，跟上了世界发展的步伐，顺应了历史发展的趋势。改革开放至今，国家发展成就显著。

(三)第二次世界大战后世界殖民体系的崩溃与新兴国家的发展

1. 世界殖民体系的崩溃

“世界殖民体系的崩溃是20世纪最伟大的变化，是人类历史的巨大进步。”“二战”后，民族解放浪潮空前高涨。

在印度，国大党领袖甘地、尼赫鲁等人领导人民对英国殖民当局采取“不合作”态度，积极争取印度独立。“二战”后的英国早已成为了“一头可怜的小毛驴”①，无力再掌控自己的殖民地。在各种力量的压力下，英国于1947年被迫同意印度独立，但将其分为印度和巴基斯坦两个部分，企图分而治之。至20世纪50年代，印度和巴基斯坦都成为共和国，但印巴问题始终如同南亚次大陆上的火药桶。

印度独立前后，印度尼西亚、老挝、菲律宾、缅甸、锡兰、柬埔寨、马来西亚、新加坡等也纷纷独立，亚洲殖民体系瓦解。

20世纪五六十年代，非洲大陆也掀起民族独立风暴。埃及建立共和国，反抗英国殖民者，收回苏伊士运河主权；阿尔及利亚反抗法国殖民者，最终取得独立……1960年，有17个非洲国家独立，这一年被称为“非洲年”。20世纪70年代末，英、法、比、葡等在非洲的殖民体系彻底崩溃。

“二战”后，拉丁美洲人民捍卫国家主权的斗争此起彼伏。最具有代表性的是古巴建立社会主义政权，巴拿马人民从美国手中收回巴拿马运河的全部主权，“美洲不再是美国人的美洲。”②

1945—1991年，全世界有90多个国家摆脱了殖民统治，获得独立。世界不再是欧美列强的世界，以殖民体系的崩溃迎来了人类历史的新千年。

---

① 雅尔塔会议上，丘吉尔感叹英国国力衰弱，实力远不如前：“我的一边坐着巨大的俄国熊，另一边坐着巨大的北美野牛，中间坐着的是一头可怜的英国小毛驴。”(丘吉尔：《第二次世界大战回忆录》)

② 1823年，美国总统门罗发表国情咨文，声称“美洲是美洲人的美洲”，不允许欧洲列强干涉美洲事务。实质上，美国是把美洲收入自己囊中——“美洲是美国人的美洲”，后世称之为“门罗主义”。

2. 新兴国家的发展

新兴国家是指原来的殖民地半殖民地取得独立后建立的拥有完整主权的民族国家，又称为发展中国家或第三世界国家。来之不易的政治独立为广大发展中国家提供了发展的前提，发展中国家成绩显著。

亚洲出现了“亚洲四小龙”(新加坡、韩国、中国台湾和香港)，中东地区出现了富庶的海湾产油国。拉丁美洲国家大力发展民族工业，大多数拉美国家跻身中等收入国家行列。非洲国家也经历了经济曲折发展的过程。

然而，在不平等的国际经济旧秩序面前，发展中国家除了机遇，更面临挑战。如一些国家过分依赖国际资本和国际市场，承受风险的能力较差；再如历史遗留下来的矛盾冲突等。加之自身政策问题等，发展中国家要实现真正的发展，仍旧任重道远。

(四)冷战与国际格局的演变

“二战”后，国际格局总体表现为两极格局，而两极格局的发展过程中，孕育着多极化趋势的出现，并伴随其发展。

1. 冷战与两极格局

所谓冷战，是指“二战”后以美苏为首的两大集团之间既非战争又非和平的对峙与竞争状态。美苏按照不同的国家利益和意识形态，建立起两大相互对立的政治、经济、军事集团，两极格局逐渐形成。1955—1991 年，双方既有激烈对抗，又有相对缓和(见表 6-1)。

表 6-1　冷战与两极格局

时间	美国	苏联	备注
两极格局形成前	1946 年，铁幕演说； 1947 年，杜鲁门主义、马歇尔计划提出； 1948 年，针对九国情报局，马歇尔计划实行，援助、拉拢、控制西欧； 1949 年，北约建立。	1947 年 9 月，苏联联合东欧与法国和意大利九国共产党代表组成九国情报局，西欧处于共产党夺权的边缘； 1949 年，针对马歇尔计划，苏联联合东欧建立经互会； 1955 年，华约建立，标志着两极格局形成。	美国的全球扩张战略和苏联的保障国家安全战略之间发生的冲突，是冷战发生的根本原因； 双方处于拉拢盟友，壮大阵营阶段。
1953—1960s 初	戴维营会谈。		缓和之下的戴维营精神；好景不长，U－2 飞机事件打破了缓和氛围，局势转入紧张。
1960s	1961 年，柏林墙修筑； 1962 年，古巴导弹危机； 从 1961 年开始，美国出兵越南长达十几年。		总体呈美强苏弱之势。

续表

时间	美国	苏联	备注
1970s	1961—1973 年，美国陷入越战泥潭； 20 世纪 70 年代，美国出现经济“滞胀”； 尼克松主义(对苏缓和战略)。	1979 年，苏联出兵阿富汗。	总体呈苏强美弱之势。
1980s	星球大战计划拖垮了苏联经济，实施和平演变战略。	戈尔巴乔夫称人类生存高于一切，核战争没有胜利者，苏联与美国关系“缓和”，先后进行经济改革和政治改革。	“缓和”中的较量。
1990—1991	1989 年起，东欧剧变；1991 年年底，苏联解体。		两极格局结束。

延伸阅读

冷战的基本特征

1961 年的第二次柏林危机和 1962 年的古巴导弹危机把冷战推到最高潮，这两次事件体现了冷战的基本特征：美苏在进行激烈的军备竞赛特别是核武器竞赛的同时，又具有使双方始终避免兵戎相见的自我控制机制。

2. 多极力量的成长

美苏双方拥有足以毁灭世界的核力量和足以相互制衡的军备实力，保证了“二战”后世界在整体上维持了相对和平的状态。而在这种微妙的状态之下，孕育着新的力量。

这些力量在两极格局发展过程中成长，它们是走向联合的欧洲、经济腾飞的日本、恢复联合国合法席位的中国，以及不甘于受美苏控制发起了“不结盟运动”的新兴亚非拉第三世界国家。这些国家和组织作为独立的政治力量登上国际政治舞台，对两极格局构成了有力的冲击。

三、当代世界发展的特点与主要趋势

(一)世界多极化与经济全球化

1. 世界多极化发展趋势

苏联解体后，世界格局发生了重大变化。美国成为唯一的超级大国，极力构筑自己的单极世界。但是，“二战”后的世界各国经历了半个世纪的发展，美国再也无力完全主导世界格局。世界正在走向多极化，其趋势日益加强。

除美国外，当今世界诸强林立：走向联合的欧洲，脱胎于苏联的俄罗斯，经济腾飞、追求政治军事大国地位的日本，进一步改革开放的中国。

进入21世纪，国际力量对比趋于平衡。时至今日，世界格局的多极化仍然只是一个趋势。多极化格局的形成，将是一个漫长而复杂的过程。

2. 经济全球化进程加快

经济全球化是一个长期的历史发展过程，可以上溯到新航路开辟和资本主义在西欧的兴起。随着世界市场的不断扩大，世界贸易在不断发展。"二战"后，美国推动建立了国际货币基金组织、世界银行和关贸总协定，这三大经济支柱进一步促进了经济全球化进程。

由于"二战"后的两极格局状态，苏联和东欧国家组成封闭的计划经济体系，改革开放前的中国亦是如此。所以，战后的世界经济体系被西方国家主导。

20世纪90年代以来，随着苏联解体、两极格局的瓦解，世界上绝大多数国家抛弃了意识形态领域的成见，实行市场经济体制，推动了世界经济向全球化发展。

延伸阅读

推动经济全球化的因素

"二战"以来交通运输技术的迅猛发展和20世纪90年代以来信息技术的快速发展，把世界各地更加紧密地联系在一起；跨国公司和各种国际组织(以国际货币基金组织、世界银行、世界贸易组织为主要代表)成为经济全球化的有力推动者，两极格局的瓦解为经济全球化扫清了障碍。

进入21世纪，以互联网、人工智能等为代表的新一轮科学技术的发展，使经济全球化成为一股强劲的时代潮流。

经济全球化是一把双刃剑，它在加快世界经济发展的同时也增加了经济失控的风险。因此，各国在抓准机遇发展自身的同时，还要保护自己的经济安全。

在经济全球化趋势加强的同时，区域经济集团化也在发展。区域经济集团组织通常以加强本区域内各国间经济往来、减少贸易壁垒、实现贸易自由化为宗旨，从而实现各国间资源的优化配置。这些组织主要包括欧盟、北美自由贸易区、东南亚国家联盟、亚太经合组织等。

3. 社会信息化和文化多样性

社会信息化是指发展以智能化工具(以计算机为主)为代表的新生产力，主要以数字化、网络化、智能化为特征。21世纪，社会信息化深入发展，以信息技术为代表的新一轮科技革命方兴未艾，被称为"第四次工业革命"。当今时代，社会信息化影响到人们生活的方方面面，不断地提升人们的生活质量。但是，它所带来的种种弊端也十分明显——使保障个人隐私变得越来越困难；良莠不齐的网络信息纷至沓来；网络犯罪使人防不胜防等。如何在社会信息化中扬长避短，成为人类面临的重要课题。

文化多样性是世界文化的基本特征，当今世界有200多个国家和地区、2500多个民族、6000多种语言，不同文化背景的民族共同创造了多彩的世界。然而，在当今时代，随着经济全球化和社会信息化的日益加深，文化多样性也面临着前所未有的挑战，

各国都在努力维护自己的文化特性。

(二)和平发展合作共赢的时代潮流

“二战”后，世界的总体发展趋势如何？在这样的趋势下，面临哪些问题？人类社会应该如何面对这些问题？

1. 和平与发展成为当今时代的主题

“二战”后，虽然发生了冷战和多次局部战争，但是没有发生新的世界规模的大战。总体来说，人们处在一个相对和平、稳定的环境中(这里的和平是指世界的总体和平)，和平与发展是当今时代的主题。

和平与发展二者相辅相成、无法割裂，没有和平，就难以有真正意义上的长久发展。进入21世纪，多极化趋势进一步发展、经济全球化不可逆转，这一切都成为制约战争发生的有利因素。

2. 人类发展面临的问题

在当今时代发展的过程中，仍然伴随着很多不可避免的问题：世界经济增长的动力不足；南北差距和贫富差距日益扩大；地区性安全问题(阿以矛盾、叙利亚内战等)；核扩散、恐怖主义、网络安全、气候变化、跨国刑事犯罪、重大传染疾病等安全威胁持续蔓延；资源争夺、霸权主义等问题依然存在。

3. 在合作共赢中促进全球共同发展

随着时代的发展，地球村内各国间的距离越来越小。人类会面临许多共同的难题，在这些全球性问题面前，没有哪一个国家能够独立应对挑战。因此，世界各国有着共同的利益和诉求，唯有合作，才能共赢。这种合作共赢有两个实现渠道：一方面，充分发挥“二战”后各种国际组织(联合国、国际货币基金组织、世界银行、世贸组织等)的协调作用；另一方面，改革原有的治理体制、加强国际合作已经成为国际社会共同关心和正在解决的问题。

中国倡导人类命运共同体理念，并以实施共建“一带一路”倡议、发起创办亚投行等实际行动实践这一理念，顺应了当今世界和平发展合作共赢的时代潮流和历史发展大势。

复习注意问题

1. 抓住两次世界大战、两大阵营、两极格局发生发展演变的主线，切实弄清其来龙去脉、相互关系及重大影响。

2. 注意相关支线专题的延续性，例如战后亚非拉的民族解放运动(两次世界大战后都有)，这些都与欧洲实力逐渐衰落、世界格局逐渐变化构成内在联系。

3. 对于暂时难以理解的部分，切忌想当然，请结合拓展阅读书目进行追溯学习。

本章小结

从某种意义上讲，世界现代史可以划分为三个时代——两次世界大战时代、冷战时代、冷战结束后的当代。

“一战”后，欧美各国为恢复与发展战后经济，进行了各种维护和平的尝试(建立国联等)。与此同时，亚非拉民族解放运动风起云涌，一定程度上冲击了资本主义世界殖民体系。1929年开始的经济大危机，席卷了整个资本主义世界。面对经济危机，德日走上了法西斯道路。面对法西斯扩张，英法出于自身利益考虑，采取绥靖政策，错失了遏制法西斯势力的最佳时机，进而酿成苦果，世界走向“二战”。

“二战”中，各国逐渐认识到结成反法西斯同盟的重要性，通过《联合国家宣言》以及后续一系列配合作战，最终取得了世界反法西斯战争的胜利。

“二战”后，美苏由于国家利益、意识形态等因素，从盟友到对手，开启冷战时代。冷战进程中，美苏两大阵营以及其他新兴组织各有自己的发展进程。一方面，在社会主义阵营内，苏联进行了一系列改革，然而始终没有突破斯大林模式，积重难返，最终导致苏联解体。而新中国则恢复了联合国合法席位，步入世界外交舞台，逐渐成为当今世界一支重要力量。另一方面，资本主义阵营发生了几大变化——资本主义世界殖民体系逐渐瓦解；资本主义国家通过调整生产关系来适应新时代的发展变化；为摆脱美国控制，欧洲走向联合；战后日本经济腾飞。与此同时，第三世界国家以崭新的面貌团结在一起(不结盟运动)，成为战后世界不可或缺的力量。冷战形成的两极格局，孕育着世界多极化的发展趋势。

关键术语

经济危机　法西斯　绥靖政策　资本主义国家新变化　冷战　多极化趋势

思考题

世界现代史发展进程中，资本主义与社会主义经历了怎样的对立与竞争？后来各自的走向怎样？

拓展阅读

1.[美]斯塔夫里阿诺斯：《全球通史：从史前史到21世纪(第7版新校本)》(上下册)，北京，北京大学出版社，2020。

2.[美]理查德·W. 布利特等：《大地与人：一部全球史》，北京，商务印书馆，2020。

3.[日]羽田正：《全球化与世界史》，上海，复旦大学出版社，2021。

实训练习

【单项选择题】

1.(2019年上半年教师资格考试题)在第一次世界大战中，规模最大、消耗最大的战役是(　　)。

A. 凡尔登战役　　B. 索姆河战役　　C. 马恩河战役　　D. 坦能堡战役

2.(2018年上半年教师资格考试题)1942年，盟军在太平洋战场组织了一场战役，使太平洋战场形势发生了根本性转折。这场战役是(　　)。

A. 西西里登陆战　　B. 冲绳岛登陆战　　C. 中途岛海战　　D. 珊瑚岛海战

3.(2020年下半年教师资格考试题)1943年12月发表的《开罗宣言》称："我三大盟国此次进行战争之目的，在于制止及惩罚日本之侵略，三国决不为自己图利，亦无拓展领土之意思。"三大盟国是指(　　)。

A. 中国、美国、英国　　B. 中国、苏联、印度

C. 英国、法国、埃及　　D. 美国、苏联、法国

4."(某一事件)从它给予世界发展的影响来说，超越了其他大革命。它在政治和社会经济变革的规模、深度和质量上，以及在给予周围世界以长久影响方面，几乎是史无前例的。只要提一下大众福利国家和社会，也就是现代人道主义资本主义的形成乃至西方针对社会主义革命给它带来的威胁作出的反应，就足以说明问题了。"这一事件是指(　　)。

A. 美国罗斯福新政　　B. 俄国十月革命

C. 社会主义阵营形成　　D. 中国社会主义改造

5.(2020年下半年教师资格考试题)下列与《布雷顿森林协定》相关的是(　　)。

①国际货币基金组织　②世界贸易组织　③国际复兴开发银行　④亚太经合组织

A. ①②　　B. ①③　　C. ②④　　D. ③④

6. 美国历史学家杰里·本特利指出，当1945年同盟国击败轴心国，摧毁德意志第三帝国时，随着另一场战争的开始，世界不得不重建。"世界不得不重建"的主要原因是(　　)。

A. 战后欧洲力图重建其中心地位

B. 亚非拉民族解放斗争掀起高潮

C. 战后新的经济体系的形成刺激了贸易竞争

D. 美苏在国家利益和社会制度上的矛盾加剧

7. 美国某总统在其回忆录中写道："我相信，这是美国外交政策的转折点，它现在宣布，不论什么地方，不论直接或间接侵略威胁了和平，都与美国的安全有关。"美国的这个政策通常被称为(　　)。

A. 罗斯福新政　　B. 马歇尔计划　　C. 杜鲁门主义　　D. 尼克松宣言

8."二战"后，法国居民每日口粮只有6盎司，德国的英美双占区的工厂有四分之三倒闭，物价飞涨。西欧其他国家也出现了经济崩溃的迹象。严重的经济状况引起社会动乱，西欧各国工人运动蓬勃发展。为此，美国提出的应对措施是(　　)。

A. 实施马歇尔计划　　B. 建立北约组织

C. 提出杜鲁门主义　　D. 推行凯恩斯主义

9.(2019年下半年教师资格考试题)1950年法国提出的一份文件中写道："这样结

合起来联营生产意味着将来在法德之间发生战争是不可能的，而且在物质上也不太可能。”这一文件是(　　)。

A.《马歇尔计划》　　B.《巴黎条约》

C.《欧洲经济共同体条约》　　D.《舒曼计划》

10.《经济学家》周刊曾把两个国际组织比作“共享诸多内脏器官却有不同头部的连体双胞胎”，称其中的一个组织为“美国和 25 个小矮人”。这两个国际组织是(　　)。

A. 世界贸易组织与亚太经合组织　　B. 世界银行与国际货币基金组织

C. 欧洲联盟与北大西洋公约组织　　D. 北美自由贸易区与关贸总协定

11. 1947 年，接受马歇尔计划的国家作出了一系列承诺，包括放松价格管制、平衡政府预算、保持金融稳定、保持汇率在合理水平、降低和消除配额及其他贸易管制。这些承诺(　　)。

A. 加速了两极格局最终形成　　B. 有助于市场化机制的运转

C. 推动了西欧国家经济腾飞　　D. 便利了美国控制西欧国家

12.(2018 年上半年教师资格考试题)1992 年，欧共体成员国签订条约，决定将“欧共体”改名为“欧洲联盟”。这一条约是(　　)。

A.《巴黎条约》　　B.《罗马条约》

C.《布鲁塞尔条约》　　D.《马斯特里赫特条约》

13.(2019 年下半年教师资格考试题)20 世纪八九十年代，在日本的科研经费中，企业投入占 70%；企业拥有的科研人员占全国科研人员的 59%；企业拥有全国 80%以上的科研机构。这一现象反映的是(　　)。

A. 产学研一体化　　B. 企业主导科研　　C. 科研经费充足　　D. 科研队伍强大

14.(2019 年下半年教师资格考试题)北美自由贸易区、东南亚国家联盟和亚太经合组织在职能上的共同之处是(　　)。

A. 阻碍区域一体化进程　　B. 对抗特定的国家集团

C. 推动经济区域集团化　　D. 加强成员国反恐合作

15. 1975 年，美国总统福特与苏联领导人勃列日涅夫进行“工作会谈”，美苏两国就苏联购买美国谷物的交易达成协议。1976 年，美苏两国又达成美国从苏联进口石油的协议。据统计，1969—1976 年美苏两国贸易额增加了 10 倍。这反映了(　　)。

A. 世界经济格局发生重大变化　　B. 美苏冷战局势趋于缓和

C. 资本主义世界经济体系衰落　　D. 经济全球化趋势加快

16. 20 世纪国际社会为维持和平进行了不懈努力。下列表述正确的是(　　)。

A. 国际联盟制裁了日本对中国东三省的侵略行径

B. 联合国安理会有权采取行动维持国际和平与安全

C.《全面禁止核试验条约》是美苏两国妥协的产物

D. 冷战结束后，北大西洋公约组织维护了欧洲和平

17.“经过长时间的迟疑之后，英国虽然有引以自豪的岛国独立传统，但还是决定加入这一组织，同样加入进来的还有爱尔兰、丹麦、希腊、西班牙和葡萄牙。20 世纪

90 年代中期，芬兰、瑞典和奥地利也加入进来。这一共同体，现在叫作欧盟。”据此可知，欧盟的出现(　　)。

A. 制定了关税壁垒政策

B. 形成了一个单一的政府

C. 标志着战后资本主义世界经济体系的形成

D. 减轻了民族主义情绪

18. 斯大林在 1929 年宣称：“大约在三年之内，我们的国家将成为全世界粮食产量最高的地区之一，甚至就是粮食产量最高的地区。”苏联为实现“粮食产量最高”采取的途径是(　　)。

A. 实行余粮收集制　　B. 征收固定的粮食税

C. 开展农业集体化　　D. 扩大农场的自主权

19. 1969 年，美国出台了新的《出口管制法》，不再使用“共产党国家”与“非共产党国家”这一概念和划分方法，代之以“鼓励与和美国有外交关系或贸易关系的国家进行贸易”，并要求商业部修订管制清单。这一调整主要是由于美国(　　)。

A. 同苏联关系缓和　　B. 与西欧竞争加剧

C. 陷入侵越战争泥潭　　D. 国家实力相对衰弱

20. 2008 年 11 月，美国国家情报理事会发表的《2025 年的全球趋势》坦承：“在今后的 15—20 年里，对于国际制度的演变，美国将发挥比任何其他国际行为者更大的影响，但在一个多极世界上，它将拥有的力量要比数十年来所曾拥有的小。”这一观点的提出主要基于当时(　　)。

A.“一超多强”局面的形成　　B. 霸权主义影响力减弱

C. 多极政治格局已经形成　　D. 国际关系实现民主化

21. 1945 年 7 月，工党领袖艾德礼出任英国首相，开始推行以经济计划为主体的“社会主义”改革政策，以求推进英国经济的恢复和重建，掀起战后英国第一次国有化高潮。而在 20 世纪 80 年代，撒切尔夫人上台执政后开始了声势浩大的私有化运动，逐步出售国有企业。到 1991 年年初，接近 80%的国有部门已经转移到私人手中。对此理解正确的是(　　)。

A. 政府逐步减少对经济的干预

B. 凯恩斯主义对于私有化发挥了重要作用

C. 国家宏观调控不适应市场经济的发展

D. 改变了私有制经济的主导地位

22. 下图是不同类型国家的进出口依存度变化示意图。该图适合用来说明(　　)。

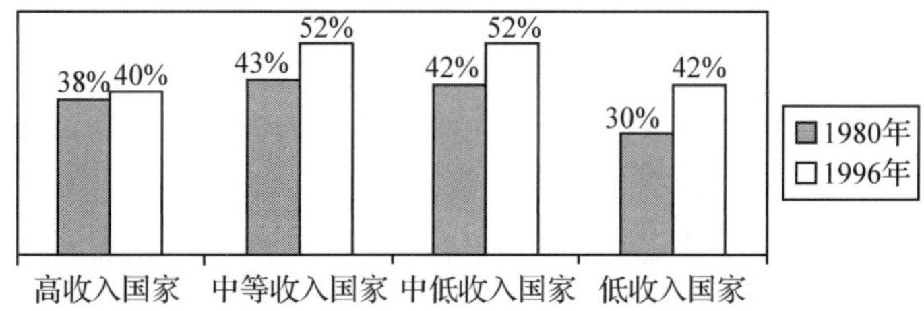

A. 发展中国家经济高速增长　　　　　　B. 世界经济区域化的发展

C. 发达国家经济陷入了滞胀　　　　　　D. 世界贸易全球化的加强

23. 20 世纪 60 年代末，基辛格说：“一个统一的欧洲对世界事务大概会坚持一种特别的欧洲的观点——这就是欧洲将对美国在大西洋政策方面的霸权挑战的另一种说法。”这一看法出现的深层背景是(　　)。

A. 欧洲一体化进程加快　　　　　　B. 欧洲威胁到美国全球霸权

C. 世界多极化趋势显现　　　　　　D. 美国与欧洲关系发生变化

24. 下列关于第三次科技革命的表述，不正确的是(　　)。

A. 电子计算机和激光器都首先在苏联产生

B. 美、日、法、德、英、中联合公布人类基因组工作草图

C. 科学与技术紧密结合、相互促进

D. 第一、第二产业比重下降，第三产业比重上升

【简答题】

25.(2018 年上半年教师资格考试题)简要说明经济全球化和经济区域集团化之间的关系。

26.(2020 年下半年教师资格考试题)简述第二次世界大战后资本主义国家福利制度的影响。

【参考答案】

1. B　2. C　3. A　4. B　5. B　6. D　7. C　8. A　9. D　10. C　11. D　12. D　13. B　14. C　15. B　16. B　17. D　18. B　19. D　20. A　21. A　22. D　23. D　24. A

25. 经济全球化和经济区域集团化之间既相互矛盾，又相互促进。

经济区域集团化具有排他性，对集团外的国家和地区实行不平等政策，这不利于经济全球化的发展。经济全球化虽然可以加速世界经济的发展，但同时也加剧了全球竞争中的利益失衡，对于发展中国家来说更是弊大于利。

经济区域集团化有利于集团内部资源的优化配置，形成统一的市场，这又推动了经济全球化的发展，而经济全球化的发展加速了世界经济的发展。经济区域集团化是经济全球化进程中的一个阶段，经济全球化是经济区域集团化发展的必然趋势。

经济全球化和经济区域集团化的出现都是因为第三次科技革命的发展，它导致了生产力对国际分工的新需求，不同国家的经济联系进一步加强。

26.(1)积极方面：在消除社会不公、保障人民基本生存条件、促进社会民主和公正方面发挥了重要作用，同时也扩大了社会消费和特定的社会需求，促进了经济增长。

(2)消极方面：巨额公共开支加重了财政负担，引起巨额财政赤字、通货膨胀；劳动者的劳动积极性下降，生产增长率降低，导致产品竞争能力下降，出现经济结构危机，失业率上升；沉重的税务负担使企业、个人和社会都不堪承受，导致企业发展后劲不足、设备改造缓慢、经济效益下降，引发人才外流、人口老龄化、中间阶层日益削弱等问题。

模块三　中外历史专题知识（高中选择性必修）

第七章　国家制度与社会治理

【本章要点】

本章主要概述中西历史上的国家制度与社会治理，从制度视角揭示人类政治生活的发展线索，涉及政治体制、官员的选拔与管理、法律与教化、民族关系与国家关系、货币与赋税制度、基层治理与社会保障 6 个专题。

【学习目标】

1. 认识中国古代国家制度和社会治理措施的主要发展线索，了解欧美国家在制度建设和社会治理方面的重要成就及其历史渊源。

2. 把握不同时期和地区的制度、措施之间的联系，理解有关制度、措施的演变进程、相互影响及其意义。

3. 认识到国家制度会随着社会变迁而变化，任何一种制度都不是十全十美的，应当从社会实际状况出发，互相取长补短，增强对中国特色社会主义制度的自信和责任担当。

【课程导言】

一般认为，政治是人类社会中围绕统治权力所展开的各种社会活动和社会关系的总和。本章我们将要学习的国家制度，意在从制度视角反映政治演进过程，使大家对人类政治生活的发展线索形成更加全面的认识。

一、政治体制

(一)中国古代政治体制的形成与发展

1. 中国古代政治体制在秦朝建立前后的巨大变化

先秦时期的国家政权建立在部族联合和分封制的基础上，集权程度不高，管理比较松散，是一种与宗法制互为表里的等级君主制。[①] 该制度萌芽于夏代，形成于商代，确立于西周。周天子以宗法家长的身份对国人进行专制统治。西周分封制与宗法制、礼乐制相配合，政治权力分配与血缘关系相结合，影响至春秋。战国时代，由于地主阶级的兴起，诸侯称雄割据，法家强调的君主专制理论客观上适应了各诸侯国的政治需要。各国在政治上都进行了重大改革，君主专制加强，郡县制、官僚制等封建政治体制开始产生。

---

① 白钢主编：《中国政治制度史》，23 页，北京，社会科学文献出版社，2007。

2. 秦朝以降君主专制中央集权政治体制的演变

从秦朝至清朝，中国实行君主专制中央集权的官僚制统治，包括两个方面。一是君主专制，表现为君权与相权的关系，核心是宰相制度。秦汉时期实行三公九卿制，丞相是百官之长，辅佐皇帝处理全国政务，权力很大。汉武帝设立“中朝”，丞相的权力开始削弱。西汉晚期，丞相制被三公制取代。东汉时，尚书台为新的行政中枢，遂为尚书省。同时皇帝新设秘书咨询机构中书、门下省。隋唐时，三省六部制确立，省长官分掌宰相职权，皇帝直接掌控中枢。北宋时，枢密使掌管军权、三司使掌管财权，宰相仅剩下有限的行政权，且受副相牵制。元朝实行中书省总理全国政务的一省制中枢体制。明代，朱元璋废除中书省和丞相，亲理政务，宰相制度终结。清朝设立军机处，军机大臣直接秉承皇帝旨意，军机处成为全国军政事务中枢。总体而言，君主专制是君权逐步强化的过程。

二是中央集权，表现为中央与地方的关系，核心是地方行政制度。秦代地方实行郡县制，其长官由中央任命。汉武帝将全国分为十三个州，每州设置刺史。东汉时，州、郡、县三级制形成。隋唐时，州、郡、县三级制削减为郡、县二级制，但道的设置使地方行政管理朝着三级转化。宋代改道为路，实行路、州(府)、县三级制，地方上的兵、财、赏罚行政权力均收归中央。元代设行省制，形成省、路、府、州、县多级行政体制。明代承袭为十三省，其民政、财政、司法与军政分开，互不统属，分别归辖于中央相关部门。随后，中央又派巡抚、巡按总揽一省之权，派总督掌管数省军政大权。清代十八省完善了上述制度，形成省、府、县三级行政体制。总体而言，中央集权是中央权力不断强化的过程。

(二)西方政治体制的产生和演变

1. 古代希腊罗马的“公民政治”

在古代希腊，公民对城邦事务共同决定，其中以雅典的民主政治与斯巴达的贵族寡头政治最为典型。共和时代的罗马人继承了希腊的“政治”，他们用“公民的”(civil)表达政治的本质。共和国的中央国家机关由元老院、民众大会和高级官吏组成，具有浓厚的贵族寡头特征。

2. 封建贵族君主制

中世纪早期日耳曼人王国的政体形式。封建在欧洲意味着分权，君主只能在自己的直辖领地上行使主权，在每个王国内部都存在着大大小小的分裂割据领地，贵族、教会与国王长期抗衡。

3. 等级君主制与议会君主制

中世纪末期，国王在反对贵族、教会的过程中不断争取各个等级尤其是市民等级的支持，许多国家建立了等级代表机关。1302 年法国首次召开三级会议，它由贵族、僧侣和市民三个等级的代表组成，标志着法国等级君主制的建立。英国的贵族、骑士和市民则在斗争中迫使约翰王签署了《大宪章》，它极大地限制了国王的权力，特别是赋予封建领主会议(又译作“御前议会”)批准征收赋税的权力。此后，英国议会依靠《大宪章》的原则对国王的权力进行限制，英国的议会君主制得以确立。

4. 君主立宪制

通常是指进入资本主义社会后，虽然资产阶级力量强大，但是君主制传统得到保留的国家实行的政体。君主是名义上的国家元首，君主权力受到宪法限制。英国光荣革命后，《权利法案》和《王位继承法》等一系列法案确立了议会高于国王的原则，规定了国王与议会的关系，英国君主立宪制得以确立。英国虽然没有一部君主立宪的宪法，但是很多宪法性原则和惯例被严格遵守。①

5. 议会共和制

资产阶级民主共和政体的一种形式，议会是国家最高权力机关。法国在资产阶级革命中经历了从君主立宪制到共和制与帝制的多次反复，1875 年确立了共和政体，同时也形成了议会制度，总统由议会选举产生。由于议会中党派数量多，政府常常是多党联合执政，造成政局不稳。“二战”后，法国的共和政体呈现出由议会制向总统制转变的倾向。

6. 总统共和制

资产阶级民主共和政体的另一种形式。美国是最早实行总统制的国家，总统制特征最突出。独立战争后，美国脱离英国统治，成为一个共和国。1787 年美国联邦政府成立，联邦宪法实行三权分立原则。总统由选民间接选举产生，既是国家元首又是政府首脑，在国家政治生活中的地位举足轻重。

延伸阅读

政治体制的基本分类

政体的类型十分复杂。一般来说，根据掌握最高权力的人数，分为君主制和共和制。前者以世袭产生、终身任职的个人掌握全部或部分国家最高权力为基本特征，后者一般以选举产生、有一定任期的机关集体行使国家最高权力为基本特征。君主制按君主权力是否受到一定限制，主要分为君主专制和君主立宪制；共和制按照享有政治权利的是少数贵族还是大多数公民，分为贵族共和制和民主共和制。东西方各国政治体制都经历了漫长曲折的发展过程，政体的形式千差万别。

(三)中国建立共和制的曲折历程

从鸦片战争爆发到中华人民共和国成立这一百多年的历史，是中国从传统走向现代、从封闭走向开放、从君主专制走向民主共和的历史。鸦片战争以后，一批关心国家命运的先进知识分子注意到了西方民主制度。甲午战争后，资产阶级改良派提出了“宪政”口号。进入 20 世纪，以孙中山、黄兴为首的资产阶级革命派提出推翻清朝统治，建立民主共和国的任务。1912 年 1 月 1 日，中华民国的成立标志着共和制在中国

① 马啸原：《西方政治制度史》，108 页，北京，高等教育出版社，2000。

诞生。之后的军阀混战以及国民党的独裁统治，一步步侵吞中国新生的民主。五四运动后，一批先进的民主主义者逐渐接受了马克思主义学说，重新阐释民主政治。中国共产党成立后，建立无产阶级民主成为了新的民主观与奋斗目标。1949 年 9 月，中国人民政治协商会议第一届全体会议召开，中华人民共和国诞生，《共同纲领》确定人民代表大会制为国家政体，共和制在中国最终确立。

概念链接

人民代表大会制

人民代表大会制是中国的政体，是当代中国的根本政治制度。该制度以人民代表大会为核心和主要内容，遵循的原则有：(1)一切权力属于人民；(2)中国共产党的领导；(3)民主集中制；(4)民族平等与民族团结。历史上，从工人代表会议到工农兵代表苏维埃，从抗战时的参议会到人民代表会议，都为日后人民代表大会制的确立提供了有益的经验模式。作为人民代表大会制的效仿对象的苏维埃制度，实际上也是共和制的一种类型。

二、官员的选拔与管理

(一)中国古代官员的选拔、考核与监察

1. 中国古代官员选拔方式的更迭和不同阶段的特征

中国古代选官制度大体经历了世官制、察举制、科举制等主要阶段。原始社会末期，"天下为公"的选贤与能的禅让制遭到破坏。西周至春秋时期出现了官位的世袭，即世官制。它通过家族血缘关系确定政府各级官员的任命，贵族世代垄断高官。这种制度在后代的少数民族王朝也有出现。战国与秦朝时期也依据军功大小授予官职。汉武帝以后，中国逐步建立起官员选拔制度，主要包括两汉魏晋南北朝的察举制和隋唐至清代的科举制。察举制是皇帝责成中央和地方高级官员察访所属的基层官吏及百姓，按照一定名目向朝廷举荐人才，根据需要授予官职的制度。先考察后推举，被举者在乡里的舆论评价和为官能力是考察重点。

汉末，豪强名士控制了地方选人权，魏王曹丕开始推行九品中正制，将选官权收回中央。各州、郡设置大中正、小中正，中正是根据家世、道德和才能评定州、郡士人的资品，分为九等。以后，随着门阀士族势力垄断大小中正官职，到隋唐时期，科举制取代九品中正制成为官员选拔新制度，一直沿用至清末。科举制在不同阶段考试内容有所不同。隋唐时的科举考试分为制举与常举，常举中的明经和进士最受社会重视。明清时的科举考试分为乡试、会试与殿试，三试依次举行，从四书五经中命题，通过殿试者为进士。

2. 中国古代官员的考核与监察制度

中国最早的官员考核制度始于周朝，战国时期出现了"上计"制度，为秦汉所用。

“上计”制度以赋口作为考核标准，主要考核户口数、垦田数、仓库存粮、赋税、盗贼多少等，考核结果层层上报，称为“上计”，是官员赏罚的依据。魏晋南北朝时期虽然也有考核法规，但门阀士族势力强大，考核大都流于形式。唐朝对官员的考核更加严格，所有官员不论职位高低，每年都要经过一定的考课，每隔三年(也有四年或五年)举行大考。考课以品德和才能为标准，分为九等，根据考核结果决定官员的黜陟。宋朝的考核细则更加完备，称为“磨勘”。明清考核制度更加严密，明朝有考满和考察，清朝对京官和外省官员分别考察。监察方面，秦汉时期建立了以御史大夫为首的中央监察体系，汉武帝时由刺史代表皇帝巡行郡国。隋唐时期，御史台为最高监察机构，由监察官巡回监察。宋承唐制，但台谏合一，谏官和御史台都拥有监察权力。明清两朝设都察院和六科，监察百官。

概念链接

磨勘

磨勘始于唐朝。官员的考核结果写入考状，官员任期期满后根据考核结果升降，为防止申报不实与升降不当，由吏部和各道观察使予以复验，此乃磨勘。宋朝设置审官院主持官员考课升迁，“磨勘”名称确定。宋朝的磨勘很复杂，是官员升迁必须经过的考核过程。

(二)西方近代文官制度

西方近代文官制度是指近代以来西方主要资本主义国家关于各级政府工作人员的考试、任用、管理、权利、义务、退休等的一整套制度。中世纪西欧各国主要实行赐官制，任何官员都不用考试，弊端很多。新航路开辟后，西方一些传教士来到中国，仔细研究中国的典章制度，并将其介绍到欧洲，对后来欧洲通过考试选用文官的做法产生了一些影响。西方近代文官制度创立于英国。1854 年，英国财政大臣委派几位爵士组成委员会，专门研究英国的文官状况。该委员会提出了《关于建立常任文官制度的报告》，抨击了英国当时任人唯亲、买官求职、营私舞弊的赐官制度，认为这是导致政府腐败和行政低效的根本原因。在此基础上，报告就政府官员的考试、录用、提升等提出了一整套建议，成为标志着英国文官制度形成的重要文件。① 1855 年，英国政府正式颁布了《关于录用王国政府文官的枢密院命令》，这是英国第一个有关文官制度的命令。此后，英国文官制度渐次影响到西方其他国家。西方近代文官制度的共同特点是公开考试、择优录用、政治中立、工作隐名、职务常任及论功晋升等。

(三)近代以来中国的官员选拔与管理制度

晚清时期，中国选官制度发生重大变革：废除科举制，设立学堂选官制度和留学毕

① 王邦佐等主编：《新政治学概要(第二版)》，188 页，上海，复旦大学出版社，2006。

业生选官制度。民国时期，以考试方式选拔官员成为文官选拔制度的主体。1929 年，南京国民政府制定《公务员任用条例》，标志着民国公务员制度的建立。中华人民共和国成立后，我国沿用民主革命时期的干部人事管理制度。改革开放后，随着经济体制改革的深入，在进行政治体制改革的过程中，干部人事管理制度改革提上日程。1993 年，我国开始推行公务员制度。

从民国到共和国，我国公务员制度都是在参考西方文官制度的基础上制定的，两者在框架结构、形式、具体制度上有很多相似点。西方文官制度比较完备的法律法规体系、公开平等的激励竞争机制与分类管理体制、高流动带来的新陈代谢能力、系统化的制度框架等优点，对我国干部人事管理制度创新具有很强的参照性。作为社会主义国家，我国公务员制度与西方文官制度又有本质不同：我国公务员制度以坚持中国共产党的基本路线为指导，坚持党管干部原则，不同于西方文官制度的“政治中立”；我国公务员制度强调公务员德才兼备、全心全意为人民服务，而西方文官制度缺乏全面的用人标准，文官自成一个单独利益集团。

三、法律与教化

(一)中国古代的法治与礼教

1. 先秦时期成文法的产生及治国思想的讨论

中国古代社会的法是礼与法的共同体，礼是法的价值追求。礼最初指一种祭祀仪式，后来演化为一种人类无法抗拒、只有顺应的规律，是中国古人的“自然法”。夏商西周的宗法社会以神判、习惯法为主，适用于农耕时代政权与社会组织的“宗族”本位。西周统治者建立的以宗法为核心的礼制，已经具有习惯法的性质。春秋战国时代，宗族血缘制瓦解，诸侯国竞争加剧，“国”与“国”的交流使文字发展日臻完善，成文法因此而出现。① 春秋郑国的子产“铸刑书”(即把刑法浇铸在金属器皿上)是最早的成文法，先前礼制的很多内容转化为成文法中的条款。诸侯国国君们纷纷寻找治国新思想，其中儒家德治思想与法家法治思想影响最大。儒家认为人性善，主张通过道德礼义教化民众，代表人物是孔子和孟子。礼义是礼制的精神体现，礼教是教人以人伦，约束对象是全体社会。法家认为人性恶，主张法治，将法作为帝王治国安邦的工具，代表人物是商鞅和韩非。秦国采用法家思想，不断富国强兵，最终统一六国。

2. 西汉起历代王朝法律与礼教的并用

中国传统法不仅注重“罚”，而且注重“教”，礼教观念深入人心。自西汉起，历代王朝采用法律与礼教并用的统治手段。汉承秦制，同时吸取秦朝速亡的教训，在治国方针上采取“霸王道杂之”的统治策略。自西晋起，礼教内容直接渗入法律条文，出现“法律儒家化”的趋势。唐律的礼法结合日臻完善，“以礼入律”成为中华法系的重要特

---

① 马小红：《礼与法：法的历史连接》，64 页，北京，北京大学出版社，2004。

征。宋朝基本沿用唐朝法律体系，同时儒学开始向基层渗透，发展出理学。元朝对唐宋法律整体上弃而不用，但在司法实践中广泛援引唐律。明朝以唐律为蓝本制定《大明律》，清朝沿袭并制定《大清律例》。宋朝以后，儒学人士投身基层，以乡约教化乡里。明朝的“六谕”、清朝的“圣谕十六条”及《圣谕广训》都是教化内容，教化与法律合流。

(二)近代西方的法律与教化

1. 近代西方法律制度的渊源和基本特征

“法”是西方文明的标志。[①] 古罗马时期形成的罗马法、罗马法学及职业法学家集团，开启了西方法治与法学的先河。中古时期，各日耳曼王国编纂了“日耳曼法”，成为庄园法庭审判的依据。同时，教会颁布了教会法。11世纪以后，欧洲出现了研究罗马法的运动，促进了罗马法的传播。从12世纪到光荣革命，英国经过普通法、《大宪章》以及君主立宪制确立等历程，不断完善法律体系。美国等国家在英国法律的基础上制定了本国法律，这些法律构成的普通法系称为“英美法系”。从13世纪到大革命，法国在罗马法的基础上制定一系列法律，《法国民法典》的颁布与推行形成了民法系，又称“大陆法系”。两种法系虽有不同，但反映出西方法律的基本特征，即：在国家权力结构上，坚持权力制衡、三权分立；在法律内容上，注重保护个人权利；在司法实践中，坚持程序公正和无罪推定。

延伸阅读

英美法系与大陆法系的区别

英美法系以判例法为主要法律渊源，以遵循先例为基本原则；法官的地位突出，当无先例可循时，法官可以创立先例，也可以对先例作出新的解释。因此，英美法系国家的法律也被称为“法官制定的法律”。英美法系主要涵盖英国、美国、加拿大、澳大利亚、印度等国家和地区。

大陆法系以成文法为主要法律渊源，法律体系比较完整，一般不承认判例的效力；明确立法和司法的分工，法官的作用不太突出。大陆法系国家的代表是法国、德国、意大利、日本等。

2. 宗教伦理对西方社会的影响

西方文化是一种宗教文化[②]，超越现实的基督教信仰是推动西方发展的精神杠杆。基督教产生于公元1世纪，392年成为罗马国教，中古时为各日耳曼王国逐渐接受。基督教在保存古典文化、创办学校、建立法庭、规定日常行为等方面发挥对大众的教化作用。宗教改革后，基督教分为天主教和新教。天主教的“禁欲”色彩导致其信徒一味追求安稳的现世生活，而改革之后的新教更加世俗化。路德宗提倡的“因信称义”排除

① 马小红：《礼与法：法的历史连接》，38页，北京，北京大学出版社，2004。
② 赵林：《西方宗教文化》，1页，武汉，长江文艺出版社，1997。

了教会的中介作用，坚定了信徒对神的无上信仰；加尔文教强调，想要成为“上帝的选民”，就得尽力劳动，创造财富，荣耀上帝。这样的新教伦理反对享乐，强调节俭，将资本家的营利视为天职，鼓励人努力获取不受需要限制的利润，将赚钱当作职业与追求，从精神层面上推动了资本的原始积累及资本主义的发展。

(三)当代中国的法治与精神文明建设

1. 当代中国法治建设的成就

法制特指一种经过一定程序确立，由特定机构实施的具有强制力与普遍性的制度。法制的变迁反映了人们的法的观念的转化。法治指的是完备法制，依靠法制进行治理。中华人民共和国的成立开启了中国法治建设新历程，确立了社会主义法制。中华人民共和国建立初期，国家通过制定《中华人民共和国宪法》等法律确立了中国的政治制度、立法制度、司法制度，初步奠定了法治基础。十年动乱期间，社会主义法制遭到严重破坏。中共十一届三中全会后，中国法治建设进入新时期。1982 年 12 月 4 日，第五届全国人大五次会议根据十一届三中全会确定的路线方针政策，通过并公布施行新的宪法。此后，通过制定一系列基本法律，我国力求做到有法可依、有法必依、执法必严、违法必究，法律面前人人平等。20 世纪 90 年代，我国提出“建设社会主义法治国家”的目标，将“国家尊重与保障人权”写入宪法。到 2010 年，我国形成由 7 个法律部门和 3 个不同层级的法律规范构成的中国特色社会主义法律体系。中共十八大以来，我国推进全面依法治国。依法治国首先要坚持依宪治国。根据我国改革开放和社会主义现代化建设的实践和发展，在党中央领导下，全国人大于 2018 年 3 月 11 日通过了中华人民共和国宪法修正案，这是继 1988 年、1993 年、1999 年、2004 年后，我国第 5 次对 1982 年宪法进行修正。宪法修改，是党和国家政治生活中的一件大事，是党中央推进全面依法治国、推进国家治理体系和治理能力现代化的重大举措。与此同时，我国进一步完善中国特色社会主义法律体系。2020 年 5 月 28 日，十三届全国人大三次会议表决通过了《中华人民共和国民法典》，这是 1949 年以来我国第一部完整的民法典。它规定了人(包括自然人、法人和非法人组织)在社会当中享有的民事权利与民事义务，规定了人如何保护权利、如何履行义务。《民法典》的实施取代了此前民法的各个单行法，是一部完整的法律，其法律地位仅次于宪法。

2. 当代中国精神文明建设的成就

社会主义精神文明，是社会主义条件下人们在改造客观世界和主观世界过程中的精神生产和精神生活发展的成果，包括思想道德建设和科学文化建设。中国古代由“礼”形成的道德伦理信念，呈现出和谐、开明、宽和、人性的特征，对当代社会的和谐发展和精神文明建设起到积极作用。在社会主义革命与建设时期，爱党、爱集体、爱社会主义、关心他人、无私奉献、全心全意为人民服务成为人们的行动准则。改革开放以后，从“五讲四美三热爱”到创建“文明城市、文明村镇、文明行业”再到加强爱国主义教育、实施公民道德建设，精神文明建设不断加强。进入 21 世纪以来，我党进一步提出建设社会主义核心价值体系的战略任务，构建社会主义和谐社会。社会主义

核心价值观是当代中国精神的集中体现，凝结着全体人民共同的价值追求。

四、民族关系与国家关系

(一)中国古代的民族关系与对外交往

1. 中国古代的民族政策和边疆管理制度

中国是一个统一的多民族国家，政权统一与民族融合是历史的主流。中国古代的民族政策主要有开拓性、抚纳性、同化性、羁縻性等特点。[①] 开拓性体现为：汉时期北击匈奴，与西面、东面、南面少数民族进行战争；唐时期唐太宗开疆扩土，取得东北至辽东、西逾葱岭、北越大漠、西南到吐蕃的广大领土；元朝结束唐末五代以来辽、宋、西夏、吐蕃、大理等政权长期并存和对峙的局面；清朝建立幅员广大的统一多民族国家等。抚纳性体现为汉朝前期对匈奴的和亲政策。同化性体现为：汉武帝时南匈奴内迁汉化，魏晋南北朝时期北方民族大批进入中原的民族融合，元朝在中原“行汉法”等。羁縻性体现为：唐朝在边疆地区建立大都护府、都督府、羁縻州等管理机构，都督府都督与羁縻州刺史由各族首领担任；明朝实行管辖边疆各族的羁縻政策等。

边疆管理方面，秦朝的“典客”“典属国”、汉朝的大鸿胪、隋唐尚书省的礼部及鸿胪寺、清朝的理藩院都负责管理民族事务。汉朝在边疆设郡，推行屯戍政策。元朝对西藏、东北、云南地区进行行政管理，并管辖澎湖屿、琉球(今台湾)。

概念链接

羁縻政策

据《史记·司马相如列传·索隐》曰：“羁，马络头也。縻，牛缰也。”中国古代对少数民族实行的羁縻政策是“因俗而治”政策的表现，即以少数民族聚居的地区划分地域，设立特殊行政单位，任用少数民族首领为“土官土吏”，政治上隶属于中央。概括而言，羁縻政策就是给少数民族一定的自主权。

2. 中国古代处理对外关系的体制

中国古代经历了从春秋战国的多国体系向中华帝国制度建立的转变。与欧洲国际关系的历史经验不同，东亚形成了以中国为核心的朝贡体系。秦帝国的建立开启了中国两千多年的帝国历史，中国成为“东亚之中国”。朝贡体系指的是天朝大国与藩属国之间的一种封贡与朝贡的关系，前提是中国文化的优越感，核心在于建立一个维护中央王朝政权安全与合法性的统治体系。它依靠特定的礼仪实现，双方之间的贸易也以“礼物”的形式进行。历史上，朝鲜、日本和东南亚诸国都曾是中国重要的藩属国。例如明太祖在建国初就派遣使节到今天的朝鲜、日本、越南、爪哇等地去宣谕，对其统

① 贾东海主编：《中国历代民族理论民族政策研究》，43～53页，北京，中央民族大学出版社，2011。

治者授予封号、赐予官印，让他们采用中国的历法。同时，批准外国统治者的继位，给朝贡使者颁发通行敕书。19 世纪，随着现代国际关系扩张到东亚，朝贡体系逐渐瓦解。

(二)近代西方民族国家与国际法的发展

民族国家并非古已有之，中世纪欧洲没有民族概念，也不存在现代意义上的国家。中世纪末期，西欧出现了民族君主国，与古代以来传统的帝国、王国迥异。君权神授、国家主权、国家利益的观念，为专制王权的加强提供了思想支持。欧洲民族国家诞生的时间不一，成熟程度不同。西班牙、英国和法国早在 15 世纪末已强势崛起，意大利、德意志则迟至 19 世纪后期才实现政治统一。形成中的民族国家对欧洲国际体系产生重大影响，一般认为 17 世纪中叶《威斯特伐利亚和约》的签订标志着西方民族国家以主权国家的姿态在国际舞台上出现，这种国家建构方式又逐渐影响到世界其他地区。

国际法是用于调整国家之间关系的、具有法律约束力的各种原则、规则和制度的总称。与国内法不同，国际法是一个独特的法律体系。国际法之父格劳秀斯提出的主权国家理论是国际法的主体，奠定了国际法的基础。该理论提出时，正值欧洲三十年战争(1618—1648)。战后签署的《威斯特伐利亚和约》确立了国际关系中的国家领土、主权与独立原则；开创了以国际会议形式解决国际争端、结束国际战争的先例；确认了缔约国必须遵守条约、各缔约国可以对违约国集体制裁的国际法基本原则。西欧开始确立常驻外交代表制度。以后，历经维也纳体系、凡尔赛-华盛顿体系、雅尔塔体系等国际关系体系的演变，国际法应用的范围不断扩大。“二战”后，联合国的建立、国际法院的成立以及各种国际法性质的公约、宣言的颁布促进了世界和平的发展。

延伸阅读

雨果·格劳秀斯

雨果·格劳秀斯(Hugo Grotius，1583—1645)出生于荷兰商业城市代尔夫特，是国际法之父。欧洲战争的频仍和惨烈，促使格劳秀斯对战争与和平问题进行了深入思考。他将国家主权分为对内和对外两种形式，确立了国家主权“对内最高，对外独立”的原则。他第一次提出主权国家是国际法的主体，国际法是支配国与国之间关系的法律，奠定了国际法的基础。他认为，国际法的最终目的是寻求和平、避免战争。此外，他还提出了公海自由的经典理论和战争中的人道主义等主张，区分了正义战争和非正义战争。

(三)当代中国的民族政策和外交政策

1. 民族区域自治制度

中国自古以来是一个多民族的国家。我国历史上各民族人口的分布特点与相互依存的关系，决定了我国解决民族问题的途径是实行民族区域自治制度。1947 年，在刚

刚解放的内蒙古地区成立了内蒙古自治区。中华人民共和国成立以后，它成为第一个省一级的自治区。1954 年通过的《中华人民共和国宪法》正式确立了民族区域自治制度。中共十一届三中全会后，我国全面恢复、落实民族政策，将民族区域自治制度纳入法治轨道。民族区域自治制度实现了各民族政治平等；有利于把国家的集中统一与民族的自主平等结合起来；有利于把党和国家的总方针政策同少数民族的特点结合起来；有利于各民族取长补短、互相帮助、增进团结，促进各民族共同发展和繁荣。

2. 独立自主的和平外交政策的主要成就

第二次世界大战结束后，中国所处的国际国内环境影响了中国的政治走向。中华人民共和国成立后的 20 世纪 50 年代，中国实施“一边倒”的外交战略。在与周边国家的外交关系中，中国提出了一种新的和平观念——和平共处五项原则。20 世纪 60 年代，中苏、中美关系不断恶化，中国政府着力支持亚非拉国家的民族解放运动。20 世纪 70 年代，中美和解，中美苏战略三角形成，中日邦交正常化，中国同越来越多的西方国家建立外交关系。20 世纪 80 年代，美苏关系重新紧张，中国重新确立了新时期独立自主的和平外交政策。邓小平明确表示“和平”与“发展”是当今世界的两大主题，同时提出“一国两制”政策，开创了中国外交新局面。进入 21 世纪，伴随中国与大国关系的稳定发展，金砖国家机制、“一带一路”倡议的实施，中国不断巩固、发展与周边国家、发展中国家关系，构建以人类命运共同体为理念的新型国际关系。

五、货币与赋税制度

(一)货币的使用与世界货币体系的形成

1. 货币的使用

人类使用货币的历史产生于物物交换的时代。最早作为一般等价物或交换媒介使用的货币通常是某种特殊物品，后来逐渐固定为金属，并发展出重量、成色统一的金属铸币，再后来又出现了纸币。中国最早出现的货币是贝，世界其他很多民族也都使用过贝作为货币。约在商朝后期，中国出现铜铸币。公元前 7 世纪，小亚细亚的吕底亚发行了西方最早的铸币。秦汉时期的钱币以重量命名，如秦朝的圆形方孔半两钱，两汉的半两、三铢、五铢钱等。唐武德四年，钱币改称通宝，一直沿用至清末。宋朝的金属货币为铜钱和铁钱，分区域流通。中国的铸币上写有文字，能反映中国书法演变的情况；西方的铸币上则有人物、禽兽、花木图形。①

中国的纸币始于唐朝的“飞钱”，用于货币兑换。北宋的交子是正式的兑换券，它诞生于蜀地私人商户。后来宋朝政府成立专门机构，印行、管理纸币和票据。元朝政府发行的“钞”是唯一法定货币且不可兑换，“钞”的发行以白银作为准备金。由于元末财政亏空，滥发纸币，导致通货膨胀，明朝又恢复了铜钱、纸币并行的货币体制。明

① 彭信威：《中国货币史》，绪论 1～18 页，上海，上海人民出版社，2015。

朝发行的纸币可与历代铜钱并行。明中期以后，白银开始成为国家认可的货币。清朝，随着中西贸易顺差，中国输入大量白银，白银成为世界通用的贵金属货币。晚清时，清政府开始制造银元。民国前期，银元为法定货币。1935 年，白银被收归国有，银元禁止流通。此后国民政府先后发行过法币、金圆券、银圆券，最终都没能稳定币值。中华人民共和国成立后，人民币成为法定货币。

2. 世界货币体系的形成

在经济全球化的过程中，货币是国家的名片，代表着发行国的经济实力、商品的国际竞争力、金融体系的发达程度、货币价值的稳定性和交易网络的规模等。各国货币关系所遵循的规则与惯例成为世界货币体系的主要内容，如兑换比率问题。在早期世界货币体系中，黄金和白银是世界货币。19 世纪，由于英国世界工厂的地位，英镑和黄金一起发挥世界货币的功能。1929 年的大萧条动摇了英镑的地位，世界上形成了英镑、法郎和美元几大货币集团。“二战”后，美国成为世界第一经济大国，黄金储备占世界的 3/5，GDP 占世界的 1/2。1944 年建立的“布雷顿森林体系”确立了美元与黄金挂钩、各国货币与美元挂钩的机制，美元的世界货币地位由此确立。美元既是美国本国货币，又成为主要国际储备货币。布雷顿森林体系在强化美元特殊地位的同时，也激化了国际收支不对称性的矛盾。1971 年该体系瓦解，以美元为中心的固定汇率制度崩溃。1976 年的《牙买加协议》确认了浮动汇率的合法性，维持了全球多边自由支付原则。进入 21 世纪，美元仍然是国际贸易结算和各国外汇储备的主要货币，但欧元、日元和人民币的影响日益上升。

(二)中国古代赋税制度的演变

赋税为国家政权的存在提供物质条件。中国古代赋税制度与土地制度、户籍制度紧密相关，其基本发展线索是：赋税的主要征收对象从人丁逐步转向财产；赋役长期并行，役的内容逐渐并入赋税。秦首创了赋税与徭役并行的制度，称赋役制。秦汉时期的赋税主要包括田赋、人头税和徭役三部分。秦代滥兴徭役，将社会经济推向崩溃的边缘。汉初通过“与民休养生息”“轻徭薄赋”等政策恢复了经济，汉武帝时，国家中央集权的财税体制最终确立。东汉、三国时期，区域性财税关系强化。由于赋役负担加重，建安九年，曹操发布“租调令”，绢绵成为正税的主要内容。这一做法经过两晋时期的调整与完善，其基本内容一直沿用到唐中期。唐初以均田制为基础，实行租庸调制。唐中期，均田制被破坏，改行两税法，即按田亩征收地税，按人丁、资产征收户税，徭役包含于其中，分夏、秋两次征收。租庸调制以丁为据，两税法以资产为宗，是税制的进步。

宋朝继续实行两税法，并增加了很多附加税。元朝时，北方实行租庸调制，南方实行两税法，同时增加了科差。明初，赋税分夏税、秋粮两次征收。明后期，张居正在全国推行一条鞭法，即赋役合并、一概折银，政府所需的役由政府从税银中拿出一部分统一雇人。一条鞭法将役并入赋、将实物赋税折成银两，是中国古代赋税制度的重大变革。清朝实行摊丁入亩，中国历史上的人头税被彻底废除。此外，中国古代针

对某些特殊产品和工商业领域的专卖、征榷制度在广义上也属于赋税制度的范围，比如盐税、铁税、酒税、茶税等。

概念链接

科差

科差是元朝征收的税种，前代没有过。有专家认为，科差类似于前代的“户调”。科差在北方包括丝料、包银与俸钞，在南方包括包银与户钞。丝料是指每户出丝十一两二钱。世祖中统元年，丝料征收额提高一倍。包银是指中原汉民每户出银六两，以后数量略有改变。俸钞是包银的附加，用以支付官吏薪俸。户钞则类似于丝料。科差的实行，加重了百姓的纳税负担。

(三)关税与个人所得税制度

1. 关税的产生及其在中国的实行

关税的起源可以追溯到国家的起源。早期的关税可以界定为“通过税”，是指通过关卡所交纳的税收。① 早期的关卡不是“海关”，而是“军事要塞”“检查机构”等。中国历史上，国内关税与国境关税长期并立。秦统一六国后，郡县制使得诸侯国界消失，但秦承六国旧制，依然征收关税。同时，陆地边境也设关卡，征税功能次于治安。以后，大凡在全国交通要冲，只要有市的地方便设有关津，常有关市之征。1937 年，中国废除了国内关税。中国古代的国境关税始于唐代的市舶使，兴于宋朝的市舶司。市舶条例十分规范，元代、明代继续沿用，内容不断丰富。鸦片战争以前，中国享有完全的关税自主权。近代以来，由于不平等条约的签署，中国失去了自主调整税率的权力，掌管国境关税的海关大权也长期把持在列强手中。国民政府时期，中国仍不能完全自主地制定税率。中华人民共和国的成立，使中国人民真正掌握了关税自主权。随着我国海关税法的颁布，全国关税制度得以统一，促进了国民经济和对外贸易的发展。

2. 个人所得税的产生及其在中国的实行

个人所得税是以纳税人个人取得的各项应税所得为征收对象的税种，英国是世界上最早开征个人所得税的国家。1799 年，英国开始试行差别税率，征收个人所得税，此后其成为英国的一个固定税种。英国的这一做法后来逐渐影响到欧美其他国家，再传播到全世界。我国的个人所得税制度起步于民国时期。1914 年，北洋政府制定的个人所得税条例中包括了征收个人所得税的内容，但没有实施。1936 年，国民政府开始征收个人所得税。中华人民共和国成立后，在计划经济体制下，我国没有征收个人所得税。1980 年，全国人民代表大会通过了《中华人民共和国个人所得税法》，我国的个人所得税制度正式确立。

---

① 黄天华：《中国税收制度史》，58 页，上海，华东师范大学出版社，2007。

六、基层治理与社会保障

(一)中国古代的户籍制度与社会治理

1. 中国古代的户籍制度

户籍在中国历史上出现得很早，是以户为单位的人口登记簿，登载姓名、性别、年龄、籍贯、身份、亲属关系等信息。户籍的首要目的在于充分和合理地征发赋役，汲取社会资源为国家服务，同时也借以强化基层管理。历代王朝对户籍都十分重视。国家大规模编排民户、制定户籍始于战国。秦朝已经开始实行户籍分类登记，除一般百姓的户籍外，还有宗亲贵族的宗室籍、官吏的宦籍、商贾的市籍等。汉朝政府会定期进行人口调查以掌握人口数目，全国户籍工作由丞相主管，地方户籍工作由各级政府的专员主管。

隋统一后，制定了“输籍法”。唐承隋制，户籍管理更严，三年一造。宋朝的户籍分主户与客户，主户指拥有土地、缴纳赋税的税户，客户指没有土地的佃户。元朝的户籍按职业分为军户、民户、匠户、僧道户、儒户、灶户、渔户等，统称为“诸色户计”，一旦定籍，不得变动。明朝的户籍册称为“黄册”，以职业定籍，以黄纸为封面，十年一修。清朝的户籍沿袭明制，但管理相对松弛，“摊丁入亩”实施后，户籍停编，政府只按照一定的组织制度登记人口数量。

概念链接

输籍法

隋朝官府根据所拥有的土地、财产及人丁多寡将民户划分为上中下三等，注册造籍，再按户等及各自负担能力从轻制定出每等户的应纳税额，称为“定样”。然后将其颁布下去，州县据此执行，记录簿册，作为今后征税的依据。每年正月五日，各县派员下乡巡视，以五百家或三百家为团，据册核实，防止吏员庇护作弊，称“输籍法”。

2. 中国古代的基层管理组织

中国古代基层管理的主要任务是征发赋役和维护稳定，为此建立了相应的基层管理组织。从秦汉到明清，县是最基层的行政机构，下设直接管理民众的基层组织。中国古代的基层管理组织因时而异。秦汉时期，县下设乡和里。乡设三老，掌教化；设啬夫，掌狱讼；设游徼，掌捕盗。里设里正。乡和里之外有亭，设亭长，负责传递政令、维护治安。乡官、里正、亭长由本地有地产、有德行的人担任，此乃三长制。唐朝以百户为里、五里为乡，城内设坊，郊外设村。明朝实行里甲制，十户为甲，一百一十户为里，设甲长、里长。清初以后实行保甲制，十户为牌，十牌为甲，十甲为保。明朝中叶以后，一些地方的乡绅阶层和宗族也起到基层管理的作用。

3. 中国古代的社会救助和优抚措施

中国古代社会生产力水平低下，自然灾害频发，人民生活缺少保障，及时的社会

救助非常必要。政府由于掌握了大量的资源，成为历代社会救助的主体，民间社会处于辅助地位。古代主要的社会救助和优抚措施有粮食储备、灾荒赈济、赋税减免、医药卫生，以及针对特定弱势人群的养济制度。古代政府社会救助的重点在救灾，核心在保证粮食供应，同时还会疏导、安置流民。比如汉朝建立常平仓制度，积谷备仓，调节粮价。隋唐时期，政府既重视官方储备，也大力提倡民间积蓄。自唐朝开始，政府设有收容贫老、孤儿和乞讨流浪人员的专门机构，如唐朝的养病坊、宋朝的福田院、元朝的众济院、明清的养济院等。明清时期还出现了其他一些资助贫困者的慈善组织。

(二)世界主要国家的基层治理与社会保障

1. 西方主要国家基层治理的由来及特点

在古希腊时期，基层治理依靠村社进行，村社实行自治，村社大会作为村社最高权力机关处理村社事务，包括公民登记、选举议事会议员等。庄园是西欧中世纪主要的基层单位，庄园事务由庄园主或其管家管理，包括组织生产、征收地租、主持庄园审判。10—11世纪城市兴起后，从国王或领主那里获得特许状，享有一定程度的自由，城市里的商会、行会管理商人、手工业者的经营活动。中世纪的教会也在基层治理中发挥重要作用。

近代以来，西方主要资本主义国家在继承地方自治传统的基础上进行基层管理。在美国，乡镇是最基本的地方自治单位，承担着除司法外所有的公共服务功能。在法国，大革命之后形成了以自治市镇为基层单位的制度，市长和市议会由普选产生，对中央政府和选民负责。在英国，1835年颁布的《市镇法案》确立了自治市制度。为了应对工业革命带来的失业、贫困等各种社会问题，西方国家探索了很多社会救济方法，社区组织开始形成。第二次世界大战后，自治依然是西方主要国家基层治理的共同特点，社区成为基层自治的主要方式。

概念链接

社区

社区是聚居在一定地域范围内的人们所组成的社会生活共同体，是基层居民自治的组织，其特点包括：有一定的地理区域；有一定数量的人口；居民有共同的意识和利益；有着较密切的社会交往。社区不仅提供生活服务、教育、休闲娱乐、福利、卫生保健等，而且参与相关的城市规划、土地政策等地方政府的决策，是反映民意的重要组织。社区主要依靠公民自我管理。我国社区绝大部分是由城镇的居民委员会改名而来，小部分由并入城镇的村委会改名而来。社区在行政上接受街道办事处领导，由街道办接受并传达县级政府和各科局的任务和指示。

2. 现代社会保障制度的产生及其实行

社会保障制度是国家通过立法制定的社会保险、救助、补贴等一系列制度的总称，其作用在于保障全社会成员的基本生存和生活需要，特别是保障公民在年老、疾病、伤残、失业、生育、死亡、遭遇灾害、面临生活困难时的特殊需要。17 世纪初，英国颁布了《济贫法》；19 世纪 80 年代，德国初步建立了社会保障制度，涉及疾病、工伤和养老等方面；1935 年，美国颁布《社会保障法》，标志着美国现代社会保障制度最终确立。第二次世界大战后，英国率先构建了包括家庭津贴、养老、疾病、失业、伤残和死亡等内容的社会保障体系，基本实现全民覆盖，大大推动了社会保障制度的发展。随后，北欧国家以及法国、德国、加拿大、澳大利亚等国都建成福利国家。

中华人民共和国成立后，我国逐步建立起具有中国特色的社会保障制度。1951 年，我国制定了第一部社会保险法。改革开放后，我国的社会保障在满足人民的医疗、教育、就业、养老、住房等方面取得重要进展。2017 年，中国共产党第十九次全国代表大会提出，全面实施全民参保计划，稳步提高社会保障水平。2022 年，中国共产党第二十次全国代表大会提出，健全多层次社会保障体系。

复习注意问题

1. 本章内容不是一般意义上的政治史，不多关注政治事件及过程，主要是从制度视角反映人类政治生活的发展线索。

2. 本章 6 个专题大体是并列关系，每个专题各自呈现的内容原则上都贯通古今、兼顾中外。有关中国历史的部分呈现得多一些；有关外国历史的部分，基本上以欧美为主，重点关注其对近代以来中国制度建设的影响。

3. 在学习每一种制度时，要能够注意学习内容与核心素养的关联。学会从经济基础与上层建筑的辩证关系入手分析制度变化，注意制度变迁与比较，并从制度角度对历史进行反思。

本章小结

本章主要概述了中西历史上的国家制度与社会治理，从制度视角反映人类政治生活的发展线索。“政治体制”专题应着重关注中国古代君主专制中央集权官僚政治的演变线索、区分西方不同类型的政体形式；“官员的选拔与管理”专题应着重了解中国古代官员选拔方式的更迭过程和不同阶段特征、知道西方文官制度的影响并注意比较我国公务员制度与它的异同；“法律与教化”专题应着重关注中国古代法律与礼教的关系及并用、西方法制特征与宗教伦理的影响；“民族关系与国家关系”专题应着重了解中国古代民族政策和边疆管理以及对外关系体制、近代西方民族国家的形成和国际法的发展；“基层治理与社会保障”专题应着重了解中国古代的户籍制度和基层管理组织、了解社会保障制度的产生及其实行；“货币与税收”专题应着重了解中外历史上的货币发行和使用及现代世界货币体系的形成、了解中国古代赋税制度的演变等内容。

关键术语

政治体制　官员选拔　宗教伦理　民族政策　基层治理　赋税制度

思考题

1. 中西历史上主要的政治体制类型有哪些？各有何特点？

2. 中国古代官员的选拔方式经历了怎样的演变？西方文官制度与我国公务员制度有何联系与区别？

3. 中国古代历史上法律与礼教并用的统治策略有哪些？西方的法律与宗教在社会发展中各自起了什么作用？

4. 如何从民族政策与边疆管理的角度理解中国作为统一多民族国家的发展历程？西方民族国家的形成与国际法的产生及发展有何关联？

5. 中国古代赋税制度经历了怎样的发展过程？现代世界货币体系是如何形成的？

6. 中国古代户籍制度和基层管理组织的具体内容有哪些？现代社会保障制度的主要内容是什么？

拓展阅读

1. 何平立主编：《西方政治制度史》，北京，中国政法大学出版社，2015。

2. 吴宗国主编：《中国古代官僚政治制度研究》，北京，北京大学出版社，2004。

3. 曾宪义、马小红主编：《礼与法：中国传统法律文化总论》，北京，中国人民大学出版社，2012。

4. 贾东海主编：《中国历代民族理论民族政策研究》，北京，中央民族大学出版社，2011。

5. 刘德斌主编：《国际关系史(第二版)》，北京，高等教育出版社，2018。

6. 黄天华：《中国税收制度史》，上海，华东师范大学出版社，2007。

实训练习

【单项选择题】

1. 苏格拉底认为：“用豆子抓阄的办法来选举国家领导人是非常愚蠢的，没有人愿意用这种办法来雇佣一个舵手或者建筑师，或奏笛子的人。”苏格拉底意在说明古代雅典民主制是(　　)。

A. 间接的民主　　B. 少数人的民主

C. 不成熟的民主　　D. 实质上的专制

2. 钱穆在《国史新论》中写道：“自经此项制度推行日久，平民社会，穷苦子弟，栖身僧寺，十年寒窗，也可跃登上第。”文中的“此项制度”指的是(　　)。

A. 军功爵制　　B. 察举制　　C. 九品中正制　　D. 科举制

3. 恩格斯认为，罗马法“包含着资本主义时期的大多数法律关系”，是“商品生产者社会第一个世界性法律”。下列表述符合恩格斯论断的是(　　)。

A. 罗马法是第一部资产阶级成文法典

B. 罗马法是罗马帝国统治的有力支柱

C. 罗马法提倡法律面前公民人人平等

D. 罗马法是近代欧美国家的立法基础

4. 国际法是用于调整国家之间关系的、具有法律约束力的各种原则、规则和制度的总称。与国内法不同，国际法是一个独特的法律体系，它的理论基础是(　　)。

A. 民族国家理论　　B. 常驻外交代表制度

C. 主权国家理论　　D. 战争与和平理论

【简答题】

5. 简述明成祖加强君主专制中央集权的措施。

6. 简述西方文官制度的特点。

【材料分析题】

7.

材料一：

与分封制相适应，商周的官员选拔采用“世卿世禄制”。三代(夏商周)时期治理国家的统治者是贵族……从诸侯到士，根据出身的高低贵贱来兼任政府职务，世代为官……春秋时期，随着兼并战争的进行，秦、楚等国都在新占领的地方设立县和郡，作为新的行政建制。一般县在中心区域，郡在边远地区。郡县的长官，不再是世袭领主，而是由君主委派官员直接管理。郡县长官由君主任免，对君主负责，成为中国历史上最早的取代贵族领主的职业官僚。

——摘编自张岂之：《中国历史十五讲》

材料二：

北宋规定郡长官由文臣担任，长官之外另设“通判”，使其互相牵制……除安抚使用武人，其余都由文臣担任。

——摘编自朱绍侯：《中国古代史》

问题：

(1)根据材料一，比较分封制与郡县制在任用管理人员上的区别。

(2)根据材料二并结合所学，指出北宋地方官制呈现的特点及对北宋产生的影响。

【参考答案】

1. C　2. D　3. D　4. C

5. 明成祖称帝后，继续强化君权，实行削藩政策。在锦衣卫之外，增设特务机构东厂。厂卫机构的设置是明朝君主专制高度强化的一种表现。明成祖对中央行政机构做了进一步调整，正式设立内阁。内阁成员由皇帝亲自从官僚中选拔，但只能做皇帝的顾问，在皇帝的指挥下协调政事。这是废除丞相制度后加强皇权的又一次改革。

6. 公开考试，择优录用。凡是符合法律规定的公民，只要年龄合适、品格优良、身体健康，无论家庭出身、性别、种族、政治信仰如何，都能参加公开考试，公平竞争，成绩优异者优先得到录用。

政治中立，工作隐名。文官要在资产阶级各政党之间严格保持中立，不对任何政党承担政治义务，忠实执行政府的各项政策。

职务常任，论功晋升。和政务官的任期制不同，文官一旦获得聘用，若无严重过错或其他意外，便可终身任职，并根据工作成绩得到晋升或惩罚。

7.(1)分封制在任用管理人员上采用“世卿世禄制”，职位世袭。郡县制的管理人员郡守、县令或县长由皇帝任免，对皇帝负责，不得世袭。

(2)特点：地方官员多由文官担任，重文轻武；地方军权收归中央；设知州、通判，互相牵制；官员设置冗余。影响：一方面改变了唐末以来的藩镇割据局面，加强了中央集权；另一方面也使得官僚机构臃肿，形成了冗官的局面，为北宋埋下了积贫积弱的祸根。

第八章　经济与社会生活

【本章要点】

本章主要概述人类社会发展过程中的经济活动及生活方式的演进过程，主要包括六个方面的内容：食物生产与社会生活，生产工具与劳作方式，商业贸易与日常生活，村落、城镇与居住环境，交通与社会变迁，医疗与公共卫生。

【学习目标】

1. 了解人类社会发展过程中各种经济活动以及生活方式的演进，了解其演进发展的基本线索和规律。

2. 论证和说明人类社会发展过程中各种经济活动以及生活方式演进的若干基本问题。

3. 理解和认识人类社会发展过程中各种经济活动以及生活方式演进的背景和意义。

【课程导言】

食物是人类社会赖以生存和发展的重要物质基础，劳动是人类得以发展的决定力量，商业贸易、居住与交通、医疗与公共卫生等都与日常生活、社会发展息息相关。随着人类社会的不断发展和进步，人们的经济与社会生活由单一到多样，由简单到复杂，由落后到先进。新航路开辟后，世界各地开始连为一体，不同地区的经济与社会生活逐渐互相影响。

一、食物生产与社会生活

（一）从食物采集到食物生产

人类对食物的采集贯穿于整个人类发展史，越是早期的人类对食物采集越是依赖。远古时期，自然界现成的动植物成为当时人类的主要食物来源。在不断的摸索中，原始人类的采食食谱不断扩展。与此同时，原始人类还广泛渔猎。受制于渔猎、采集动植物的生长及迁徙规律，原始人类会在一定范围内随其迁徙。原始人类已经会使用由木、石、骨制作的简单劳动工具和火来采猎和加工食物，这也使得其快速发展，逐步扩张为地球上的重要物种。由于人口的快速增长，大约一万年前，原始的农耕和畜牧逐渐代替采集和渔猎，成为人类获取食物的主要手段。

从食物采集到食物生产的变化，成为人类经济和社会生活史上的第一次革命。它增加了食物供应，促进了人口的快速增长。更重要的是，人类因此开始由迁徙过渡到定居，形成聚落群体，并随着农业生产率的提高出现了不同的劳动分工，推动了与农

业息息相关的天文、历法、数学及其他科学的发展，以及原始宗教、音乐等精神和文化方面的发展。自此，人类社会开始进入文明时期。

古代西亚的两河流域、非洲的尼罗河流域、中国的黄河和长江流域、南亚的印度河流域灌溉农业发达，孕育出了古巴比伦文明、古埃及文明、古中国文明和古印度文明。不同地区的居民都培育和引进了适合本地区的农作物和家禽家畜：两河流域和尼罗河流域的农业区主要种植大麦和小麦，饲养山羊、绵羊和牛等家畜；中国主要分为北方粟麦农业区和南方水稻农业区，并逐步发展出精耕细作的农业技术体系；西亚的大麦和小麦传入希腊，成为当地的主要粮食作物；玉米、甘薯、马铃薯是美洲主要的粮食作物，驯化的骆马、羊驼和火鸡是美洲主要的畜牧品种。

各地区农业和畜牧的发展使得男女两方在家庭中的地位发生变化，男子逐渐占据主导地位，女子处于从属地位。农业的产生和发展也使得人类的生产关系发生巨大变化。随着生产力的提高，人类生产的产品出现剩余，氏族内部逐渐出现财富不均，产生了富人与穷人；氏族部落间战争中的战俘沦为生产更多剩余产品的奴隶。自此，私有制出现，阶级产生。为调解各阶级之间的利益冲突，国家这一强制性机器应运而生，人类进入文明社会。

(二)新航路开辟后的食物物种交流

在新航路开辟之前，物种交流主要在邻近地区和各大洲内部进行。新航路开辟打破了世界各个地区相互孤立和隔绝的局面，开启了世界各地交流的新纪元，食物物种开始在全球范围内交流传播。

一方面，美洲的物种陆续传播到欧洲、亚洲和非洲：15 世纪末到 16 世纪初，美洲的粮食作物玉米、甘薯、马铃薯，蔬菜作物番茄、辣椒、南瓜等由西班牙人和葡萄牙人带到欧洲，之后传播到亚洲、非洲等其他各洲。明朝时期，玉米、甘薯、马铃薯由多种途径传入中国，清朝嘉庆年间得到大规模推广。番茄是由明朝时期的欧洲传教士带入中国的，但直到清朝光绪年间才被广泛食用。目前在中国西南流行的辣椒于 16 世纪后期传入中国。另一方面，欧亚的许多农作物和畜禽也传入美洲，其中小麦和水稻逐渐成为当地的主要农作物，大大改变了美洲人的社会生活。欧亚的牛、驴、骡、马等传入美洲用作役畜，猪、羊、鸡则作为食物，促进了美洲农业和畜牧业的发展。

新航路开辟后食物物种的全球交流传播，提高了各地区的粮食产量，促进了人口增长；食物品种的丰富大大改变了人们的饮食习惯，促进了各地经济和贸易的发展。但由于种植或养殖过度，新物种的引进也对各地环境产生了一定负面影响，比如造成水土流失。

(三)现代食物的生产、储备与食物安全

工业革命后，机器大生产进入到农业领域，将传统农业推向现代农业。20 世纪初，汽油和柴油拖拉机的批量生产为实现农业机械化奠定了基础，在大功率拖拉机牵引下播种、翻地和收割，工作效率大大提高。20 世纪中叶，欧美国家率先实现了农业机械

化。随着科学技术在农业中的广泛应用，农作物的播种、收割和加工逐渐由人工转向自动化。与此同时，农作物杂交育种技术不断获得突破，优良品种的推广和高效化肥的使用使农作物的单位产量大幅增加，为消除人类饥饿作出了突出贡献。从饮水、给料、加工、包装到运输，畜禽养殖和牧场也实现了自动化和机械控制。现代科学技术应用于海洋捕捞和水产养殖，使其也走向了工厂化、机械化和集约化的发展模式。

20 世纪以来，科学技术的发展也大大推动了粮食作物储备技术的进步。20 世纪 50 年代，美国使用机械通风储粮技术，德国开发了谷物冷却机。到 20 世纪 90 年代，机械低温制冷储藏技术已被广泛应用于 50 多个国家和地区。随着科技的进步，低温、低氧储粮技术不断改进，其自动化、智能化水平不断提高，粮仓仓储量不断增加。20 世纪 20 年代起，随着制冷技术的进步和冷冻食品生产的发展，冷冻食品工业和冷冻物流产业也逐渐发展壮大。

虽然食物生产和储存技术的进步大大增加了食物供给，但是由于人口激增而耕地面积日益减少，食物供给与需求之间的矛盾仍未解决。各国政府与联合国都非常重视粮食安全和消除饥饿的问题。我国用占全世界 7%的耕地养活了占全世界 22%的人口，是对世界粮食安全的最大贡献。化肥、农药、抗生素的使用大大增加了粮食作物和畜禽的产量，但也带来了土壤污染和食物污染问题。食品加工中过量使用添加剂，也造成了大量食品安全问题。为此，各国政府纷纷制定食品安全的法律法规，确保“舌尖上的安全”。

二、生产工具与劳作方式

(一)古代的生产工具与劳作

生产与工具同步产生。在漫长的世界古代史中，根据社会生产和生活的需要，人类发明了多种多样的农业生产工具和手工生产工具。这些生产工具也随着人类社会的发展而不断改进，由原始粗放到精细加工。人类发明的耕作工具种类繁多，材质由石、木、蚌等自然材质到铜、铁等冶炼材质，制作技术由打制、磨制到冶炼，用途逐渐精细化，其实用性和适用性逐渐提高。古代的畜牧业、渔猎业也有自身的工具设施：用圈厩来饲养、用槽来喂食、用弓箭和网来捕捉，其中不少工具一直沿用至今。

延伸阅读

中国古代农具发展简史[①]

原始时代所使用的农具都是用木棒和石块制作的，有着不同的用途。大体来说，原始农业时期，已经发明了整地、收获、加工脱粒三类农具。商周时期已产生中耕技术，出现了中耕农具，并且发明了青铜农具。春秋战国时期出现了以牛马为动力的犁

① 柏芸：《中国古代农具》，前言，北京，中国商业出版社，2015。

耕并发明了铁农具，同时还创造了加工农具石磨。汉代是我国农具史上最为重要的时期，发明了整地机械耦犁、播种机械耧犁以及加工机械风扇车。魏晋南北朝时期创造了耙耱等抗旱工具。唐代发明了曲辕犁，大量使用碾磨。宋元以后的农具虽有一些改良和进步，但是没有根本性的突破，中国传统农具已经基本成熟定型。

随着原始农业发展到犁耕阶段，快速发展的生产力提出了对农田灌溉的要求。[①] 世界不同文明地区的人们发明陶器汲水灌溉，利用杠杆原理发明翻车、筒车等灌溉工具，借助于水力汲水灌溉，大大提高了工作效率。古代农业灌溉工具的发明和使用，增强了农业对水资源的合理利用和抗灾能力，保证了粮食产量的稳定，大大促进了农业和社会的发展进步。

手工业是指依靠手工劳动、使用简单工具的小规模工业生产。在原始社会晚期，手工业从农业中分离出来，形成独立的生产部门。“衣”与“食”一样，是人们生活的必需品，在古代出现最早的手工业之一是纺织业。“考古学家在旧石器时代山顶洞人的考古遗址上发现了骨针，这是目前已知纺织最早的起源。至新石器时代，发明了纺轮，使得治丝更加便捷。西周时期则出现了原始的纺织机：纺车与缫车。汉朝时发明了提花机。”[②]元代，织布机成为农耕家庭中不可或缺的生产工具。陶瓷业是古代手工业的重要部分，随着人们对陶瓷制品品质要求的提高，制作陶器和瓷器的技术与工具不断改进，由最初的泥条盘筑发展到坯车制坯，为保证烧制质量，还发明了匣钵和支钉。冶炼金属改变了人类对天然材料工具的依赖，大大提高了生产技术。古人最早用锻打技术制作小型金属器具，其工具包括土炉、锤、锉等；用铸造技术制作大型金属器具，其工具包括坩埚和范。

随着生产工具的不断改进，农业家庭式劳作逐渐取代集体劳作，在各个文明地区广泛存在。中国战国后期兴起的“男耕女织”最为典型，庄园式劳作在中世纪的欧洲长期存在。同时，手工家庭和手工作坊也与之并存。

(二)工业革命与工厂制度

18 世纪 60 年代，英国的瓦特改良蒸汽机后，一系列技术革命推动手工劳动向机器生产的转变。随后，以大机器生产为标志的工业革命向欧洲大陆传播，19 世纪传至北美，开始发起技术革命。这是一次技术改革，开创了以机器代替手工劳动的时代，更是一场深刻的社会变革，给整个世界的社会生产和社会生活带来了前所未有的变化。

为适应机器大生产的需要，工人被资本家聚集在专门化的厂房中劳作，工厂生产彻底改变了手工作坊零碎分散的生产状态。随着工厂生产的不断发展，工厂制度形成并不断发展、完善：由最初的倒班制到各部分协同合作的流水线生产管理制度、标准化生产制度，由原料、生产到开拓销售渠道的系统化规章制度。工厂制度带来生产组

---

① 张芳：《中国古代灌溉工程技术史》，4～17 页，太原，山西教育出版社，2009。

② 王烨编著：《中国古代纺织与印染》，2 页，北京，中国商业出版社，2015。

织和管理形式的巨变，大大提高了劳动生产率和生产力。19 世纪中后期，中国引进了西方的工厂制度，开始进行机器生产，形成了具有中国特点的民族工业。

与大机器生产和工厂制度相随而生的是人们生活方式的巨变。工厂制度下的大机器生产需要越来越多的产业工人，极大地促进了英国农村人口的转移，成为英国城市化发展的核心动力。城市人口猛增，城市规模日益扩展，伦敦、格拉斯哥、曼彻斯特这些城市的发展都是最好的例证。鸦片战争后，受西方工业文明的影响，上海、青岛等地的城市化水平迅速提升。

20 世纪以来，城市规划日益合理，城市布局日益宜居化。工业革命带来西方国家农业机械化生产的日益普及和交通运输业的迅速发展。在便捷交通的连接下，现代化的城市和乡村连为一片，人们的眼界也日益开阔。交通工具的发展使人们的生活节奏变快，准时准点成为现代生活的准则。工业革命带来的机器生产和城市化，对人的素质提出了更高的要求，因此，西方国家的初等教育在政府推动下不断推广，中国也于 20 世纪初推广义务教育。工业革命也给民众生活带来了传染病、职业病等消极影响，自 19 世纪起，旨在改善工人待遇的运动风起云涌。

(三)新科技革命与现代社会发展

第二次世界大战结束后，在计算机技术和人工智能的引领下，新科技革命如火如荼，航天、海洋、原子能、生物、新材料等技术迅速发展，大大提高了生产力，极大改变了企业的生产模式和人们的生活方式。

1946 年，世界上第一台计算机“埃尼阿克”的诞生标志着计算机时代的到来。1969 年，美国军方将多台计算机连接起来，建立起军用网络，开启了网络的先河。此后，计算机网络不断推广、发展，逐渐实现商业化，进入社会生产和生活各个领域。作为计算机技术分支的人工智能发展迅速，并被广泛运用于生产领域，很多国家和地区出现了人工智能操控下的“无人仓库”“无人码头”“无人车间”乃至“无人工厂”。1957 年，苏联发射了世界上第一颗人造地球卫星。此后，开发、利用太空及地球以外天体的航天技术迅猛发展。1969 年，人类第一次登月成功。目前，人类已经在太空中建立起了细密的地球测控网，对现代国防和经济发展具有巨大影响。人类不仅向上伸展，还向下探索，美国和中国的海洋深潜研究最具代表性。与此同时，新材料技术异军突起，高分子材料、纳米材料等各种新材料被广泛应用于生产生活中。

以计算机技术和人工智能为引领的新科技革命，不仅推动了生产力的巨大进步，也开拓了新的生产领域，改变了人们的劳作方式，进而影响了经济增长模式和管理方式，带来了社会阶层结构和产业结构的变化，促进了社会稳定和生活便利。人们的文化生活随着网络、计算机、手机以及各种应用程序的发展而不断丰富，促进了人类思维的变化，拓宽了人们的认知视野。

三、商业贸易与日常生活

(一)古代的商业贸易

商业是一定生产阶段的产物。原始社会末期，随着社会生产力的发展出现了生产者之间偶然、个别的物物交换。后来，由于农业、畜牧业、手工业的三次社会大分工，私有制确立，物品交换范围进一步扩大。原先的以物易物和生产者直接见面的交换方式已不适应现实的需要，客观上要求社会上有一部分人专门从事物品买卖、组织商品交换，并且出现了可以用以交换的中间物品——货币，这就是商业的出现及缓慢发展。[①] 随着经济的发展，金属货币逐渐取代贝壳，纸币又逐渐取代金属货币，并由交换媒介和衡量商品价值的手段发展成为财富的象征。商业的功能逐渐由最初的互补余缺向逐利增财转化。

古代的对外商业贸易以古埃及、古罗马和拜占庭帝国为主要代表。阿拉伯商人在欧亚非三洲之间从事中介贸易，活动范围遍布世界各文明地区。早在古代中国的商朝，就出现了专门从事商品交换的独立商人，但商业还是掌握在官府手中，直到战国时期才打破“工商食官”的局面。秦汉时期的统一货币、车轨、度量衡，促进了全国的商品流通。隋唐至两宋，经济重心南移，城市商业繁荣，出现了纸币。元明清时期，农产品商品化加强，出现钱庄等金融机构和地域性商帮。起源于西汉的陆上丝绸之路是古代贯通亚欧的重要陆上贸易商道。唐宋以后，中国的对外海上贸易逐渐兴盛，官府设置市舶司管理对外贸易。明清时期，政府对对外贸易中的朝贡贸易设立严格规定。清朝在广州设立统行，总揽对外贸易。商业贸易的发展促进了不同国家和地区之间的商品交换，大大丰富了人们的物质和文化生活。

在世界各文明地区的商业发展中，信贷和商业契约逐渐发展、成熟。早在公元前22—前21世纪，两河流域就出现了经营借贷的商人。公元前16—前11世纪，埃及出现了较为完备的借贷合约。公元前4世纪，古希腊出现了汇票雏形。15世纪，威尼斯和热那亚商人创办了银行。古代中国的信贷发展起步略晚，《周礼》中有信贷纠纷记录，春秋时期实物信贷较为普遍，货币信贷开始出现。发展到清朝，开始出现资本性信贷。公元前3000年古埃及已经广泛使用契约，公元前2600年苏美尔人已经使用契约。中国商周时期产生契约，汉代以后在各个领域广泛使用，唐朝以后使用更加广泛。

(二)世界市场与商业贸易

15世纪的新航路开辟，结束了世界各地相对孤立的发展状态。此后，西班牙、葡萄牙、荷兰、英国、法国相继在世界各地建立殖民地，促进了世界各地的商业联系，世界市场开始形成。第一次工业革命后，交通运输大大加速了世界各地的联系程度，

① 石雨祺编著：《中国古代贸易》，3页，北京，中国商业出版社，2015。

资产阶级为推销产品、获取原料，将亚洲、非洲和拉丁美洲纳入资本主义世界市场。第二次工业革命后，资本主义国家掀起瓜分世界的狂潮。20世纪初，亚非拉绝大多数国家和地区被纳入资本主义世界经济体系，世界市场最终形成。

新航路开辟以及欧洲人的殖民扩张，促进了商业贸易的近代化。第一，欧洲贸易中心从地中海转移到大西洋沿岸。第二，开始出现商品交易所、证券交易所、拍卖市场、百货公司等新的商业经营形式。第三，英、法、荷等国建立起东印度公司、西印度公司等新型股份制贸易公司，在世界各地经营垄断贸易，促进了西欧原始资本积累。鸦片战争后，新的商业经营形式随着西方的入侵而被引入中国。

随着世界市场的初步确立，东西方的物品被运往世界各地，成为新的商品。与此同时，西班牙、葡萄牙和荷兰支配着早期的奴隶贸易。17世纪后，英国取代荷兰，成为新的海上霸主。18世纪后期，英美向中国走私鸦片，开始罪恶的鸦片贸易。19世纪中期，英国成为世界工厂和世界贸易中心。19世纪末20世纪初，英国的贸易垄断地位随着法、美、德等新型工业国家的兴起而被打破，世界贸易形成了多中心的格局。第二次工业革命后，出现了不但控制本国贸易，还控制落后国家和后起工业国家的无所不包的大型垄断贸易组织托拉斯、卡特尔，影响着世界各地的贸易。

(三)20世纪以来人类的经济与生活

20世纪初，垄断资本主义继续发展，资本主义国家之间的政治与经济斗争最终导致第一次世界大战的爆发。作为资本主义链条上最薄弱的一环，俄国在“一战”后期爆发革命，建立了世界上第一个社会主义国家。苏联自1922年成立后，先后施行新经济政策和计划经济，促进了国内经济特别是重工业的发展。但是，日益僵化的指令性计划使得以苏联为主体的东欧社会主义国家经济发展步履维艰，进一步激化社会矛盾，最终促使东欧剧变和苏联解体。

与社会主义国家发展不同的是，第一次世界大战后资本主义国家经济有所发展，但是生产和消费的矛盾最终导致经济大危机。美国施行罗斯福新政扭转危机，但是德、意、日走上法西斯道路。第二次世界大战后，各资本主义国家吸取自由市场经济的教训，将政府调控和市场调节结合起来，实现了经济的快速增长。第三次科技革命极大地提高了生产效率，但还是没有解决资本主义生产社会化和私人占有之间的矛盾。随着经济全球化的发展，其所导致的贫富分化和经济危机不断加剧，波及范围更广。例如，1997年亚洲金融危机和2008年全球金融危机对世界经济发展产生了严重影响。

中华人民共和国成立后，党中央进行了曲折的社会主义建设探索，奠定了中国现代化的工业基础。1978年中共十一届三中全会召开，此后建立起社会主义市场经济体制，成功开辟了中国特色社会主义道路。我国经济自此飞速发展，2010年成为世界第二大经济体。第二次世界大战后实现独立的原殖民地半殖民地国家，通过发展国有经济和制定经济计划加速自身工业化进程，在20世纪60年代至70年代前期实现了高速发展。但是由于自身经济结构问题和西方国家贸易保护主义的影响，发展中国家的经济发展仍充满挑战。

第二次世界大战后，23 个国家达成的关贸总协定促进了国际贸易的发展。在此基础上，1995 年世界贸易组织成立，市场经济成为国际经济主流，国际贸易规模不断扩大，各国对国际贸易依存度不断提高，产品的科技含量日益重要。与此同时，服务贸易增长迅速，技术、通信、信息、数据处理、咨询和知识产权等非传统贸易比重增加。这一时期的贸易形式日益多样化，商品贸易同国际投资、技术贸易、劳务承包等结合，实现了更多的经济合作形式。随着现代信息技术的发展，20 世纪 90 年代电子商务逐渐兴起，突破了时空障碍，便利了人们的生活。

1944 年，在美国主导下，布雷顿森林体系确立，其核心是将美元与黄金挂钩，其他国家货币与美元保持固定汇率，使美元成为最主要的国际储备货币，它维护了“二战”后相当长一段时期内的国际金融秩序。20 世纪 70 年代以来，电子金融和网络金融日益普及，但是也给全球的金融市场带来了相当的风险。

四、村落、城镇与居住环境

(一)古代的村落、集镇与城市

在环境险恶的原始社会，单独生活是相当困难和危险的。为了更好地生存，一大群人聚集在一起，形成了群居生活，其形式经过了由穴居、巢居、半穴居到地面建筑的转变。随着农业的出现和发展，人们逐渐筑屋定居，形成了具有相当数量和规模的居民聚居点——村落。据考古发现，村落最早出现在两河流域。世界其他古文明地区也存在大量原始村落遗址。村落的结构比较完备，既有住宅，也有存储食物的粮仓和地窖，还有便于人们开展集体活动的公共活动场所。

社会生产力的发展促进了手工业与农业的分离。原始社会末期，手工业者开始在便于交换物品的地方定居，形成了古代集镇的雏形。商人的出现使其迅速繁荣，成为一定地域的经济中心。商人和手工业者为维护自身安全，在其聚居区筑垒设防，形成集镇。中国古代有些集镇的形成还与政治、军事有关，北魏、隋、唐、五代时期多出于军事目的而设镇。北宋时期，出现了工商业者经营和定居的集镇，促进了市场繁荣。明清时期，集镇进一步发展，并出现专业分工。中国有四大名镇：湖北汉口镇、河南朱仙镇、江西景德镇和广东佛山镇。随着商业贸易的复兴，7 世纪在英国出现了贸易小镇，成为英国早期城镇的重要源头之一。

随着社会生产力的发展，社会分工逐步扩大，商品经济产生并不断发展。在奴隶社会初期，“由于私有制的产生，阶级的出现，以及部落之间的战争，统治者为了巩固其统治，保护其私有财产，驱使那些依附于他们的土地耕作者在其居住地周围挖壕筑墙，修城造廓，这就形成了人类最早的城市。”①正如马克思所指出的，分工“引起工商业劳动和农业劳动的分离，从而也引起城乡的分离和城乡利益的对立”②。公元前

① 李其荣编著：《世界城市史话》，6 页，武汉，湖北人民出版社，1997。

② 《马克思恩格斯全集》第三卷，24 页，北京，人民出版社，1960。

3500—前3100年，两河流域的苏美尔人地区出现了几个居民中心结合而成的城市。世界上的其他主要农业区域也继而产生了早期城市。城市逐渐发展成为一定区域内政治权力、军事防御、经济活动和宗教祭祀的中心场所。中国古代的城市主要由宫殿区、手工区、商业区和居民区四部分组成，到周代，营建城市制度形成。西方古代城市的代表是古希腊和古罗马的城市。

世界各地的民居体现了当地的自然环境，也反映了当地的经济水平和文化习俗。两河流域、古代埃及、古代中国、古代罗马的民居各有特色，其中古代中国和古代罗马的民居影响深远。自汉代起，受儒家学说影响，中国的民居设计遵循严格的等级观念和长幼有序的礼仪制度，住宅布局讲究对称，主次分明，院落有序。民居普遍采用木构抬梁结构，至明代砖木结构开始普及。在古代希腊、罗马，带有列柱围廊的中庭是民居的核心。经过不断改进，混凝土、拱券和希腊柱式相结合成为古罗马建筑最主要的特征。3世纪，古罗马出现了复合式公寓式的集体住宅，对后世建筑影响深远。

(二)近代以来的城市化进程

工业革命推动了人类社会的城市化进程。工业革命后，大机器生产和工厂制使工业生产逐渐向城市集中。越来越多的人口从农村地区迁往城市地区，转变为工业劳动力，为城市发展注入新鲜血液，促进城市人口迅猛增长，不仅为城市的经济发展提供了所需的劳动力，创造了广大的消费市场，也对城市的设施与服务提出了更高的要求，进一步推动了城市的发展。英国的城市化最为典型。伴随着工业革命的展开，至1851年，英国成为当时世界上第一个城市人口超过总人口50%的国家。之后，欧洲和北美洲的资本主义国家也加快了城市化的步伐。第二次世界大战后，发达国家城市化水平进一步提高，发展中国家城市化速度加快。城市化成为衡量国家现代化水平的重要标志。鸦片战争后，中国被迫陆续开放很多通商口岸，上海、天津、广州等地的资本主义工商业逐步发展，吸引大量乡村人口进城，开启了近代中国城市化的进程。中华人民共和国成立后，中国城市化进程进入新阶段，1978年后进一步加快。2015年，中国城市人口超过总人口的一半。

在城市化进程中，人类的居住条件不断改善。建筑技术的革新使住宅发生了翻天覆地的变化。19世纪50年代以来，电梯在楼房住宅中的普及使人们的生活更加便捷；钢筋混凝土技术的发明及使用提高了住宅面积；集中供暖、制冷和私人卫生间的快速普及使人们的生活更加舒适。城市化进程中，仓储式商场、超市、购物中心及体育、文化、娱乐中心不断出现、普及，为人们提供了更加便捷、丰富的生活服务。第二次世界大战后，城市中的社区功能不断完善，为市民的生活提供了极大的便利。

伴随着城市化进程，城市的公共设施不断发展、完善。19世纪，西方发达国家的城市基础设施建设起步。钢铁管道促进了水网建设，使自来水与排水系统普及到普通百姓家；煤气的出现创造了城市夜生活方式并成为家庭烹饪主要能源；电力的应用为居民提供照明；电报、电话的发明既普及又便利了人们的通信联系；铁路、电车不断普及，城市交通逐渐多样化、立体化。中国近代城市基础设施建设主要集中在通商口岸等经济发达的城市，例如上海。中华人民共和国成立后，尤其是改革开放以来，城市基础设施建设不断完善。

城市化在改善人类居住条件和生活环境的同时，也带来环境污染、交通拥堵等问题。大量的工厂和交通集中在城市，工业烟尘、废气和汽车尾气的集中排放导致空气污染。城市化早期，生活与工业废水直接排放到河流中，对城市饮用水源造成了严重污染。城市发展中居住区与工作区的逐渐分离促进了私人汽车的不断普及，导致了大中城市甚至小城市的交通拥堵。工业化和城市化还导致巨大的社会财富不断集中到资本家手中，加剧了贫富分化。

五、交通与社会变迁

(一)水陆交通的变迁

随着生产力的发展，人类逐渐定居下来，以住地为中心的步行交通逐渐发展起来。轮车的发明改变了人背、肩挑、杠抬、头顶等原始的运输方式，人们在天然的道路和河流上依靠人力或畜力运输物品。生产力的发展推动着人类铺设人工道路，中国古代著名的道路有秦代以咸阳为中心的全国性道路网、丝绸之路、唐代的驿道和城市道路以及元代的驿路交通网。不仅如此，人们还开凿运河。中国古代的运河可追溯至春秋时期，历史上著名的运河有秦代的灵渠、隋代的大运河、元代的京杭大运河。17世纪法国开通的米迪运河(朗格多克运河)，是欧洲最悠久且目前仍在通航的运河之一。17世纪，荷兰建立了全国性的运河系统。1869年，苏伊士运河开通，成为欧亚非之间最近、最直接的水上通道。1914年，巴拿马运河通航，极大地缩短了大西洋和太平洋之间的航行距离。

人类不断积累和改进航海经验和技术，促使人类对海洋的探索由区域扩展到全球，全球航路得以建立。汉武帝时期，形成了通向朝鲜半岛和日本的东线和通向南海的南线。宋元时期，造船技术和航海技术大大进步，中国的海船能够横渡大洋。明代的郑和七次下西洋，最远到达东非、红海，是15世纪末欧洲地理大发现以前世界历史上规模最大的一系列海上探险。[①] 中国古代已经形成了连通中国与东亚、南亚、西亚、非洲等地的“海上丝绸之路”。新航路开辟前，波利尼西亚人、腓尼基人、维京人和阿拉伯人在各自的海洋区域进行探索和贸易。15世纪末16世纪初，达·伽马、哥伦布和麦哲伦探索发现了新航路，随后欧洲人开辟了大西洋和南太平洋的航线。新航路开辟使全球海路贯通，将主要大洋和大陆直接联系起来，逐渐建立起环球交通网络。两次工业革命引发了前所未有的交通变革，催生了汽船、轮船、火车、汽车等现代交通工具，带动了机器制造、钢铁、建筑等多个行业的发展。西方的现代交通在19世纪引入中国，1881年中国自主修建了第一条铁路——唐山至胥各庄铁路。1909年，中国人自行

① ［美］牟复礼、［英］崔瑞德编：《剑桥中国明代史》，153～168页，北京，中国社会科学出版社，1992。

设计和施工的第一条铁路干线——京张铁路竣工。1866年，中国第一艘蒸汽动力船建造并试航成功，拉开了中国近代造船业的序幕。1872年，官督商办的上海轮船招商局成立，成为中国近代航海史的里程碑。

交通的改进有利于加强各地之间的沟通交流，促进政治、经济和文化的发展。秦统一后施行的“车同轨”政策和建立的国家道路网，提高了国家的行政效率，加强了中央集权，也促进了不同地区的经贸往来，给中国历史的发展带来深远影响。交通的改变影响了城市的发展，带动了城市格局和社会生活的变化。中国古有清江浦(位于今江苏淮安)因京杭大运河而兴，因漕运路线改变和津浦铁路开通而衰；今有郑州因陇海铁路和京汉铁路而超越洛阳与开封两大古都。美国的纽约和英国的曼彻斯特也分别因伊利运河和通海运河而迅猛发展。交通的改善方便了物品传递和信息交流。

(二)现代交通运输的新变化

汽车、高速公路、高铁和航运技术日新月异，把陆海交通提升到一个新的高度。1908年，美国福特T型汽车由汽车流水线装配而成。此后汽车生产开始量产化，设计也越来越科学化、人性化和精细化，使汽车逐步成为现代社会广泛使用的重要交通工具。中华人民共和国成立后，汽车工业发展起来，成为国民经济的支柱产业之一。2017年，中国的汽车保有量占全球的20%。汽车工业的发展推动着道路的建设。1932年，德国建成了世界上第一条高速公路。第二次世界大战后，高速公路在各国广泛发展。1988年，中国大陆建成第一条高速公路。到2017年，中国的高速公路总里程位居世界第一。1964年，日本的“东海岛新干线”通车运营，是世界上第一条商业运营高铁。随后，欧洲众多国家纷纷建设高铁。2002年12月，中国建成第一条高铁——秦皇岛至沈阳客运专线。此后全国高铁发展迅速，至2017年营业里程占世界总量的66.3%。

20世纪，航运技术进一步提高，航海雷达的使用和海事卫星通信系统的发展尤为突出。船舶制造出现了大型化、专业化、高速化、自动化和内燃化等多种趋势。1994年，英法海底隧道开通，是世界上最长的海底隧道和第二长的铁路隧道。中国的造船业在1978年前主要是为国防建设服务，此后逐渐融入市场，1982年进入世界造船市场。2009年，中国承接的新造船舶订单占全球市场的60%以上。

飞机的发明和民航的发展开辟了交通运输的空中通道。1903年12月，美国人莱特兄弟设计的“飞行者1号”成功升空，飞机时代开始。1914年，美国开通了旧金山到洛杉矶的航线，是世界上第一条空中航线。1919年，定期的国际航班和国际航线在欧洲开通。20世纪上半叶，飞机制造技术不断提高，提升了飞机的速度、载量和航程。从20世纪70年代开始，宽体客机成为空运主流。各国的民用航空逐渐发展起来，把人类带入前所未有的快捷时代。1950年，中华人民共和国成立第一家航空公司——中苏民用航空股份公司。改革开放后，中国的航空事业突飞猛进。

20世纪交通的发展缩短了人们的旅行时间和物流时间，各种交通网络把整个世界联系成为一个息息相关的“地球村”。同时，城市公共交通如公共汽车、电车、地铁等为人们的市内出行提供方便。交通的不断改进加快了人们的生活节奏，提高了对生活

品质的要求，由“旅”到“游”开阔了人们的视野，加强了人与人之间的互动和往来。

六、医疗与公共卫生

(一)古代的疫病与医学成就

在古代，由于医学落后，天花、鼠疫等重大疫病给当时的人们带来巨大灾难，造成大量的人口死亡，导致劳动力短缺、生产停滞和严重饥荒。其中，一些重要历史人物的丧命导致政治变动。例如，古希腊伯罗奔尼撒战争前，雅典暴发严重鼠疫，大大削弱了城邦的统治力和战斗力，最终导致雅典的失败。[①] 又如，公元前323年，亚历山大在巴比伦身染疫病而亡，造成他一手建立的亚历山大帝国随之土崩瓦解。再如，中国明代末年鼠疫横行，明军、大顺军及大量民众染病，给清军以可乘之机，加速了明朝的灭亡。[②]

在与疫病的斗争中，古人逐渐重视公共卫生与疫病的防治。中国古代文献中有不少通过改善公共卫生条件防控疫病的记载，以唐代为例，《新唐书》《旧唐书》《唐大诏令集》《唐律疏议》中都有对传染病等疾病的防控和公共卫生的规定。中国古代的不少地方官在任期内组织人力清理污水、疏通井渠河道，在大灾之后及时掩埋尸体预防疫病。古罗马也非常注意公共卫生，重视修建饮水道、下水道，有利于预防疫病。与此同时，人们研究了防治疫病的方法。中国的古人发明了人痘接种以防治天花，在明代中期广泛使用，后来传到欧洲。东晋医药著作《肘后备急方》记载了青蒿素对疟疾的治疗作用，也提到了防治狂犬病的方法。古人还建立了疫病救治机构。西汉晚期政府在大灾之后隔离疫病患者，南齐有“六疾馆”、隋唐有“病坊”专门隔离病人。古罗马的医院也收治疫病患者。

延伸阅读

唐朝污水排放管制条文

其穿垣出污秽者，杖六十；出水者，勿论。主司不禁，与同罪。

中国的古人在与疾病斗争的实践中，积累了大量的诊断防治经验，形成了博大精深、理论独特的中医药学。战国时期的扁鹊已经运用望、闻、问、切四诊法进行诊断。成书于汉代的《黄帝内经》以阴阳五行学说解释人体的生理现象和病理变化，阐明人与自然的有机联系，是一部重要的中医基础理论著作。东汉晚期，张仲景完成《伤寒杂病论》，奠定了中医临床学的基础。建立在经络学说基础上的针灸学在中医药中作用巨大，得到了许多国家的认可。中国古代医药学家留下了数量巨大的本草典籍，影响深远，如唐代的《新修本草》、明代的《本草纲目》。中华人民共和国成立后，中医药事业

---

① 刘榕榕：《试析伯罗奔尼撒战争中的瘟疫问题》，载《廊坊师范学院学报(社会科学版)》，2010(6)。

② 周同：《被瘟疫灭亡的明朝》，载《健康大视野》，2005(1)。

在“中西医结合”方针指导下不断进步，并且发挥了养生保健的巨大作用。进入 21 世纪，中医药蓬勃发展，走向世界。

近代以来，西医在解剖学、诊断学、药学等方面取得了重大成就。明末清初，西方传教士把西方近代医学带到中国，但影响甚微。鸦片战争后，西方一批教会医生来到中国内地建立教会医院，集中在通商口岸，因技术先进广受欢迎。同时，牛痘接种法、麻醉术、放射技术以及其他西医成就也相继被引入中国。西医院校随教会医院在中国落成，中国人自己创办的西医院校也随之出现。西方公共卫生措施也逐渐被引入中国，城市公共卫生事业逐渐发展起来，科学处理垃圾与粪便、推广自来水、监督食品卫生等成为政府的公共职能。

(二)现代医疗卫生体系与社会生活

第二次世界大战后，现代医疗卫生体系建设取得巨大进展，囊括基本医疗卫生制度、医疗服务制度、药品供应体系和医疗保障制度等，对保障人类的健康起到了关键作用。20 世纪中期以来，许多国家完善了各层级的医疗组织，医院、专业卫生机构、基层医疗单位大量出现。中华人民共和国成立后，建立起了省、市、县、乡镇、社区医疗网络。世界卫生组织大力倡导重大疾病的疫苗接种。我国也在规划免疫上取得了巨大的成就。许多国家重视药品的安全监督工作，出台了一系列法律法规。

第二次世界大战后，西方国家的医疗卫生服务体系日益完善，医疗卫生机构的社会服务职能凸显，药品供应得到了保障。中华人民共和国成立后，医疗卫生机构的服务意识日益增强，政府不断降低人民的就医成本、加强对药品的管理与监督。改革开放以来，我国各层次医疗卫生机构的服务意识和服务内容不断增强。进入 21 世纪，国家基本公共卫生服务范围进一步扩大，并加大医疗扶贫力度，保障每个城乡居民都享有医疗服务权利。

现代医疗保障制度源自欧美。1871 年，德国颁布《疾病社会保险法》，成为世界上第一个建立医疗保障制度的国家。美国在罗斯福新政时期也建立起医疗保障制度。第二次世界大战后，欧洲尤其是北欧宣布建成“福利国家”。由此，欧美社会下层民众的医疗卫生基本得到保障。20 世纪五六十年代，我国把城镇工作人员纳入公费医疗系统。改革开放后，建立起城镇职工基本医疗保险制度，推行新型农村合作医疗制度、城镇居民基本医疗保险制度和城乡医疗救助制度，确保全民“病有所医”，创造了世界医疗史上的奇迹。

医疗卫生事业的发展促进了人类健康水平的提高。20 世纪下半叶以来，西方发达国家基础医学的突飞猛进、新技术在临床的应用为治疗疑难杂症奠定了基础；各国政府非常重视防疫工作，传染病得到有效控制；孕产妇和新生儿的死亡率大大降低，世界人口的平均预期寿命增长了十多岁。我国的医疗技术突飞猛进，在断肢再植手术、人工合成牛胰岛素等方面居世界领先地位。我国人民健康状况明显改观，平均预期寿命达到中等发达国家水平。医疗卫生事业改变了人们的生活方式，人们更加注重公共卫生和个人卫生，养成文明卫生的生活方式，也越来越注重精神卫生、心理健康。

复习注意问题

1. 本章内容不是一般意义上的经济史和社会史，主要是从社会生活视角反映人类的发展线索。

2. 本章6个专题大体是并列关系，每个专题各自呈现的内容原则上都贯通古今、兼顾中外。

3. 在学习每个专题时，都要注意学习内容与必修教材相关内容、与核心素养的关联。

本章小结

“食物生产与社会生活”专题旨在揭示人类历史上食物由采集到生产的演进、食物物种的交流以及食物生产、储备与安全等对人类社会发展的重要意义。“生产工具与劳作方式”专题旨在揭示劳动工具的日益改进以及其对推动人类劳作方式及生活方式进步的重要意义。“商业贸易与日常生活”“村落、城镇与居住环境”“交通与社会变迁”三个专题分别讲述了人类社会生活中不可或缺的商业贸易、居住和交通的发展变迁。“医疗与公共卫生”专题讲述了中国古代的医药成就，近代以来西医在中国的传播发展，现代医疗卫生体系的建立发展以及对社会生活的影响。6个专题事关人类社会生活中最重要的6个方面，有着不可分割的内在联系。

关键术语

食物　生产工具　商业贸易　居住环境　交通　医疗　社会生活

思考题

15—17世纪，新航路开辟使世界开始走向整体，促进了资本的原始积累以及全世界物种的交流与传播，加强了各大陆之间的联系，但与此同时，造成了亚非拉地区总体落后的局面。我们该怎样看待新航路开辟对人类经济与社会生活的影响？

拓展阅读

1. 邵政达：《新航路的开辟》，北京，北京师范大学出版社，2018。

2. 王振霞、王玉冲：《古罗马城市与城市化》，济南，山东人民出版社，2018。

3. 庄华峰：《中国社会生活史(第2版)》，合肥，中国科学技术大学出版社，2014。

实训练习

【单项选择题】

1. 据考古学家和人类学家推断，从旧石器时代早期到旧石器时代中期，世界人口的年增长率不足0.001%；而进入原始农业社会以后，世界人口的年增长率提高到0.03%，与采集和渔猎时期相比高出30倍。世界人口的年增长率大幅度提高的主要原因是(　　)。

A. 获取食物方式的转变　　B. 粮食产量的提高

C. 农(畜牧)业的出现　　D. 科学技术的发展

2. 世界上最早种植水稻的国家是(　　)。

A. 印度　　B. 美国　　C. 中国　　D. 日本

3. 从形制上看，人类的农具经历了三个不同的阶段，其顺序依次是(　　)。

①刀耕　②锄耕　③犁耕

A. ①②③　　B. ③①②　　C. ①③②　　D. ②③①

4. 下列说法正确的有(　　)。

①铁制农具在青铜时代之后出现

②唐代出现了翻车，借助于水力进行灌溉

③西汉出现了织布用的纺车

④战国时期，统治者鼓励以家庭为单位的男耕女织生产模式

A. ①②　　B. ③④　　C. ①③④　　D. ①②③④

5. 这是最好的时代，这是最坏的时代；这是智慧的时代，这是愚蠢的时代；这是信仰的时期，这是怀疑的时期；这是光明的季节，这是黑暗的季节；这是希望之春，这是失望之冬；人们面前有着各样事物，人们面前一无所有；人们正在直登天堂，人们正在直下地狱。

狄更斯在《双城记》中所描述的以上矛盾发生在(　　)。

A. 第一次工业革命时期　　B. 第二次工业革命时期

C. "二战"时期　　D. 新科技革命时期

6. 每一次科学技术的革新都是一场新的革命，下列说法错误的是(　　)。

A. 人类由此进入了蒸汽时代→电气时代→信息时代

B. 人们劳动方式的巨大变革影响了经济增长模式与管理模式

C. 21 世纪，在绿色革命从理念变为实践的过程中，中国扮演着引领变革的角色

D. 工业革命后，人们的时间观念得以减弱

7. 下列事件反映世界市场形成的正确顺序是(　　)。

A. 新航路开辟、第一次工业革命、第二次工业革命、主要资本主义国家瓜分世界

B. 第一次工业革命、第二次工业革命、新航路开辟、主要资本主义国家瓜分世界

C. 新航路开辟、第一次工业革命、主要资本主义国家瓜分世界、第二次工业革命

D. 第一次工业革命、第二次工业革命、主要资本主义国家瓜分世界、新航路开辟

8. 下列商业贸易活动的变化中，发生在 20 世纪以后的是(　　)。

A. 交子的出现　　B. 跨国公司的萌芽

C. 电子商务的出现　　D. 商会的出现

9. 集镇出现的原因有(　　)。

①随着社会生产力的发展，手工业与农业相分离　②出于军事、政治目的而设置镇，如北魏时期　③随着商业的发展，商人和手工业者为了保护其财富和人身安全，

在聚居的地方筑垒设防，形成集镇　④集镇进一步发展，并出现专业分工

A. ②③④　　B. ①②④　　C. ①②③④　　D. ①②③

10. 以下哪一项不是影响人类居住(地点、形式等)的因素？(　　)

A. 气候条件　　B. 人口发展　　C. 宗教信仰　　D. 生产力水平

11. 城市化所带来的影响包括(　　)。

①市民居住条件改善，人们生活更加舒适　②超市、博物馆等场所出现，极大丰富了人们的文娱生活　③城市公共设施不断发展完善　④环境污染、人类疾病种类增多

A. ①③④　　B. ①②③④　　C. ②③④　　D. ①②③

12.“国家于有事之时，运饷糈，装器械，载兵士，征叛逆，指日可以集事”，这是近代思想家王韬在论述铁路时所说。根据这段话可以推断出，他认为铁路的主要作用在于(　　)。

A. 信息交流　　B. 资源开发　　C. 知识传播　　D. 调运快捷

13.《旧唐书·崔融传》记载：“天下诸津，舟航所聚，旁通巴汉，前指闽越，七泽十薮，三江五湖，控引河洛，兼包淮海，弘舸巨舰，千舳万艘，交货往来，昧旦永日。”该材料说明唐朝(　　)。

A. 政府非常重视发展水陆交通

B. 重视发展国内商业，却忽略海外贸易

C. 交通的发展促进海外贸易繁荣

D. 发达的交通有力地促进了货物流通

【简答题】

14. 简述新航路开辟给世界各地的人们的社会生活带来的影响。

15. 简述工业革命给人们的社会生活带来的影响。

【材料分析题】

16.

材料一：

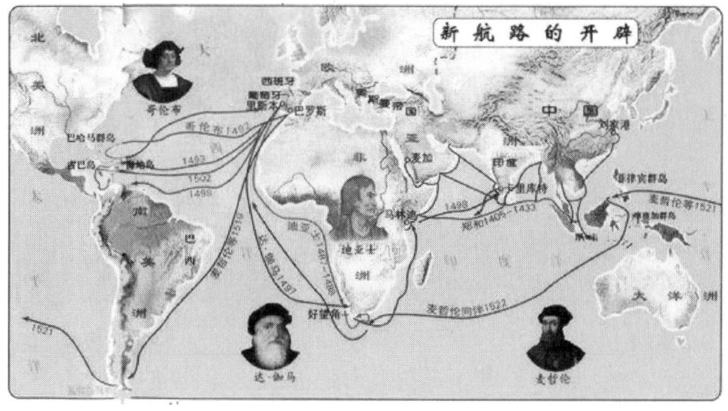

材料二：

在19世纪50年代～60年代，卷入世界市场的大多是农业占主导地位的国家，它们共同围绕着一个巨大的工业中心——英国……从1870年至1913年，原料和工业制成品的贸易额都增加了两倍多，这说明发达国家和初级产品生产国家之间的国际分工以及世界各国之间的相互依赖程度都加强了。其中，1900年，各主要资本主义国家在世界贸易中所占的比重为：英国19%，美国12%，德国13%，法国9%。

——马世力：《世界史纲》

问题：

(1)根据材料一，指出新航路开辟后国际贸易发展的新特点。

(2)根据材料二，概括19世纪中期到20世纪初世界贸易的特点。

【参考答案】

1. A　2. C　3. A　4. C　5. A　6. D　7. A　8. C　9. D　10. C　11. B　12. D　13. D

14. 新航路开辟后，美洲的物种陆续传播到欧洲、亚洲和非洲，并得到不断改进；与此同时，欧亚非的很多农作物和畜牧品种也传入美洲。世界各地的人们的饮食大大丰富，农业和畜牧业也迅速发展。

15. 促进了工业城市的发展，其数量增加，越来越宜居；促进了交通运输的发展；缩小了城乡差距；增强了人们的时间意识；促进了初等教育的普及，提高了人们的文化素质；导致环境恶化，职业病、传染病增加。

16. (1)由区域贸易向国际贸易转变(世界贸易市场开始形成或贸易范围扩大)。

(2)英国由独霸世界贸易到贸易比重下降，国际分工明显，国际贸易量增加。

第九章　文化交流与传播

【本章要点】

本章内容概述了人类历史上文化交流与传播的情况，内容主要涉及中华文化的发展历程，中华优秀传统文化的内涵，中华文化在交流中发展，古代西亚、非洲文化，欧洲文化，南亚、东亚与美洲的文化，人口迁徙、文化交融与认同，商路、贸易与文化交流，战争与文化碰撞，文化传承和文化遗产，信息技术及其社会价值。

【学习目标】

1. 了解人类文化交流与传播的基本方式、途径、方法。

2. 增强国际理解，树立爱国主义和关怀人类共同命运的理念。

3. 认识到不同文化之间要相互尊重、平等相待，加强交流互鉴，促进共同发展。

【课程导言】

文化是基于特定自然环境的基础，在人类生产和生活过程中产生、发展和演变的。人类文化自古至今，在时间上呈现出古代、近代、现代的差异，在空间上呈现出亚洲、欧洲、非洲、美洲的差异，在传播方式上呈现出交流(和平商贸)和碰撞(侵略战争)的差异等。

一、中华文化的发展历程

黄河流域是中国先民最早开发的区域之一，是中华文化的重要发源地。而几乎同一时期，北起辽河流域，南至长江流域、珠江流域的广大区域也在不同程度上孕育了中华文化的种子，为中华文化后来的发展奠定了必要的基础。通常认为，夏、商、西周创造了灿烂辉煌的青铜文明，享誉世界的四羊方尊、后母戊鼎、殷商甲骨文都是这一时期的代表。与之相应的还有逐渐萌发的礼文化，这是中华文化内核的重要构成部分。西周之后的东周可以划分为两大阶段，前为春秋、后为战国。春秋战国时期是中华文化的“轴心时代”，这一时期礼崩乐坏、强权未兴，为儒家、墨家、道家、法家、名家等诸多流派提供了相对宽松的言论环境。诸家学者“率其群徒，辩其谈说”，百家争鸣局面的形成也为后世思想的发展和文化的建构提供了取之不竭的资源。

时至汉朝，政治上实现了大一统，思想上实现了“罢黜百家，独尊儒术”。儒家跃居思想领域中的主流，一方面有助于巩固王朝统治、稳定社会秩序，另一方面也令儒学逐渐陷入烦琐考证的泥淖。魏晋南北朝时期，儒家文化吸收道家理念，衍生出玄学。同时，儒学在与佛教文化碰撞过程中进入一个新的阶段。隋唐之际，诞生了中国所独有的佛教宗派“禅宗”，对中国传统哲学、文学、史学、音乐、绘画等领域产生了深远影响。同时，为了恢复儒学的正统地位，以韩愈为代表的文人士大夫提出道统论，直至进入宋代，理学融合了传统儒学、吸收了佛教思想、借鉴了道家理念，通常意义上的儒释道三家合流正式形成。明清之际，《永乐大典》和《四库全书》的先后编纂都是对中国古典文化的总结，但君主专制制度的空前加强也在很大程度上阻碍了中国近代化的历程。直到1840年鸦片战争的爆发，中国近代一百多年寻求民族独立的帷幕拉开。在这一过程中，中华文化向西方学习，同时反思自身。20世纪初新文化运动中提出的“民主”与“科学”两大主题，时至今日也是中华文化复兴的重要途径。

二、中华优秀传统文化的内涵

中华优秀传统文化的内涵属于观念形态的范畴，是历史上形成的、具有稳定的组织结构和思想要素的、前后相继的和至今仍然影响着人们特定的思维方式、价值观念、审美情趣、道德风尚等深层文化的社会心理和行为习惯，是推动民族文化不断发展前进的内在动力。① 中国文化基本精神的主体内容为“天人合一”“人文主义”和“刚健有为”。

中国古代的“天人合一”思想强调人与自然的统一，人的行为与自然的协调，道德理性与自然理性的一致。在这种世界观的影响下，中国传统文化重视人的社会价值，力求与自然统一，达到顺其自然的境界。无论政治、思想、情感、理智还是实践等方面，大多如此。“人文主义”也称人本主义，就是肯定在天、地、人之间以人为中心，在人与神之间以人为中心。换句话说，中国传统文化的核心价值都是围绕着人的社会存在而建立起来的，专注于人的社会关系的和谐与道德人格的完成。“刚健有为”是中国人积极的人生态度的最集中的理论概括和价值提炼。“刚健自强、积极有为”的思想在两千多年的历史发展中一直激励着人们奋发向上、不断前进，成为中国古代乃至近现代优秀文化中活的灵魂。

三、中华文化在交流中发展

(一)西学东渐

西学东渐是中国文化史上的一件大事。意大利传教士利玛窦(1552—1610)拉开了西学东渐的序幕，他在万历年间来到中国，在中国生活了27年。作为第一个真正掌握中国语文的传教士，利玛窦对中国的古典文明进行过相当深入的钻研，对孔子的哲学表示极为钦佩。他把孔子及四书五经热情地介绍给西方人。利玛窦对孔子及儒学的尊重代表了当时欧洲的某种社会文化心态。

除了将中国的儒家学说西传、将西方的宗教传入中国外，利玛窦也把西方近代科

---

① 参见李清源、魏晓红:《中美文化与交际》，95页，上海，复旦大学出版社，2012。

学介绍给中国。万历三十五年(1607)，他与徐光启合译了欧几里得的《几何原本》前半部，这是第一部译成中文的西方科学著作。后来，利玛窦又与李之藻合作，编译了第一部系统介绍欧洲笔算的著作《同文算指》。《同文算指》贡献与影响巨大，被认为不亚于《几何原本》。

延伸阅读

欧几里得与《几何原本》

欧几里得(活动时期约为公元前300年)是古希腊伟大的数学家，但关于他的生平现在知道得很少。他治学严谨，提倡在学习上刻苦钻研，反对投机取巧、急功近利。托勒密王曾问欧几里得，有没有学习几何学的捷径。欧几里得说："在几何学里，没有专为国王铺设的大道。"欧几里得将前人长期积累的几何知识，加以整理总结，写出了历史上第一部理论严密、系统完整的数学著作《几何原本》。这部著作按照公理化结构建立了第一个完整的关于几何学的演绎知识体系，印刷术出现后被大量翻印，出现了1000多种版本，发行量仅次于《圣经》，影响极为深远。

(二)中学西渐

明末清初以来，随着西方国家向东方的殖民与扩张，各国传教士纷纷相继来华，成为中学西传的主要力量。为了达到传教的目的，他们非常注意学习中国的语言文字和典籍文化，竭力了解和探究中国的传统文化，同时也把中国典籍翻译成各种文字介绍到西方。这在客观上使得中国典籍在西方各国得到了广泛的传播，并产生了深远的影响。

汉籍西译最初始于利玛窦等来华耶稣会士。利玛窦是继马可·波罗(1254—1342)之后真正将西方宗教、科技和哲学等介绍到中国的第一人，同时也是将中国哲学介绍到西方的先驱。一场东西方哲学与宗教实质性的对话与交流从此拉开了序幕，许多主要的儒家经典都陆续有了拉丁文译本。例如，法国传教士金尼阁(1577—1628)以拉丁文翻译的五经(1626)，成为最早得以刊印的中国典籍的西文译本。意大利耶稣会士殷铎泽(1625—1696，1659年来华)与葡萄牙耶稣会士郭纳桑(1599—1666，1634年来华)合译了《大学》和《论语》，题名为《中国之智慧》(1662)；并独立翻译了《中庸》，题名为《中国之政治道德学》。四书五经译成拉丁文后，在欧洲广为流传，引起了欧洲人的极大兴趣。

四、古代西亚、非洲文化

(一)楔形文字

公元前3500年左右，苏美尔人开始使用图形表示简单的意思。公元前2500年左右，成熟的文字开始出现。苏美尔人就地取材，用黏土制成泥版作为纸。书写前，人们先用细绳给泥版画好一行行格子，然后用削成三角形尖头的芦苇秆或木棍当笔，顺着格子在湿软的泥版上勾勒出各种符号。由于落笔处印痕较为深宽、提笔处较为细狭，形状很像木楔，所以这种文字被称为“楔形文字”或“箭头字”。今天发现的楔形文字中90%是商业和行政记录，其他的是一些赞美诗和神话传说。虽然楔形文字已经含有字母文字的因素，但还没有发展到拼音文字的地步。再加上它的语法规则复杂难懂，因此最终于公元前后被先进的字母文字代替。

(二)古巴比伦王国

公元前19世纪初期，阿摩利人以巴比伦为都城，建立了一个国家，史称古巴比伦王国(约公元前19世纪初—前16世纪初)。古巴比伦的第六代国王汉谟拉比将两河流域南北两部统一成了奴隶制的中央集权王国，建立起较巩固的中央集权国家。《汉谟拉比法典》的制定是古巴比伦王国奴隶制中央集权强大的标志之一，它把原来各城邦的法令统一起来。古巴比伦王国时的农业有进一步的发展，耕犁有所改进，附设有播种漏斗。青铜工具得到了普遍使用，手工业生产得到提高，包括冶金工、刻印工、皮革工、木匠、造船工和建筑工，分工已经相当细。随着农业和手工业的发展，古巴比伦国内外的商业贸易也有了发展。

(三)古巴比伦数学和天文学

数学是古巴比伦文化引人瞩目的成就之一。公元前1800年左右，古巴比伦神庙的书吏使用了乘法和除法表，以及计算根、立方根、倒数和指数的表格。他们把每天分为两个12小时，每小时分为60分钟，每分钟分为60秒。

古巴比伦时期，人们已经能够把五大行星(火、水、木、金、土)和恒星区别开来，并将肉眼能够看到的星辰划分为星座，以后又从星座中划分出黄道十二宫，如狮子座、双子座、巨蟹座等。这些名称直到现在仍为欧洲天文学界所使用。在亚述帝国和新巴比伦时期，人们还把一个月分为4周，每周7天，分别用日、月、火、水、木、金、土7个星球名称来命名。

(四)象形文字

公元前3000多年，古埃及人已使用了象形文字。象形文字是用象形符号把客观物体形象描摹下来的一种文字，属于表意符号。古代埃及象形文字约有700个，通常是刻在石头、木头或写在莎草纸上。

莎草是一种长在沼泽地带的植物，类似人们非常熟悉的芦苇。古埃及人把莎草的茎破成薄面，将多张薄面交叉放置，再敲打成纸张。若几张纸放在一起，就成了莎草纸卷。纸张晾干后，就可以在上面书写。象形文字没有发展成字母文字，但是它也在逐渐地简化，对后来腓尼基字母的形成有很大影响。腓尼基字母又为希腊字母的发明提供了基础，希腊字母则为欧洲各国字母文字之源。

(五)金字塔

金字塔基座呈正方形，四面是4个两两相接的全等的等腰三角形。因为它的造型近似汉字“金”，所以中文译为“金字塔”。在世界上，金字塔并不是埃及独有的，苏丹、埃塞俄比亚、西亚各国、希腊、塞浦路斯、意大利、南美各国和一些太平洋岛屿都曾经建造有金字塔，但埃及的金字塔最为有名。

埃及现存金字塔80多座，其中以古王国第四王朝第二位法老胡夫(约公元前2589—前2566年在位)建造的金字塔规模最大，高146.5米(现在已比初建的时候下沉9米)，底面每边长230米，由230万块每块平均重2.5吨的巨石砌成。塔内有阶梯、走廊、墓室，装饰着绘画和雕刻艺术品。据史料记载，胡夫金字塔在建造过程中经常有10万人在现场劳动，历时30年才大功告成。

(六)古埃及太阳历

古埃及太阳历是古埃及人在公元前3000年左右制定出的人类历史上第一部太阳历。每年的6月15日前后，尼罗河都会洪水泛滥。当洪水退去后，农田里留下了一层肥沃的淤泥。11月左右，人们开始播种。3月至4月的时候就是收获的时节，这个周期总是365天。于是，古埃及人把6月15日定为尼罗河泛滥日，并把这一天作为新的一年的开始。

根据尼罗河的涨落时间和农作物的生长规律，古埃及人将一年分为泛滥、播种和收割三个季节。每一个季节有4个月，一共12个月，每个月有30天。每年年末剩下的5天称为“闰日”。古埃及人创制的太阳历对尼罗河流域的农业生产有着深远影响，这也是古埃及跻身世界四大文明古国的重要标志。

(七)古代阿拉伯科学与技术成果

古代阿拉伯境内气候干旱，土地贫瘠，沙漠较多。沙漠之间的绿洲水源丰富，土地较肥沃，为农业和集镇的发展提供了基本条件。同时，阿拉伯人生产的玻璃、陶器在工艺上达到了较高的精良程度，生产的纸和革制品名扬欧洲。

伊本·西那(Avicenna，980－1037)被称为阿拉伯“医学之王”，《医典》是他的代表作，分五卷，涉及解剖学、生理学、药学等多方面内容，记载药物760种。《医典》被译成拉丁文，被欧洲很多大学作为教科书。阿拉伯人最早在眼科方面进行专门研究，最早使用晶状体、角膜之类名词。

古阿拉伯的化学与炼金术关系密切。炼金术的目的在于把贱金属变为黄金，同时炼成能医治一切疾病的“仙丹”。虽然这样的钻研最终失败了，但因此得到许多可靠的化学知识。炼金术、酒精、碱、蒸馏器等词均源于阿拉伯语。

延伸阅读

阿拉伯数字

我们今天用的数字称为阿拉伯数字，实际上它起源于印度，后经阿拉伯人传向西方。公元3世纪，印度学者巴格达发明了数字。之后，天文学家阿叶彼海特把数字记在一个个格子里，如果第一格里有一个符号，比如是一个代表一的圆点，那么第二格里同样的圆点就表示10，而第三格里的圆点就代表100。这样，不仅是数字符号本身，它们所在的位置次序也同样拥有了重要意义。以后，印度学者又发明了0的符号。这些符号和表示方法是今天阿拉伯数字的祖先。

五、欧洲文化

(一)古希腊文化

古希腊文化的许多形式和内容至今在欧美乃至全世界仍清晰可见，而隐形的影响则更为深刻和广泛。古希腊文化所取得的辉煌成就是古希腊社会经济发展和政治民主、对外开放的产物，同时古希腊人还吸收了西亚、北非等地文明古国的优秀文化遗产。

古希腊文化的成就首先表现于文学方面，而神话是古希腊文学的土壤，其突出特点是“神人同形共性”。神话只是“人话”的艺术加工和再现，神的社会也只是古希腊社会的一种反映。这对古希腊人的日常生活、思维方式、行为方式以及文艺创作都产生了巨大影响。

古希腊文学的另一成就是荷马史诗。荷马史诗包括《伊利亚特》和《奥德赛》两部分，内容均与特洛伊战争有关。古希腊文学的最高成就是戏剧，特别是其中的悲剧。至公元前5世纪，雅典涌现出三位享有世界性声誉的悲剧作家，即埃斯库罗斯、索福克勒斯和欧里庇得斯。

古希腊人在史学上的伟大创造，为后来的欧洲史学奠定了基础。最著名的史学家有希罗多德、修昔底德和色诺芬(公元前430—前354)，他们的代表作分别是《历史》《伯罗奔尼撒战争史》和《希腊史》。

古希腊人对哲学的发展也作出了巨大贡献，其中影响最大的是苏格拉底、柏拉图、亚里士多德。苏格拉底以研究社会伦理道德为主，认为哲学的目的在于教导人们过道德的生活。柏拉图是苏格拉底的学生，他的核心思想为“理念论”，代表作为《理想国》。亚里士多德是柏拉图的学生，曾担任马其顿国王亚历山大的老师。他承认物质的客观存在性，主张推动物质发展，认为决定物质形式的世界最终动力是神。亚里士多德是古希腊最伟大的学者，被后世推崇为“古典学术界的巨人”。

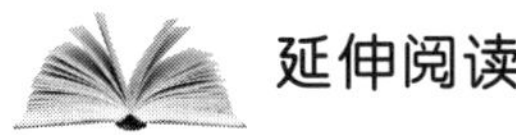

延伸阅读

古希腊的“哥白尼”——阿里斯塔克

事实上，哥白尼并不是最早提出日心说的人，最早提出“日心地动说”的是公元前4世纪的古希腊著名天文学家阿里斯塔克。此外，阿里斯塔克通过测量和计算，得到了太阳、地球以及月球三者之间的相对距离。他又通过在地球上面观测到的日轮与月轮的大小，推算出太阳与月球的实际大小。但是，阿里斯塔克的推算结果并不正确。不过，他的太阳比地球大出很多的观点是完全正确的。

(二)古罗马文化

古罗马文化是古典文化的重要组成部分，形成于公元前3世纪末。在文学方面，主要成就是抒情诗。在屋大维统治时期，著名诗人有维吉尔(代表作《埃尼亚特》)、贺拉斯(代表作《颂歌》)、奥维德(代表作《变形记》)。史学方面，有波里比阿的40卷本的《通史》、李维的《罗马史》、塔西佗的《编年史》、普鲁塔克的《希腊罗马名人传》等。哲学方面，有唯物论哲学家卢克莱修及其《论物性》，唯心论哲学家辛尼加、西塞罗、塞涅卡等。科学方面，有瓦罗的百科全书式著作《学科要义》、老普林尼的《自然史》等。建筑方面，罗马人修复古庙，修建新的庙厅和公共建筑。在神庙中，最出色的是供奉朱庇特等神的万神殿，修建时间前后长达150多年。除神庙外，罗马城内还有宫殿、广场、圆形剧场、公共浴池、拱门等，材质几乎都是大理石，因而罗马城又有“大理石的罗马”之称。

(三)拜占庭文化

拜占庭帝国处于欧亚非三洲的交界地带，是联结东西方的桥梁。它继承和发扬了古代希腊、罗马和希腊化时代的文化传统以及基督教文化和东方文化的多元因子，并相互交叉融合，最终形成了贯通古今、融汇东西的文化体系。

拜占庭建筑艺术的精巧细腻与古典建筑的质朴宏大形成鲜明对比，构成独具特色的拜占庭风格。拜占庭建筑师改变了古代的建筑模式，利用圆屋顶覆盖建筑物的中部，在结构和形式上尽善尽美、金碧辉煌。君士坦丁堡的圣索菲亚教堂堪称中古世界的一大奇观，也是其他民族刻意模仿的榜样。

生活于4世纪下半叶的拜占庭天文学家塞奥(？—380年)是地中海地区最负盛名的学者，他准确计算出364年内两度发生的日食和月食，整理注释了欧几里得的《几何原本》等著作，使其成为后来被伊斯兰教学者转译为阿拉伯文的几何学文本的主要依据。拜占庭天文学家正确说明了日环食现象，并基本正确地解释了电闪雷鸣与暴风雨的关系。

六、南亚、东亚与美洲的文化

(一)古代印度文化

文字：早在公元前三千年代中叶，在印度河流域的居民创造的哈拉巴文化中就已有了印章文字，但这种文字至今尚无令人满意的释读。大约公元前一千年代初期，南亚次大陆才有了自己的字母文字——婆罗米文、佉卢文和梵文。在南亚次大陆，流传最广的文字是梵文。梵语是印欧语系最古老的语言之一，同时对汉藏语系有很大的影响，现今仍是印度 22 种官方语言之一，但已不在日常生活中使用。

文学：印度最古老的文学典籍是“吠陀”经典。古代印度文学中最著名的作品是《摩诃婆罗多》和《罗摩衍那》两部史诗，这两部史诗的篇幅极长，是世界文学中绝无仅有的长诗。从内容上看，其中有大量的神话和传说以及歌颂英雄的诗篇，有哲学、宗教和法学的论说，也有抒情诗、戏剧成分，还有规戒性的箴言和各种科学知识。

天文和数学：早在吠陀时代，南亚次大陆的居民就认识了许多星宿，并把黄道附近的恒星划为二十八个星座，观测太阳以及各行星在天空的位置。当时把一年分为十二个月，每月三十天；五年一闰，加上第十三个月。他们发明了表达数字的 1、2、3、4、5、6、7、8、9、0 十个符号和定位计数的进位法，这是数学史上的伟大贡献。古代印度数字后被阿拉伯人传到欧洲，成为现今已为全世界所通用的阿拉伯数字。

(二)古代日本文化

日本考古已经发现旧石器、新石器时代的遗址。公元 1 世纪以后，日本进入了奴隶制时代。公元 3 世纪，大和国兴起，于 5 世纪统一日本(不包括北海道)。当时的上层统治阶级被称为“氏上”，他们拥有大批田庄，并拥有几十名到几千名奴隶。其下为“氏人”，这是在农村公社里的自由农民，他们是当时社会物质财富的主要生产者。“氏人”之下还有“部民”，往往是以集体的形式受国家的剥削。

从隋朝开始，日本即派遣留学生到中国学习。这些留学生归国后，不仅带回了先进的技艺，还带回了先进的思想文化及政治经济制度。到了唐朝，遣唐使的人数和次数与日俱增，中国先进的封建制度的影响也日益深入日本。

(三)美洲玛雅文明

玛雅文明是世界上重要的古文明之一，更是美洲主要的古典文明。公元前 2000 年左右，玛雅人进入了定点群居时期，并从采集、渔猎时期进入了农耕时期，玛雅文明从此开始。前古典文明时期(公元前 1500—公元 317 年)出现在危地马拉的太平洋沿岸和高原地带，其主要特点是在城市广场建立了许多大型石碑，石碑上雕刻有历朝历代的统治者形象。古典文明时期(317—889 年)的发展中心在危地马拉一带的蒂卡尔、帕伦克、博南帕克和科潘等地，这时的文化特征主要反映在建筑、雕刻和绘画上，其中

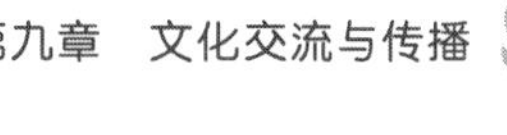

博南帕克壁画是世界闻名的艺术宝库。此后，玛雅文明北移到了墨西哥的尤卡坦半岛，在那里进入了后古典文明时期(公元 889—1697 年)，有奇钦伊察、乌斯马尔和玛雅潘三大中心。

延伸阅读

印加文明

印加文明是在南美洲西部中安第斯山区发展起来的又一著名的印第安古代文明，因印加人统一中安第斯山区、建立印加帝国而得名。“印加”一词本来的含义是“首领”或“大王”，是塔万廷苏约(印加帝国国名)的最高统治者。西班牙人到来后，简单地以“印加”一词指称这个国家及其居民，至今已是约定俗成了。在医药学方面，印加人的外科手术特别是穿颅术在当时居于世界先进行列，印加人在文化上的成就突出地表现在雄伟的巨石建筑方面，印加人还创造了被称为“基普”的结绳记事法。另外，在冶炼浇铸、纺织制陶、天文历法、文学音乐等多个领域，印加人都取得了杰出的成就。

七、人口迁徙、文化交融与认同

(一)人口迁徙

一般意义上而言，人口迁徙即人口迁移，是指特定人群的集体迁移，往往指从原居住地迁居到另一地点已达一定时间从而改变了永久居住地的现象。按涉及范围可分为国际人口迁移和国内人口迁移；按迁移时间可分为永久性迁移、季节性迁移等；按社会组织形式可分为个人迁移、集体迁移等。

国际人口迁徙是指人口跨越国界并改变居住地达到一定时间(通常为一年)的迁徙活动。在人类诞生以后相当长的时期内，为了生存需要经常移动。但这种人口迁徙活动的规模很小，基本在各相对独立的地理区域内进行，如欧洲古希腊、古罗马的奴隶迁徙，我国黄河流域的人口向长江流域、珠江流域迁徙等。随着新大陆的发现和开发、资本主义的兴起、工业革命及交通工具和技术的进步，人口迁徙规模迅速扩大。大规模、长距离跨越海洋是这一时期人口迁徙的主要形式。

延伸阅读

匈奴西迁的世界影响

匈奴是公元前 3 世纪兴起于中国北方的一个古老民族，繁衍在河套地带，游牧于大漠南北，经历了几百年的发展壮大。汉武帝时期，西汉王朝开始主动攻击匈奴。在军事天才卫青和霍去病的持续打击下，匈奴元气大伤，逐渐衰弱下去，并最终分裂为南、北匈奴。在西汉军队的持续压力下，北匈奴开始了史无前例的民族大迁徙，历时几个世纪。公元 4 世纪中叶，北匈奴相继灭掉了强大的突厥国阿兰国和东西哥特，西方为之震动。在疆土不断扩大的情况下，以匈牙利平原为统治中心的匈奴再次兴盛起来，建立了一个东到里海、北到北海、西到莱茵河、南到阿尔卑斯山的帝国，盛极一时。

(二)殖民扩张下的人口迁徙

1492年哥伦布发现新大陆后，欧洲列强通过殖民侵略的方式推动世界的近代化，其持续300多年的罪恶黑奴贸易也造成大量人口的迁徙。欧洲殖民者在征服美洲的过程中大批屠杀印第安人，致使美洲人口锐减。利欲熏心的贵族商人看到美洲劳动力不足，便将非洲黑人武装贩运到美洲以牟取暴利。15世纪40年代，葡萄牙殖民者开创了兜捕和贩卖黑人的先例。1513年，西班牙国王正式颁发执照，允许贩卖黑人。从此，贩卖黑人就成了由政府支持的“合法”行业。

贩卖黑人数量最多的是英国、西班牙、荷兰、葡萄牙这四个国家。在奴隶贸易的高潮时期，仅英国每年就从非洲将5万多名黑人贩运往欧美各地。到19世纪初，西非奴隶来源枯竭，东非沿岸、莫桑比克和马达加斯加等地又成为新奴隶贸易区。据欧洲历史学家们估计，从15世纪到19世纪，奴隶贸易导致非洲人口减少了一亿，其中五分之四在抓捕过程中死亡。约有1200万到4000万非洲黑人被欧洲列强贩卖到世界各地，在运输的途中又有一半死亡。

(三)华工下南洋

南洋地区一般指今日的东南亚地区，它是目前海外华人华侨最集中的聚居地。早在秦汉时期，伴随着广东经中南半岛、南洋群岛到达印度沿岸的航线的开通，早期的广东人已经开始逐步移民航道沿线。经过长时间的发展，到明代郑和下西洋时期，已经形成很多大的移民村落。鸦片战争后，国门洞开。西方殖民者在东南亚经营的矿区和种植园需要大量廉价劳动力，往南洋地区贩卖华工的“猪仔贸易”开始兴起。英国、美国、法国等国商船相继在广东沿海利用引诱或劫持等手段，大肆进行贩卖华工的罪恶活动。第二次鸦片战争中，英法联军攻破广州后，此风更盛，前后被贩卖的华工多达上万人。

大量的华人涌入东南亚后，对当地的生产生活以及经济建设都产生了巨大的影响。一方面，许多华人在侨居国从事商业活动，负责管理海外贸易，收购当地土特产，销售当地货物，推动了当地经济发展；另一方面，华工下南洋还传播了中华文化，有助于扩大中华文化的世界影响。

(四)文化交融与认同

通常认为，文化交融是指不同文化在特定的历史时空中经历了相互接触、碰撞之后，彼此之间吸收了各自文化体系中的合理因素，在一个相当长的历史时期中逐渐呈现出一种融合的趋势。文化交融可以体现在某一种文化体系如中华文化、欧洲文化、非洲文化等，在纵向演变过程中受其他文化的影响，吸收了其他文化的因素，而使得自身文化内涵丰富、外延广博；也可以体现在两种或多种文化体系在横向交流过程中，彼此相互影响，尤其在特定领域中形成共同的认知模式和实践方式。

对于纵向的文化交融而言，中华文化体系的形成就是一个不断吸收外来因素，其文化内涵不断丰富的过程。两汉之际佛教文化的传入，隋唐之际伊斯兰教、基督教的盛行，明清之际西方哲学、科技等的传入，这些对于中华文化的体系建构，甚至文化内核的形成、民族心理的塑造等都产生了深远影响。对于横向的文化交融而言，中华文化中的多种技术，比如印刷术辗转传至欧洲，直接影响到了欧洲印刷术的发明，并进而促进了书籍数量的增加、知识的普及和教育的发展。站在世界历史发展总体趋势的角度，这种以技术传播为代表的文化交融，有助于人类社会的发展。而中国传统科举制度在明清之际传到西方，在很大程度上改变了西方长时期人才选拔过程中存在的任人唯亲的现象，直接促进了西方近代文官考试制度的形成等等。可以说，没有文化交融，当今世界或者人类社会能否发展成为今天的状态，是很难想象的。

文化认同一般是指个体对于其所属的文化产生的归属感。经济全球化浪潮引发了民族文化的全球性传播，加速了民族文化的交流、碰撞和融合，使民族文化的认同问题日益突出。通常认为，文化认同包括社会价值规范认同、宗教信仰认同、风俗习惯认同、语言艺术认同等。文化本身就是人的社会化过程所导致的结果。亨廷顿指出，不同的人们常以对他们来说最有意义的事物来回答“我们是谁”，即用“祖先、宗教、语言、历史、价值、习俗和体制来界定自己”，并以某种象征物作为标志来表示自己的文化认同，如旗帜、十字架、新月甚至头盖，等等。

文化认同是人们在一个民族共同体中长期共同生活所形成的对本民族最有意义的事物的肯定性体认，其核心是对一个民族的基本价值的认同；文化认同是凝聚一个民族共同体的精神纽带，是这个民族共同体生命延续的精神基础。因而，文化认同是民族认同、国家认同的重要基础，而且是最深层的基础。在当今经济全球化的时代，文化认同、价值认同不仅没有失去意义，而且成为综合国力竞争中最重要的“软实力”。

八、商路、贸易与文化交流

(一)丝绸之路

陆上丝绸之路，简称丝路，是指西汉张骞出使西域开辟的以长安(今西安)为起点，经甘肃、新疆到中亚、西亚，并连接地中海各国的陆上通道，它开辟了中外交流的新纪元。丝绸之路一词最早来自德国地理学家费迪南·冯·李希霍芬 1877 年出版的《中国》，因西运的货物以丝绸制品影响最大，故得名。

在陆上丝绸之路之前，已有了海上丝绸之路。海上丝绸之路是古代中国与外国交通贸易和文化交往的海上通道，该路主要以南海为中心，起点主要是广州，所以又称“南海丝绸之路”。海上丝绸之路形成于秦汉时期，发展于魏晋时期，繁荣于唐宋时期，转变于明清时期，是已知的最为古老的海上航线。海上通道在隋唐时运送的主要大宗货物是丝绸，所以称为“海上丝绸之路”。宋元时期，瓷器渐渐成为主要出口货物，因此也叫作“海上陶瓷之路”。同时，输入的商品历来主要是香料，因此也叫作“海上香料之路”。

(二)地理大发现

地理大发现，又名新航路开辟，是指15世纪至17世纪末欧洲冒险家在商业、经济利益刺激和人文主义思想的推动下所从事的系列航海探险活动，它对全世界产生了深远的影响。从世界文明的发展趋势而言，世界从此由分散走向整体。

地理大发现对于文化交流的意义，一是出现了大规模的种族流动和重新分布，尤其是美洲，除了原有的黄种印第安人，还出现了白人、黑人，以及不同种族通婚后形成的混血种人；二是出现了新的洲际物种大交流，西欧人给美洲带来了马、牛、羊、猪等牲畜和一些禽类，以及各种麦类、甘蔗、咖啡等，美洲则向世界贡献了玉米、马铃薯、西红柿、番瓜、菠萝、可可等；三是世界贸易的范围扩大了，出现了洲际贸易，世界市场形成了，商品种类和流通量比以前大大增加了；四是文化交流的范围显然也扩大了，各大洲都受到外来文化的影响，尤其是美洲，出现了混合型文化。从世界文明的格局而言，世界文明发展的不平衡性发生了巨大的变化。所以，有许多学者主张把1500年前后视为世界近代化文明的开端。

(三)全球化浪潮

全球化是一个概念，也是一种人类社会发展的现象过程。通常意义上的全球化是指全球联系不断增强，人类在全球规模的基础上发展及全球意识的崛起，国与国之间在政治、经济贸易上互相依存。全球化亦可以解释为世界的被压缩和视全球为一个整体。人类历史上总共经历了四次不同但又相互联系的全球化过程。①

第一次全球化以古丝绸之路为标志。古丝绸之路是以陆上为主，以海上与河流为辅，以丝绸贸易为媒介的跨区域性商业贸易路线。它连接亚洲、非洲、欧洲，将互相封闭而隔绝的东西方深具时空意义地联系在一起。因此，古丝绸之路可以看作全球化的雏形。

第二次全球化可概括为英式全球化及其扩散的过程。英式全球化以工业革命为动力，以基督教和传教士为先锋，以海上贸易、海外殖民地和奴隶制为形式，以英语为沟通工具，成就了大英帝国，在地理空间意义上把全人类基本上联系在一起。但“日不落帝国”的辉煌天生带有浓厚的殖民色彩。

第三次全球化可以概括为美式全球化。美式全球化更为强调民族国家的意义，是以民族国家为工具，以维护美元和美军在全球的硬实力霸权为实。这个超级全球性帝国把人类在地理空间和虚拟空间意义上更加紧密地联系在一起。

第四次全球化是中国引领的中式全球化。中式全球化意味着中国在全球各地的相关性、参与广度、全球影响力和全球引领力等方面的提升，这将创造经济发展、全球

---

① 王辉耀、苗绿主编：《全球化VS逆全球化：政府与企业的挑战与机遇》，108页，北京，东方出版社，2017。

及国内治理、科技发展的新模式。它以更具兼容性的文化基因为内核，在兼容性、公平性、道德性上更具合法性。

九、战争与文化碰撞

（一）亚历山大东征

亚历山大东征从公元前334年开始，一直到公元前324年才结束，这是马其顿国王亚历山大进攻东方波斯等国的战争。公元前333年10月，东征军与波斯国王大流士三世的军队在西利西亚东部展开激战，东征军取得胜利。公元前332年，东征军攻进埃及。公元前331年，东征军与逃往高加米拉平原的大流士三世再次展开激战，东征军大胜，波斯帝国不久灭亡。之后，东征军先后进攻中亚、印度。公元前324年春，亚历山大到达巴比伦，东征结束。亚历山大东征是一次掠夺性远征，对亚洲文明造成了毁坏，但是客观上也促进了东西方之间的联系，双方贸易往来更加频繁，许多希腊人移民到了西亚，其生活方式、风俗、语言和文字由此传入东方，同时西方也从东方汲取了不少文化养分。由此，希腊和东方的文化获得了直接交流和融合的机会。

（二）希腊化时代

希腊化时代通常是指从亚历山大东征到希腊化王国托勒密埃及并入罗马帝国为止，这一时期的文化对后来的罗马文化乃至近代欧洲文化都有极其深远的影响。

希腊化时代的科学是对古希腊科学技术的继承和发扬，达到了西方古代世界科学技术的巅峰，是17世纪之前西方科学史的辉煌时代。天文学方面，托勒密（85—165年）测算的月球与地球的平均距离极为接近现代测量的数值，他认为太阳和行星与月球一样绕着地球运转。阿基米德（公元前287—前212年）研究出立体几何和正侧曲线理论。从阿基米德开始，算术和代数开始成为独立的数学学科。与此同时，他也是一位物理学家，发现了杠杆原理和浮力定律。地理学方面，埃拉托色尼（公元前275—前195年）著有《地理学》一书，从科学的角度阐述了自然地理现象，建立了科学地理学的完整体系。他将地球分成多个气候带，标出五个地带：两个寒带、两个温带和一个热带。同时，他准确地推测出地球是圆的。

（三）蒙古西征

蒙古建国后，从1219年到1260年的40余年时间里，先后进行了三次大规模的西征，建立起庞大的蒙古帝国。第一次西征（1219—1225年），成吉思汗率军攻占了花剌子模的都城撒马尔罕后继续西进，深入俄罗斯，大败钦察突厥和俄罗斯的联军。第二次西征（1235—1244年），窝阔台派遣其兄术赤之次子拔都攻陷莫斯科，并挺进欧洲腹地，兵分两路进攻波兰和匈牙利。第三次西征（1253—1260年），蒙哥汗令其弟旭烈兀率兵攻陷了阿拉伯的圣地麦加和大马士革。

蒙古西征给西亚和东欧人民造成了深重的灾难，蒙古骑兵铁蹄征服的地区近3000万平方千米，堪称游牧民族最辉煌的时期。蒙古西征在客观上也沟通了东西方的经济和文化联系，中国的火药、造纸术、印刷术、指南针等先进技术传到西亚及欧洲等地，同时西方的天文、医学、历算等也传入中国。

(四)第二次世界大战的影响

第二次世界大战深刻地改变了人类历史，其影响广泛地涉及政治、经济、军事、外交、文化和科技等各个层面。第二次世界大战给人类社会和世界文明带来了巨大灾难，全世界军民死亡6000多万人，消耗军费13000亿美元，物资损失42700亿美元。但反法西斯同盟的胜利挽救了人类文明，恢复了世界和平。战争彻底地打破了以欧洲为中心的国际关系格局，引起了世界范围内政治力量的重大变化。经过第二次世界大战，德、意战败，英、法势力被削弱，欧洲尤其是西欧在国际事务中居于支配地位的时代已成为过去。美苏对峙的两极格局代替了旧的国际政治格局，战争成了国家垄断资本主义加速发展的催化剂。国家垄断资本主义获得巨大发展，对第二次世界大战后各资本主义国家的经济发展有着重大影响；第二次世界大战推动了科学技术的发展，以军事科技的发展为中介，人类的智慧与自然界的能量结合在一起，被极大地释放出来；第二次世界大战为欧亚一系列国家走上社会主义道路创造了条件，促进了亚非拉民族解放运动的空前高涨，亚非拉一系列国家相继独立，加快了世界历史发展的进程。

十、文化传承和文化遗产

(一)中国古代书院教育

书院是我国古代独特的文化教育机构，起于唐，盛于宋，止于清末学制改革，历时千余年。北宋是我国书院教育的第一个高潮，宋初出现了一些规模较大的书院，如著名的宋代四大书院①。南宋形成了我国书院教育发展的第二个高潮。那时官学腐败，兴盛起来的理学又需要宣讲的场所，著名理学家朱熹相继恢复白鹿洞书院和岳麓书院的教育活动，并亲自讲学，教授生徒。各地纷纷效法，蔚然成风，书院有了迅速发展。朱熹对后世书院的发展有深刻的影响。元朝的书院受官方控制甚严，已经缺乏论辩争鸣的气氛，是书院官学化的开端。明代中叶以后，一些儒学名士借书院宣讲学术思想和政治主张，出现了书院教育发展的第三个高潮。明朝的众多书院中，无锡东林书院名气最大，是当时重要的文化学术中心。到了清代，书院虽仍存在，但逐渐成为官办学校。20世纪初废科举，书院便改为学堂。书院对古代教育、学术的发展和人才的培养，都产生了重要影响。

---

① 一说湖南岳麓书院、江西庐山白鹿洞书院、河南应天书院和嵩阳书院，另一说用湖南石鼓书院取代河南嵩阳书院。

（二）文化遗产

文化遗产泛指一个民族、国家或特定群体在历史发展过程中创造的一切物质财富和精神财富，包括物质文化遗产和非物质文化遗产两大类。物质文化遗产即物质形态的文化遗产，在我国法律中称为“文物”，通常表现为古文化遗址、古建筑、纪念建筑、艺术品、手工艺品、图书、手稿、生活用品等形式。非物质文化遗产即非物质形态的文化遗产，表现为艺术、工艺、民俗、知识等思想和精神层面的文化遗产。物质文化遗产和非物质文化遗产的区分不是绝对的，而是相互依存的。比如故宫的建筑属于文物，但这些建筑是我国宫殿建筑、木结构建筑的典范，体现了古代皇权思想、建筑艺术和理念。因此，在固化的文物背后必然包含着非物质文化遗产。

十一、信息技术及其社会价值

信息技术的发展对当今社会的变革具有决定性的作用。广义的信息技术是管理和处理信息所采用的各种技术的总称，它包含一切感测、通信、计算机和智能以及控制技术等。从狭义的角度分析，信息技术也可以称为“信息和通信技术”，它主要是应用计算机科学和通信技术来设计、开发、安装和实施信息系统及应用的软件，包括传感技术、计算机技术和通信技术。

当今，信息技术使整个人类社会真正变成一个息息相关的“地球村”，很难找到社会中没有被信息技术改造和影响的地方，从信息技术的维度认识和把握社会已成为今天绕不过去的视角；信息技术发展导致了社会结构的变迁，被视为整个世界最有决定意义的历史因素之一，对社会发展产生了深刻的影响。

复习注意问题

1. 注重从多种渠道、多个方面了解不同文化在交流中相互吸纳的过程，学会站在历史的角度思考和评价优秀的人类文明成果在传播中产生的影响。

2. 结合已学知识，在新情境下运用多种类型的材料，对历史上的文化交流与传承进行探究，形成对人类文化发展的正确认识。

3. 在认识世界文化交流与发展的过程中，认识中华优秀传统文化独有的价值，如多样性、包容性、凝聚性、连续性等，自觉树立文化自信。

本章小结

通过本章的学习，我们了解了人类文化的区域性、多样性和交互性。“和而不同”是我们学习文化史的基本态度。文化的差异性就意味着独特性，意味着区域文化或者民族文化在人类文化史上的价值。正因如此，我们才要尊重文化、尊重文化的差异。我们既要在纵向上考量文化演变在不同阶段的特征，把握文化由古至今演变的脉络；

也要在横向上比较区域文化的独特之处，尊重不同文化的独特价值，接纳文化的多样性。深入理解文化在传承与传播中对人类社会存续的意义。

关键术语

文化传承　文化交流　文化自信

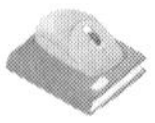

思考题

人类对自身的认知离不开对人类文明史的理解，人类社会的可持续发展实际上是在人类文化的传承与交流过程中实现的，我们如何在理解历史和文化的基础上把握当下、展望未来?

拓展阅读

1.[英]罗素:《西方哲学史》(上下卷)，北京，商务印书馆，2015。

2.[英]W.C. 丹皮尔:《科学史及其与哲学和宗教的关系》，北京，商务印书馆，2009。

3.[法]雅克·德比奇等:《西方艺术史》，海口，海南出版社，2000。

4. 钱穆:《国史大纲》(上下册)，北京，商务印书馆，2010。

5. 梁漱溟:《东西文化及其哲学》，北京，商务印书馆，2010。

6. 郑振铎:《中国俗文学史》，北京，商务印书馆，2005。

实训练习

【单项选择题】

1. 下列关于农耕世界与游牧世界文明特征的叙述中，不正确的是(　　)。

A. 南方农耕世界在社会政治、经济和文化的发展上一般比北方游牧世界先进

B. 农耕世界广泛使用铜制工具，商业繁荣，城市众多，国家和社会组织比较完备

C. 北方的游牧部族主要从事畜牧业

D. 北方的游牧部族所需的农产品和手工业品多数靠从农耕世界取得

2. 中世纪西欧学校开设七类课程，简称“七艺”，它们是(　　)。

A. 文法、绘画、雕塑、算术、几何、天文、音乐

B. 文法、修辞、逻辑、算术、几何、天文、音乐

C. 文法、修辞、逻辑、算术、绘画、雕塑、音乐

D. 文法、绘画、修辞、算术、几何、天文、音乐

3. 12世纪，西欧进入一个文化繁荣时期，史称“12世纪的文化复兴”，其表现不包括(　　)。

A. 科学从哲学中独立出来　　B. 对亚里士多德著作的重新发现

C. 罗马法复兴　　D. 大学的兴起

【简答题】

4. 简述希腊化时代的自然科学成就。

5. 简述新航路开辟的影响。

【材料分析题】

6.

材料一：

年青的女士，有些非难我的人，说我不该一味只想讨女人家的欢喜，又那样喜欢女人。我公开承认：你们是我满心欢喜，而我也极力想讨好你们的欢心。我很想问问这班人，难道这也是值得大惊小怪的事吗？亲爱的女士，我说我们曾经多少次消受甜蜜的接吻、热情的拥抱以及同床共枕；就光是我能经常瞻仰你们的丰采、娇容、优美的仪态，尤其是亲近你们那种女性的温柔文静，这份快乐不就足够叫人明白我为什么这样想、这样做吗……因为凡是有理性的人都会说：我爱你们，就跟别的男人爱你们一样，是出于天性。谁要是想阻挡人类的天性，那可得好好儿拿点本领出来呢。如果你非要跟它作对不可，那只怕不但枉费心机，到头来还要弄得头破血流。

——薄伽丘：《十日谈》

材料二：

人类是一件多么了不得的杰作！多么高贵的理性！多么伟大的力量！多么优美的仪表！多么文雅的举动！在行为上多么像一个天使！在智慧上多么像一个天神！宇宙的精华！万物的灵长！

——《莎士比亚全集》(九)

根据以上材料，结合所学知识，回答以下问题：

(1)材料一表达了欧洲中古时期后期什么样的生活观念？这种观念在当时有什么意义？

(2)材料一中“人类的天性”与材料二中“高贵的理性”分别指什么？

【参考答案】

1. B　2. B　3. C

4. 希腊化时代的科学是对古希腊科学技术的继承和发扬，达到了西方古代世界科学技术的巅峰。天文学方面，托勒密测算的月球与地球的平均距离极为接近现代测量的数值，他认为太阳和行星与月球一样绕着地球运转。阿基米德研究出立体几何和正侧曲线理论，使算术和代数开始成为独立的数学学科，还发现了杠杆原理和浮力定律。地理学方面，埃拉托色尼著有《地理学》一书，从科学的角度阐述了自然地理现象，建立了科学地理学的完整体系，并准确地推测出地球是圆的。

5. (1)它首先引起了商业革命，表现为世界市场的扩大，流通商品种类的增多，商路、贸易中心的转移。

(2)另一个经济结果便是“价格革命”。美洲的白银大量涌进欧洲，引起通货膨胀及物价上涨，加剧了阶级分化的过程，有力地推动了西欧封建制度的解体和资本主义生产关系的发展。

(3)新航路开辟和随之而来的殖民掠夺对世界各国的历史产生深远的影响，亚洲、非洲和美洲许多国家从此逐渐沦为殖民地或半殖民地。

(4) 出现了全球范围的种族和物种流动，文化交流的范围明显扩大，各大洲都受到外来文化的影响。从世界文明的发展趋势而言，世界从此由分散走向整体。

6.(1)表达了中古时期后期西欧市民阶级追求世俗享乐的生活观念，它对于打破基督教禁欲主义、追求人性解放具有积极意义。

(2)“人类的天性”指人的自然本性，“高贵的理性”则指人所独有的区别于动物的高级智慧。

模块四　高中历史课程理论与史学理论

第十章 高中历史课程性质与课程理念

【本章要点】

普通高中历史课程是在义务教育历史课程的基础上，进一步运用历史唯物主义观点，以社会形态从低级到高级发展为主线，展现历史演进的基本过程以及人类在历史上创造的文明成果，揭示人类历史发展的基本规律和大趋势，促进学生全面发展的一门基础课程。高中历史课程的基本理念包含以立德树人为历史课程的根本任务，坚持正确的思想导向和价值判断，以培养和提高学生的历史学科核心素养为目标。

【学习目标】

1. 了解历史学的基本功能和特点。
2. 了解高中历史课程的性质、地位。
3. 掌握高中历史课程的基本理念。

【课程导言】

课程性质和课程理念是历史课程的灵魂，是历史教学首先须清楚认识的两个重要问题。高中历史课程既要促进中学生的全面发展，也要全面贯彻党和国家的教育方针，服务国家和社会的需求。

一、历史学的特点与功能

历史学是在一定历史观指导下叙述和阐释人类历史进程及其规律的学科。探寻历史真相，总结历史经验，认识历史规律，顺应历史发展趋势，是历史学的重要社会功能。历史学是人类文化的重要组成部分，在传承人类文明的共同遗产、提高公民文化素质等方面起着不可替代的重要作用。

历史学的研究对象是人类社会经历过的客观存在的过程，但这种客观存在的历史与历史学(包括历史记述、历史研究成果等)是性质不同的概念。历史是已经发生的事物，是客观存在的，并不因人的主观意志而改变。虽然历史学是对这种客观存在的历史进行研究，但在历史研究的过程中，历史的记录者、研究者等对客观存在的历史是有选择的，即有主观的思想意识和个人的看法渗透在研究过程中。因此，历史学是客观存在的历史在人的意识上的反映，是基于客观存在的主观认识，这种认识必然是在一定的历史观指导下对历史的叙述和阐释。我们说的历史学，是在马克思主义唯物史观指导下对人类历史进程进行阐释的一门人文社会科学。

(一)历史学的特点

1. 时间性和空间性

历史学区别于其他学科的最主要的一个特点就是其突出的时空意识，可以说它是一门有关历史时空性的科学。历史上出现的事件、人物和现象都是在特定的、具体的时间和空间范围内发生、发展的，都具有确切的时空规定性，没有完全相同的事件、人物和现象。历史学研究的基础建立于时间意识之上，沿着时间的长河追溯人类的过去，缅怀先人的丰功伟绩，感怀人类的精神风貌；地理空间则为历史的演进提供了特定的舞台。时间和空间的二维规定性让历史鲜活起来，也让历史研究成为可能。

2. 过去性和一度性

历史事物发生、发展本身是一个客观的过程，具有一度性、唯一性，是不可能再现、重演的。历史学科的过去性、一度性特点与其他学科有着明显的不同，这也给人们的研究带来一定困难。要研究历史、揭示历史真相，只能借助于文字记载、历史遗迹、遗物、文物资料等相关史料。因此，研究历史需要尽可能多地搜集和占有史料，对史料的解读、运用需要尽可能客观、公正，以接近客观历史，求得历史的真相。

3. 综合性和复杂性

历史学科的内容博大精深、包罗万象，其丰富性在诸多学科中最为显著。从内容上看，历史学科涉及古今中外人类社会的各个领域，史料浩如烟海，形式多种多样，内容异彩纷呈，诸如政治、经济、军事、艺术、科学技术等，几乎无所不包。而且这些内容纵横交错，相互关联。

4. 史与论的统一性

史与论的高度统一是历史学区别于其他学科的重要特点。历史学的基本方法是论从史出、史论结合。史即史实、材料，论即结论、观点，包括评价历史时所采取的态度、得出的最后论断。史和论必须高度统一。有史无论，历史学就成了一堆没有“灵魂”的材料；有论无史，历史学就成了一副没有“血肉”的躯壳。只有史论统一，历史学才能显现出鲜活的生命力。

5. 科学性与人文性的统一

历史学是一门人文社会科学，科学性与人文性的统一是历史学的显著特点。首先，历史学的研究对象是人类社会曾经出现的历史现象、历史事件和历史人物以及由它们所构成的历史运动的客观事实与过程。从科学研究的角度说，历史学的根本任务就在于还原人类社会历史发展的真相，揭示历史发展的一般规律和特点。其次，历史学又具有深厚的人文性，它不仅追求科学的“真”，更探求人之为人的终极目的与追求。历史学科的人文价值是为历史的学习者和研究者提供一种人文情怀，使人们拥有独立的人格意志、丰富的想象力和创造性、健全的判断能力和价值取向、高尚的趣味和情操、良好的修养和同情心，还有对个人、家庭和国家、天下的责任感及对人类命运的一种担当。历史学是人文社会科学的重要基础。

(二)历史学的功能

1. 学术功能

历史研究的学术功能体现于对人类历史发展的求真与求通。历史学是人类对以往发生过的事情的记载和研究，是人的主观因素对客观历史过程的看法。客观存在的人类历史是史家撰述历史的基础和认识历史的源泉，同时它也依靠史家的撰述而呈现在人们面前。由于各种局限，人们撰写历史是一个不断接近历史真实的过程。因为使用材料的不同与人们立场、观点、方法的差异，对同一历史事件、人物、现象的叙述、认识、评价就会不同。因此，随着时代发展、社会进步、新史料的出现、人们认识的变化，人们不断探究历史的真相，不断完善历史的贯通，即司马迁所说的“究天人之际，通古今之变”，以求得真实和通达的历史。

2. 社会功能

主要体现在三个方面。

一是认识功能。历史是已经过去的现实，现实是历史的延续。无论是了解历史事实还是叙述历史过程、进行历史评价，都是一种认识过程。历史学的根本任务，是通过认识历史，透过纷繁复杂的历史现象探寻、揭示历史发展的规律；通过总结历史规律，更好地认识当今的社会。通过对历史发展进程及规律的探讨、考察和认识人类曾经的历史活动，清醒地了解过去、认识现实和展望未来，这就是历史学的认识功能。这种认识功能是增强人们认识世界和改造世界的能力的重要环节。人们认识历史的能力越强，就越能正确认识客观事物发展的规律，清晰地认识现实。要想准确把握时代发展潮流，自觉创造和革新人类活动，必须充分发挥历史的认识功能，提高历史认识的水平。

二是教育功能。历史学的社会功能，在很大程度上主要是指对社会成员有着重要的教育意义。作为社会成员，应具有社会发展需要的基本素养，即科学素养和人文素养。人文素养的重要组成部分是历史素养，历史素养是通过教育养成的。通常，历史的教育功能主要是通过历史信息的传递潜移默化地熏陶和影响人们的思想意识、伦理道德、品性情操等，进而影响人们的世界观和人生观。历史是国家和民族的集体记忆，因而历史的教育功能最核心的内容体现在它能唤醒人们的民族意识和爱国情怀。当国家遭受外来侵略时，历史上民族英雄抗敌御辱的精神就会成为激发人们爱国情结的养分，激励人们为民族生存而奋起斗争的信心和勇气。近代中国的百年屈辱与人民不断抗争的历史，就是鲜活的例证。因此，历史学具有强大的教育鼓舞作用，既可以增强国家意识，弘扬民族精神，提高民族自尊心和凝聚力，也可以净化人们的心灵，增强人们的自信心和进取心。

三是借鉴功能。即指为后人的实践活动提供一定的历史经验。历史与现实有着密切的联系，“前事不忘，后事之师”，人们可以从对历史的观察思考、历史的经验教训中找到观察、认识和解决现实问题的钥匙，这就是历史的借鉴功能。“以史为鉴”是中华民族的优良传统，历史学可以“资治”，让统治者知悉盛衰得失，还能照见人世间的善恶、美丑，使民众“见贤思齐，见不贤而内自省”。因此，所谓“借鉴”就是从历史中汲取经验，借助于历史这面“镜子”更好地认识现实问题。这也是“习史使人明智”的意义所在。

历史学的认识功能是基础，教育功能是核心，借鉴功能是目的。历史记忆的传递可以影响社会成员的思想和感情，尤其是思维方式和行为方式，使人们能够鉴往知来，继承优秀的传统文化，更自觉地适应社会发展的需要。这是历史学的社会功能所在。

二、高中历史课程的性质、地位与作用

(一)高中历史课程的性质

普通高中历史课程是在义务教育历史课程的基础上，进一步运用历史唯物主义观点，以社会形态从低级到高级发展为主线，展现历史演进的基本过程以及人类在历史上创造的文明成果，揭示人类历史发展的基本规律和大趋势，促进学生全面发展的一门基础课程。所谓“基础”，指的是高中历史课程是义务教育历史课程的继续和深化，重在夯实学生的历史学科核心素养的基础，是基础教育体系的重要组成部分。

(二)高中历史课程的地位与作用

高中历史课程是高中阶段的主要课程之一，是历史学科在高中教育阶段的课程化体现。学生通过高中历史课程的学习，进一步拓宽历史视野、发展历史思维、提高历史学科核心素养，能够从历史发展的角度理解并认同社会主义核心价值观和中华优秀传统文化，认识并弘扬以爱国主义为核心的民族精神和以改革创新为核心的时代精神，具有广阔的国际视野，树立正确的世界观、人生观、价值观和历史观，为未来的学习、工作与生活打下基础。

三、高中历史课程的基本理念

(一)以立德树人为历史课程的根本任务

高中历史课程的任务是全面贯彻党和国家的教育方针，切实落实立德树人根本任务，坚持育人为本、德育为先，使历史教育成为形成和发展社会主义核心价值观的重要途径，促进学生全面发展，努力培养德智体美劳全面发展的社会主义建设者和接班人。

党的十八大以来，党和国家不断强调教育的重要地位和新时代的教育方针与要求，把立德树人作为教育的根本任务。党的十九大进一步明确提出要全面贯彻党的教育方针，落实立德树人根本任务，发展素质教育，推进教育公平，培养德智体美劳全面发展的社会主义建设者和接班人。因此，立德树人是高中历史课程的根本任务，是历史课程最基本、最重要的教育理念。把立德树人作为高中历史课程的根本任务，是由历

史课程的学科性质决定的，它明确了历史课程培养什么样的人和怎样培养人的问题。同时，以立德树人作为高中历史课程的根本任务，赋予了高中历史课程新的时代使命，使高中历史课程的价值和功能提升到一个新的高度，具有了全新的意义。党的二十大报告首次将“实施科教兴国战略，强化现代化建设人才支撑”作为一个单独部分，充分体现了教育的基础性、战略性地位和作用，并对“加快建设教育强国、科技强国、人才强国”作出全面而系统的部署，为到2035年建成教育强国指明了新的前进方向。

(二)坚持正确的思想导向和价值判断

高中历史课程的设置、编制及实施，要将正确的思想导向和价值判断融入对历史的叙述和评价中；要引领学生通过历史学习，认清历史发展规律，对历史与现实有全面、正确的认识，形成实事求是的科学态度和正确的世界观、人生观、价值观和历史观；要增强学生的历史使命感，使学生具有正确的国家意识、民族意识、社会意识、公民意识，以及世界意识和国际视野。

高中历史课程有效渗透社会主义核心价值观，其主要体现有二：一是将社会主义核心价值观融入历史课程之中；二是加强历史课程在培养学生的国家认同、民族认同、文化认同和制度认同，以及使学生形成道路自信、理论自信、制度自信和文化自信上的导向作用。

党的十八大分别从国家、社会、公民三个层面，明确提出了社会主义核心价值观：在国家价值目标层面上倡导“富强、民主、文明、和谐”，在社会价值取向层面上倡导“自由、平等、公正、法治”，在公民价值准则层面上倡导“爱国、敬业、诚信、友善”。课程是价值观的载体，要充分体现并真正落实社会主义核心价值观的教育。在高中历史课程实施过程中，要以贯彻落实社会主义核心价值观为指针，从历史发展的角度阐释社会主义核心价值观的内容和意义。

党和国家提出的“五个认同”(对伟大祖国的认同、对中华民族的认同、对中华文化的认同、对中国共产党的认同)对中国特色社会主义的认同，以及“四个自信”，对于学校教育来说具有十分重要的意义，也是教育工作的核心导向和价值引领。历史课程教育在这方面具备特有的功能。学生通过学习历史，可以了解祖国的历史进程和世界的发展大势，从历史中获取真知，进而形成“五个认同”和“四个自信”。

(三)以培养和提高学生的历史学科核心素养为目标

培养和提高学生的历史学科核心素养，是这次修订高中历史课程标准最为突出、最为重要的理念。历史学科核心素养是学生在学习历史的过程中逐步形成的具有历史学科特征的正确价值观念、必备品格和关键能力，是历史知识、能力和方法、情感态度与价值观等方面的综合表现。历史课程要将培养和提高学生的历史学科核心素养作为主要目标，使学生通过历史课程的学习逐步形成具有历史学科特征的正确价值观念、必备品格和关键能力。在课程结构的设计、课程内容的选择、课程的实施等方面，都要始终贯穿培养和提高学生的历史学科核心素养这一任务。

高中历史课程标准以培养和提高学生的历史学科核心素养为理念，体现在很多方面。例如，在课程目标上，将核心素养的达成程度作为具体目标；在课程结构的设计上，在体现其基础性课程特点的同时，为学生提供多视角、多类型、多层次的学习内容，拓宽历史视野。要发展历史素养，增强历史洞察力。如在课程类型上，分别设置必修课程、选择性必修课程和选修课程，使学生更为自主地选学所需课程，促进其自主发展和全面发展；在课程结构上，将历史学科知识与历史认识过程相结合；在内容选择上，注重展现人类优秀文明成果和历史发展大势，精选最基本、最具主干性的历史知识，为学生提供认识和借鉴历史经验教训的材料，以便更好地帮助学生获得更多的历史启迪；在价值观层面上，要让学生初步理解、运用唯物史观，为学生提供多角度、开放性的思维训练；在课程呈现方式上，要提供多种类型的学习材料，以发展学生的历史学科核心素养；在学业质量上，以学生历史学科核心素养的达成程度为水平划分。

复习注意问题

1. 注意高中历史课程与初中历史课程的区别与联系。
2. 理解高中历史课程的基本理念。

本章小结

课程性质和课程理念是历史课程的灵魂。普通高中历史课程是在义务教育历史课程的基础上，进一步运用历史唯物主义观点，以社会形态从低级到高级发展为主线，展现历史演进的基本过程以及人类在历史上创造的文明成果，揭示人类历史发展的基本规律和大趋势，促进学生全面发展的一门基础课程。高中历史课程的基本理念包含以立德树人为历史课程的根本任务，坚持正确的思想导向和价值判断，以培养和提高学生的历史学科核心素养为目标。高中历史课程既要促进中学生的全面发展，也要全面贯彻党和国家的教育方针，服务国家和社会的需求。

关键术语

课程性质　课程理念

拓展阅读

1. 徐蓝：《关于历史学科核心素养的几个问题》，载《课程·教材·教法》，2017(10)。

2. 徐蓝、朱汉国主编：《普通高中历史课程标准(2017年版)解读》，北京，高等教育出版社，2018。

实训练习

【简答题】

1. 简述高中历史课程的性质。

2. 简述高中历史课程的基本理念。

【参考答案】

1. 普通高中历史课程是在义务教育历史课程的基础上，进一步运用历史唯物主义观点，以社会形态从低级到高级发展为主线，展现历史演进的基本过程以及人类在历史上创造的文明成果，揭示人类历史发展的基本规律和大趋势，促进学生全面发展的一门基础课程。

2. 以立德树人为历史课程的根本任务，坚持正确的思想导向和价值判断，以培养和提高学生的历史学科核心素养为目标。

第十一章　高中历史课程目标与课程结构

【本章要点】

本章重点解读历史学科核心素养目标的内涵和理解，分析高中历史课程的设计依据、类型及关联问题和教学要求。普通高中历史课程以立德树人为根本任务，以培养和提高学生的历史学科核心素养为目标。普通高中历史课程由必修、选择性必修、选修三类课程构成，采用通史与专题史相结合的方式。

【学习目标】

1. 理解普通高中历史课程目标的具体内涵及意义。

2. 熟悉普通高中历史课程的不同结构。

【课程导言】

为了培育学生核心素养，新课标从三大方面五个维度提出了具体的历史学科核心素养目标，构建了三种不同类型课程相辅相成的课程结构，对高中历史教学产生了重大而深远的影响。

第一节　高中历史课程目标

概念链接

核心素养与学科核心素养

核心素养是指高于一般能力或一般素养的最重要的关键能力、必备品格与价值观念。中国学生发展核心素养以科学性、时代性和民族性为基本原则，以培养“全面发展的人”为核心，分为文化基础、自主发展、社会参与三大维度。

学科核心素养是指学生在接受某一学科教育过程中，以学科知识技能为基础，整合了情感、态度或价值观，逐步形成的适应个人终身发展和社会发展需要的正确价值观、必备品格和关键能力。

学生核心素养的养成通过各个学科的学习来实现。历史学科核心素养是历史学科育人价值的概括性、专业化表述和集中体现，是知识、能力、方法、情感、态度和价值观的整合与提炼，是学生在学习历史知识的过程中逐步形成的，在解决真实情境中的问题时所表现出来的正确价值观、必备品格与关键能力。社会主义核心价值观是历史教育要培养的正确价值观。历史教育培养的必备品格包含政治思想品质、道德人格

和史学品格三方面。历史学科关键能力是运用科学的史学理论和方法来认识和解释历史的能力。

普通高中历史课程目标是坚持落实立德树人根本任务，学生通过学习历史课程不仅要掌握必备的历史知识，更重要的是要在五个核心素养方面达到具体的要求，从而形成历史学科核心素养，得到全面发展、个性发展和持续发展。历史学科核心素养是学生发展核心素养在历史课程学习中的具体体现，包括唯物史观、时空观念、史料实证、历史解释、家国情怀五个方面。通过诸素养的培育，达到立德树人的要求。

一、唯物史观

(一)概念解读

唯物史观是揭示人类社会历史客观基础及发展规律的科学历史观和方法论。人类对历史的认识是由表及里、逐渐深化的，要透过历史的纷杂表象认识历史的本质，科学的历史观和方法论是非常重要的。唯物史观使历史学成为一门科学，只有运用唯物史观的立场、观点和方法，才能对历史有全面、客观的认识。

(二)教学目标

了解唯物史观的基本观点和方法，包括人类社会形态从低级到高级的发展、生产力与生产关系之间的辩证关系、经济基础与上层建筑之间的相互作用、人民群众在社会发展中的重要作用等，理解唯物史观是科学的历史观；能够正确认识人类历史发展的总趋势；能够将唯物史观运用于历史的学习与探究中，并将唯物史观作为认识和解决现实问题的指导思想。

(三)理论认识

唯物史观是一个博大精深的理论体系，科学揭示了人类社会形态由低级到高级的发展，揭示了社会结构中生产力与生产关系、经济基础与上层建筑的辩证关系。唯物史观重视生产力对生产关系、经济基础对上层建筑的决定性作用，同时也承认生产关系对生产力、上层建筑对经济基础的能动的反作用。唯物史观还论述了物质生产与精神生产、物质生活与精神生活、社会存在与社会意识之间的辩证关系。

(四)实践探索

唯物史观是历史学科核心素养的灵魂，是诸素养得以达成的理论保证。高中历史教学中，应该引导学生理解唯物史观的原理及方法，并能够将其运用于理解与认识历史和现实问题。

如在春秋战国农业发展的教学中，要引导学生理解生产力和生产关系之间的辩证关系。春秋战国时期，随着铁器、牛耕的出现和推广，井田制逐渐瓦解，出现了大量的私田，土地私有制日益兴起，生产力的革命促进了生产关系的转型。小农经济出现，调动了劳动者的生产积极性，从而促进了经济的发展和社会的变革与进步。通过变法与改革确立的新的生产关系，又进一步促进了生产力的发展。

二、时空观念

(一)概念解读

时空观念是在特定的时间联系和空间联系中对事物进行观察、分析的意识和思维方式。任何历史事物都是在特定的、具体的时间和空间条件下发生的，只有在特定的时空框架当中，才可能对史事有准确的理解。

(二)教学目标

知道特定的史实是与特定的时间和空间相联系的；知道划分历史时间与空间的多种方式，并能够运用这些方式叙述过去；能够按照时间顺序和空间要素，建构历史事件、历史人物和历史现象之间的相互关联；能够在不同的时空框架下理解历史上的变化与延续、统一与多样、局部与整体，并据此对史事作出合理解释；在认识现实社会时，能够将认识的对象置于具体的时空条件下进行考察。

(三)理论认识

时空观念包括时序和空间两个基本观念。时序观念是要将历史事物放在历史发展的长河中进行观察和认识，认清历史发展的全过程，辨明它在每一个发展阶段上有什么新特点，寻找前一过程转变为后一过程的原因。古代史、近代史、现代史等划分，都具有特定的时间内涵和历史意义。历史上的发展、变化、延续、曲折、倒退等，都是在时序观念下对历史的认识。

空间观念是要了解历史所发生的地点、区域、范围等，通过具体的空间定位，观察历史发展过程中的不同空间、区域的相互关系及其总的特点。从历史地理的角度进行认识，还可以发现错综复杂的历史现象本身存在的横向或纵向的联系，以及个别与整体、局部与全局的联系。

(四)实践探索

通过历史学习，要使学生能够运用各种时间术语描述过去，能够按照历史时间顺序和地理因素，建构历史事件、历史人物、历史现象之间的相互关联性，理解历史上的变迁、延续、发展、进步等的意义，并对史事作出合理的解释，进而能够在认识现实社会时将认识的对象置于具体的时空条件下进行考察和分析。

以工业革命为例，关于时空观念素养的培养层次可做如下划分：第一层次，要求学生知道工业革命起止时间的各种表达方式，能够看懂历史地图，明确发生工业革命

的国家的准确地理位置和区域范围；第二层次，以工业革命期间重大历史事件发生的时间为线索，梳理工业革命的发展历程，概括出各个阶段的标志性特征，尝试从英国的空间地理环境的独特性来分析工业革命首先在英国发生的原因；第三层次，在18世纪中后期及工业革命这一独特的时间框架内，以工业革命的发生、发展及其影响为线索，探讨世界历史体系的形成与发展；第四层次，用专业时间术语和空间概念，探讨不同文明之间的交流、冲突与碰撞，深刻理解全球化，正确评价中国所经历的艰难而又曲折的近代化历程。

三、史料实证

(一)概念解读

史料实证是指对获取的史料进行辨析，并运用可信的史料努力重现历史真实的态度与方法。历史过程是不可逆的，认识历史只能通过现存的史料。要形成对历史的正确、客观认识，必须重视史料的搜集、整理和辨析，去伪存真。

(二)教学目标

知道史料是通向历史认识的桥梁，了解史料的多种类型，掌握搜集史料的途径与方法；能够通过对史料的辨析和对史料作者意图的认知判断史料的真伪和价值，并在此过程中增强实证意识；能够从史料中提取有效信息，作为历史叙述的可靠证据，并据此提出自己的历史认识；能够以实证精神对待历史与现实问题。

(三)理论认识

史料是学习和研究历史的依据和基础。历史教学要言之有据，必须从史料出发。学习历史，要尽可能全面地搜集有关的史料。对史料的整理和辨析工作，是历史学不同于其他学科的一种专门技艺和方法。史料实证要培养学生搜集和辨析史料的能力，更要培养学生运用史料的能力。史料实证的过程，实际上是运用史料解释历史的过程。史料运用的原则中，很多也是解释历史的原则。

(四)实践探索

搞清史料的确切含义，尊重史料的客观性。每一条史料都有一定的含义，只有领会其真正意思，才能恰如其分地加以引用，否则与用了错误的史料并无两样。

确定史料作者的立场与所研究历史事实之间的关系，对辨别史料的可信程度有很大的帮助。如百日维新运动失败后，康有为等人逃到海外，将失败的原因全部归于慈禧太后，对其描述自然会多一些敌意与扭曲。

要详细占有史料，才能去伪存真。史料是否正确不是一眼可以看出来的，这有一个深入分析、比较和研究的过程。拥有足够的史料、投入更多的注意力，才能达到去粗取精、去伪存真的目的。

四、历史解释

(一)概念解读

历史解释是指以史料为依据，对历史事物进行理性分析和客观评判的态度、能力与方法。所有历史叙述在本质上都是对历史的解释，即便是对基本事实的陈述也包含了陈述者的主观认识。人们通过多种不同的方式描述和解释过去，通过对史料的搜集、整理和辨析辩证、客观地理解历史事物，不仅要将其描述出来，而且要揭示其表象背后的深层因果关系。通过对历史的解释，不断接近历史真实。

(二)教学目标

区分历史叙述中的史实与解释，知道对同一历史事物会有不同解释，并能对各种历史解释加以评析和价值判断；能够客观论述历史事件、历史人物和历史现象，有理有据地表达自己的看法；能够认识历史解释的重要性，学会从历史表象中发现问题，对历史事物之间的因果关系作出解释；能够客观评判现实社会生活中的问题。

(三)理论认识

设身处地地对历史进行感悟、理解，是历史认识论的基础。历史理解是历史解释的前提，与历史有关的解释、评判以及情感态度与价值观等须建立在人们理解历史的基础上。

无论文献、文物、遗迹、社会习俗和心态等史料多么丰富和真实，其本身也不能构成一个完整的体系，更不会自己说话。所以，“历史”必须要通过历史学家复杂的思维过程加以解释才能显示出来，其明显打上了历史学家的烙印。

历史解释要以唯物史观为指导，要依托时空观念，要遵循史料实证原则，要提升家国情怀。历史解释之外的核心素养都包含历史解释。

(四)实践探索

以解释第一次世界大战的原因为例。从唯物史观的角度讲，生产力决定生产关系、经济基础决定上层建筑。第二次工业革命后，资本主义国家进入到帝国主义阶段，出现了政治经济发展不平衡，这是根本原因。具体到国家，由于矛盾冲突，最终形成了“英、法、俄”与“德、奥、意”两大对抗性集团，这是具体原因。基于欧洲自身历史发展的特点，巴尔干半岛在诸多帝国主义干涉的区域中成为最敏感的地区，萨拉热窝事件的发生最终成为战争爆发的导火索。

五、家国情怀

(一)概念解读

家国情怀是学习和探究历史应具有的人文追求，体现了对国家富强、人民幸福的情感，以及对国家的高度认同感、归属感、责任感和使命感。学习和探究历史应具有价值关怀，要充满人文情怀并关注现实问题，以服务于国家强盛、民族自强和人类社会的进步为使命。

(二)教学目标

在树立正确历史观的基础上，从历史角度认识中国的国情，形成对祖国的认同感和正确的国家观；能够认识中华民族多元一体的历史发展趋势，形成正确的民族观和对中华民族的认同感，具有民族自信心和自豪感；了解并认同中华优秀传统文化、革命文化、社会主义先进文化，认识中华文明的历史价值和现实意义；了解世界历史发展的多样性，理解和尊重世界各国、各民族的文化传统，具有广阔的国际视野，树立正确的文化观；认同社会主义核心价值观，认同走中国特色社会主义道路是历史的必然，树立中国特色社会主义道路自信、理论自信、制度自信和文化自信；能够确立积极进取的人生态度，塑造健全的人格，树立正确的世界观、人生观和价值观。

(三)理论认识

家国情怀是历史价值观教育的根本归宿，是历史学科育人价值的集中表现。对个人的成长来说，学习历史要具有人文关怀，形成正确的国家观和民族观，具有广阔的国际视野，树立正确的文化观；认同社会主义核心价值观，确立积极进取的人生态度，塑造健全的人格，树立正确的世界观、人生观和价值观。

(四)实践探索

家国情怀是一种核心素养，本质上更是情感态度与价值观。实践中可依据其内在的情感与价值特点，采取不同的培育策略。

如利用疆域地图等培育家国情怀。疆域是民族繁衍生息的地方，是民族寄寓特殊情感的土地。不同历史时期的疆域叙述、边界地图及山川图片，特定时期国家对疆域的治理，可塑造历史时空观念里的家国“意象”，并可据此孕育家国情怀。

又如提炼国家符号培育家国情怀。国家符号是国家精神与文化的情感性象征，中国古代历史文化的许多内容，诸如汉字、绘画、楚辞汉赋、青铜器，乃至秦长城、汉装唐服等，都可提炼为国家符号，激发、生成家国情怀。

延伸阅读

家国情怀的时代内涵与体现

在不同时空条件下，家国情怀的内涵是有区别的。

在古代中华优秀传统文化中，有“修身、齐家、治国、平天下”的抱负，有“先天下之忧而忧，后天下之乐而乐”“天下兴亡，匹夫有责”的境界，这是家国情怀的体现和追求。

在近代，一大批志士仁人为救亡图存所作出的包括牺牲生命在内的各种努力，是他们的家国情怀。

在现代，中国共产党人为民族解放抛头颅洒热血换来的新中国，以及带领中国人民为国家富强所作出的不懈努力，是他们的家国情怀。

21世纪，在中国已经和世界密切联系成一个息息相关的整体的时代，具有强烈的世界意识和国际视野应该是家国情怀的题中应有之义。

第二节　高中历史课程结构

《普通高中历史课程标准(2017年版2020年修订)》进一步优化了课程结构，对课程的科目设置、类别、功能定位、学分比例等进行了更为合理的修订。

一、设计依据

(一)普通高中课程方案的相关要求

历史课程的设计要符合普通高中课程方案的规定，并考虑到与初中、大学相关专业的衔接，依据学生发展的多元需求、学分结构、课程内容选择原则等，既要为全体学生的终身发展打好共同基础，又要有助于学生的个性发展和专业发展。

(二)历史学科核心素养

将历史课程结构的构建与学生历史学科核心素养的发展紧密结合起来，使课程类型及其布局有利于学生历史学科核心素养的不断提升，令高中历史课程的育人价值得以更为充分地体现。

(三)历史学科发展的前沿成果

注意吸收历史研究的新成果，使课程内容体现出历史学科的发展。在此基础上，精选基本的、重要的史事，为学生提供认识历史的多个角度，注重引导学生对历史的探究。

(四)课程改革的成功经验和国际历史教育的优秀成果

在充分吸取近年来历史课程改革成功经验的基础上，注意解决新问题，使课程结构的设计更有利于改革的不断深化，顺应国际历史教育改革与发展的趋势，体现鲜明的中国特色。

二、历史课程的类型

普通高中历史课程由必修、选择性必修、选修三类课程构成，采用通史与专题史相结合的方式。必修课程主要采取通史方式，旨在让学生掌握中外历史发展大势；选择性必修课程和选修课程主要采取专题史方式，旨在让学生从多角度进一步了解人类历史的发展。这样的结构既有利于学生历史学科核心素养的培养，也使高中历史课程与义务教育历史课程有所区别和衔接。

历史必修课程是全体高中学生必须修习的课程，是普通高中学生发展的共同基础课程，设《中外历史纲要》模块。课程内容分为中国古代史、中国近现代史和世界史三个部分，每个部分的内容均在历史时序的框架下由若干学习专题构成。通过中外历史上的重要事件、人物和现象，展现人类社会从古至今、从分散到整体、从低级到高级的发展历程，使学生进一步了解和认识人类历史演变的基本脉络以及丰富多样的历史文化遗产。

历史选择性必修课程是学生根据个人兴趣、升学需求而选择修习的课程，设《国家制度与社会治理》《经济与社会生活》和《文化交流与传播》三个模块。各模块由若干学习专题构成，各专题下的具体内容依照时序进行表述，呈现中外历史上多方面的重要内容，引领学生从政治、经济与社会生活、文化等不同视角深入认识历史。

历史选修课程是学生自主选择修习的课程，包括在必修课程与选择性必修课程基础上设置的拓展、提高、整合性课程。《史学入门》和《史料研读》两个模块可作为选修课程的参考，学校可选用、改编或新编。这两个模块由若干学习专题构成，通过了解史学的基本理论、知识与技能以及实际的探究活动，增强学生深入学习历史的能力与素养。学校也可自主开发其他校本课程(见图 11-1)。

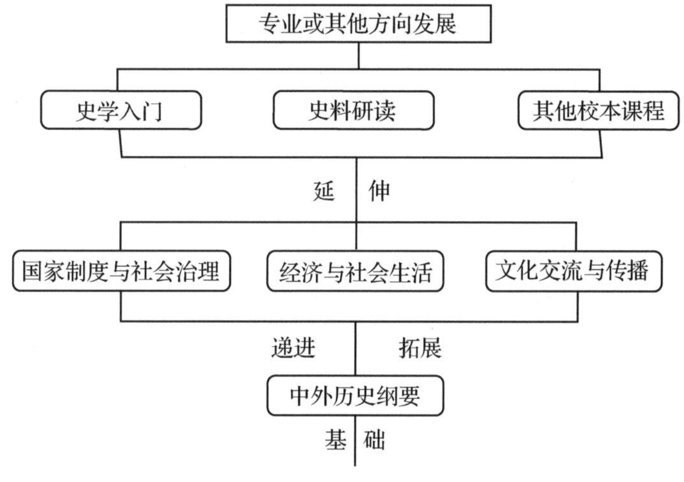

图 11-1　历史课程的类型

三、历史课程的关联

(一)与义务教育阶段历史课程的关联

在结构设计和内容编排上，高中历史课程既注意到与义务教育历史课程的衔接与贯通，又注意到两者的区别，使学生在义务教育的基础上进一步掌握历史知识和技能，拓宽历史视野，强化历史思维，确立正确的历史观念。

(二)高中历史三类课程的关联

必修、选择性必修与选修三类课程构成高中历史课程的整体结构，具有关联性、层次性和渐进性。必修课程是共同基础，使学生掌握中国史和世界史的重要史事和发展脉络，基本形成对历史的整体认识；选择性必修课程是必修课程的递进与拓展，从三个主要领域呈现更为丰富多彩的历史内容，提高学生的学习兴趣，引领学生从多角度认识历史的发展与变迁；选修课程是在必修课程和选择性必修课程基础上的进一步延伸，通过专业理论和专业技能的学习，强化学生的史学专业基础。通过三类课程的学习，使学生的历史学科核心素养不断得到提高。

(三)与其他高中课程的关联

历史课程的设计既要注意与思想政治、语文、艺术(或音乐、美术)、地理、信息技术等课程的关联，又要有助于学生对其他课程的学习，力图使其与相关课程发挥整体作用，共同促进学生人文素养的发展。

四、学分与选课

历史必修课程是共同基础课，共 4 学分，全体高中学生必须修习，建议安排在高中一年级。

历史选择性必修课程每个模块 2 学分，在修完必修课程后，由学生根据个人兴趣和升学需求选择修习。

历史选修课程是供学校、学生自主选择的课程。教师应指导学生选课，并指导家长帮助学生选课。

复习注意问题

1. 了解课程目标、课程结构的内涵，明确高中历史课程目标及高中历史课程结构的内容。

2. 明确培养和提高历史学科核心素养是高中历史课程的总体目标，了解历史学科核心素养包括唯物史观、时空观念、史料实证、历史解释和家国情怀五个方面，并能

从概念解读、教学目标、理论认识和实践探索出发对其进行全面理解与认识。

3. 了解高中历史课程结构设计的依据、明确高中历史课程的类型及意义，知道历史课程之间的关联性、层次性和渐进性，理解高中历史课程结构中不同类型课程的教学与考试要求。

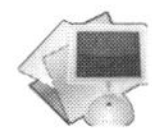

本章小结

普通高中历史课程的目标是坚持落实立德树人的根本任务，培养学生的历史学科核心素养。历史学科核心素养包括唯物史观、时空观念、史料实证、历史解释、家国情怀五个方面。普通高中历史课程由必修、选择性必修、选修三类课程构成，通史与专题史相结合。必修课程是全体高中学生必须修习的课程，设《中外历史纲要》模块。选择性必修课程是学生根据个人兴趣、升学需求而选择修习的课程，设《国家制度与社会治理》《经济与社会生活》和《文化交流与传播》三个模块。选修课程是学生自主选择修习的课程，《史学入门》和《史料研读》两个模块可作为选修课程的参考。

关键术语

课程目标　课程结构　学科核心素养

拓展阅读

1. 徐蓝：《关于历史学科核心素养的几个问题》，载《课程·教材·教法》，2017(10)。

2. 徐蓝：《基于历史学科核心素养的课程结构与内容设计——2017版〈普通高中历史课程标准〉解读》，载《人民教育》，2018(8)。

实训练习

【简答题】

1. 高中历史课程目标是什么？请设计一个教学片断，谈谈你在教学中是如何实现历史课程目标的。

2. 如何理解唯物史观使历史学成为一门科学？唯物史观的主要观点包括哪些？举一案例谈谈如何用唯物史观指导教学实践。

3. 时空观念的教学目标包括哪些？举例说明时空观念的教学实践。

4. 什么叫史料？什么叫史料实证？谈谈史料实证对历史认识的重要性。

5. 你如何理解历史解释？请设计一道考查学生历史解释的试题。

6. 什么叫家国情怀？请谈谈不同历史时期的家国情怀的内涵与意义。

7. 结合《普通高中历史课程标准(2017年版2022年修订)》，谈谈高中历史课程类型及其关联。

【参考答案】

1. 普通高中历史课程的目标是坚持落实立德树人的根本任务。学生通过历史课程的学习，形成历史学科核心素养，得到全面发展、个性发展和持续发展。历史学科核心素养是高中历史课程最重要的目标。

2. 唯物史观科学揭示了人类社会形态由低级到高级的发展，揭示了社会结构中生产力与生产关系、经济基础与上层建筑的辩证关系。唯物史观重视生产力对生产关系、经济基础对上层建筑的决定性作用，同时也承认生产关系对生产力、上层建筑对经济基础的能动的反作用。唯物史观还论述了物质生产与精神生产、物质生活与精神生活、社会存在与社会意识之间的辩证关系，并强调人民群众的历史作用。

唯物史观提示人类历史发展的根本规律，即人类自身通过自己的实践活动推动自己的物质和精神的素质，由低级向高级发展，从而也推动自己的社会由低级向高级发展。人类历史发展的终极原因或根本动力，是人类自身的物质生产实践活动和与之相应的物质生产实践能力。因此，唯物史观使历史学成为一门科学。

3. 知道特定的史事是与特定的时间和空间相联系的；知道划分历史时间与空间的多种方式，并能够运用这些方式叙述过去；能够按照时间顺序和空间要素，建构历史事件、历史人物、历史现象之间的相互关联；能够在不同的时空框架下理解历史上的变化与延续、统一与多样、局部与整体，并据此对史事作出合理解释；在认识现实社会时，能够将认识的对象置于具体的时空条件下进行考察。

4. 史料指的是能够记录或反映过去发生、存在过的事情的文字记载和一切物品。史料实证是指对获取的史料进行辨析，并运用可信的史料努力重现历史真实的态度与方法。历史过程是不可逆的，认识历史只能通过现存的史料。要形成对历史的正确、客观的认识，必须重视史料的搜集、整理和辨析，去伪存真。

5. 历史解释是指以史料为依据，对历史事物进行理性分析和客观评判的态度、能力与方法。所有历史叙述在本质上都是对历史的解释，即便是对基本事实的陈述也包含了陈述者的主观认识。人们通过多种不同的方式描述和解释过去，通过对史料的搜集、整理和辨析，辩证、客观地理解历史事物，不仅要将其描述出来，而且要揭示其表象背后的深层因果关系。通过对历史的解释，不断接近历史真实。

6. 家国情怀是学习和探究历史应具有的人文追求，体现了对国家富强、人民幸福的情感，以及对国家的高度认同感、归属感、责任感和使命感。学习和探究历史应具有价值关怀，要充满人文情怀并关注现实问题，以服务于国家强盛、民族自强和人类社会的进步为使命。

7. 参考本章第二节相关内容。

第十二章　高中历史课程内容、学业质量与教学策略

【本章要点】

本章依据《普通高中历史课程标准(2017 年版 2020 年修订)》，着重分析了高中历史课程内容，历史学业质量标准，培育核心素养的教学策略。

【学习目标】

1. 明确高中历史课程的主要内容，了解必修、选择性必修和选修部分的内容要求。

2. 了解高中历史学业质量要求，理解学业质量内涵、历史学科核心素养水平划分与考试评价的关系。

3. 熟悉核心素养背景下高中历史教学的基本策略。

【课程导言】

以立德树人、培育核心素养为目标的新课标以新理念构建了新的课程内容体系，开创性地制定了高中历史学业质量标准。新目标、新内容和新标准都对高中历史教学提出了前所未有的挑战，需要教师更新理念，优化教学实践，实施核心素养背景下的教学策略。

概念链接

课程标准

课程标准是规定某一学科的课程性质、课程目标、内容目标、实施建议的教学指导性文件，是对学生在经过一段时间的学习后应该知道什么和能做什么的界定和表述，实际上反映了国家对学生学习结果的期望。课程标准通常包括了几种具有内在关联的标准，主要有内容标准(划定学习领域)和表现标准(规定学生在某领域应达到的水平)。与教学大纲相比，课程标准在课程的基本理念、目标、实施建议等几部分阐述得详细、明确，特别是提出了面向全体学生的学习基本要求。

第一节　课程内容

普通高中历史课程由必修、选择性必修、选修三类课程构成，采用通史与专题史相结合的方式。通过学习，学生应了解和掌握唯物史观的基本观点，体会唯物史观的科学性，理解不同时空条件下历史上的延续、变迁与发展，学习史料实证的基本方法，能够在此基础上对历史作出正确的解释，深化对中华民族多元一体发展趋势的认识，

认同社会主义核心价值观和中华优秀传统文化，了解世界历史发展的多样性，理解和尊重世界各地的文化传统，拓展国际视野，形成开放的世界意识。

一、必修课程：《中外历史纲要》

本课程以通史的叙事框架，展示中国历史和世界历史发展的基本过程，共有 19 个专题，是高中历史学习的基本内容。本课程以马克思主义为指导，通过对中外重大历史事件、历史人物和历史现象的叙述，展现人类发展进程中丰富的历史文化遗产，以及人类社会从古至今、从分散到整体和社会形态从低级到高级的发展历程。

其主要内容包括：从中华文明起源到秦汉统一多民族封建国家的建立与巩固，三国两晋南北朝的民族交融与隋唐统一多民族封建国家的发展，辽宋夏金多民族政权的并立与元朝的统一，明清中国版图的奠定与面临的挑战，晚清时期的内忧外患与救亡图存，辛亥革命与中华民国的建立，中国共产党成立与新民主主义革命兴起，中华民族的抗日战争和人民解放战争，中华人民共和国成立和社会主义革命与建设，改革开放与社会主义现代化新时期，古代文明的产生与发展，中古时期的世界，走向整体的世界，资本主义制度的确立，工业革命与马克思主义的诞生，世界殖民体系的建立与亚非拉民族独立运动，世界大战、十月革命与国际秩序的演变，20 世纪下半叶世界的新变化，当代世界的发展特点与主要趋势。

二、选择性必修课程

模块 1 《国家制度与社会治理》

本课程通过国家制度与社会治理的相关内容，揭示人类政治生活的发展。本课程由 6 个专题组成，是在必修课程基础上的递进与拓展。

人类社会进入文明时代的一个重要标志是国家的产生，国家统治依赖一系列制度建设，包括建立组织和制定规则。以权力分配、机构设置和运行为主的政治体制，规定了国家制度的基本框架。人事管理、法律、外交、财政都是国家制度不可或缺的重要组成部分，社会治理则是国家关注的重点。自古及今，东西方各国的制度建设和社会治理都经历了漫长而曲折的发展历程，积累了丰富的经验和深刻的教训，不能脱离特定社会政治条件和历史文化传统来抽象评判。学生通过学习，提升运用唯物史观分析问题的能力，认识国家治理体系和治理能力现代化的重要性。

其主要内容包括：政治制度、官员的选拔与管理、法律与教化、民族关系与国家关系、货币与赋税制度、基层治理与社会保障。

模块 2 《经济与社会生活》

本课程从经济与社会生活的角度，揭示人类社会的发展，有助于学生充分认识生产方式的变革对人类社会发展所具有的革命性意义。本课程由 6 个专题组成，是在必修课程基础上的递进与拓展。

在人类社会发展历程中，劳作与经济活动是人们赖以生存和发展的基础。了解自古以来中外不同人群的生产活动、经济活动和日常生活方式的变迁，将有利于认识经济与社会、经济与生活的互动关系，深化对人类社会发展历程的认识。

其主要内容包括：食物生产与社会生活，生产工具与劳作方式，商业贸易与日常生活，村落、城镇与居住环境，交通与社会变迁，医疗与公共卫生。

模块 3 《文化交流与传播》

本课程从人类历史上文化交流与传播的不同方式切入，展现不同文明、不同人群之间的联系与互动，理解文化交流与传播在文明进步中的重要作用。本课程由 6 个专题组成，是在必修课程基础上的递进与拓展。

自从人类产生，便有了文化。在不同地域上生存的人类相互有了接触，便有了文化交流与传播。人们通过欣赏、学习、吸纳不同的文化，使自己的文化更加丰富和成熟。本课程着重通过文化交流与传播的主要方式、途径和载体，展现中外历史上重要的文化产品和文化成就交流与传播的过程，以及对不同文化的发展变化所产生的重要影响。通过本课程的学习，有助于学生尊重世界文明多样性，以文明交流超越文明隔阂、以文明互鉴超越文明冲突、以文明共存超越文明优越。

其主要内容包括：源远流长的中华文化，多样发展的世界文化，人口迁徙、文化交融与认同，商路、贸易与文化交流，战争与文化碰撞，文化的传承与保护。

三、选修课程

模块 1 《史学入门》

本课程是对历史学基本知识的介绍，由 7 个专题组成，是在必修课程和选择性必修课程基础上的进一步延伸。

历史学研究人类社会发展的历程及其规律。探寻历史的真相，对历史进行实事求是的阐释，是历史学的科学价值所在。进行历史探究，不仅要对历史有着浓厚的兴趣和探索的精神，而且要具有关注人类历史命运的人文情怀，对历史持有严谨的科学态度和真诚的敬畏之心，还要具备必要的史学常识。

其主要内容包括：历史与历史学、唯物史观与历史研究、史学的优秀传统、读史常识举要、历史探究的主要方法、历史的解释与评判、综合探究、历史问题的研究与论文习作。

模块 2 《史料研读》

本课程是对史料进行介绍并加以分析、解读的训练，由 7 个专题组成，是在必修课程和选择性必修课程基础上的进一步延伸。

史料是人们了解过去、认识历史的重要依据和基础。由于时代和认识上的局限，并非所有史料都能进入人们的视野。迄今为止，人们所能认识并可以搜集、运用的史料大体有文献、实物、口述、图像等类别。搜集和整理不同类别史料的方法有所不同，但却有共同的原则。运用史料就是理解历史，需要秉持大胆怀疑、多源互证等原则。

对不同类型的史料，需要了解其产生的具体情境、掌握辨析的技能，才能对其反映的历史信息形成准确的认识。

其主要内容包括：史料及搜集、运用史料的原则与方法，文献史料研读，实物史料研读，口述史料研读，图像史料研读，现代音像史料研读，数字资源的利用。

第二节　学业质量

一、学业质量内涵理解

历史学科学业质量代表着历史教育质量的国家要求，是连接核心素养与课程标准、考试、评价的桥梁，使得课程内容的落实有标准可依、核心素养的培养和检测有标准可参照，从根本上保证了历史课程目标的实现，有利于实现高中历史教—学—评的一体化。

学业质量水平实际上就是学科素养达成的质量指标。高中历史学科学业质量水平分为4级，水平1为最低等级，水平4为最高等级；每个素养的不同水平具有连续性和递进性，每高一级水平的表现涵盖前一级表现。历史学科学业质量在水平划分上体现了以下原则：首先采取的是整体观，不同水平在深度和广度上的差异对应的是问题情境复杂程度的变化，而不是从部分到整体的关系。其次是根据学生在历史学科核心素养上的质性变化来确定各水平的具体内容，没有简单地采用“非常、比较、一般”等限定词来描述水平变化。最后是不同发展水平之间有明确的递进关系。这样就为培养学生的学科素养、落实课程标准要求提供了广阔的空间。

二、历史学科核心素养水平划分

基于历史学科核心素养的学业质量水平划分，为观察、评价学生在历史学科核心素养上的表现提供了有效工具，改变了以往仅凭经验型的推断，避免了结论偏于主观的问题。通过对学生表现信息的搜集、整理和运用，能够合理、全面地评价学生达成历史学科核心素养的程度。

历史学科核心素养水平划分与学业质量水平有联系，也有区别。首先，从联系上讲，二者都是基于学科核心素养，均与历史课程目标和课程内容紧密相连，为教学和考试提供标准。其次，从区别上看，学业质量水平强调的是学业质量的等级划分和核心素养在每一级水平中的表现程度及总体程度，历史学科核心素养水平划分呈现的则是每一个核心素养的四个水平划分。而且在各个核心素养水平描述上，历史学科核心素养水平划分的描述更简捷、明确。

在认识学科核心素养水平划分时，需要从三个角度进行理解：第一，情境的复杂程度与新颖程度不同，学生的素养水平也会呈现出不同；第二，学科任务的数量与范围、难易度、复杂性不同也影响达成水平，这与学科知识、技能、方法的结构化程度

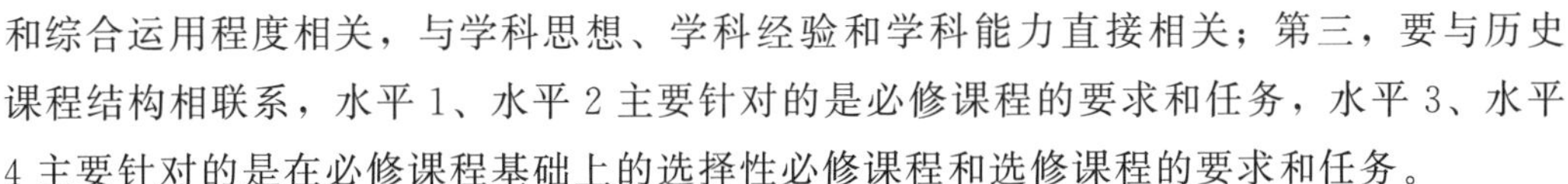

和综合运用程度相关，与学科思想、学科经验和学科能力直接相关；第三，要与历史课程结构相联系，水平 1、水平 2 主要针对的是必修课程的要求和任务，水平 3、水平 4 主要针对的是在必修课程基础上的选择性必修课程和选修课程的要求和任务。

第三节　培养核心素养的教学策略

延伸阅读

对高中历史教师的基本要求

高中历史教师要认真学习研究《普通高中历史课程标准(2017 年版 2020 年修订)》，切实转变课程观念、教学观念、史学观念，积极投身历史课堂教学改革，打造新型高效魅力历史课堂。教师只有通过对新课程标准的学习，才能理解新课程的性质、基本理念、设计思路、课程目标以及新课程的内容标准、教学建议和评估建议等，也才能更好地把握新教材。

教师要敢于面对新课程标准和新教材，接受新理念、新课程和新教材；积极应对，改变观念，确立新的教材观、教学观和考试观；知己知彼，抓住根本，即紧紧围绕历史学科核心素养目标进行教学与评价；寻找途径，解决问题，把握主旨，加强学习，提高自己的专业能力和教学能力；创新教学，铸魂育人，转变教学方式，教学中实现内容结构化、在教学情境化，最终达到立德树人的总目标。

培育学生历史学科核心素养面临很大的挑战，教师须确立新的认知观、教学观和评价观，进一步优化教学模式、方法和策略。教师要将教学目标、教学内容、教学过程以及教学评价等聚焦于核心素养，由对知识的知晓转化为对知识的理解，由对史实的记忆转化为对历史的思考，由对知识的接受转化为对历史的探究，由对教材的复述转化为对历史的建构。

一、科学制定教学目标

(一)明确教学目标制定的出发点和落脚点

教师应从发展学生历史学科核心素养的角度制定教学目标，将核心素养的培养作为教学目标制定的出发点和落脚点。在制定教学目标时，教师要认真研读历史课程标准，完整把握历史学科核心素养的内涵及其具体表现，厘清“三维目标”与“核心素养”之间的关系，注重对历史学科核心素养的综合培养。

(二)分类制定不同类型的教学目标

历史教师要准确把握历史学科的性质及其功能，深刻领会历史课程的本质和教育价值，全面认识历史学习对学生全面发展、个性发展和持续发展的重要意义。教学目标的制定要依据课程标准的要求，兼顾整体与局部。一方面要制定不同学段、不同模块、不同课时的教学目标，另一方面要制定新授课、复习课、练习课、讲评课等不同课型的教学目标。同时，还需要依据不同学生制定相应的教学目标，做到有针对性的个性教学和共性教学的统一。

(三)把握教学目标制定的原则

其一，基于学生的认知基础。从识记知识的定位转变为根据学情来确定经过学习可生成的程度，以发展学生的核心素养为教学目标。

其二，力求目标的可操作性。教学目标要从简单的、形式上的目标转变为具体的、可操作并可检测的目标，使目标的指向针对学生通过学习表现出来的进步程度。

其三，聚焦学生的问题解决。以学业质量标准为依据，以问题解决的水平程度作为教学目标的核心内容，提高学生探究和解决问题的思维品质和关键能力。

其四，立足学生的综合素养。确定五位一体的综合目标，避免将核心素养的五个方面机械地分离，实现核心素养的综合发展。

二、有效整合教学内容

(一)明确教学目标

教师对教学内容的选择与整合，必须是在统摄教学目标之下的合理取舍和有机合成，合理选择的教学内容应该服务于教学目标的达成。

(二)聚焦核心素养

教师需要整体梳理教学内容，把握每个专题所涉及的范围、重要史事和核心问题，并将这些核心问题的解决与学生的历史学科核心素养的培养联系起来。课程标准强调的核心问题是学习专题中的教学重点之重点，即教学内容中的核心问题。只有抓住和准确把握核心问题，才能对学习专题的教学内容进行深入的历史理解和历史解释。

(三)适切整合内容

其一，把握关键问题。教师在钻研教材时，要结合教材对学习专题的内容进行梳理，确定该专题中的关键问题，围绕关键问题对教学内容进行整合。

其二，确定学习重点。高中历史新课程内容多、容量大，教师需要突出核心要点，通过重点内容的突破带动整体内容的教学。

其三，创设综合主题。对历史教学内容的整合，还可以根据学生的学习情况，运用主题教学模式，对教科书的顺序、结构进行适当的调整，对教学内容进行有跨度、有深度的重新整合，也可以对必修、选择性必修、选修的不同模块进行整合，设计出

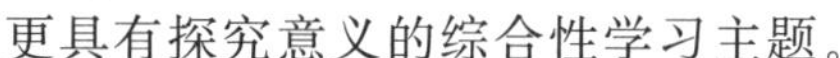

更具有探究意义的综合性学习主题。

三、有效设计和实施教学

(一)立足民主课堂，改进教学方法

课程改革理念要求学生成为课堂的主体，教师由课堂教学的主宰者、主导者变为组织者、引领者，为学生的学习过程和认知过程提供有效的帮助。教无定法，贵在得法。合适的教学方法的关键是使学生能够在课堂学习过程中充分发挥自身的主动性和能动性，亲身感受历史、理解历史，并能够在学习的过程中、在理解的基础上解决真实情境中的问题，养成正确的价值观念、必备的品格和关键能力。

(二)开展探究活动，促进主动学习

课堂教学要以调动和发挥学生历史学习的积极性、主动性和创造性为核心，以养成学生核心素养为目标，以学生的自主探究活动为中心展开。这就要求教师在充分理解教材基本知识及其中的历史内涵的基础上明确要达成的核心素养目标，借助于典型材料将教科书中的“定论”转化为探究性话题。

(三)创设历史情境，自主建构历史

教科书中的历史知识和结论，有时很难引起学生的认同与共鸣。教师应通过具体的史料和恰当的问题设计创设历史情境，为学生提供一个与历史对话的机会，帮助学生“回到历史的现场”去理解和感悟历史，自主建构历史。

(四)开发课程资源，加强历史理解

学生学习历史的主要媒介是历史课程资源，包括历史教科书、学习参考书、各种史料及其他相关历史学习资源等。教科书中的史事大多只是历史解释的一部分，而学生往往认为其是真实而全面的客观历史存在或者是唯一的历史解释，这是一种片面的认识。因此，在教学中，我们要开发利用更多的课程资源，以帮助学生更好地理解历史。

(五)开展史料研习，提升学科能力

建构基于史料研习的教学方式，引导学生搜集、整理、辨析史料，运用史料对历史问题进行探究，以提高学生的历史学科能力。通过自己对相关史事的了解，尤其是对有价值的史料进行分析，用实证的方式，以可靠的史料作为证据来说明自己对问题的看法，最终实现自己对历史学习问题的真正解决。

(六)实施问题引领，培养思维能力

认识历史不是取决于记忆现成的历史结论，而是要面对并解决历史学习中的问题。

教师在分析教学内容的基础上，要以问题解决作为展开教学的切入点，结合教学内容的逻辑层次，设置需要在教学过程中解决的问题，以问题来激活、调动学生的思维，提高学生的历史思维能力。在解决问题的过程中也会出现新的问题，需要进一步深度学习和探究。

(七)运用信息技术，优化教学方式

现代信息技术突破了传统课堂空间和教师“一言堂”的限制，有效地改变了传统教学方式，适应了信息时代人们个性化、多样化的学习习惯和学习方式。微课、慕课、翻转课堂等方式可以为学生自主学习和巩固学习成果提供有效的手段。各类思维导图软件为学生学习历史和认知历史提供了有效的工具。在信息时代，教师也要帮助学生学会甄别海量信息，去伪存真，运用可靠的历史资料。

四、有效实施教学评价

(一)探索以学科素养为核心的评价理念

在具体评价过程中自始至终以历史学科核心素养为核心，“以学生发展为本”。以历史学科核心素养的层次要求为依据，无论是评价主体、评价内容还是评价方法和手段的选择都必须围绕历史学科核心素养，对学生所学历史知识与技能运用于解决具体问题时体现出的历史学科核心素养水平进行评价。

(二)制定符合学业质量要求的评价目标

学业质量是本次课程标准修订的亮点之一。对于核心素养的五个方面，课程标准给出了明确的学业质量描述。教师在制定评价目标时要以学业质量为依据，深刻理解核心素养的内涵，准确把握学业质量不同水平所描述的表现特征，对于不同学段、模块、单元和课的评价目标进行整体规划和设计。评价目标要和教学目标一致，要围绕学生核心素养是否达成展开，使教、学、评互相促进，共同服务于学生核心素养的发展。

(三)以多元化评价促进核心素养达成

课程改革强调的评价不再只是对学生进行甄别和选拔，而是为了让学生更好地发展，评价的主体、内容和方法都应多样。基于不同的分类标准，学业评价的类型也有所不同。比如，根据参与评价主体的不同，学业评价包括自我评价、外部评价两种类型；根据评价功能的不同，学业评价包括诊断性评价、过程性评价和终结性评价三种类型；根据评价分析方法的不同，学业评价包括定量评价、定性评价两种类型。

在评价过程中，既要关注学生在课堂学习活动中的表现，也要关注学生在复杂情境下开展相关实践活动的能力。除了纸笔测验，历史学业评价形式还包括撰写历史论

文、创作历史文学作品、创作历史音乐作品、绘制历史美术作品、编辑历史报刊、搜集历史专题资料、调查历史古迹、制作历史模型、进行历史辩论和演讲、创作和表演历史小话剧以及开展历史游戏活动等。

(四)重视评价反馈结果的教学引领

评价反馈是评价的重要组成部分。在学业评价结果的应用上，教师要结合历史学科核心素养水平、学业质量表现和学生个人能力等因素，寻找学生学业表现和目标要求之间的差距；针对学生的具体情况，调整、修改教学策略；丰富情感体验，为进一步改进历史教学、实现自我发展提供动力。同时，要建立师生对话交流的沟通途径，及时、准确地向学生反馈学业水平信息，提出有针对性的学习建议。师生共同解读学生学业评价结果信息，引导学生学会评价，主动将自己的学习效果与历史学业标准相对照，改善历史学习的方式方法，分析努力程度等非智力因素，发挥学业评价反馈的最大效用。

复习注意问题

1. 熟悉历史课程的主要内容。
2. 知道学业质量内涵及与考试评价的关系。
3. 熟悉新课标背景下的历史教学策略。

本章小结

普通高中历史课程由必修、选择性必修、选修三类课程构成，必修课程以通史形式展示中国历史和世界历史发展的基本过程，选择性必修课程以专题史形式揭示人类政治生活、经济与社会生活、文化交流与传播的发展，选修课程涉及理解与解释历史所需的基本原理与方法。根据历史学科核心素养达成的不同水平，高中历史学科学业质量标准分为依次递进的 4 级。基于核心素养的高中历史教学，要从教学目标、教学内容、教学过程及教学评价等方面优化教学策略。

关键术语

课程内容　学业质量　教学策略

拓展阅读

1. 陈志刚：《历史学科核心素养的培养与评价改革》，载《中学历史教学参考》，2017(19)。

2. 薛伟强：《中学生史证能力素养的内涵、现状与培育》，载《历史教学(上半月刊)》，2018(8)。

3. 黄牧航：《基于历史学科核心素养的三维测评模型》，载《课程·教材·教法》，2019(9)。

实训练习

【简答题】

1. 谈一谈高中历史课程的基本结构与内容。

2. 高中历史学业质量标准有何意义?

3. 培养历史学科核心素养有哪些基本策略?

【参考答案】

1. 普通高中历史课程由必修、选择性必修、选修三类课程构成。必修课程为《中外历史纲要》，展示中国历史和世界历史发展的基本过程；选择性必修课程包含《国家制度与社会治理》《经济与社会生活》《文化交流与传播》三个模块；选修课程包含《史学入门》和《史料研读》两个模块。

2. 历史学科学业质量代表着历史教育质量的国家要求，是连接核心素养与课程标准、考试、评价的桥梁，使得课程内容的落实有标准可依、核心素养的培养和检测有标准可参照，从根本上保证了历史课程目标的实现，有利于实现高中历史教—学—评的一体化。

3. 科学制定教学目标，有效整合教学内容，有效设计和实施教学，有效实施教学评价。

第十三章　高中历史教科书及其使用

【本章要点】

本章主要概述部编版高中历史教科书内容、特色及其使用方法。部编版高中历史教科书主要包括必修课程《中外历史纲要》和选择性必修课程《国家制度与社会治理》《经济与社会生活》《文化交流与传播》。教科书是“资源”和“工具”，要“用教科书教”而不是“教教科书”。使用部编版高中历史教科书要由浅及深、由表及里地理解研究教科书、诠释整合教科书。

【学习目标】

1. 熟悉部编版高中历史教科书的主要内容、编写体例、编写特色。

2. 树立科学的教科书观。

3. 掌握优化整合教科书内容的基本方法。

【课程导言】

2019年，部编版高中历史教科书开始在北京、天津、辽宁、上海、山东、海南六省市试用。新教材的内容、编写体例与之前相比发生了很大的变化，教师须熟悉相关内容和特点，树立科学的教科书观。

一、部编版高中历史教科书概述

按照《普通高中历史课程标准(2017年版2020年修订)》要求，高中历史教科书分成通史和专题史两大类。通史类为必修课，是普通高中学生的共同基础教育课程；专题史类为选择性必修课程和选修课程。2019年，部编版高中历史教科书在全国六省市开始试用，全套书共5册，其中必修教材分《中外历史纲要(上)》(中国通史)、《中外历史纲要(下)》(世界通史)2册，选择性必修教材分《国家制度与社会治理》《经济与社会生活》和《文化交流与传播》3册。高中历史选修课程为《史学入门》和《史料研读》，作为校本课程，教材可由有条件的学校自行编写。

(一)教科书内容概述

《中外历史纲要》是必修课程，采用通史体例，包含中国古代史、中国近代史、中国现代史和世界古代史、世界近现代史，编写采取详今略古的原则。《国家制度与社会治理》《经济与社会生活》和《文化交流与传播》是选择性必修课程，采用专题史体例，打破了中国史和世界史的分界，让学生从政治史、经济史、文化史角度了解人类历史的发展。各专题按照时序分别表述中外历史中不同领域的重要内容，引领学生从不同视角认识历史。

1.《中外历史纲要(上)》

《中外历史纲要(上)》属于中国通史，共10个单元29课，另加活动课，总共30课。中国古代史分成4个单元共15课，4个单元的主题分别是：从中华文明起源到秦汉统一多民族封建国家的建立与巩固、三国两晋南北朝的民族交融与隋唐统一多民族封建国家的发展、辽宋夏金多民族政权的并立与元朝的统一、明清中国版图的奠定与面临的挑战。中国近代史分成4个单元共10课，4个单元的主题分别是：晚清时期的内忧外患与救亡图存、辛亥革命与中华民国的建立、中国共产党成立与新民主主义革命兴起、中华民族的抗日战争和人民解放战争。中国现代史分成2个单元共4课，2个单元的主题分别是：中华人民共和国成立和社会主义革命与建设、改革开放与社会主义现代化建设新时期。

《中外历史纲要(上)》以时序为基本框架，采取详今略古的办法，较详叙述鸦片战争以来近180年的历史，简略叙述鸦片战争以前的古代历史，包括了全部中国史，即从文明起源到党的十九大以来的历史，清晰地展现了原始社会、奴隶社会、封建社会、半殖民地半封建社会、新民主主义社会和社会主义社会的中国历史发展线索，使学生认识中国作为统一多民族国家发展的基本脉络。

2.《中外历史纲要(下)》

《中外历史纲要(下)》属于世界通史，共9个单元23课，另加活动课，总共24课。世界古代史分成3个单元共7课，3个单元的主题分别是：古代文明的产生与发展、中古时期的世界、走向整体的世界。世界近现代史分成6个单元共16课，6个单元的主题分别是：资本主义制度的确立，工业革命与马克思主义的诞生，世界殖民体系与亚非拉民族独立运动，两次世界大战、十月革命与国际秩序的演变，20世纪下半叶世界的新变化，当代世界发展的特点与主要趋势。

《中外历史纲要(下)》以时序为基本框架，展现人类社会从古至今、从分散到整体、从原始社会到社会主义社会五种社会形态从低级到高级的发展历程，使学生认识人类历史演变的基本脉络。

3.《国家制度与社会治理》

《国家制度与社会治理》分成6个单元共18课，另加活动课，总共19课，6个单元的主题分别是：政治制度、官员的选拔与管理、法律与教化、民族关系与国家关系、货币与赋税制度、基层治理与社会保障，讲述中国与世界其他地区不同的政治制度与基本发展脉络。

4.《经济与社会生活》

《经济与社会生活》分成6个单元共15课，另加活动课，总共16课，6个单元的主题分别是：食物生产与社会生活，生产工具与劳作方式，商业贸易与日常生活，村落、城镇与居住环境，交通与社会变迁，医疗与公共卫生，讲述中国与世界其他地区不同的社会经济生活与基本发展脉络。

5.《文化交流与传播》

《文化交流与传播》分成 6 个单元 15 课，另加活动课，总共 16 课，6 个单元的主题分别是：源远流长的中华文化，多样发展的世界文化，人口迁徙、文化交融与认同，商路、贸易与文化交流，战争与文化碰撞，文化的传承与保护，讲述中国与世界其他地区不同的文化，以及各种文化的交流、传播与基本发展脉络。

(二)教科书体例概述

5 册教科书内容各不相同，但采用了相同的编写体例，即单元—课—子目。每个单元都是一个学习主题或专题，下设 2～4 课。根据教学内容多寡，每课设有 3～4 个教学子目。每课都由正文与辅助系统构成，辅助系统主要是为了辅助学生学习正文。正文以宋体大字号编排，辅助系统除单元导读外都以楷体小字号编排如下。

教科书中的辅助栏目及功能：

1. 单元导语

每个单元的导语在单元标题之下，概述单元内各课的核心内容，明确单元内各课的学习要求。

2. 导入图和导入图图解

每课正文前有导入图和导入图图解，置于课文标题之下。导入图尽量使用较为生动的图片，用简略的说明文字简洁地引出本课要讲述的主要内容。教师可合理利用导入部分设置情境，激发学生学习兴趣。

3. 学习聚焦

位于正文每目的开头，用简练的文字总结本目核心内容，帮助学生把握本目学习方向。

4. 史料阅读

高中历史教科书的正文言简意赅，不易理解。为帮助学生加深对正文的理解，设置了史料阅读，提供简要的文献史料作为正文的补充或拓展，供学生阅读。教师要引导学生分析史料，正确理解正文的内容，认识学生学习历史必须学会阅读史料、分析史料，培养和提高学生的史料实证核心素养。不论是必修还是选择性必修，每一册教科书的每课至少有一个史料阅读。

5. 图表

为提高历史教科书的可读性，每课都插入了与课文内容相辅相成的各种插图和表格。图表包括反映各种文化遗址、文物、历史文献、历史人物、历史事件的照片、图画以及示意图等，也包括各种历史地图、地名表和反映统计数字的柱状图，一般配有详略不等的说明。教师要引导学生正确解读这些图表，可以加深对课文的理解。

6. 历史纵横

限于每课正文篇幅限制，有很多内容难以展开，但又有必要让学生知道某些历史概念、历史事件等，就用历史纵横的形式加以叙述，用于扩展、补充正文内容。每一册教科书的每课至少有一个历史纵横。

7. 思考点

在相关正文旁设置思考点，紧密结合正文内容，提出简短问题让学生思考，以引起学生阅读时注意，答案比较简单，可以从正文找到。每一册教科书的每课都设置了思考点。

8. 学思之窗

学思之窗提供一段阅读材料和思考问题，学而后思，旨在增强学生的分析思考能力，培养和提高学生的历史学科核心素养。每一册教科书的每课至少有一个学思之窗。

9. 探究与拓展

“问题探究”和“学习拓展”是每课的课后栏目。“问题探究”结合每课教学内容设置思考题，以启发学生对本课教学内容中相关重大问题的进一步思考。“学习拓展”在课文内容的基础上进一步展开课文中未能展开的相关话题，以拓展学生对课文相关内容的思考。

二、树立科学的教科书观

教科书是依据课程标准编制的供教师与学生使用的教学用书，是实现课程目标、实施教学的重要资源。为实现新课程以学生发展为本的教育理念，实现国家规定的课程改革目标，培养学生的学科核心素养，教师首先应该树立科学的教科书观。

(一)教科书是“资源”和“工具”而不是“圣经”

2001年教育部颁布《基础教育课程改革纲要（试行)》，提出了新的教材观和教科书观，即学校各门课程的内容不等于教材，课程资源包罗万象，教材(包括教科书)只是众多课程资源中的一种。新课程标准背景下，教科书是学生进行各科学习的资源和工具之一，但不是学生必须完全接受的对象和内容。因此，以教科书为核心的教材只是课程标准的具体表现形式之一，是教与学的“资源”和“工具”，而不是教师和学生不可质疑、不可逾越的“圣经”。

(二)要“用教科书教”而不是“教教科书”

在新的教科书观的指导下，教师应该放开手脚，不被教科书所束缚，改变以往那种死抠课本、字斟句酌的“教教科书”的教学方式，根据授课班级学生的学习水平、学习需求对教科书内容进行整合。“用教科书教”即不要拘泥于教科书，积极主动开发适合学情的教学资源，将教科书内容作为教学素材而不是“真理”和“教条”，做到既能依托教科书又能跳出教科书，创造性地去开发贴近学生生活、适应学生认知水平和使学生感兴趣的课程内容，以增强课堂教学的实效性。

三、高中历史教科书的使用

(一)理解研究教科书

理解研究教科书是正确使用教科书的前提和基础，一方面熟悉课程标准等关于教科书所涉及的课程内容与课程要求，另一方面熟悉教科书的内容、结构、特色等。对于部编版高中历史教科书而言，要理解研究它，应做到以下几点。

1. 熟悉部编版高中历史教科书编制的背景

统编高中历史教材是在党的十八大以后提出来的。为落实习近平总书记有关教材建设讲话精神，中共中央办公厅在2016年发出《关于加强和改进新形势下大中小学教材建设的意见》，对我国的学校教材建设进行了顶层设计，决定对中小学道德与法治(思想政治)、语文、历史三门课程教材实行统一编写、统一审查、统一使用。由此可见，由教育部统一编写中学历史教科书，是国家事权和国家行为，体现国家意志，事关党对教育工作的领导，事关党和国家长治久安，具有非常深刻的历史意义和战略意义。

党中央关于教材建设的文件中，强调了涉及国家主权、安全以及民族、宗教等意识形态较强的内容。根据党中央的精神，高中历史教材编写中突出了以下几点：

第一，关于国家主权、海洋权益等方面的爱国主义教育。教材对中国古代史中历代的疆域变迁均有阐述，对中国近代史时期的不平等条约涉及国家主权损失的部分作了总结，对中华人民共和国成立后实施独立外交政策做了阐述，引导学生认识国家主权的重要性。教材十分注重加强国防和海洋权益教育，以史实为依据，讲述了新疆、西藏、台湾及其附属岛屿钓鱼岛、南海诸岛等作为我国领土不可分割的一部分的历史渊源，以及中国近代史时期国家领土损失的教训；通过了解历史上仁人志士反抗外来侵略、建设独立国家的不懈努力，让学生在树立正确历史观的基础上，从历史的角度认识中国的国情，增强维护国家统一和国家主权安全的意识，形成对祖国的认同感和正确的国家观。

第二，注重处理历史上的民族关系，加强民族团结意识，正确处理宗教问题。教材注重从加强中华民族团结的角度讲述历史上的民族问题，通过自古以来中国作为统一多民族国家的发展，讲述了包括汉族在内的不同民族在国家发展中所起到的作用；专章讨论辽、夏、金、元、清时期少数民族政权的历史，突出少数民族对中国历史文化的特殊贡献；讲述了我国历史上不同民族交往交流交融，直至形成中华民族的历史过程；讲述了中华人民共和国成立后的民族区域自治政策；讲述了中国在世界舞台上尊重国家主权和民族平等、携手亚非拉国家反抗殖民统治的历史。通过学生的学习，引导学生形成对中华民族的认同感和正确的民族观，树立中华民族自立于世界民族之林的自信心和自豪感，筑牢中华民族共同体意识。宗教问题是中外历史上都曾产生的问题，教材根据史实做了准确叙述，引导学生树立正确的宗教观。

第三，注意中外法治历史演变的表述。教材共涉及中外法律、条约 30 余部(种)。通过介绍法治的起源、中外国家的法治建设、法治与德治、国际法的起源与发展等，让学生充分认识中国法治建设不断完善的过程、新中国法治建设取得的重要成就、中国对国际法完善作出的突出贡献，从而让学生体悟社会主义法制的优越性，认识依法治国的必要性，树立正确的法治观。

第四，注意在教材中开展生态文明发展的表述。教材有关课文中加入了人类生活与生态文明关系的表述，通过讲述人类文明发展和周边环境变迁的关系，尤其是工业革命以来科技对生态环境的影响，引导学生通过学习进一步理解经济活动与社会、科技与生活等之间的关系，深化人与自然、人与社会等和谐发展的认识，牢固树立社会主义生态文明观，自觉养成热爱自然、热爱劳动、热爱生活、热爱祖国和珍爱生命的优良品质，为推动人与自然和谐发展、建设美丽中国而努力。

2. 熟悉《普通高中历史课程标准(2017 年版 2022 年修订)》规定的课程要求与课程内容

课程标准是编制各科教科书的重要依据，要全面深刻地理解部编版高中历史教科书，就要熟悉《普通高中历史课程标准(2017 年版 2022 年修订)》，其中最重要的是高中历史的课程性质、历史学科核心素养、课程要求与课程内容。教师在研究教科书前要通读课程标准，进而精读和解读。

3. 熟悉部编版高中历史教科书的内容、结构、特色

第一，通读教科书，从整体上把握部编版高中历史教科书的内容和结构。

第二，精读每一册教科书，体会教科书的编制意图和编写特色。以《中外历史纲要(上)》为例，本册教科书的内容包括从文明起源到党的十九大以来的历史，采取了详今略古的编写办法，鸦片战争以来近 180 年的历史叙述较详，鸦片战争以前的古代历史叙述简略。

中国古代史的内容从文明起源到商周，从春秋战国到秦的统一，从两汉到魏晋南北朝，从隋唐到两宋，从辽夏金元到明清，中国古代史的发展线索是清晰的，厘清了中国古代的社会发展形态，概括和叙述了中国古代的政治制度发展、经济生活、文化思想、科技进步，强调了古代中国从秦统一起就是一个统一多民族封建国家，促进了民族的交往交流交融。中国古代史上的两次民族大交融，即魏晋南北朝时期的民族大交融和辽夏金元时期的民族大交融，为分别在其后的隋唐统一多民族国家和明清统一多民族国家的出现奠定了基础。长期的民族交往交流交融，为此后形成中华民族打下了良好的基础。

从鸦片战争开始的中国近代史，是中国人民的屈辱史，也是中国人民的奋斗史和抗争史，还是中国人民由“沉沦”走向“谷底”再走向“上升”的历史。中国现代史是中国人民从站起来到富起来再到强起来的历史。教材系统讲述了鸦片战争以来中华民族为国家独立、民族解放而斗争的历史，突出展现了中国共产党的建立、发展及指导中国革命、新中国建设的历史，介绍了毛泽东、周恩来、邓小平等 19 位老一辈革命家。抗日战争史突出介绍了中国抗日战争从局部抗战、全民族抗战到最终战胜日本法西斯历经 14 年的史实，强调了中国战场对世界反法西斯战争胜利作出的巨大贡献和中国共产

党在抗战中发挥的中流砥柱作用。

通过对近代中国不同阶层救亡图存斗争的讲述，以及对中华人民共和国成立以来中国综合国力不断提高、人民生活水平蒸蒸日上的叙述，引导学生认识到以马克思主义为指导、以中国共产党为领导、走社会主义道路是历史的选择，认识到没有共产党就没有新中国，只有在中国共产党领导下，中国才能实现民族独立和国家复兴。课文还突出十八大以来中国历史发展的特点，使学生体会到习近平新时代中国特色社会主义思想的优越性。

(二)诠释、整合教科书

1. 结合《普通高中历史课程标准(2017 年版 2022 年修订)》诠释、整合教科书

结合课程标准诠释、整合高中历史教科书，可以帮助教师筛选知识要点，确定教学重点。以《中外历史纲要(上)》第 26 课“中华人民共和国成立和向社会主义的过渡”为例。课程标准中的内容要求为：认识中华人民共和国成立的伟大意义；概述新中国巩固人民政权的主要举措；认识新中国为民主政治建设和向社会主义过渡所作出的努力。教师在诠释、整合本课课程内容时，应依据课程标准的内容要求，简化中华人民共和国成立的过程，重点突出其成立的意义；简要介绍土地改革、稳定物价、抗美援朝等巩固人民政权的主要举措；突出过渡时期总路线、社会主义三大改造、《中华人民共和国宪法》，帮助学生认识新中国为建设民主政治和向社会主义过渡所作出的努力；对于第三子目“开创独立自主的和平外交”则可以做简略处理。结合课程标准诠释、整合教科书内容，可以帮助教师确定课堂教学重点，确定学生阅读内容和教师重点讲解内容，解决课文内容多、讲不完的问题。

2. 结合部编初中历史教科书诠释、整合教科书

高中历史教科书尤其是必修部分，是对初中历史教科书的进一步拓展和提高。针对不同学段学生的特点和课程目标，初高中历史教科书又各具特色。初中历史教科书对历史过程的撰写比较细致；高中历史教科书偏重于提纲挈领，注重培养和提升历史学科核心素养。结合初中历史教科书，教师可以在学生原有的知识基础上拓展提升。以“鸦片战争”和“第二次鸦片战争”为例。部编初中历史教科书八年级上册第 1 课和第 2 课详细讲述了两次鸦片战争爆发的背景、经过与影响，而部编高中历史教科书中，两次鸦片战争只是第 16 课“两次鸦片战争”的一个子目，简要讲述了两次鸦片战争爆发的背景、经过与影响。更多的笔墨用在了“19 世纪中期的世界与中国”，以及“开眼看世界”——鸦片战争给中国社会带来的冲击与回应上。教师应结合初中历史“鸦片战争”的内容，将本课的教学重点放在第一和第三子目，而对第二子目“两次鸦片战争”进行简化处理。同时，针对高中历史学科核心素养，整合多种相关史料诠释第一和第三子目。

3. 借助于高中历史教科书中的相关辅助系统诠释、整合教科书

部编高中历史教科书中的单元导语、导入图和导入图图解、学习聚焦、史料阅读、图表、历史纵横、思考点、学思之窗以及课后的问题探究和学习拓展等辅助栏目，为教师诠释、整合教科书提供了很多便利。

(三)灵活运用教科书

1. 提炼处理知识密度较高的教学内容，将其化繁为简，便于学生掌握

以《中外历史纲要(上)》第 5 课“三国两晋南北朝的政权更迭与民族交融”为例，仅所涉及的朝代更迭就非常复杂，为帮助学生建立相关的时空观念，教师可以对教科书上的内容进行加工，将其变成便于学生认识理解的图表格式(见图 13-1)。

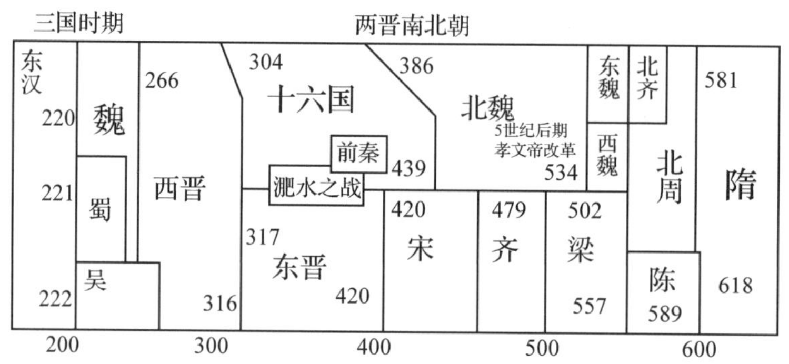

图 13-1　三国两晋南北朝历史年表

2. 引用相关史料或文献，降低学习难度

由于历史教科书容量的限制，有些内容的叙述比较精练，但涉及的历史现象比较复杂，给学生的认知造成一定的难度。以《中外历史纲要(下)》第 1 课“文明的产生与早期发展”为例，本课第一个子目“人类文明的产生”左侧的“学习聚焦”标明“随着阶级的产生和国家的形成，人类进入奴隶社会”，相当于承认阶级的产生和国家的形成是文明诞生的基本标志。虽然子目下正文讲述了人类文明产生的历史进程，出现了“阶级”和“国家”，但是对高中生来讲仍然会有疑问，例如，文明诞生是否还有其他标志？对此，教师可引用相关文献进一步说明。

人类学者指出了将文明与新石器时代的部落文化区别开来的一些特征。这些特征包括：城市中心、有制度确立的国家的政治权利、纳贡或税收、文字、社会分为阶级或等级、巨大的建筑物、各种专门的艺术和科学，等等。并非所有文明都具备这些特征……但是这一组特征在确定世界上不同地域、不同时期的文明性质时，可以用作一般的指南。

——[美]斯塔夫利阿诺斯：《全球通史——1500 年以前的世界》

对于最初人类文明出现的判断标准，主要是国家制度的确立，文字、文献的形成，冶金业及制作金属工具的普及，城市建筑的设置四个方面。

——陈明远编著：《质疑四大文明古国——颠覆历史常识》

讨论：以上两则材料中，判断文明出现的标准有哪些？两则材料的观点有何相似之处？你认为判断文明出现的标准有哪些？为什么？

通过对两则材料的分析和讨论，可以帮助学生认识到文明出现的诸多标志，也可以帮助学生归纳出历史研究者对文明出现的标志的共同认识，培养其历史解释素养。

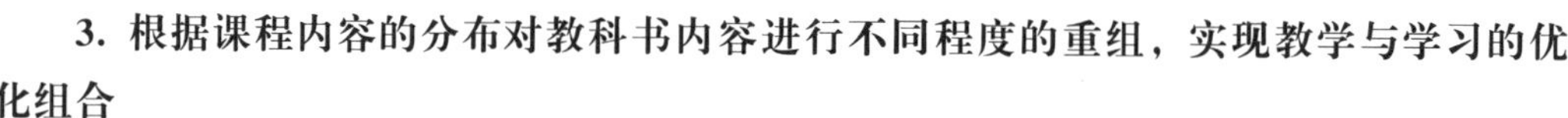

3. 根据课程内容的分布对教科书内容进行不同程度的重组，实现教学与学习的优化组合

历史的发展不是单线式的，各种历史现象在不同的地区交替出现，互相联系，互相影响。但是部编版高中历史教科书将中国史和世界史分开，不利于学生对历史现象形成完整的认识。为克服这个问题，历史教师在教学中可以根据不同课、不同单元甚至不同教科书、不同学科之间的有机联系，对相关教学内容进行整合。

第一，课之间教学内容的整合。例如，《中外历史纲要(下)》将两次世界大战分散在第 14 课“第一次世界大战与战后国际秩序”、第 16 课“亚非拉民族民主运动的高涨”中，教师可以将同一单元内的两课整合为“20 世纪上半叶的全球规模战争”。

第二，单元之间教学内容的整合。例如，将《中外历史纲要(上)》第四单元“明清中国版图的奠定与面临的挑战”与第五单元“晚清时期的内忧外患与救亡图存”的相关内容重组。晚清时期，中国面临着“前所未有之变局”的内忧外患，但这个“变局”不是突如其来的，它有着深远历史渊源。从内因来讲，它与清政府实行的闭关自守政策紧密相连，也与清朝统治者妄自尊大息息相关。因此，在处理第四单元和第五单元的教学内容时，可将两个单元中的相关内容进行重组，把第四单元第 14 课“清朝前中期的的鼎盛与危机”中的“统治危机的初显”以及课后的“问题探究”与第五单元第 16 课“两次鸦片战争”中的“19 世纪的世界与中国”进行组合，完整展现鸦片战争前清朝落后的外交政策与统治者荒唐的应对心态，从清朝内部原因的角度加强对鸦片战争爆发必然性的理解。

第三，教科书之间教学内容的整合。例如，必修课程《中外历史纲要(下)》第 12 课“资本主义世界殖民体系的形成”和选择性必修课程《文化交流与传播》第 7 课“近代殖民活动与人口的跨地域转移”两者内容交叉点较多，一定程度上互为因果。在讲授“资本主义世界殖民体系的形成”时，可适当引入“近代殖民活动与人口的跨地域转移”的相关内容，将其作为资本主义世界殖民体系的负面影响，帮助学生更加深刻地认识到资本主义世界殖民体系的罪恶和给殖民地人民带来的苦难。在讲授“近代殖民活动与人口的跨地域转移”时，可适当引入“资本主义世界殖民体系的形成”的相关内容，将其作为近代殖民活动与人口的跨地域转移的大的时代背景，帮助学生更加深刻地认识到人口的地域转移背后巨大的历史推动力。又如，新航路开辟对世界的政治、经济和文化都带来了巨大的影响，在多册高中历史教科书中都有提及，包括《中外历史纲要(下)》第 6 课“全球航路的开辟”、第 7 课“全球联系的初步建立与世界格局的演变”，《文化交流与传播》第 10 课“近代以来的世界贸易与文化交流的扩展”，《经济与社会生活》第 2 课“新航路开辟后的食物物种交流”。在教授以上内容时，可以根据教学需要进行不同程度的重组，以帮助学生全面深刻地认识新航路开辟的世界意义。

第四，学科之间教学内容的整合。历史学是一门包罗万象的学科，涉及人类历史上各个学科的知识。面对比较深奥的其他学科知识，仅凭历史教科书上的内容和历史教师的现有水平很难讲得清楚，教师可以整合其他相关学科的内容。例如，《中外历史纲要(下)》第 8 课“欧洲的思想解放运动”，四个子目分别是文艺复兴、宗教改革、近代科学的兴起和启蒙运动，涉及文学、艺术、宗教、思想以及近代自然科学。为化解这一课的教学困难，教师可以与语文、美术、思想政治和物理等相关学科的内容整合，从专业学科角度认识其进步所在，进而用唯物史观对其历史意义进行深度解读。

4. 利用地方特色资源丰富教科书中相关内容，拉近与学生的距离

《中外历史纲要(上)》是简明的中国通史，所含内容丰富，所涉地理范围广泛，全国统一的高中历史教科书很难体现出地方特色。教师在讲授相关内容时，可以选取典型的地方资源，如当地历史遗址、博物馆或纪念馆。以“孔子像”为例，不同地区的文庙里都有自己的孔子像。教师在讲授《中外历史纲要(上)》第 2 课“诸侯纷争与变法运动”第三子目“孔子和老子”时，可以使用当地文庙里的孔子像。如果在山东曲阜，不仅有孔子像，还有孔府、孔庙、孔林等各种“孔子元素”。

5. 挖掘教科书内容，创设合理的问题情境

部编版高中历史教科书的编制是叙述式的，正文很少提出问题。教师应该挖掘教科书内容，创设合理的问题情境，提出学生感兴趣的问题，以引发他们对历史问题的探究。以《国家制度与社会治理》第六单元“基层治理与社会保障”第 17 课“中国古代的户籍制度与社会治理”第三子目“历代社会救济与优抚政策”为例，教师可以根据目前我国的社会救济与优抚政策，针对所在地区的学生的学情，以学生所在地区的社会救济与优抚政策为切入点设置问题情境，如“比较我国古代基层组织形态与当前社会救济与优抚政策的异同”。将学生的实际生活经验应用到历史学习和认识中，使学生认识到我国目前的社会救济与优抚政策是对历代社会救济与优抚政策的继承与发展，也认识到我国社会主义救济与优抚政策的先进性和优越性。

复习注意问题

1. 尊重教科书但不“尽信书”。历史教科书不是客观的“历史事实”，而是一种学界普遍认可的“历史认识”，教师和学生可以展开对教科书内容的探究和讨论，形成不同的历史认识。这种探究和认识并不是不尊重教科书，而是对教科书的创造性使用，是将教科书视为教师和学生进行“教”与“学”的一种工具和资源。部编版高中历史教科书由国家统一组织编写，是国家意志的体现。尊重教科书是创造性使用教科书的前提，任何脱离部编版高中历史教科书谈创造性教学的举动都是不明智的。

2. 提升自己的课程观、教材观。新课程改革以来，“以学生发展为本”“为了每个学生的发展”“由知识本位向学生本位转变”的课程改革理念和“资源性”“综合性”“引导式”的教材观念深入人心。时隔近二十年后，全国重新使用国家统编历史教科书，是对新世纪历史课程改革的继承与发展。教师应不断提升自己的课程观、教材观，用科学的课程观、教材观来指导教科书的有效使用。

3. 团队合作，共同成长。“尺有所短，寸有所长”，在成长道路上，教师们应互相学习、互相借鉴。部编版高中历史教科书正在逐步推广，需要教师们发挥集体智慧和力量，进行团队合作，互相听课、评课、磨课，达到对教科书的熟悉、把握和灵活运用，实现教师群体的共同成长。

本章小结

部编版高中历史教科书的主要内容和编写体例都有鲜明的特色，教师应该树立科学的教科书观，根据教学需要和学情需要诠释、整合教科书，采取各种教学方法灵活运用教科书。

关键术语

部编版高中历史教科书　主要内容　编写体例　教科书观　教科书整合

思考题

2001 年起，教育部对基础教育阶段各学科实行“一纲多本”的教科书编制制度。然而，十余年后，包括历史在内的三门课程实行由教育部组织编写教科书的新政策。你对历史教科书编制政策的变化有何认识？

拓展阅读

1. 陈志刚、赵沁：《“知行合一”用好历史教科书——教师的教材观与教科书的使用》，载《历史教学问题》，2010(6)。

2. 周云：《高中历史教师创造性使用教科书的原则》，载《教学与管理》，2017(34)。

3. 刘正伟：《教科书使用：国际经验及启示》，载《上海教育科研》，2019(5)。

实训练习

【简答题】

1. 部编版高中历史教科书的编制特点是什么？

2. 使用部编版高中历史教科书时应树立什么样的教科书观？

3. 如何在教学中灵活使用部编版高中历史教科书？

【参考答案】

1. 部编版高中历史教科书分成二大类，即通史类和专题史类。通史类规定为必修课程，是普通高中学生的共同基础教育课程；专题史类规定为选择性必修课程和选修课程。

教科书内容各不相同，但采用了相同的编写体例，即单元—课—子目。每个单元都是一个学习主题或专题，下设 2～4 课。根据教学内容多寡，每课设有 3～4 个教学子目。每课都由正文与辅助系统构成，辅助系统主要是为了辅助学生学习正文。正文以宋体大字号编排，辅助系统除单元导读外都以楷体小字号编排。

2. 教科书是“资源”和“工具”而不是“圣经”。学校各门课程的内容不等于教材，课程资源包罗万象，教材(包括教科书)只是众多课程资源中的一种。以教科书为核心的教材只是课程标准的具体表现形式之一，不是教师和学生不可逾越的“圣经”。

要“用教科书教”而不是“教教科书”。教师应该放开手脚，改变以往那种死抠课本、字斟句酌的“教教科书”的教学方式，根据授课班级学生的学习水平、学习需求对教科书内容进行整合，积极主动开发适合学情的教学资源，做到“用教科书教”。

3. 提炼处理知识密度较高的教学内容，将其化繁为简，便于学生掌握。引用相关史料或文献，降低学习难度。根据课程内容的分布对教科书内容进行不同程度的重组，实现教学与学习的优化组合。利用地方特色资源丰富教科书中相关内容，拉近与学生的距离。挖掘教科书内容，创设合理的问题情境。

第十四章　历史学理论与方法

【本章要点】

高中历史的基本史学理论常识包括本体论、方法论与认识论三个维度。本体论主要有“生产力与生产关系的辩证关系”“经济基础与上层建筑的辩证关系”“阶级斗争与社会发展的关系”“人民群众在社会历史发展中的作用”等。方法论包含确定历史事实的“技术性方法”以及研究者进行判断和推理的“导向性方法”两大类。认识论侧重于历史事实的客观性、历史发展的规律性以及历史认识的可知性三个层面。

【学习目标】

1. 理解“生产力与生产关系的辩证关系”“经济基础与上层建筑的辩证关系”“阶级斗争与社会发展的关系”“人民群众在社会历史发展中的作用”等唯物史观的基本原理。

2. 掌握史学研究的基本方法；会运用史料的搜集、考证与整理原则进行相关史料实证训练；关注学术前沿，了解新史学研究范式。

3. 理解“实践的唯物主义”的基本内涵。

【课程导言】

《普通高中历史课程标准(2017 年版 2020 年修订)》规定的课程目标和内容要求，蕴含着若干基本的和重要的历史学理论与方法。同时，我们要上好一节历史课，有针对性地设计和达成高中历史学科核心素养教学目标，也离不开历史学基本理论与方法的指导。

一、本体论下的史学常识——唯物史观理论

唯物史观作为历史学科五大核心素养之首，是诸素养得以达成的理论保证。《普通高中历史课程标准(2017 年版 2020 年修订)》指出：“唯物史观是揭示人类社会历史客观基础及发展规律的科学的历史观和方法论。”“人类对历史的认识是由表及里、逐渐深化的，要透过历史的纷杂表象认识历史的本质，科学的历史观和方法论是非常重要的。唯物史观使历史学成为一门科学，只有运用唯物史观的立场、观点和方法，才能对历史有全面、客观的认识。”唯物史观的基本原理与方法包含了如下几个维度。

1.“生产力与生产关系”及其关系

唯物史观认为，生产力是人类社会改造、影响自然的物质力量。其进步不仅包括生产工具的改进，也包括劳动者自身的进步，如生产技术经验积累。而生产关系则是人们在物质生产过程中所结成的社会关系，主要包括生产资料所有制关系、劳动和活动的分工与交换关系，以及生产成果的分配关系、消费关系。二者之间存在着辩证关

系：一方面，生产力对生产关系起着支配作用；另一方面，生产关系对生产力起着反作用。

延伸阅读

生产力与生产关系的教学案例

在讲解我国古代春秋战国时期出现社会大变革的根本原因时，教师往往运用“生产力与生产关系”的理论进行分析阐释：春秋时期，伴随着铁器的出现(生产工具的改进)，社会生产力水平得到提高。在经济上，西周流行的井田制(土地国有)此时开始瓦解，到战国最终确立了封建土地私有制(生产资料所有制形式的变革)。这里运用了唯物史观的“生产力与生产关系”中“生产力决定生产关系”的原理。

作为辩证关系，生产关系对于生产力还具有反作用。历史上很多生产力提高的历史事件，都是在生产关系率先发生变革的前提下被“倒逼”出来的。例如，在英国发生工业革命之前，资本主义生产关系已经建立起来，加之当时英国海外市场的日益扩大，原有传统手工的生产力水平已经难以适应经济社会发展的需要，因此在后来出现了哈格里夫斯发明珍妮纺纱机、瓦特改良蒸汽机等一系列生产力领域的变革，促进了生产力水平的提高，从而适应了当时生产关系发展的需要。

在运用“生产力与生产关系”的辩证关系原理进行历史解释时，需要关注如下四点原则：

一是准确理解“生产力”与“生产关系”的具体内涵。“生产力”的内涵包括两个维度，一是生产工具的改进，二是劳动者自身的进步，如生产技术经验的积累。而“生产关系”的内涵则包括了生产资料所有制关系、劳动和活动的分工与交换关系，以及生产成果的分配关系、消费关系等。在运用这一辩证关系原理教学时，应该根据具体的教学内容对该原理进行细化，明确某一历史事物具体体现了“生产力”与“生产关系”的哪一内涵，使该原理真正落地。

二是对立统一。生产力是历史发展的根本动力，但生产力的决定作用并非意味着它的“独立”，它必须置身于与生产关系的统一系统之中。相对于生产力而言，生产关系具有相对的稳定性、滞后性。生产力发展状况的改变并不是立即决定了生产关系的调整，二者之间往往存在一定的时间差。同时，生产关系并非单纯受制于生产力的要求，作为经济基础，它还要受到上层建筑的影响。①

延伸阅读

春秋战国生产关系与生产力变革的时间差

中国古代春秋时期，铁器出现并投入农业生产，促进生产力水平提高，进而推动

① 沈克学、沈为慧：《高中历史唯物史观素养水平3—4解读与教学建议》，载《天津师范大学学报(基础教育版)》，2019(2)。

井田制逐渐瓦解，至战国时期封建土地私有制（生产关系领域的变革）最终确立。这一历史现象的完成并不是一蹴而就的，因果间存在一定的时间差。其原因在于，西周时期的井田制作为经济基础，其瓦解的过程会受到在当时表现为分封制的上层建筑的影响。因此，在经历了天子与诸侯之间的长期博弈角逐后，才逐渐形成了“礼乐征伐自诸侯出”的政治局面。这说明，在当时特定历史环境下，生产关系领域出现真正变革需要漫长时间差。

三是机制原理。生产力和生产关系的相互作用并不是直接的、机械的，而是通过“人的劳动”也就是实践这个中介发挥影响的。[①] 如春秋时期铁器的出现不会自动地促进生产力水平提高，需要通过人的实践（将铁器投入农业生产活动）才能实现；英国工业革命前资本主义生产方式的出现也没有立即促进新的技术发明，而需要技术实践者们的个人努力。这其中，体现着实践在唯物史观原理运用中的关键作用。

四是人的主体性。作为历史主体的人，是社会历史发展中能动性的根源。需要强调的是，离开人的主体性、能动性和选择性来谈历史规律，容易导致生产力一元决定论，甚至是单一经济决定论。马克思、恩格斯是从人自身、生产力与生产关系、实践活动这三个基本视角来理解历史的，从而架构起唯物史观的三重维度。

延伸阅读

生产力、生产关系中“人”的主观作用

我们在运用唯物史观的任何一条原理进行历史解释时，都不能忽视“人”的主观作用，并要用发展的眼光去看待历史现象。例如，我国古代自春秋时期出现铁器并在农业生产中投入使用，促进了生产力水平的提高，但直至战国时期才正式确立了封建土地私有制。可见，生产力水平的提高并没有即刻导致生产关系的变革。中间的“过渡期”是人为因素在起作用，即旧式贵族垄断的瓦解与新兴地主阶级统治的确立，这是一个循序渐进的过程。战国时期，各国的改革家们以“壮士断腕”的魄力与决心推动本国变法运动的开展，最终秦国的商鞅变法确立了封建土地私有制。同理，英国工业革命前资本主义生产关系的确立并没有立即自动促进生产工具（生产力）的变革，不论是珍妮纺纱机的发明、蒸汽机的改良还是工业革命后期出现的蒸汽机车、汽轮，都离不开个人的发明与创造。

2.“经济基础与上层建筑”及其关系

唯物史观认为，经济基础是指生产关系的总和，包括生产分工关系、交换和分配关系、消费关系、所有制关系。而上层建筑则指社会的政治、法律、宗教等制度和机构，以及社会的意识形态如政治、法律、道德、哲学、艺术、宗教等观念。同样，二

---

① 沈克学、沈为慧：《高中历史唯物史观素养水平 3—4 解读与教学建议》，载《天津师范大学学报（基础教育版）》，2019(2)。

者之间存在辩证关系：经济基础决定上层建筑，而上层建筑又反作用于经济基础。

“经济基础决定上层建筑”，指特定时期内上层建筑领域的变革是由当时经济基础的变化决定的。有什么样的经济基础，就会有什么样的对应的上层建筑。例如，铁犁牛耕的出现(属于生产力的范畴)影响了春秋时期生产力的变革，从而推动生产关系领域的变化，进而影响思想等上层建筑领域出现变革，反映出了“生产力—生产关系—上层建筑”的逻辑链条。

“上层建筑反作用于经济基础”，指上层建筑对经济基础具有反作用。例如，1978年中共十一届三中全会召开，中国拉开改革开放的序幕。作为对内改革的关键一环，由计划经济向市场经济的过渡体现着我国的经济基础随着时代的变化悄然发生着改变。那个时代中国社会一股强烈的思潮(属于上层建筑范畴)“倒逼”中央作出经济基础领域的变革，这就是“上层建筑反作用于经济基础”的典型表现。上层建筑的“反作用”有时也不一定是积极的推动作用，社会观念、习俗、宗教、法律等上层建筑往往具有相对独立性，不会随着经济基础的变化而立即发生转变。

把握唯物史观的这一原理，应注意以下几点原则：

其一，异质性。经济基础与上层建筑的矛盾不是同一性质的经济基础与上层建筑的矛盾，而是不同性质的经济基础与上层建筑的矛盾。

其二，动态性。社会历史条件不同，经济基础与上层建筑的含义就不同，其关系也完全不同。而“决定”和“被决定”的含义在不同时代也不同。

其三，发展性。马克思、恩格斯的上层建筑理论不是现成的，而是解释学的。他们在论述经济基础与上层建筑的关系时较多地强调了经济基础的决定作用，而对上层建筑的反作用则并未作出详尽的阐述。在经济全球化程度高的当今，经济基础与上层建筑的具体内涵与表现形式也出现了新的变化。

其四，复杂性。唯物史观的结构是一个复杂的系统，经济基础处于不断变动之中，它对上层建筑的影响呈现着复杂的情形；上层建筑也是动态的，它反作用于经济基础，情形同样复杂。

其五，次生性。生产力和生产关系的矛盾从深层揭示了社会历史发展的面貌和趋势，这一矛盾具有本质性和决定性。经济基础和上层建筑的矛盾，归根结底是由生产力和生产关系的矛盾制约的，是现象反映本质的关系。只有把生产力和生产关系的矛盾运动同经济基础和上层建筑的矛盾运动结合起来观察，才能全面地把握整个社会的基本面貌和发展方向。

3.“阶级斗争与社会发展”的关系

唯物史观认为，阶级斗争是阶级对立社会发展的直接动力。马克思、恩格斯特别强调了资产阶级和无产阶级之间的矛盾斗争，认为“它是现代社会变革的巨大杠杆”。在新时代的今天，虽然史学研究早已摒弃了“革命史观”的局限，但“阶级分析法”作为解释历史发展的一种重要手段，仍然有着重要的现实意义。

所谓“阶级”，是社会生产发展到一定阶段的产物。阶级产生有两个基本前提：一是剩余产品的出现；二是私有制的形成。阶级的本质是与特定的生产关系相联系的在

经济上处于不同地位的社会集团或人群共同体，阶级的划分是由人们在特定的社会经济结构中所处的不同地位和结成的不同关系决定的，阶级的出现也是国家产生的重要前提。阶级斗争的观点，对解释国家中发生的社会变革常常起着重要作用。

延伸阅读

春秋战国时期的阶级和阶级斗争

中国春秋战国时期出现的社会变革，也可以用阶级斗争的观点进行解释——新兴地主阶级与原有旧式贵族之间的矛盾和较量，成为当时社会变革发展的直接动力。《中外历史纲要(上)》中对战国时期的社会变法运动的描述如下：

战国时期，新兴的地主阶级在许多国家掌握政权。他们为了打击奴隶主贵族势力，建立封建政治和经济秩序，巩固新生政权，增强竞争实力，纷纷开展变法运动。

这个描述表明，在当时“新兴的地主阶级”与“旧的奴隶主贵族”之间的阶级斗争成为了社会主要矛盾，其结果便是“新兴的地主阶级”最终取代了“旧的奴隶主贵族”在国家中的统治地位，并在各个领域推动社会变革，促进了社会进步。最终，封建社会取代奴隶社会，中国古代历史发展形态进入到更高级的阶段。从这个角度来说，“新兴的地主阶级”与“旧的奴隶主贵族”之间的阶级斗争成为了当时社会转型的直接动力。

运用阶级和阶级斗争原理时，应注意如下事项：

一是“直接动力”。阶级斗争作为社会发展的“直接动力”存在于“阶级社会”，这是把握和理解阶级斗争理论的前提。在阶级社会里，统治阶级利用自己掌握的庞大上层建筑来巩固它的经济基础，维护自身利益，从而影响生产力发展。生产力要发展，就必须要撼动上层建筑以改变生产关系，从而为生产力发展开辟道路，这就需要阶级斗争。因此，若要解决生产力和生产关系的矛盾，在不同的阶级之间就表现为阶级斗争。在这个意义上，阶级斗争是社会变革的直接动力。

二是外在表现。阶级斗争中的对立阶级是生产关系和交换关系的产物，是时代经济关系的产物，“为它们的经济状况的发展程度、它们的生产的性质和方式以及由生产所决定的交换的性质和方式所制约”。这说明，阶级斗争是社会基本矛盾的外在形式，受经济发展、生产方式的制约。

三是不具备永恒性和持续性。社会发展的各种动力在不同的时代条件下所起的作用不同，阶级斗争作为直接动力并不具备永恒性和持续性，其作用的时期往往处于阶级社会中社会变革的非常时期，即出现质变的“拐点时刻”。历史表明，阶级社会中生产力迅速发展的时期，常常是阶级矛盾比较缓和、社会政治局面相对安定的时期。

4.“人民群众在历史发展中的重要作用”的观点

唯物史观认为，人类历史首先是劳动群众的历史，“人民群众是历史的创造者”。这一原理重在强调与个人英雄史观的区别。应避免夸大个体人物的历史作用，陷入个人英雄史观的误区。

延伸阅读

《中外历史纲要(上)》第25课中的“人民群众”

《中外历史纲要(上)》第25课“人民解放战争”，强调“人民群众”在解放战争中的关键作用。教材除了强调重庆谈判、内战经过以及新民主主义革命胜利意义等核心内容外，新增了“国民党政权的统治危机”子目的内容，从“人民群众”的视角客观阐述了国民党失去民心的历史事实。在正文中，明确了《中国土地法大纲》等相关内容，可使学生在对比中从“人民群众”的视角理解共产党能取得新民主主义革命胜利的根本原因，较好地体现了唯物史观原理中的“人民群众在历史发展进程中的作用”。

在教学中运用人民群众的原理，应格外关注价值立场。要引导学生认识人民群众始终是推动人类社会历史发展的主体，树立人民史观、群众史观。人民群众既是社会物质财富和精神财富的创造者，也是社会变革的决定力量，即便对于英雄人物来说，也发挥了决定作用。同时，历史唯物主义既肯定人民群众是历史的创造者，又承认个人特别是杰出人物在历史进程中的巨大作用。即在特定条件下，杰出人物能起到加速或延缓历史进程的作用。

二、方法论下的史学理论常识

新课程改革下的历史教学，强调对学生历史学科核心素养的培养与训练，除了要学会运用唯物史观的基本原理看待历史现象外，还须掌握发现、认识历史的一般方法。因此要求掌握一定的史学方法论，并将其合理、有效地运用到教学实践中。

(一)史学研究方法

一般而言，史学研究方法包含两大类，一类是“技术性方法”，另一类是“导向性方法”。

“技术性方法”即确定历史事实的方法，解决诸如怎样搜集、考订和辨识史料，怎样对史料、史实进行分类、排比，怎样进行严密的逻辑推理而避免混乱的整理，怎样把一些现代科学方法和技术手段运用于历史事实的确定，怎样使历史研究的成果写作成为适应不同主题和不同读者需要的历史著作等问题。①

“导向性方法”是研究者进行判断和推理的理论原则。如果说“技术性方法”主要是帮助研究者“确定事实”的方法，那么“导向性方法”则侧重于“解释事实”。常见的对历史事实的解释方式有如下四种：一是运用统计归纳性的经验规律做解释；二是运用精神、文化因素(包括人性、理性、“常理”等)做解释；三是运用“多种因素随机组合”方

① 庞卓恒、李学智、吴英：《史学概论》，233页，北京，高等教育出版社，2006。

式做解释；四是运用因果必然性规律做解释。[①] 历史学作为人文社会科学，对某些特殊现象的解释无法完全契合唯物史观的相关原理，就需要一些其他的解释范式。

1. 运用统计归纳性的经验规律做解释

这里的“规律”是针对人的主观经验而言的。人们在进行历史叙述时，往往在不经意间带有某些“普遍假设”，诸如“因此”“所以”“当然”“显然”等词汇其实已暗含了“普遍假设”的意义。这里的“普遍假设”就是“经验性规律”，它往往是人们观念中的一些约定俗成、不言而喻的符合历史进程走向的共识。

延伸阅读

理解“二次革命”包含的“经验性规律”

例如，我们叙述：面对袁世凯等人的倒行逆施，为了捍卫民主共和成果，以孙中山为首的革命党人发动了“二次革命”、护国运动等以回应。在这个表述中，袁世凯等人的倒行逆施与孙中山等革命党人的回应之间的关联就是依靠人们的“经验性规律”，而且也是符合当时的人的历史处境的。

2. 运用精神、文化因素(包括人性、理性、“常理”等)做解释

鉴于历史学所特有的人文属性，在对历史现象进行解释时难免要考虑“人的主观性”对历史进程的影响。即使是用唯物史观的相关原理作历史解释，也需考量“人”在历史事件中发挥的主观作用。而由于“人”的活动的特殊性，有些历史现象无法直接将唯物史观原理运用于其中，这就需要灵活利用精神、文化等因素对其作出解释。

延伸阅读

运用心理史学解读“斯大林模式”

根据马克思主义唯物史观的原理，“经济基础决定上层建筑”，“斯大林模式”的形成理应与俄国的经济基础有着直接而密切的关联。但当时的实际情况则是俄国通过“新经济政策”在克服战时共产主义政策弊端的同时找到了一条向社会主义过渡的有效途径，原则上俄国当时并无改变经济政策的必要。因此，“斯大林模式”的形成仍有很多细节有待于进一步挖掘——“斯大林模式”的形成让当时的俄国又恢复到了绝对的计划经济，这与当时的经济基础是否相适应？该模式在政治上的表现是什么？它的形成与斯大林个人的性格有无关联？限于教材篇幅及学术认知等原因，这些问题及内容在教材中均未交代和说明，这就要求教师在进行教学时要适当拓展，以尽可能丰富的教学资源从其他合理视角去窥探“斯大林模式”形成的原因。在这个基础上形成的历史解释才会更能令人理解和认同，也更具有“人情味儿”“历史味儿”。

在近些年的历史研究中，人们已经开始关注从“人”的角度去审视“斯大林模式”。运用心理史学的研究方法探究“斯大林模式”成因问题时，若能恰当地结合斯大林的个

---

① 庞卓恒、李学智、吴英：《史学概论》，239～240页，北京，高等教育出版社，2006。

人经历进行解读，结合当时真实的、具体的俄国人的心理感受作出剖析，那这样的历史课堂所呈现的人物会是鲜活、生动的，本来抽象艰涩的历史问题也会变得相对轻松明晰。

对上述方法的运用应坚持唯物史观，切忌盲目谋求教学视角的新奇，人为地挖掘甚至制造素材以凸显历史人物，在教学中颠覆“时势造英雄”的大原则。

3. 运用“多种因素随机组合”方式做解释

这一解释方法的运用主要是考虑到一些特定历史事件发生的背景的复杂性。中国人常用“天时地利人和”来形容某一事件成功发生所应具备的条件，由于很难直观判断诸多要素的主次关系，故将历史事件的发生归结为“多种因素随机组合”。

延伸阅读

辛亥革命爆发背景的“多种因素随机组合”方式解释

辛亥革命爆发有着极其复杂的社会历史条件，教师在进行教学时往往会逐条罗列：(1)时代环境：19世纪末20世纪初，民族危机空前加深；(2)阶级基础：伴随着资本主义经济发展，民族资产阶级登上历史舞台；(3)组织基础：兴中会、同盟会等革命性组织出现；(4)理论基础：“三民主义”的提出；(5)实践基础：一系列反清武装起义的发动；(6)有利时机：四川保路运动。这样，给学生以上述6个因素的随机组合促成了革命爆发的印象。但这样解释历史现象过分强调了各因素堆积在一起的偶然性，而忽视了各因素间的内在逻辑联系，不利于学生形成科学的历史认识。

辛亥革命爆发背景的各因素在当时可以说缺一不可，任何一个因素的变动都极有可能对历史进程产生微妙的影响。但唯物史观原理强调历史发展的总趋势，这便是“规律”。在当时的中国，专制被民主取代是历史发展的趋势，辛亥革命爆发并结束清王朝具有某种意义上的历史必然性。因此，从这个角度说，上述6个因素中，第一个因素具有更重要的地位。正是19世纪末20世纪初的“内忧外患”使推翻清王朝成为历史发展的趋势，加之民族资产阶级力量壮大，为辛亥革命爆发提供了坚实的阶级基础。而其余的几个因素，可以作为辛亥革命爆发的辅助条件来理解。这样，学生才能从时代大环境的角度更好地理解辛亥革命爆发的历史必然性。

应该注意，历史事件的发生在特定条件下确实是多种因素组合的结果，但这种组合往往并不“随机”。只有结合当时的具体时代背景，把握历史发展的“大势”，才能厘清各因素的主次关系，帮助学生更好地建构历史理解。

4. 运用因果必然性规律做解释

马克思主义的历史科学的导向性方法，就是运用通过唯物史观揭示的因果必然性规律解释历史的方法。这个方法与本章第一部分关于唯物史观指导下的四条原理属于同一类解释范式。

(二)史料的搜集、考证与整理

史料是指人类社会历史在发展过程中所遗留下来的并能帮助我们认识、解释和重构历史过程的那些痕迹，是人们认识历史所不可或缺的载体。[①] 在历史学科五大核心素养中，史料实证被作为单独的素养之一，体现了史料在中学历史学习中的关键价值。史料还是人们建构历史解释的重要基础。

1. 史料的种类及价值

根据存在的形式，史料一般可分为实物史料(也称历史遗迹)和文献史料两大类。

(1)实物史料

实物史料是人类历史发展过程中保存或遗留下来的前人活动的场所和用过的有形物品，大体上可分为两类：一是遗址，即前人活动的各种场所，如居址、村落、作坊等各种建筑设施，教材中的古代文化遗址、著名会议会址等属于此类；二是墓葬，即古人的墓穴，墓葬及随葬物品能够帮助研究者真实、生动地再现当时的社会生产生活面貌。[②] 例如，近些年来关于海昏侯刘贺墓的发掘，为研究汉代海昏侯国的政治、经济、文化和社会生活等方面提供了第一手资料。

(2)文献史料

文献史料又可分为口传资料和文字资料两大类。口传资料是指历经口耳传承得以保存下来的以往人类的言行。在文字发明以前，口耳相传是保留史料的基本形式之一。[③] 在今天，访谈录音、回忆录等形式都是保留口传资料的现实表现。

文字资料一般又可分为史部类、经子集类、档案类、地方志类、甲骨和金石铭文类、外国人著述类等类别。

实物史料和文献史料都是历史研究和学习中的基本史料形式。文献史料因其内容丰富、完整、连续性强且系统，成为最重要的史料来源。但文献史料自身存在着“人”的主观性的局限，从而需要实物史料作为补充。实物史料的优势在于比较真实可靠，不仅可以用来补充文献史料的不足，还可以作为文献史料记载的佐证，甚至纠正文献史料中的记载错误。但实物史料数量少、零散、连续性和系统性不强，也需要文献史料的补充。所以，实物史料和文献史料各有其特点和价值，两者往往可以互相补充。[④]

2. 史料的搜集与整理

(1)史料的搜集

鉴于史料数量繁多的客观情况，为了能更快、更准确地找到人们想要的相关史料，须掌握一些基本的史料搜集方法。

①充分利用各种工具书。

②分类搜集法。

---

① 庞卓恒、李学智、吴英：《史学概论》，251页，北京，高等教育出版社，2006。

② 整理自庞卓恒、李学智、吴英：《史学概论》，252页，北京，高等教育出版社，2006。

③ 庞卓恒、李学智、吴英：《史学概论》，253页，北京，高等教育出版社，2006。

④ 整理自庞卓恒、李学智、吴英：《史学概论》，255页，北京，高等教育出版社，2006。

③追踪搜寻法。

④通过日常读书、上网等形式积累史料。

⑤通过调查、采访搜集史料。

(2)史料的整理

要将史料转化为符合特定主题的素材，需要对初步搜集的史料进行整理。一般整理史料的方法有“按性质分门别类”和“按时间先后”。

①按性质分门别类整理，即把搜集来的史料以其性质(如政治、经济、文化)加以分类。这样的分类可以消除史料来源的界限，突出了史料的性质。

人们为了保证分类的专业性，往往在一级分类目录名下对史料再进行二级乃至三级分类。例如，经济类下还可分为农业、手工业、商业三个平级的类别，而农业则可以再进一步分为耕种方式、农业技术、水利等。这样，大类之中再分小类，小类之中再分更小的类别，一直分到不可再分为止。既可以保证史料的专业性、一致性，又兼顾了特殊性(见图 14-1)。

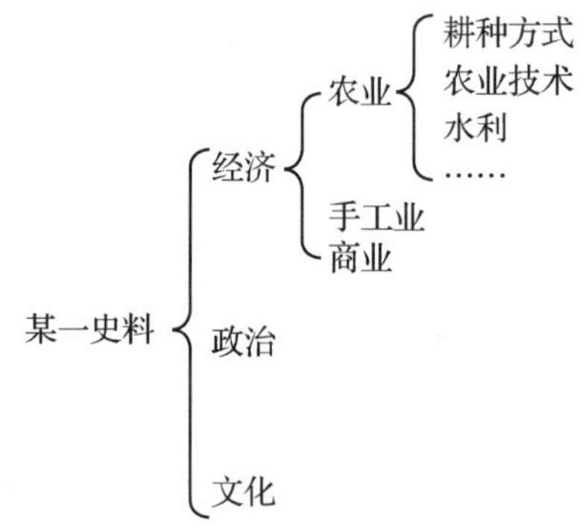

图 14-1　按性质分门别类整理史料

②按时间先后整理。在完成史料的分类整理后，应当依据时间顺序进行史料的分段，即把每一种史料以其所表示的史事之先后加以编排。这样，所突出的不仅是史料的性质，它们依次发生的过程也清楚了。[①]

(3)史料的鉴别

并非所有史料都是真史料，因此，为了保证历史研究和历史教学所引用史料的真实性，需要对史料进行鉴别。史料鉴别方法一般有两种：一是外考证，即史书的辨伪与文句的校勘；二是内考证，即对史料的真实性加以鉴别。[②]

①史料的校勘

对校法：以同文献的祖本与其他版本进行对比。

本校法：以同一文献前后互证，比较异同之处进行判定。

他校法：以其他文献校对原文献。

---

① 庞卓恒、李学智、吴英：《史学概论》，260 页，北京，高等教育出版社，2006。

② 庞卓恒、李学智、吴英：《史学概论》，261 页，北京，高等教育出版社，2006。

理校法：根据文献书写文书的体制和遣词造句特色，对文献内容进行校勘。

②史料的考证

求源法：一种寻找史料原始出处的考证方法。一般而言，同样内容的史料，年代越早，其价值越高。原始史料(一手史料)的内容相对比较准确、真实，而经过辗转的二三手资料则容易出错，进而造成史料模糊不清的情况。

反证法：举出有力的反面证据，以判断史料的真伪。

旁证法：史料考据强调"孤证不立"，即应该利用本文献以外的资料作为依据，对史料进行他证、补充甚至证伪。

中学历史教学中合理运用史料的要求：

一是教师要具备扎实的史学理论功底，在备课中遵循科学的原则、方法，选择恰当的史料。

二是教师要充分挖掘教材中的史料资源，切忌为了寻找"新史料"而本末倒置。教师可在备课中对教材中每课所涉及的史料进行分类整理，合理制定教学策略，有针对性地围绕史料实证的内涵开展教学活动。

三是要充分调动学生的学习主动性，鼓励其利用身边资源自行搜集、整理并分析解读史料。学生是课堂的主体，开展史料教学的终极归宿也在于培养学生的学科素养，增强学生在历史课堂中的体验感、获得感。

(三)新史学研究范式

历史研究范式是史学观点、史学范畴和史学方法等的有机集合体。我国的史学研究范式已从单一走向多元，由传统的单一的革命史(阶级斗争史)范式发展为在唯物史观统领下的多元并存的史学范式。

1. 革命史(阶级斗争史)范式

阶级斗争是马克思主义关于社会基本矛盾的学说。根据这一学说，在阶级社会里，两大对立阶级之间的矛盾最集中地反映了该社会发展阶段的基本矛盾。考察和研究阶级矛盾、社会基本矛盾的运动发展，便能把握住历史发展中最本质的内涵，揭示历史发展的内在规律性。

2. 文明史范式

人类历史从本质上说是人类文明发展的历史；人类文明发展的主线是蒙昧时代→农耕时代→工业时代；各时期的文明均是在物质、政治和精神三大领域的酝酿和体现，且因地域、民族的不同而形成不同的类型，在历史的发展中相互交流、渗透和转化。

3. 现代化(近代化)范式

现代化也称近代化(modern)，是指由传统农业社会向现代工业社会变迁的过程，内容包括：经济方面的市场化、工业化、信息化；政治方面的民主化、法治化；思想文化方面的理性化、多元化；社会生活方面的城市化、世俗化等。

4. 整体史(全球史)范式

该范式认为世界的发展经历了"从分散到整体""从封闭到开放"的过程，根本动力是生产力的发展。其关注世界的横向联系，以弥补国别史的缺陷。具体内涵包括：

①人类历史发展过程是从分散向整体转变的过程。这一转变开始于 15 世纪末 16 世纪初的新航路开辟，19 世纪末 20 世纪初资本主义世界体系的形成标志着其基本完成。

②生产力的发展和世界各地交往的发展是人类历史发展的两条主线，建立在生产力的发展的基础上的世界各地交往的发展是推动人类社会从分散发展走向整体发展的决定性因素。

5. 社会史范式

也称新文化史范式，坚持眼光朝下的研究方法，重视民间史料研究；其对象主要是普通人的日常工作和生活，如饮食、服装、家庭、婚姻、交通、社会保障、心态、语言、习俗等内容。

6. 生态史范式

该范式主张从地理环境的生态结构出发，运用生态学的理论来研究与解释人类文明发展模式。文明的兴衰证明其靠环境来养育和支撑，当支撑某一文明的环境发生变迁，人类必须通过文化的进步和更新来适应新的环境。透过文明的生态史观看现代文明，其孕育着深刻的危机：温室效应加剧、臭氧层耗损、酸雨现象、森林资源大量毁灭、水土流失、土地沙漠化、水资源危机、垃圾成灾和环境污染等。这迫使人类必须创造新的文化来挽救支撑人类文明的环境，这种新文化就是生态文化。

上述范式的运用皆须以马克思主义唯物史观为大前提，即马克思主义唯物史观是统领其他范式的上位概念，上述各种范式是相互平行的下位概念。

三、认识论下的史学理论观点

马克思主义唯物史观被称为“实践的唯物主义”。在实践的唯物主义指导之下，人们应树立正确的历史观。其认识论核心观点主要包括：

1. 肯定过去发生过的历史事件和过程是独立于历史研究者主观意识之外的客观存在，即承认历史事实的客观性。

承认历史事实的客观性，不论对于历史研究还是历史教学都具有重要意义，这是训练学生在学习环节中形成历史学科思维素养的重要保障。基于这一观点，在历史教学中要通过引导学生对史料的考证，让学生认识到扎实、客观而可靠的“史事”是得出合理“史识”的必要前提，从而在认识层面避免“历史虚无主义”的偏颇。

延伸阅读

近现代史上的重大历史事实

以中国近现代史为例，近年来，国家格外重视对重大事件的纪念与解释，诸如“五四运动一百周年”“抗美援朝七十周年”“中国共产党成立一百周年”等，这些都唤起了人们对“五四运动”“抗美援朝”“中国共产党成立”等重大历史事实的重新认识。而所谓的

“旧事新解”也是在充分占有大量史料的前提下展开的，这是不以个人主观意志为转移的。

2. 认为过去发生过的历史过程是一个从低级向高级发展的有规律的运动过程。

延伸阅读

中国历史的发展阶段和过程

例如，《中外历史纲要(上)》中特别强调中国历史从古至今的发展阶段及其阶段特征。中国历史经历的“原始社会、奴隶社会、封建社会、半殖民地半封建社会、新民主主义社会、社会主义社会”的发展阶段和过程既符合实践的唯物主义的客观原理，又不回避中国社会的独特国情。

3. 认为客观存在的历史事实和人类社会从低级向高级发展的客观历史过程的真相是能够被研究者逐步认识清楚的，即历史是可知的。

历史认识是不断深入、发展的过程，对历史事实的探索只有进行时，而没有终点。伴随着历史研究的深入与占有史料的充分性，人们对一些史事的认识会越来越清晰、全面。历史教学应注意从理论层面引导学生，避免其滑向“历史虚无主义”的歧途。

复习注意问题

在运用唯物史观指导历史学习时，除应关注历史事物普遍规律外，还需注意历史情境的特性，结合其他史观的长处来认识历史问题。例如，文明史观可以指导认识世界古代各区域文明的多样性，全球史观可以指导认识人类自分散走向整体的发展历程等。上述史观从不同侧面丰富了认识历史的视角，最终都统领于唯物史观的指导之下。

本章小结

本章以马克思主义唯物史观为依托，从本体论、方法论、认识论三个维度介绍了相关专业史学理论知识。本体论着重从“生产力与生产关系的辩证关系”“经济基础与上层建筑的辩证关系”“阶级斗争与社会发展的关系”“人民群众在社会历史发展中的作用”等问题展开，据此全方位把握唯物史观核心观点及其具体内涵；方法论从史学研究方法与史料两个方面梳理了相关的理论知识；认识论则通过历史事实的客观性、历史发展的规律性以及历史认识的可知性三个层面扼要介绍，意在形成正确的历史理论认识，避免和纠正“历史虚无主义”。

关键术语

唯物史观　生产力与生产关系　经济基础与上层建筑　阶级斗争与社会发展　人民群众主体作用

拓展阅读

1. 庞卓恒、李学智、吴英:《史学概论》,北京,高等教育出版社,2006。

2. 张耕华:《历史学的真相》,北京,东方出版社,2020。

3. [英]E. H. 卡尔:《历史是什么?》,北京,商务印书馆,2007。

4. 沈克学、沈为慧:《高中历史唯物史观素养水平 3－4 解读与教学建议》,载《天津师范大学学报(基础教育版)》,2019(2)。

实训练习

【单项选择题】

1. (2017 年下半年教师资格考试题)梁启超曾说,不敢自承所作《戊戌政变记》“悉为信史”,因为“感情作用所支配,不免真迹放大”。此言论说明史料可靠性要考虑(　　)。

A. 尽量采用原始证据　　B. 记录者动机

C. 语言取舍与文饰　　D. 当事人记忆

2. (2015 年下半年教师资格考试题)下列属于史学理论著作的是(　　)。

A.《史记》　　B.《资治通鉴》

C.《通典》　　D.《文史通义》

3. (2020 年天津高考题)自鸦片战争以来,中国经历了太平天国运动、洋务运动、戊戌维新、义和团运动、辛亥革命、新文化运动及五四运动、国民革命运动、抗日战争、解放战争和中华人民共和国的建立。纵观近代中国百年巨变,前后相继,波澜壮阔,从中可以更深刻地认识到,近代中国(　　)。

A. 历史演变的主要线索　　B. 历史进步的基本趋势

C. 历史过程的因果关联　　D. 历史变化的循环往复

4. (2020 年浙江高考题)

有学者在研究中注意到,唐朝立国后重铸新币(见上示拓图)。这种新币是唐近三百年间流通的主要货币,唐以后仍继续流通了七百多年。不唯如此,此钱的大小与轻重都成为后来铸钱的范例,对后世货币的铸造影响很大。有趣的是,关于此钱的读法名曰“开元通宝”抑或“开通元宝”,历来各执一词,成为一件历史的悬案。有学者认为,应读成“开通元宝”;有学者则认为,“开元通宝”是正确的称呼,但考虑到唐宋时社会上称呼“开通元宝”已约定俗成,故也不能说是绝对错误。这说明(　　)。

A. 钱货可议,应注意吸收学术界的研究成果,避免各执一词

B. 文献记载语焉不详,造成研究信息不对称,原本是一个不成其为问题的问题

C. 研究历史需要正本清源，不仅要有文献资料和其他根据，还要有对材料的考证与辨伪

D. 史料存在“记忆之殇”，需要采用新技术以“唤醒”，进而解释历史如何被表象的问题

5.(2017年海南高考题)1960年，石油生产国伊拉克、沙特阿拉伯、伊朗等国家建立石油输出国组织，反映了发展中国家反对旧的世界经济秩序的要求。构成这段文字的是(　　)。

A. 历史观点和历史解释　　B. 历史观点和历史结论

C. 历史结论和历史解释　　D. 历史叙述和历史解释

6.(2015年海南高考题)谣谶是带有一定目的性、被当作预言来传唱的歌谣。后周时，有人制造“点检作天子”的谣谶，周世宗为绝后患，撤掉殿前都点检张永德，以赵匡胤代之。后来赵匡胤推翻后周，建立宋朝。这说明谣谶(　　)。

A. 可以预示历史的走向　　B. 可以改变历史的走向

C. 与历史现象吻合属于必然　　D. 与历史现象吻合属于偶然

【简答题】

7. 简述历史资料的具体内容。

【材料分析题】

8.(2017年下半年教师资格考试题)材料：

某教师在“抗日战争”的教学中，引用了一段日军第59师团第54旅团第110大队伍长富岛健司的口述材料：“我想起了1943年在渤海湾的沿海地带生活的事情。我们如果见了男人的话，就抓过来殴打，残酷地加以杀害。但是见了女人，就要羞辱她。如果她们哀求或反抗的话，就大骂她们‘混蛋，难道不知道为什么让你们活下来吗?’于是拼命地打她们，以致用刺刀将她们杀死。”

然后，教师问：这段材料能说明什么？学生答道：说明日军侵华暴行。教师补充说：这是亲历者的口述，是日军暴行的有力证据。

问题：

(1)该教师引用这段口述史料有哪些作用?

(2)历史教学中，教师应如何选择口述史料?

9.(2017年天津高考题节选)2015年年底以来，西汉海昏侯刘贺墓的发掘和成果展示，在学术界和社会公众间引起广泛关注。阅读材料，回答问题。

材料一：

据《汉书》载，刘贺是汉武帝之孙，昌邑哀王之子，幼年继承王位。公元前74年，汉昭帝逝世，无子，霍光立刘贺为皇帝。然而不久，霍光与群臣联名上奏刘贺入朝后的劣迹，如：居丧时无悲哀之心，不素食，掠取女子，废礼仪；即皇帝位后，未祭祀宗庙就以最隆重祭礼祭祀其父……要求废黜刘贺。皇太后准奏。前63年，刘贺受封为海昏侯。

材料二：

自武帝崩后，霍光辅政，专权十余年。昌邑王刘贺入京继位后，急欲亲政，又亲信昌邑旧臣，计在位二十七日，遣使者“持节诏诸官署征发，凡千一百二十七事”，有收回权力之迹象。霍光为保持权势，遂废刘贺。

——摘编自廖伯源:《昌邑王废黜考》

材料三:

刘贺墓出土了《论语》《礼记》等儒家简书，及绘有孔子图像、载其传记的矩形铜镜，这是迄今发现的最早的孔子像。一些人据此轻易判断：刘贺绝非不学无术的纨绔子弟，而是一个有着深厚文化素养的宗室贵胄，《汉书》中对刘贺的记载不足为信。

刘贺墓《论语》书牍局部图

铜镜镜背上的孔子像

——摘编自辛德勇:《海昏侯刘贺》等

问题:

(1)材料二对刘贺被废原因是如何解释的？说明材料一和材料二为何不同。

(2)结合所学知识，指出材料三中的出土文物所印证的史实。这些出土文物对材料一、二有何价值？你如何看待材料三中关于刘贺的评价？

【参考答案】

1.B　2.D　3.B　4.C　5.D　6.D

7. 历史资料是指前人遗留下来的所有东西，具体种类包括:

(1)文字资料。包括子集、碑铭、文契、账册、档案、户籍、甲骨、木简等。

(2)实物资料。包括文化遗迹、历史文物等。

(3)文学作品。文学作品具有参考价值，因为作为意识形态的一部分，它总是间接或直接地反映它出现的那个时代的历史风貌。

8.(1)教师引用口述史料的作用:

①教师选取能够体现抗日战争时代特征的口述史料，增强历史学科的现实感，提高学生学习历史的兴趣。

②教师引用日本老兵关于日军侵华暴行的口述史料，充分发挥口述史料生动形象的特征，营造了恰当的课堂氛围，使学生犹如亲历历史，有助于本课情感、态度与价值观目标的实现。

(2)口述史料易出现主观片面的问题，但其依然具有第一手史料的价值，教师需要从以下方面入手进行甄别和取舍：

①注意目标性原则，选择能够体现教学目标、教学重难点的口述史料。

②注意思想性原则，注重所选口述史料呈现的思想导向和价值取向，要选择那些有助于学生全面、客观、辩证地分析、认识历史的口述史料。

③注意精选性原则，必须要选取反映历史真实状况的具有典型性、代表性的口述史料。

④注意可行性原则，要充分贴合学情，从学生的角度出发，选取恰当、易于理解的口述史料。

9.(1)霍光专权，刘贺急于收权，矛盾激化。

材料一是史事记述；材料二是史事分析。

(2)儒学成为正统。

丰富了材料一、二的史事记述和分析。

仅凭现有出土文物推翻《汉书》中对刘贺的记载并不客观，证据并不充分。

模块五　高中历史教学设计与教学方法

第十五章　高中历史教学学情分析

【本章要点】

学情分析是教师为学而教的逻辑起点，是有效教学的内在要求。历史教师的学情分析，在维度上需要做已有状态、潜在状态和差异状态的区分，在内容上需要在知识、能力、方法、兴趣、态度和情感等方面做全面的了解。学情分析的主要方法有观察法、提问法、问卷调查法、访谈调查法、测验法、资料分析法和经验总结法。在学情分析的过程中，需要将长时段与短时段相结合、经验判断与技术分析相结合，避免学情分析的显性缺失和隐性缺失。

【学习目标】

1. 理解学情分析的价值与内涵。
2. 熟悉学情分析的维度与内容。
3. 掌握学情分析的策略与方法。

【课程导言】

一位教龄近30年的资深骨干教师，在“战后资本主义世界经济体系的建立”省级公开课中设计了问题“为什么是1盎司黄金＝35美元这一比例”。在市级重点高中近50人的大班级里，三名学生的发言都离题万里。老师情急之中翻出一张百元人民币，问：这是什么？它为什么是100？学生们更不知所云了。这是一个历史教学中学情分析疏失的典型案例。学情分析的价值和内涵是什么？如何进行精准的学情分析？学情分析有哪些策略与方法？学情分析常见的问题有哪些？本章将详细解答上述问题。

第一节　学情分析的价值与内涵

一、学情分析的价值

学情分析是教学活动的基本环节，也是教学研究的基本内容。了解学生情况、关注学生需求是有效教学的必备条件。在有效教学研究领域成就卓越的得克萨斯大学教育学院教授加里·D. 鲍里奇认为，有效教学的特点之一就是学生的主体地位得到体现：学生真正变成课堂的主人，在上课中更加积极主动、充满热情，他们不再把学习当作一种负担，在课堂上探究发现、合作交流、互帮互助，共同成长、进步、提高；教师则是学生的指导者、帮助者、引导者、参与者。有效教学的前提是有效备课，引导学生有效学习。有效教学的理念中，关注学生需求是重要核心。

加涅、布里格斯等人认为，“教学可以被看成是一系列精心安排的外部事件，这些经过设计的外部事件是为了支持内部的学习过程”。历史课堂教学的学情分析是教师进行针对性教学设计、追求更有价值和意义的历史教学的先决条件之一。离开了学生的原有知识，教学设计、教学方法就无所谓好坏。对学生已有的历史知识、能力、态度等方面的把握，有助于教师充分了解学生的学习情况，有针对性地确定教学目标、教学重难点以及选择教学方法并开展教学。

学情分析是教师进行教学研究的起点，认识学情分析的价值、掌握学情分析的方法是教师作为专业人员必修的功课。精准的学情分析能够让教师最大限度地获得教学愉悦感和成就感，提升教师对教育价值和意义的理解，促进教师对自身专业的认识、推动自身专业的发展。

学情分析能够为教师的教学活动调节提供基本的信息反馈。在教学的过程中，教师需要通过观察、问答等多种手段及时发现学生的学习准备情况以及对教学内容的兴趣、知识基础与学习难点等，以调整教学内容，达到教学效果的最优化。

延伸阅读

奥苏伯尔论学情分析

美国著名教育心理学家奥苏伯尔在其名著《教育心理学》的扉页上写道：“如果我不得不将教育心理学还原为一条原理的话，我将会说，影响学习的最重要的因素是学生已经知道了什么，我们应当根据学生原有的知识状况去进行教学。”

二、学情分析的内涵

关于学情分析的概念，目前并没有准确的界定，“学情”的涵义众说纷纭。我们认为，学情分析主要指的是对学生从学习起点到学习终点之间的知识水平、认知结构等智力因素和内在潜力等非智力因素以及教学环境、教学资源等教学因素的总体分析。

根据教学设计、教学实施、教学评价三个基本流程，学情分析可以分为课前学情、课中学期和课后学情。根据组织层级，学情分析可以分为学校学情分析、年级学情分析和班级学情分析；根据教学容量，学情分析可以分为全书学情分析、单元学情分析和课时学情分析。本章所说的学情分析，主要指教师的课时学情分析。

学情分析的目的是为教师的教学组织与实施提供准确的信息和依据，是因材施教、为学而教的逻辑起点。为了使学生达到可能达到的发展水平，教师就必须进行学情分析，了解学生已经达到的发展水平。

在传统的教师备课观念里，学情分析基本等同于“备学生”或“了解学生”这个备课环节，即把学情分析仅仅当作教师上课前要完成的一项任务来看待。目前的相关研究对学情分析的外延已经取得共识，认为学情分析包含学生在课前、课中和课后的学习情况分析，贯穿于从课堂教学设计、课堂教学实施到课堂教学评价的全过程。

我们认为，与课堂教学设计、课堂教学实施、课堂教学评价三个基本层面对应，学情主要应该包括三大要素，具体为：(1)“学习起点”：主要是指学生在进行课堂学习时的基础、需要与准备，作为课堂教学的起点。(2)“学习反应”：主要是指学生在课堂教学过程中包括师生问答、小组讨论、班级讨论、独立学习等课堂活动中体现出来的“学”的基本状态。既指学生在课堂上表现出来的外显行为，也指与外显行为相关联的内隐学习状态。(3)“学习结果”：主要是指学生对课堂教学内容的学习结果，即学生通过学习活动实际上所形成的作为结果的学习经验，一般包括测试、课堂作业和课外作业。

概念链接

最近发展区

苏联心理学家维果茨基认为，教学要想对儿童的发展发挥主导和促进作用，就必须走在儿童发展的前面。为此，教师必须首先确立儿童发展的两种水平：一是儿童已经达到的发展水平，二是儿童可能达到的发展水平。已经达到的发展水平和可能达到的发展水平之间的差距，被维果茨基称为最近发展区。

第二节　学情分析的维度与内容

学生情况的复杂性决定了学情分析的复杂性。要使得学情分析落到实处，必须厘清学情分析的维度与内容。

一、学情分析的维度

心理学家霍华德·加德纳将人的智能分为语言、数理逻辑、空间、身体-运动、音乐等九种。但在目前人才批量生产的班级授课制度下，学情分析不可能逐个学生进行，只能按照不同学生表现出来的不同学习倾向进行大致的类别分析。为了进一步降低学情分析的难度，有学者就教师的教学任务与教学角色区分了学情分析的两个方面：一个是学生情况，另一个是学生的学习情况。第一种解读方式包括学生成长、发展的方方面面，如身体、心理、智力、情感态度等；第二种解读方式则只关注与学习某些知识和技能相关的学生情况。第一种解读方式更适合学期学情分析和班主任工作中的学情分析，第二种解读方式则更适合科任教师对课时学情、单元学情的分析。在历史教学中，教师做学情分析主要是针对学生的学习情况，在维度上需要做已有状态、潜在状态和差异状态的区分，在内容上需要做知识、能力、方法以及兴趣、态度和情感等方面的区分，如表 15-1 所示。

表 15-1　学情分析的维度与内容简表

	已有状态	潜在状态	差异状态
知识			
能力			
方法			
兴趣、态度和情感			

二、学情分析的内容

在历史教学设计过程中，学情分析的内容主要包括了知识、能力、方法以及兴趣、态度和情感等方面。对于不同的内容，在分析的过程中可采用不同的方法。

(一)学生知识基础分析

从教学设计的基本理念出发，学生已有的知识基础是实现有效教学的基本保证。对于基于学生已有的知识基础的教学设计，有教师曾这样说：学生已知的不教，学生自己能学会的不教，教了学生也不懂的暂时不教。故而，教师在进行学情分析时首先要对学生已有的知识基础有基本的了解。在《普通高中历史课程标准(2017 年版 2020 年修订)》中能够看到，“高中历史课程在结构设计与内容编排上，既注意到与义务教育历史课程的衔接与沟通，又注意到两者的区别，显示出高中历史课程与义务教育历史课程的不同，使学生在义务教育的基础上进一步掌握历史知识和技能，拓宽历史视野，强化历史思维，确立正确的历史观念”。从课程内容设计与编排的角度看，考虑到了历史基础知识学习中的学段的特征和认知的层递性。高中教师在做学情分析时，需要了解初中历史课程的基本内容和初中阶段学生学习的应然标准，在此基础上从学生实际的学习情况出发，运用多种方法判断学生对基础知识的掌握情况。

(二)学生能力基础分析

能力是成功地完成某种活动所必需的个性心理特征，学生所具有的能力可以分为一般能力和特殊能力。在历史学习过程中，学生应当具有的能力在课程标准中亦有相应的表述。义务教育阶段历史课程标准中的能力要求可以概括为时序思维能力、历史阅读与观察能力、历史想象力、历史理解与解释能力、历史表达与交流能力。在《普通高中历史课程标准(2017 年版 2020 年修订)》中，对学生的能力从历史学科核心素养即唯物史观、时空观念、史料实证、历史解释和家国情怀五个方面进行阐释。课程标准从整体性的角度对学生的历史学习能力提出了总的要求。

(三)学生学习方法分析

“工欲善其事，必先利其器”，学生是否掌握了必要的学习方法，关系着教师课堂

教学的效率和成败。故而，对学生学习方法掌握情况的分析是学情分析的重要内容。高中历史课程要培养和提高学生的历史学科核心素养，使学生通过历史课程的学习逐步形成具有历史学科特征的正确价值观念、必备品格与关键能力。学生通过高中历史课程的学习，进一步拓宽历史视野、发展历史思维、提高历史学科核心素养，能够从历史发展的角度理解并认同社会主义核心价值观和中华优秀传统文化，认识并弘扬以爱国主义为核心的民族精神和以改革创新为核心的时代精神，具有广阔的国际视野，树立正确的世界观、人生观、价值观和历史观，为未来的学习、工作与生活打下基础。因此，必须促进学生的自主学习、合作学习和探究学习，提高实践能力，培养创新精神。

(四)学习者非认知因素分析

学习者的非认知因素包括兴趣、态度、情感、意志、性格等，对历史学习的效率、水平、品质等起到非常重要的制约作用。如关于学生学习历史的兴趣，兴趣的有无与高低都直接影响到教师对教学内容的处理。人们常说“兴趣是最好的老师”，而现实中经常存在学生“喜欢历史”而“不喜欢历史课”的尴尬。为了让学生“喜欢历史”且“喜欢历史课”，势必要求教师能够在学情分析中寻找学生的兴趣点。此外，学生对待历史课的态度、情感等非智力因素对学生的学业成就与水平起到非常重要的影响。

第三节　学情分析的策略与方法

一、学情分析的策略

(一)长时段与短时段相结合

长时段的学情分析，主要是指教师从学生所处学段的认知因素和非认知因素出发做整体的分析。这种分析和判定有助于教师从宏观上把握学生的发展路径，从而确定每一个学段的教学目标和教学策略。短时段的学情分析，主要是指教师从单元或专题、课时等方面出发，通过观察、访谈、测试、问卷等方法对学生的知识、能力、学习方法等已知和未知、能知和需知的内容作出合理的分析，为教师提供课时教学的基本信息。长时段的学情分析和基于单元或专题、课时的短时段的学情分析，两者相辅相成，互为基础和前提，并在教学中不断调整，以适应学生各方面的发展。

在长时段的学情分析中，已有的教育学、心理学的研究成果不可忽视。如皮亚杰将儿童认知的发展分为四个阶段：感知运动阶段、前运算阶段、具体运算阶段和形式运算阶段，每一个阶段都有其认知特点，在思考模式上有质的不同，对认识儿童的整体性发展具有普遍的指导意义。同时，当代中小学生的发展也具有时代特征，如生理成熟期提前；思维活跃，但学习兴趣不高；价值观念多元化，具有较高的职业理想和务实的人生观；自我意识增强，具有一定的社会交往能力；心理问题增多等。这些研究成果是教师进行学情分析必不可少的知识基础。

(二)经验判断与技术分析相结合

经验判断是在信息数据不充分以及有些因素难以量化的情况下进行的预测，具有简便易行、直接可靠、快速经济等特点。尤其是教学任务繁重的教师，凭借直觉的经验判断往往能够节省大量的时间，将主要的精力集中在教学内容的处理层面，最大限度地实现课堂教学的文化传承与创造价值。

但经验判断的局限性在于对复杂的数量变动关系单凭人脑记忆和判断，容易出现疏漏和失误。同时，对信息的分析不够精确，容易受教师已有的心理、情绪、知识结构、个人素质等因素的影响，使学情判断产生主观片面性。因此，技术分析显得必要而紧迫。除了经验判断外，科学的学情分析必须包含观察、测验、问卷调查、访谈等多种方法。

二、学情分析的方法

(一)观察法

人们常用“察言观色”来获得客体的基本状况，同样，教师在教学的过程中通过观察学生在学习中的言行与神情等基本状态，了解学生的知识获得、能力发展情况，从学生的反应判断学生对学习的兴趣、态度等，进而调整教学内容，为以后的教学设计提供基本的依据。一般而言，教师对学情的观察分为对个体观察和对群体观察。对个体观察的目的在于以点带面或有重点地了解个别学生对历史课程学习的兴趣、态度、知识掌握等，对群体观察的目的在于重点了解班级的课堂气氛、风貌以及学生整体的认知水平。

课堂观察是教师在自然的教学情境下有目的、有计划地观察并记录学生个体的语言和行为，进而判断其学习心理过程的基本方法，是教师获得学情的基本手段。教师可以通过课堂观察了解学生的学习习惯、学习方式、思维特点和认知倾向。

课中学情分析聚焦于学生课上的学习反应，对这一阶段的学情考察需要收集学生学习的证据和学生对“教”的反应数据。教授的有效性取决于学习的有效性，学习的体验可以反映在学生的形体、表情、情绪、语言等方面。学生是恍然大悟还是愁眉不展，是热情洋溢还是冷漠厌烦，是否能够认真倾听老师和同学(记笔记/查阅/回应)，是否能够积极有效地参与各种课堂活动(人数/时间/对象/过程/质量)，是否能够自主学习(探究/记笔记/阅读/思考)，这些动态和静态的信息是课中学情分析对教学实施有效性的评价依据。从信息提供者的角度看，考察课中学情可以由执教者和学生自察、互察，也可以由课堂观察者提供学情信息。

(二)提问法

提出一个问题往往比解答一个问题更重要。明代学者陈献章说：“前辈谓学贵知

疑，小疑则小进，大疑则大进。疑者，觉悟之机也。一番觉悟，一番长进。”有了疑问，才能激发求知的欲望，才能主动参与教学活动，吸取知识的营养。通过提问来分析学情，在课前、课中、课后都可以进行，可分别称为预习提问、课堂提问和复习提问。

有效的课前预习是课堂教学的前提，它能让学生更快地进入课堂状态，使教学达到事半功倍的效果。提出高质量的问题是有效预习的重要标志，只有学生认真阅读并思考，才能针对所学内容提出疑问。预习提问能很好地督促学生认真预习，提高课堂学习效率，这实际上也是学生的一种自我学情分析。搜集整理学生通过课前预习提出的典型问题，对教师精准分析学情具有重要的参考作用。复习提问的原理和预习提问基本类似，要求学生提出尚未掌握或理解的问题。

教师既要鼓励学生在课堂教学过程中提出有价值的问题，也可以主动提出问题来分析学情。课堂提问既是教师进行启发式教学、评估和检测学习结果的重要手段，也是教师为进行下一步教学设计而获知学生学习情况的基本方法。教师可以通过课堂提问的方法，以点带面地了解学生的历史知识、能力、情感、态度等方面的基本情况，有针对性地设计教学任务的难度、深度与广度。通常，教师的课堂提问可依据不同的问题类型对学生的学习情况作出判断，如表 15-2 所示。

表 15-2　不同问题类型及其学情判断功能

问题类型	提问功能	提问举例
回忆型问题	基础史实的掌握情况	说出秦灭六国的次序； 《南京条约》的主要内容有哪些？
理解型问题	对历史概念的理解，比较历史事物的异同，分析历史事件的特点等	比较君主立宪制、民主共和制的异同； 结合相关史实说明民族资产阶级的特点与局限性。
应用型问题	历史学科学习方法的掌握情况	将公元 2018 年换算为干支纪年； 运用经济基础决定上层建筑、生产力决定生产关系等观点，说明英国光荣革命的必然性。
分析型问题	对历史人物、历史事件、历史现象之间的关系的理解；对历史与现实关系及其意义的建构	结合近代中国民主革命的发展历程，分析中国革命的必然道路，解释为什么说“没有共产党就没有新中国”。
评价型问题	对历史人物、历史事件评价方法的掌握，以及是否作出恰当的评判	结合具体的史实，评价李鸿章在近代中国历史上的地位和影响。

(三)问卷调查法

问卷调查法是教育教学研究常用的方法。问卷的内容很广泛，可以是学生的年龄、性格、爱好、学习特点、心理发展、家庭背景等，也可以是学生的知识、技能、态度，具体项目由调查目的决定。问卷题目和常规的测试、作业题目有所差别，要求教师必须有相关的专业知识与能力，能够科学地设计问卷并深入分析、整合调查数据，否则得不到想要的结果。一般来说，教师在制作问卷时需要有较强的目的性，尽量简洁、明了，便于统计和分析；问卷调查的对象应当具有典型性和代表性；在问题的设计上，封闭性问题和开放性问题相结合，便于学生作答，并能够反映学生真实的学习情况。问卷设计要满足有效性和科学性，问题的表述要符合学生的年龄和心理特征，不能带有暗示性或者倾向性。同时问卷设计也要有利于统计、分析结果，即具备可分析性。如针对某课时内容的小型调查，一般设计五六个问题就可以，利用课前或者课后时间进行。

(四)访谈调查法

访谈调查法是指通过访员和受访人面对面地交谈来了解受访人的心理和行为的心理学基本研究方法，因研究问题的性质、目的或对象的不同而具有不同的形式。访谈调查法运用面广，能够简单而迅速地收集多方面的资料，因而深受人们的青睐。如果想通过访谈获得高价值的学情信息，教师要具备比较专业的能力。访谈调查有灵活的一面，但同时也增加了这种调查过程的随意性。不同的学生回答是多种多样的，没有统一的答案，访谈结果的处理和分析比较复杂。由于标准化程度低，难以做定量分析。

(五)测验法

测验法主要是教师通过小测验的方式来进行学习对象分析的方法。教师可以针对本节课的内容找到相关的问题，设计课前或课后的测验，通过学生的反馈来了解学情。我们可以设计一道或一组学生以往学过的与即将学习的新知识有直接或内在联系的题作为前测，借此分析学生对与新知识相关联的旧知识的经验性熟悉度。也可以设计一道或一组以即将学习的新知识中的重点、难点知识为核心的题作为前测，以便适时设置悬念，引导学生带着问题进入学习。还可以设计一道或一组以已经学习过的新知识中的重点、难点知识为核心的题作为后测，从而分析学生的掌握情况。测验法在学案导学教学模式中比较常见，教师依据教学的需要编制导学案，根据学生在导学案中的作答情况对学生的知识记忆、理解、分析、比较、综合、应用能力等方面的发展水平作出基本判断，进而有针对性地进行教学设计。

(六)资料分析法

资料分析法是教师基于已有的文字材料间接了解、分析学生基本情况的一种研究方法，材料主要包括学生档案和学生作业。学生档案是学校在学生管理活动中积累的记录和反映学生个人背景经历、德才能绩、学习生活表现的所有材料的汇总。学生作业可以是反映学生学习情况的任何资料或证据，比如标准化测验资料、课堂评价、作业、口头报告、录像、图片、学生观察资料等。通过查阅相关资料，教师可以比较系统地了解学生的学习、生活、思想、个性以及家庭背景、成长经历等方面的基本情况，对全面了解学生的学习情况等具有重要价值。

对于常规作业，要注意其中的正例、反例等典型实例，特别要注意发现和记录能

显示学生思维过程的实例，据此深入剖析，可能发现某些规律。还要注意学生作业的三类错误。第一类是学生不会、不知道、不认识而造成的错误，它们可以在重新讲解或布置新作业的过程中得到纠正。第二类是学生粗心大意而造成的错误。第三类是教师教学方法不够完善或作业设计考虑不周而造成的错误，这是教师今后改进的重点。

（七）经验总结法

经验总结法是在非人为控制的自然状态下对客观存在的教育经验进行分析和概括，从而揭示教育现象的本质与规律的研究方法。洛厄尔·坎贝尔曾说："一根经验的荆棘抵得上忠告的茫茫荒原。"在教育教学实践中，教师通常是在自己的教育教学经验的基础上作出普遍意义上的学情判断，审慎的、准确的判断能够为教师的教学设计提供有益的帮助和最基本的凭据。凭借平时积累的经验进行学情分析是大部分教师的首选，但若只凭经验，则会失之于主观性与片面性。因为随着社会和时代的发展，学生的情况会发生变化。

第四节　学情分析中的常见问题

如果我们随便查阅任何一位教师的教案，即使在形式上有类似"了解学生"或"学生情况分析"内容的也是寥若晨星。虽然这很难说明教师们没有进行学情分析，但至少说明大部分教师在教学设计环节并不重视对学生的具体学习情况的了解。如果我们观察课堂教学的实施过程，会发现大部分教师满足的是如何完成教材的内容（教学进度），学生的学习反应基本没有得到有效的关注。

教师自认为很了解学生，但实际上并不重视了解学生，也没有真正了解学生。这种现象暴露了一个极其严重的问题：教师心目中了解的"学生情况"和真实的"学生情况"相去甚远。学情分析表现出理论与实践的脱节及其与教学过程的割裂，显性缺失和隐性缺失都很明显。

一、学情分析的显性缺失

学情分析的显性缺失主要是指教师在教学设计时几乎完全从主观意愿出发设计教学内容，教学的目的是完成教学任务，学生沦为配合教师完成教学方案演出的配角。原因主要有二：

一是对学情分析的价值认识淡漠。我国重教轻学的教学传统，忽视了学生的主体性特性和自我的意义生成性。学生被当作一个有待加工、被动塑造的对象甚至容器，教学的主要任务是让学生学习成人化的知识，完成人的社会性建构。反映在日常的教学中，就是教师注重教学任务的完成和自身知识的展示，而忽视对学生已知、未知、能知、想知和需知相结合的学情判断，没有将学生的学习和发展建立在已有的认知经验和生活经验的基础上，没有从完整意义上的人的角度思考教与学的问题。正如在日常观课后与教师访谈时听到的，“讲好就行了，管那么多没用”，“只要把内容讲精彩，学生肯定喜欢学”。及至课程改革，教师专业性的要求以及学生主体地位的确立和教学设计格式上的规范，使学情分析成为教案写作、教学设计必做的功课，故而采取一定对策以应付检查。至于写成什么样子，除了教学的有心者外，其他人不去深究。我们对《历史教学》《中学历史教学》及《中学历史教学参考》三大主流期刊 2016 年度发表的教学设计进行统计，发现总计 63 份教学设计中只有 16 份在形式上涉及学情，也就是说高达 74.6%的教学设计缺失学情分析。考虑到在主流期刊发表文章须经反复修改和润色，教学实践中学情分析的缺失无疑会更严重。

二是对学情分析的内涵不明晰，没掌握方法，即对学情分析应当分析什么、如何分析缺乏清晰的认知。对于从事多年教学工作的经验型教师和专家型教师而言，他们尚可以通过丰富的教学经验作出基本符合教学实际的学情判断，但对于新手型教师而言，他们处于围绕教科书知识建立自己的教学知识体系的阶段，更多地关注如何在课堂上纯熟地运用学科知识以树立自己的教学权威，在教学中忽略学生的因素就成为常见的现象。面对学生情况的复杂性、多变性，教师们更愿意从常理出发进行推断，也时常从普遍的、宏观的角度进行混沌的、模糊的表述，而并不从学生已有的知识、能力、学习方法、学习态度、学习动机等维度做透彻的分析和清晰的判别。与精细的分析相比，直觉判断来得更为直接、简单和便捷。学情认识上的模模糊糊，导致了学情分析上的马马虎虎。这是多年教学传统的惯性所致，也是教师专业化程度欠缺的表现。

二、学情分析的隐性缺失

学情分析的隐性缺失主要表现为两个方面：

一是采取“拿来主义”的办法，照搬照抄。在教学设计的文本中，看似有学情分析的部分，但仔细阅读后发现，学情分析是从教学参考用书、网上搬运而来，与学生的实际情况相去甚远。这与教师对学情分析的重要性的认识有很大关系。

二是学情分析大而空泛，缺乏针对性。例如：“通过高一上学期的学习，学生已经基本有了一定的知识储备和自主学习能力，对一些基本的知识可以通过课前预习解决。高一学生的思维方式正由具体思维向抽象思维过渡，因而教师在教学过程中培养学生逻辑思维能力的同时，还要注重历史学习的主动性，以激发学生学习历史的兴趣。”如果没有人告诉读者，丝毫看不出这是关于“罗斯福新政”一课的学情分析。这种学情分析仅仅是套用了一般意义上的学生情况，没有说明学生关于“罗斯福新政”的史实基础，对学生能力方面的判断也缺乏针对性，判断的准确性值得怀疑。上述三大主流期刊 2016 年度发表的 16 份在形式上涉及学情的教学设计中，有 15 份都是泛泛而谈，有的甚至只有一两句话。一旦缺乏技术分析的经验判断在教学实践中得到正向验证，将强化教师基于经验的判断自信，个中隐含的判断失误将带来教学失败的风险。

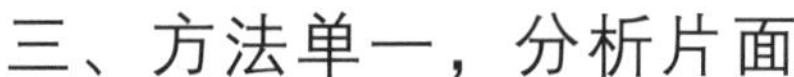

三、方法单一，分析片面

学情分析是教师运用多种手段对学生的历史学习情况作出的综合判断，但常见的一种情况是教师采用单一的方法进行学情分析。如仅采用课堂观察或经验总结的方法判断学生的历史学习情况，最终获得的结果呈现出片面性，难以为教师的教学设计提供有效的“情报”。而学生的历史学习情况又非常复杂，故需要教师采用科学的、行之有效的方式对学生学习历史科目时的学情抽丝剥茧，作出合理而行之有效的分析。因为真的学情至少需要满足两个条件：“首先，它对教学效果的影响是经过科学论证的；其次，存在科学有效的教学手段可以弥补它对教学产生的影响。”为此，教师需要采用多种学情分析的方法，作出全面而准确的分析。

复习注意问题

学生情况的复杂性决定了学情分析的复杂性。要使得学情分析落到实处，必须厘清学情的维度与内容。在维度上，教师需要对学生做已有状态、潜在状态和差异状态的区分；在内容上，需要做知识、能力、方法、兴趣、态度和情感等方面的区别。

学情分析表达了有效教学的理想诉求，在具体操作中，需要采取长时段与短时段相结合、经验判断与技术分析相结合的策略。学情分析的主要方法有课堂观察、课堂提问、问卷调查法、访谈调查法、测验法、资料分析法和经验总结法。

学情分析存在的常见问题主要有：一是学情分析的显性缺失，即教学设计中没有学情分析；二是学情分析的隐性缺失，即看似有学情分析，但学情分析流于表面；三是学情分析技术与方法单一，分析片面。

本章小结

了解学生情况、关注学生需求是有效教学的必备条件。学情分析是教学活动的基本环节，是教学研究的起点。学情分析主要指的是对学生从学习起点到学习终点之间的知识水平、认知结构等智力因素和内在潜力等非智力因素以及教学环境、教学资源等教学因素的总体分析。历史教学设计学情分析的主要内容包括了知识、能力、方法以及兴趣、态度和情感等方面。学情分析的主要方法有观察法、提问法、问卷调查法、访谈调查法、测验法、资料分析法和经验总结法。需要将长时段与短时段、经验判断与技术分析相结合，避免学情分析的显性缺失和隐性缺失。

关键术语

学情分析　有效教学　观察法　提问法　问卷调查法　访谈调查法　测验法　资料分析法　经验总结法

思考题

1. 简述学情分析的内涵、维度与内容。

2. 简述学情分析的主要方法。

3. 简述学情分析的常见问题。

拓展阅读

1. 薛伟强主编:《中学历史新课程教学技能训练》,北京,北京师范大学出版社,2020。

2. 何成刚主编:《历史课堂教学技能训练》,上海,华东师范大学出版社,2008。

3. 安桂清:《论学情分析与教学过程的整合》,载《当代教育科学》,2013(22)。

4. 谢晨、胡惠闵:《学情分析中的"学情"的理解》,载《全球教育展望》,2015(2)。

5. 马思腾、褚宏启:《基于学生核心素养发展的学情分析》,载《现代教育管理》,2019(5)。

6. 薛伟强:《历史教学学情分析的现状、问题与优化——以〈战后资本主义世界经济体系的形成〉一课为例》,载《教学月刊·中学版(教学参考)》,2020(Z1)。

实训练习

【材料分析题】

高中必修二"战后资本主义世界经济体系的建立"一课内容主要包含"一次会议"(布雷顿森林会议)、"两个体系"(国际货币体系和国际贸易体系)、"三大支柱"(国际货币基金组织、世界银行、关税与贸易总协定)。以下是对本课进行学情分析的不同案例,请逐一进行点评分析。

案例1:据我的了解,我校高一的学生已经具备一定的知识储备和技能,喜欢独立思考问题,再加上思想活跃、富于想象,所以常会提出一些独立的设想和见解。但就阅读理解能力而言,学生普遍存在不能提取有效信息、抓不到关键词和表达不准确的问题。他们的历史学科核心素养的基础较薄弱,无论是从高考的标准衡量,还是从终身学习的能力要求衡量,都亟待提升。

案例2:课程标准要求本节课需要掌握的内容对于高一学生来说很困难,因为这些内容他们在初中基本未学过,而且对本课涉及的国际经济组织所知甚少。另外,高一学生中大多数人还未形成良好的思维习惯,对于透过现象看本质、辩证分析历史的学习方法还未掌握。所以,本节课所要掌握的基础知识也是本节课所要掌握的重点知识,需要学生具备归纳演绎能力的分析题就成了难点。

案例3:学生通过高中必修一的学习,已初步对战后世界格局和经济形势有所了解,通过本单元的学习将深化这一认识。学生对现实生活中的美元比较熟悉,但对确立起美元在世界中心地位的布雷顿森林体系却较陌生。世界贸易组织(WTO)取代关税与贸易总协定以及中国加入WTO等事件发生时,学生尚未出生,对这些事件不是很了解。因此需要教师在教学中引入一些背景资料,并设计富有启发性的问题,来引导学生透过复杂现象理解分析战后以美国为主导的世界经济体系的形成。

案例4:高一学生在上学期的政治课"经济与生活"模块的学习中,已经初步了解了有关货币的产生、职能和国际货币汇兑等与本课有关的经济学概念；在初中历史九年级下册第16课“世界经济的‘全球化’”一课中，他们也初步接触了有关经济全球化的概念。本课中涉及的“布雷顿森林体系”“世界银行”“国际货币基金组织”“关贸总协定”等内容，对他们而言属于新知识。这些知识专业性较强，在教学中应做到深入浅出、通俗易懂。换句话说，就是要把本课上出“历史味儿”，不要上成“经济学”课。

案例5：一位教龄近30年的资深骨干教师，在“战后资本主义世界经济体系的建立”省级公开课中设计了问题“为什么是1盎司黄金＝35美元这一比例”。在市级重点高中近50人的大班级里，三名学生的发言都离题万里。老师情急之中翻出一张百元人民币，问：这是什么？它为什么是100？学生们更不知所云了。

【参考答案】

案例1：本案例仅对高一学生历史学习的情况做了一个总体概括，可用于所有高一年级的历史课。如果把其中的“历史”二字去掉，基本上可用于高一的多数人文社会学科。因为对与教学内容直接相关的先备知识、学习难点、学习兴趣等学情无一涉及，如不出示课题的相关情况，没有人会想到是“战后资本主义世界经济体系的建立”的学情分析。如此空洞的学情分析很难发现有价值的问题，也很难为教学设计服务，注定会在教学实践中遭遇挫折。

案例2：本案例只涉及起点能力和思维特点，且起点能力分析不具体、不到位，思维特点过于笼统。可能很多教师没有意识到，本课是高中经济史中最难的课之一。对于学生而言，最难的不是陌生的国际经济组织，而是与其相关的货币、汇率、金本位、贸易保护等经济学术语以及相关的经济现象。

案例3：本案例只涉及起点能力，学习风格、学习环境、学习兴趣等重要因素皆未考察。虽然看上去比较具体入微，但实际上仍未抓住学生学习困难的关键。且有些论证也欠妥，如一般学生对现实生活中的美元也就是了解皮毛，“比较熟悉”的恐怕很少。即使经历过中国加入和WTO的成年人，也未必真正了解多少相关知识。

案例4：本案例对学生的起点能力和学习障碍都有比较到位的分析，在实践中应该算非常优秀的学情分析。但是，仍有不少遗憾。如没有涉及学习风格、学习环境、学习兴趣等重要因素，对教学过程中可能出现的问题没有预设，对以往的学习结果也没有任何反馈。

案例5：学生几乎天天接触货币，但对于普通的纸或塑料等经过特殊印刷后为什么就威力无穷，绝大部分学生都是一知半解。如果课前的学情分析精准的话，可以有的放矢，用材料、故事、实例等加以引导诠释。如果课中发现问题的症结所在，循循善诱，也可顺利完成。该教师课前高估了学生的基础，在教学现场也没有找到问题的根源。灵机一动用人民币启发虽是一个亮点，但启而未发，学生依然云里雾里，答不到点子上，甚为遗憾。

第十六章　高中历史教学目标设计与编制

【本章要点】

确定高中历史教学目标的主要依据是历史课程标准、历史教学内容、学生的实际情况、社会需要和时代发展要求。对教学目标的具体表述方式要考虑四个方面：行为主体(学生)、行为动词(做什么)、行为条件(在什么条件下做)、行为水平(做到什么程度)。历史教学目标制定的操作要领包括研读课程标准，明确教学重点难点；精读历史教科书，确定教学核心目标；有机整合目标，对应教学内容；教学目标应当可操作、可检测。

【学习目标】

1. 熟悉教学目标的基本内涵。
2. 熟悉确定高中历史教学目标的主要依据。
3. 掌握教学目标的具体表述方式与操作要领。

【课程导言】

教学目标既是教学的起点，也是教学的归宿。科学合理地设置教学目标是教师的基本技能，历史教学目标是历史教学设计、教学实施及教学评价的核心。

一、教学目标概述

教学目标是课程目标的具体化，是教学所应达到的教学效果和评价教学的基本标尺，也是教师组织教学、处理教材内容、选择教学策略的基本出发点和主要依据，更是决定课堂教学质量的关键要素和教学有效性的有力保证。教学活动以教学目标为导向，教学目标既是教学的起点，也是教学的归宿。

教学目标有不同的层级，既有模块教学目标、单元/专题/主题教学目标，也有课时教学目标。教师要根据《普通高中历史课程标准(2017 年版 2020 年修订)》的要求，从发展学生历史学科核心素养的角度制定教学目标，将核心素养的培养作为教学的出发点和落脚点。

教学目标是学生通过努力能够达到的目标，不同地区、不同学校甚至不同班级的学生的具体教学目标不尽相同。所以，教学目标的确定不能简单照搬教学参考书和现成案例，要结合实际情况实事求是地科学设计，以真正起到对教学的指导和定向作用。

教学目标是对教学活动后学生应达到的行为状态的详细具体的描述，表达了学生学习后的一种学习结果。教学目标的陈述应该是明确、具体，可观察、可测量的，并用准确、具体、简明的文字形式概要表述出来，其行为主体是学生。

二、确定高中历史教学目标的主要依据

1. 历史课程标准

课程标准是教材编写、教学及评价的依据，也是教学目标制定的重要依据。历史课程标准规定了历史课程性质和课程目标，确定了历史课程的基本内容，提出了教学和评价要求。教师要认真研读高中历史课程标准，把握高中历史课程的目标，理解历史学科的性质及其功能，深刻领会历史课程的本质和教育价值，全面认识历史学习对学生全面发展、个性发展和持续发展的重要意义。教师在制定教学目标时，不能简单地照搬课程标准的表述，要根据教科书的具体内容和学生实际情况加以调整、提炼或细化。

2. 历史教学内容

教科书的内容是制定教学目标的重要参考。我们要依据课程标准的相关要求认真研读教科书，包括有哪些具体的知识点和活动要求，教科书对知识点的介绍的深度和广度及所提供的材料。教学重点和难点的确定也是基于对课程标准的理解和对教科书内容的深入研究。

3. 学生的实际情况

教学设计的最终目的是促进学生的学习，所以制定教学目标时一定要考虑到学生的实际情况。学生的心理特征、认知水平及兴趣等特点都会对教学目标、教学过程和教学效果产生影响，学生生活的环境也会影响教学目标的达成。例如，在网络环境优越的学习环境里，就可以更多地组织学生充分利用网上资源进行自主探究学习。又如，对认知水平高低不同的班级要制定不同的教学目标。总之，教师要对学生情况进行深入分析，真正了解教学对象，从而增强教学设计的针对性和预见性，科学而客观地确定教学的起点、深度、广度和速度。

4. 社会需要和时代发展要求

社会需要和时代发展要求会影响教学目标。当代中国正在发生广泛而深刻的社会变革，《普通高中历史课程标准(2017 年版 2020 年修订)》明确指出："坚持反映时代要求……根据经济社会发展新变化、科学技术进步新成果，及时更新教学内容和话语体系，反映新时代中国特色社会主义理论和建设新成就。"在设计教学目标时，教师要充分考虑学习哪些知识和采用怎样的学习方式，才能使学生从历史发展的角度理解并认同社会主义核心价值观和中华优秀传统文化，认识并弘扬以爱国主义为核心的民族精神和以改革创新为核心的时代精神，树立正确的世界观、人生观和价值观，从历史的角度关心国家的命运、关注世界的发展，成为德智体美劳全面发展的社会主义建设者和接班人。

三、高中历史教学目标的编制与表述要求

1. 从发展学生历史学科核心素养的角度制定教学目标

《普通高中历史课程标准(2017年版2020年修订)》明确指出："历史课程要将培养和提高学生的历史学科核心素养作为目标，使学生通过历史课程的学习逐步形成具有历史学科特征的正确价值观念、必备品格与关键能力。"在教学实践中，教师要完整把握历史学科核心素养的内涵及其具体表现，要认识到历史学科核心素养的五个方面是一个相互联系的整体。在教学过程中，教师要注重核心素养的综合培养。

教师要认识到学生历史学科核心素养的发展是一个持续提升的，在教学过程中不仅要从整体上设计模块教学目标，而且要依据课程标准具体设计主题教学目标和课时教学目标，以使教学的全过程能够紧密围绕历史学科核心素养的培养，达到学业质量的要求。例如，针对史料实证素养，教师在制定必修课程的教学目标时，要注重培养学生依据史料讲述历史的实证意识，使学生能够认识史料的不同类型及其价值，还能够从多种渠道获取史料，从中提取有效信息，并尝试运用史料作为证据来论证自己的观点；在制定选择性必修课程的教学目标时，要注重培养学生整理、辨析、理解史料的能力，使学生能够利用不同类型史料进行互证，对相关历史问题作出更全面的解释。

2. 教学目标的表述要求

教学目标的总体表述应力求明确、具体，具有可观察性、可操作性及可检测性。要避免用含糊和不切实际的语言表述教学目标。

(1)对教学目标的表述要具体化，不要空洞；要灵活，不要教条。在每节课的具体教学中，教学目标中所包含的历史学科核心素养不必全部出现，要依据教学内容的不同而有所侧重。教师应该在教学整体上思考设计教学目标。

(2)对教学目标的具体表述方式要考虑以下四个要素：

其一，行为主体(学生)。学生是达成目标的主体，是教学目标表述句中的主语。教学过程中，学生是教学活动的主体，也是教学中最为活跃的因素。在教学目标编写中，将"学"作为出发点，以学定教，目标集中在学生能做什么。教学目标实际上是对学生可能发生的行为进行预设，其具体表述中往往省略对行为主体(即主语)的表述。例如，"通过史料分析，概括商和西周早期国家的特征"，这句话省略了主语"学生"。

其二，行为动词(做什么)。行为是教学目标表述中最关键的要素，主要说明学生在教学结束后应该达到什么样的要求。所以，为使行为的表述更具有可观察性，应该使用明确、具体、恰当的行为动词来说明。例如，"通过史料分析，概括商和西周早期国家的特征"，行为动词"分析""概括"就具有可观察性。

一般来说，教学目标中的行为目标可分为结果性目标、体验性或表现性目标。结果性目标主要说明学生的学习结果是什么，主要应用于"知识与技能"领域，分为了解、理解和应用三个水平层次，不同层次的行为动词表述不同。体验性或表现性目标主要描述学生的心理感受、体验等，采用的行为动词是体验性、过程性的。

延伸阅读

国家课程标准提供的教学目标表现行为动词表

<table>
<tr><th colspan="2">目标分类</th><th>学习水平及常用行为动词</th></tr>
<tr><td rowspan="2">结果性目标</td><td rowspan="2">知识与技能</td><td>1. 了解水平——说出、背诵、辨认、回忆、选出、举例、复述、描述、识别、再认等
2. 理解水平——解释、说明、阐明、比较、分类、归纳、概述、概括、判断、区别、提供、预测、猜测、估计、推断、检索、收集、整理等
3. 应用水平——应用、使用、质疑、辩护、设计、解决、撰写、拟定、检验、计划、总结、推广、证明、评价等</td></tr>
<tr><td>1. 模仿水平——模拟、重复、再现、例证、扩展、缩写等
2. 独立操作水平——完成、表现、制订、解决、安装、绘制、测量、尝试、试验等
3. 迁移水平——联系、转换、灵活运用、举一反三、触类旁通等</td></tr>
<tr><td rowspan="2">体验性或表现性目标</td><td rowspan="2">过程与方法
情感、态度与价值观</td><td>经历(感受)水平——经历、感觉、参加、参与、尝试、寻找、讨论、交流、合作、分享、参观、访问、考察、接触、体验等</td></tr>
<tr><td>1. 反应(认同)水平——遵守、拒绝、认可、认同、承认、接受、同意、反对、愿意、欣赏、称赞、喜欢、讨厌、感兴趣、关心、关注、重视、采用、采纳、支持、尊重、爱护、珍惜、蔑视、怀疑、摒弃、抵制、克服、拥护、帮助等
2. 领悟(内化)水平——形成、养成、具有、热爱、建立、树立、坚持、保持、确立、追求等</td></tr>
</table>

——引自钟启泉等主编：《基础教育课程改革纲要(试行)解读》

其三，行为条件(在什么条件下做)。条件表明学生的学习行为是在什么情况下产生的，是影响学习结果的特定限制。因条件对教学目标的结果具有限制作用，教师在设计教学目标时应该注意对条件的准确表述。条件的表述一般包括行为情境、工具的利用、资料的辅助、时间的限制，以及他人的帮助与合作等。例如，“进行分组讨论，根据工业革命的有关资料，学生能够从多方面分析和认识工业革命的世界性影响”，该目标中“进行分组讨论，根据工业革命的有关资料”就是行为条件，是对行为动词“分析”“认识”的特定限制。

其四，行为水平(做到什么程度)。程度是学生通过学习应当达到的表现水平，用来评价学习结果的达成度。教师在对学生准确分析后，判断学生通过学习能达到何种水平。既不能让学生的行为表现程度停留在过去，也不能让学生够不着目标，而是要让学生的学习进入“最近发展区”。例如，“学生分组讨论，根据工业革命的有关资料，各组至少能从四个方面分析和认识工业革命的世界性影响”，该目标中“至少能从四个方面”就是表现程度的表述。这样的目标表述是可观察、可测量的，有利于教学评价。

延伸阅读

《中外历史纲要(上)》第3课"秦的统一"子目教学目标

"秦的统一"是第3课"秦统一多民族封建国家的建立"第一子目，如果将教学目标设定为"通过了解秦大一统的史实，形成时空观念和历史解释"，就显得过于简单、空泛，时空观念和历史解释的指向也不具体明确，可操作性和可检测性不强。此外，培养时空观念和历史解释也不可能在一节课中完成。这一子目的目标可设计为："能够运用秦朝疆域图，明确秦朝疆域的四至；在梳理和概括秦始皇巩固统一的措施等重要史事的基础上，认识秦统一多民族封建国家的建立在中国历史上的重要意义。"这样，时空观念和历史解释的培养目标与教学内容有机地结合，指向明确。学生通过学习能够达成目标，并可以测评。

四、历史教学目标制定的操作要领

1. 研读课程标准，明确教学重点难点

历史课程标准对学生需要掌握的历史内容及其学科素养作出了基本的限定，为历史课堂教学划定了底线。教师在进行教学设计时，需要充分研读历史课程标准，宏观上理解历史课程标准在课时—单元(专题)—模块中的关系，微观上处理好课程标准对课时内容的基本限定。如《中外历史纲要(上)》第一单元"从中华文明起源到秦汉统一多民族封建国家的建立与巩固"包含4课：第1课"中华文明的起源与早期国家"，第2课"诸侯纷争与变法运动"，第3课"秦统一多民族封建国家的建立"，第4课"西汉与东汉——统一多民族封建国家的巩固"。课程标准对第1课要求如下：

> 通过了解石器时代中国境内有代表性的文化遗存，认识它们与中华文明起源以及私有制、阶级和国家产生的关系；通过甲骨文、青铜铭文及其他文献记载，了解私有制、阶级和早期国家的特征。

本课时间跨度从原始社会到西周灭亡，涉及重要概念有石器时代、远古人类、文化遗址、部落、国家、禅让制、世袭制、甲骨文、内服外服、分封制、宗法制、共和行政、井田制、奴隶制、青铜时代、民本文化、中华文明起源、多元一体等近20个。按照以往常规的教学，如此体量至少需要3个课时才能完成。如果要在1个课时内完成，必须聚焦重点和难点。依据《中华文明探源工程成果集萃》，从我国统一多民族的国家的发生发展历史角度而言，文明就是指人类社会进入到国家形态。换言之，中华文明的起源本质上就是中国早期国家的起源。因此，本课的教学主旨可以概括为早期国家的起源与发展。教学重点是早期国家的起源、早期国家的特征和早期国家的发展，教学难点是中华文明起源与早期国家起源的关系。

2. 精读历史教科书，确定教学核心目标

历史教学目标的设计与历史教学的内容密不可分。在中学历史教学目标的设计过程中，教师需要结合课程标准研读历史教科书的内容，明确教学内容包含的基本史实、

基本结论和概念，充分挖掘历史线索，建构历史教学的脉络和体系，以确定课堂教学的核心目标。

例如《中外历史纲要(上)》第2课“诸侯纷争与变法运动”，课程标准要求为：

> 通过了解春秋战国时期的经济发展和政治变动，理解战国时期变法运动的必然性；了解老子、孔子学说；通过孟子、荀子、庄子等了解“百家争鸣”的局面及其意义。

大部分教师能够从春秋战国时期的经济、政治、思想巨变入手构建教学主线，但很少有人引导学生去认识这些变化在早期国家过渡到成熟国家的过程中的作用，导致学生的理解难以深入。实际上，通过阅读分析，参考第一单元及第1～4课的标题，容易凝练出第一单元的核心概念是“统一多民族封建国家的建立与巩固”。虽然第2课对应的课程标准对此未做明确要求，但第一子目“列国纷争与华夏认同”显然蕴含了相关的深意。因此本课可以归纳出两条主线，明线是春秋战国时期的社会巨变，暗线是由早期国家向成熟国家的过渡，二者相辅相成。认识春秋战国时期在早期国家过渡到成熟国家的过程中的重要作用，应该是本课的核心目标之一。

3. 有机整合目标，对应教学内容

《普通高中历史课程标准(2017年版2020年修订)》指出，在设计教学目标时，要以问题解决的水平程度作为教学目标的核心内容，避免将核心素养的五个方面机械地分离。实际上，五大核心素养是有机联系的整体：唯物史观是学习和探究历史的核心理论和指导思想；时空观念是了解和理解历史的基础，是历史学科的最基本特征，也是认识历史所必备的重要观念；史料实证是学习历史和认识历史所特有的思维品质，是理解和解释历史的关键能力与方法；历史解释是在形成历史理解和认识的基础上叙述历史的能力，是检验学生的历史观和历史知识、能力、方法等方面发展水平的主要指标；家国情怀是学习历史和认识历史在思想、观念、情感、态度等方面的重要体现，是实现历史教育育人功能的重要标志。因此，教学设计中需要充分考虑教学目标和教学内容之间的一致性，充分挖掘相关史实所隐含的情感态度价值观的内容，与学生的能力培养和方法训练结合起来，使教学目标和教学内容充分对应、浑然一体，为达成有效教学奠定基础。

4. 教学目标应当可操作、可检测

历史教学目标的检测，是对历史教学目标是否达成、历史教学策略与教学过程是否有效的价值考量，是对教师的教和学生的学的情况的基本判断，也是“教—学—评”一致性的重要保证。《普通高中历史课程标准(2017年版2020年修订)》指出，所制定的教学目标要结合教学内容和学生的实际水平，使其具有可操作性，通过教学能够达成；教学目标要有可检测性，能够衡量出学生通过学习所表现出来的进步程度。对作为教学出发点和归宿的教学目标而言，可检测性是一条非常重要的标准，也是教师有效教学的基本准则。故在制定教学目标的过程中，需要教师充分理解行为动词代表的思维含义，准确运用行为动词表达教学目标，能够对学生的学习水平作出准确判断。如“学生能够用自己的语言较为准确地说出分封制和宗法制之间的关系”，考查的是学生对分封制和宗法制关系的理解。因为理解的内隐性，需要在目标表述时用外显的行为表达；而“说出”表明的是行为，如果学生不能较为准确地“说出”，就说明在理解方面尚有不足。

复习注意问题

1. 确定高中历史教学目标的主要依据。
2. 高中历史教学目标的具体表述方式。
3. 高中历史教学目标制定的操作要领。

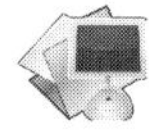

本章小结

确定高中历史教学目标的主要依据是历史课程标准、历史教学内容、学生的实际情况、社会需要和时代发展要求。对教学目标的具体表述方式要考虑四个要素：行为主体(学生)、行为动词(做什么)、行为条件(在什么条件下做)、行为水平(做到什么程度)。历史教学目标制定的操作要领包括研读课程标准，明确教学重点难点；精读历史教科书，确定教学核心目标；有机整合目标，对应教学内容；教学目标应当可操作、可检测。

关键术语

教学目标　学情分析　教学评价

拓展阅读

1. 薛伟强主编：《中学历史新课程教学技能训练》，北京，北京师范大学出版社，2020。

2. 刘汝明：《历史课堂教学核心目标的思考》，载《历史教学》，2004(9)。

3. 赵亚夫：《历史教学目标刍议三：怎样确定课堂教学目标》，载《历史教学》，2007(7)。

实训练习

【简答题】

1. 传统教学强调“教教材”，新课改理念倡导“用教材教”。如何理解“用教材教”？

2. 高中历史教学目标的表述有哪些基本要求？

3. 以史料实证素养的培养为例，说明如何从发展学生历史学科核心素养的角度制定教学目标。

【参考答案】

1.“用教材教”要求教师具备解读教材、解读学生相关情况的能力。教师必须深入分析学生的学习特点，了解他们的真实情况，在备课过程中将解读教材、解读学生与加工教材结合起来，不能让教学停留在“教教材”的水平上。

新课程改革倡导教师“用教材教”而不是简单地“教教材”。教师要创造性地运用教

材，要在使用教材的过程中融入自己的科学精神和智慧，要对教材知识进行重组和整合，选取更好的内容对教材进行深加工，设计出丰富多彩的课程内容，充分有效地将教材的知识激活，形成有教师教学个性的教学设计。教师既要有能力把问题简明地阐述清楚，也要有能力引导学生去探索，进行自主学习。

2. 教学目标的总体表述应力求明确、具体，具有可观察性、可操作性及可检测性。对教学目标的表述要具体化，不要空洞；要灵活，不要教条。在每节课的具体教学中，教学目标中所包含的历史学科核心素养不必全部出现，要依据教学内容的不同而有所侧重。对教学目标的具体表述方式要考虑四个要素：行为主体(学生)、行为动词(做什么)、行为条件(在什么条件下做)、行为水平(做到什么程度)。

3. 针对史料实证这一素养，教师在制定必修课程的教学目标时，要注重培养学生依据史料讲述历史的实证意识，使学生能够认识史料的不同类型及其价值，还能够从多种渠道获取史料，从中提取有效信息，并尝试运用史料作为证据来论证自己的观点；在制定选择性必修课程的教学目标时，要注重培养学生整理、辨析、理解史料的能力，使学生能够利用不同类型史料进行互证，对相关历史问题作出更全面的解释。

第十七章　高中历史课堂教学方法与媒体选择

【本章要点】

教学方法是教师和学生为了实现预期的教学目标，完成既定的教学任务，在教学过程中运用的方式与手段的一般称谓。教学媒体是实施教学、落实教学内容的媒介、载体，是教学内容的呈现形式，也是师生之间传递教学信息的工具。在高中历史教学过程中，选取恰当的教学方法与媒体，有利于有效落实教学内容，促进教学目标的达成。

【学习目标】

1. 了解高中历史教学方法的概念及特征、常用的历史教学方法，并能灵活选择运用。

2. 了解历史教学媒体的含义及类型，熟悉历史教学媒体的功能，掌握历史教学媒体的设计程序、注意事项及应用策略。

【课程导言】

中学历史教学方法多种多样，包括讲授法、情境教学法、史料教学法、合作探究启发式教学法等。随着时代的发展、信息技术的进步，新教学媒体与技术日新月异。在实际教学中，单一的教学方法与媒体往往无法满足师生教与学的需求。因此，应该如何正确地选择与组合历史教学方法、使用恰当的媒体技术，就成为我们进行教学设计与实施时特别值得关注的问题。

一、高中历史教学方法及其优化组合

(一)历史教学方法及其特征

教学方法就是为达到教学目的、落实教学内容、运用教学手段而进行的由教学原则指导的以一整套方式所组成的师生相互作用的活动。它包括教师的教授方法和学生的学习方法，因而具有双边性和互动性。教师的教是为了学生的学，学生的学在教师的指导下进行，教授方法与学习方法是相互协调、相互作用和相互促动的。随着教学改革的不断深入，更加重视学生在教学关系上和教学过程中的主体地位，倡导教师构建有生命力的课堂。

历史课堂教学有其自身的学科特点。作为人文学科，进行人类文化的传播和思想的传承、传道授业解惑是历史教学的学科要求。历史具有过去性和不可复现性，历史教学不可能像自然学科教学那样让学生亲身体验和感知历史过程，更多的是在教师引

导下达成认知目标，培养学科能力，形成核心素养。因而，历史教学方法呈现的特征更多的是讲述、引领、思辨、启发、感悟等，教师的主体地位体现得更为突出。

(二)常用的历史教学方法

教学方法的确定，要考虑教学目的、教学内容、学生的年龄特征、教学设备及教师本身的教学特长等因素。各类学科的教学方法有很多共同之处，历史学科的教学方法在此基础之上也体现出自身的一些特色。

1. 讲授法

讲授法是指教师通过简明、生动的口头语言向学生传授知识、发展学生智力的方法。教师通过讲授描绘情境、叙述事实、解释概念、论证原理、阐述规律等，系统地向学生传授历史知识和发展学生智力。从教师教的角度来说，讲授是一种传授的方法；从学生学的角度来说，讲授是一种接受性的学习方法。教师通过合乎逻辑的分析、论证，生动形象的描绘、陈述，启发诱导性的设疑，能够使学生在较短时间内获得大量系统的知识。它有利于充分发挥教师的主导作用，有利于发展学生的智力，有利于有计划、有目的、有意识地向学生进行思想教育。因此，长期以来讲授法一直是课堂教学最主要的方法。

在中学历史教学中，教师运用讲授法给学生再现历史发展的基本过程、基本史实，使学生通过教师讲授对历史概貌形成清晰的了解和认知。由于历史学科自身的特质，即人们对历史发展的所有描述都不可避免地带入人的主观认识，在进行讲授教学中，教师对历史的认知与评价也不可避免地会体现出来，并影响着学生对历史的认知与评价。在培养历史学科核心素养诸如唯物史观、时空观念、历史解释、家国情怀等方面，更多地有赖于通过历史教师的讲授达成教育目标。

讲授法的基本特点是面向全体学生，根据班级学生的一般特点和水平进行教学。教师是教学的主要活动者，在教学过程中居于主导地位。教师主要以口头语言传授知识，即口头语言是教师传递知识的基本工具，以摆事实、讲道理的方式促进学生对教学内容的理解和掌握。学生是知识信息的接受者，以听讲的方式学习历史内容。

讲授法分为讲述、描述、讲解、讲读和概述等基本类型，它们在历史课堂教学中经常组合使用。

(1)讲述，也叫叙述，即按照历史事件的发展过程或某一重要历史人物活动的时间顺序，对史实的具体情节进行清楚的讲述。讲述一般以叙事为主，完整清楚地交代历史事件或人物的历程是讲述的明显特点。讲述的作用主要在于说明历史事件或人物活动的发生、发展直至结束的全过程，帮助学生掌握基本史实和梳理历史脉络。

(2)描述，即以生动、形象的语言呈现历史事物的细节，吸引、感染学生，具有形象性的显著特点，其作用主要在于丰富和发展学生的想象力，使学生形成具体而鲜明的历史表象。描述可以再现特定的历史情境，包括事件过程中的情节和场面以及典型历史现象，还可以描绘历史人物的言谈举止、典型事迹。但对历史的描述不应违背历史的真实性，不能肆意地渲染和无限地夸张。

(3)讲解，是指运用阐释、说明、分析、论证、概括等方式讲授历史知识内容，以揭示历史事件及其构成要素(时间、地点、人物、经过、结果、影响、作用等)、发展的过程，使学生把握历史事件的内在联系、本质特点和规律的讲授方式。它与讲述的区别在于“解”，即重在运用阐释、说明、分析、论证、概括等方式进行传授。

(4)讲读，是在讲述、讲解过程中指导学生阅读教科书，边讲边读的讲授方式。目的在于培养学生自觉、准确、流畅的阅读技能，向他们传授有关历史知识并传达情感、进行思想品德和美感教育。讲读是把讲授与阅读教材、材料有机结合的教学方法，它是在教师的指导下，通过对教材和其他相关资料的阅读并加以阐释、说明和分析，来加强历史基础知识教学的一种手段。运用讲读时，通常是一边读一边讲、以讲导读、以读助讲、讲读并进。讲读在教学实践中与其他教学方法结合，可生出某些变式，为完成教学任务、达成教学目标发挥出更好的整体效能。

(5)概述，是指用精练、概括的语言对历史事实、概念、人物、过程、线索等作出概括性的叙述。它不需要像讲述那样具有详细完整的过程情节，也不需要像描述那样有生动的情境和鲜明的形象。其基本要求是条理清晰、层次鲜明和逻辑严谨。

讲授法教学应遵循以下基本原则：

(1)统一性原则

首先，要保证讲授内容科学性和思想性的统一。中学历史课程承载着历史学的教育功能。普通高中历史课程是在义务教育历史课程的基础上进一步运用历史唯物主义观点，以社会形态从低级到高级发展为主线，展现历史演进的基本过程以及人类在历史上创造的文明成果，揭示人类历史发展的基本规律和大趋势，促进学生全面发展的一门基础课程。学生通过高中历史课程的学习，进一步拓宽历史视野，发展历史思维，提高历史学科核心素养，能够从历史发展的角度理解并认同社会主义核心价值观和中华优秀传统文化，认识并弘扬以爱国主义为核心的民族精神和以改革创新为核心的时代精神，具有广阔的国际视野，树立正确的世界观、人生观、价值观和历史观，为未来的学习、工作与生活打下基础。

其次，要保证教与学的统一。即将教师的讲与学生的学统一起来。讲述并不等同于教师的“满堂灌”，更不能用教师的讲取代学生的独立思考和积极参与。在历史教学中过于强调教师的讲、一切以教师为中心、由教师唱独角戏，很容易形成“灌输式”教学，既不利于培养学生独立的历史学习能力，也不利于教师及时获得必要的学习反馈。在应用讲述法时，应注意带动学生参与，有时可让学生做讲述主体，以锻炼学生的语言表述、记忆和逻辑思维等各项能力。

(2)落实历史学科核心素养的原则

《普通高中历史课程标准(2017 年版 2020 年修订)》要求：“历史课程要将培养和提高学生的历史学科核心素养作为目标，使学生通过历史课程的学习逐步形成具有历史学科特征的正确价值观念、必备品格与关键能力。”因此，历史课堂教学要以此为目标，强化历史学科核心素养的培养。教师的讲授不能仅仅停留在对历史事件的讲述上，要突出让历史教学达成对唯物史观、时空观念、史料实证、历史解释、家国情怀目标的

渗透与培养。教师在讲授式教学中要树立课标意识，以课程标准作为自己的教学依据。

(3)具有启发性的原则

新的课程与教学改革要求教师对基础教育课程进行新的定位，明确立德树人这一教育根本任务和目标，并在课堂教学中积极加以践行。历史学科在立德树人方面有着独特的学科优势，需要我们不断深入思考，认识到历史不仅仅是一门学问，更重要的是它本身所承载的培养人、教育人的历史教育功能。要努力实现使我们的课堂教学从历史教学转向历史教育，以切实提升学生的历史学科核心素养。

历史教学要引导学生思考、体会、认知由教师教授所带来的历史启示、正确的价值观念、开阔的历史视野、浓厚的家国情怀、理性的历史思维，以此来提升课堂教学的思想性、教育性。要使历史教学从简单讲述过去的人、过去的事转变为“探寻历史真相，总结历史经验，认识历史规律，顺应历史发展趋势”，真正服务于教育为了学生发展这一本质，真正实现历史学的教育价值，使我们的历史课堂从知识本位转向素养本位、从历史教学转向历史教育，从而使历史教学得以升华、教学层次得以提升。历史教师不再仅仅是历史知识的传授者，而是引导学生从历史中汲取经验和教训、从历史中寻找人生启迪和借鉴的引路人。

(4)体现语言艺术的原则

历史教学语言要生动形象、富有感染力，清晰、准确、简练，条理清楚、通俗易懂，音量、语速适度，语调抑扬顿挫，适应学生的心理节奏。

讲授法教学需要注意以下问题：

讲授法能使学生在较短的时间内获得大量、系统的历史知识；教师合乎逻辑的论证、善于设疑置疑以及生动形象的语言等有助于发展学生的智力，也有助于对学生进行情感方面的教育。但运用讲授法教学时，教学内容往往由教师以系统讲解的方式传授给学生，学生没有更多的时间、机会对学习的内容及时作出反馈，因而不易发挥学生学习的主动性、积极性，不易培养学生主动探究的意识和能力。讲授法不能代替自学和练习，讲授过多会挤占学生自学和练习的时间，从而影响教学质量；面向全体学生的讲授不照顾学生的个性差异，因材施教原则不易得到全面贯彻；教学专注于知识目标，不能唤起学生的注意力和兴趣，又不能启发学生的思维和想象，使课堂陷入“满堂灌”式教学的泥潭。

2. 探究教学法

历史探究教学是指在教师的指导和启发下，学生以个人或小组的组织形式，通过独立自主的研究完成一系列由易到难的题目，并在这个过程中经受意志品质的培养和磨炼的一种教学方法。探究教学法的特点是以探究问题为目的、以思维训练为核心、以学生自主为形式、以史料运用为条件、以教师引导帮助为辅助，它既是教师的教法，也是学生的学法。

开展历史探究性学习具有十分重要的意义：历史研究性活动给学生提供了思考历史、探究历史的空间，有利于学生积极主动地进行学习，有利于学生对历史知识的掌握和理解，有利于学生对历史的解释和建构，有利于学生创造性学习历史能力的发展，也有利于学生在思想观念上的提高和在非智力因素方面的发展。但也要注意，探究式教学开展起来通常比较困难，主要是探究的主题和模式难于把握，容易流于形式；探究缺乏深度和广度，容易背离探究的主题和本质。

运用探究教学法要注意以下几点：

(1)加强指导，调动学生积极性。历史新课标和新教材中设计了许多探究性题目和探究性教学板块，如“学思之窗”“思考点”“探究与拓展”等。教师可以先引导学生对那些与教学内容主体联系紧密、难度较低的问题进行探讨解答，然后逐步提升问题的难度和挑战性，扩大问题研究的范围，培养学生将解决问题、攻克难题当成一种乐趣。

(2)设计简便易行的研究性课题。针对高中学生的认识能力，适度提出一些简便易行、难度适当的研究题目，有利于学生科学精神和科研能力的培养。新教材在许多历史理论观点上改变了唯一、确定结论的做法，特别是对一些历史人物如秦始皇、汉武帝、武则天、李鸿章、左宗棠等的评价，允许学生发表自己的见解和主张。在探究性学习中，教师可以适当安排这类有争议又能较易查到资料的问题让学生研究。但鉴于学生认识能力和理论素养的不足，对研究性课题应采取“降低难度、适度理性、方法对路、自圆其说”策略，既促进学生能力的发展，又保护其研究精神。

(3)加强科学方法的训练。科学方法是科学研究或知识创新的重要保证，对学生进行方法指导十分必要。科学方法包括通用的基本方法，如归纳与演绎、分析与综合、具体与抽象、类比与假设等；还包括历史学科的研究方法，如历史事实的还原与重构、历史过程的分析与解释等。历史学科核心素养为探究式历史教学提供了方法指导，应加强史料的辨伪、历史的考证、逻辑的分析方法等方面的训练。

(4)引导学生进行完整的探究过程学习。一个完整的科学探究过程包括发现问题、提出假设、搜集整理资料、分析研究资料、得出确定结论、运用结论解释问题等基本环节。教师在教学中一方面可以通过对教材深入透彻的讲解使学生感悟教材是如何运用材料、理论来说明历史问题的，另一方面可以运用与教学内容有关的学术研究成果指导学生讨论学习，借鉴专家学者的研究思路和过程，使学生全面认识科学研究的目的、方法、价值和评价等，从而培养学生严谨、客观、科学、求实的研究精神。

探究性学习不是一朝一夕就能取得教学成效的，需要一个不断深化、提高的过程。只有循着科学的方向，紧密结合并充分发挥教师的指导性和学生的独立自主性，探究性学习才能获得良好效果。

延伸阅读

世界视野下的中国航海活动与海上贸易

活动目标

1. 深入认识16世纪中国航海活动的主要内容及其世界背景。

2. 利用现代信息技术，搜集并综合利用各类文献、水下考古等历史资料，了解这一时期中国和欧洲国家航海活动的性质和作用。

3. 重新认识这一时期发生的历史事件，深刻理解中外海上贸易给当时的中国社会

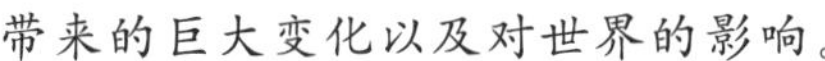

带来的巨大变化以及对世界的影响。

活动过程

1. 从明代小说(如《喻世明言》《警世通言》《醒世恒言》)中寻找白银在中国普遍流通的内容，再现使用白银进行买卖的情境；通过中外文献、考古资料等，了解白银大量来自美洲并被用以购买中国的瓷器、丝绸、茶叶等商品的史实，以及白银普遍流通给中国带来的变化。

2. 运用中外历史地图，知道欧洲商船从美洲到达东南亚和中国以及中国商船到达东南亚和日本的航行路线；结合其他文献和考古资料，知道中国商船的规模及主要货物。

3. 对教师提供的相关史料进行分析，在此基础上，可以选择教师讲授、学生主题报告会、图片展览等不同形式，对这一时期的倭寇事件、东南沿海地区的社会变化或张居正改革等问题进行研判。

活动说明

本活动的设计旨在让学生通过了解16世纪中国与世界的海上贸易活动，拓宽世界视野，加强时空观念，深化对历史的理解，体现了新视野带来的对史料的新发现和对传统历史问题的新解释。

3. 史料教学法

史料教学是让学生尝试运用史学家研究历史的方法，通过对史料的探究获得对历史问题的解决，使学生借助于和运用史料进行学习，学到史学家的一些态度和方法，以培养学生的探究精神和创新意识。

教师基于史料研习的教学，不仅是在教学中要运用史料阐释历史，更重要的是要设计以史料研习为基础的学生探究活动，引导学生学会通过搜集、整理、辨析、运用历史材料来解释历史，训练形成以史料实证、历史解释为核心的学科核心素养。

史料教学要注意四个方面：

(1)要明确运用史料的目的。历史教学中，运用史料的主要目的不是验证和说明事实与结论，而是引导学生把史料作为证据以再现历史情境，通过史料建构历史事实，从而培养学生的历史学科核心素养。

(2)要精选典型、有价值、有说服力的史料。史料不等同于材料，在使用中应该加以区分。鉴别、审定是应用史料的重要前提条件，也是培养学生历史思维的重要方法。引用文献资料要以课程标准为根据，须选择贴合教学目标、教学重难点的典型史料。要充分运用教科书中已有史料。

延伸阅读

胡适论史料的审定

胡适在《中国哲学史大纲》中提出过“审定史料之法”：

史事：书中的史事，是否与作书的人的年代相符。

文字：一时代有时代的文字，不敢乱用，作伪书的人，多不懂这个道理。

文体：不但文字可作证，文体也可作证。

思想：凡能著书立说成一家之言的人，他的思想学说，总有一个系统可寻，绝不该有大相矛盾冲突之处。

旁证：以上所说四种，史事、文字、文体、思想，皆可叫作内证。还有一些证据，是从别的书里寻出的，故名为旁证。

(3)要将史料运用与问题解决相结合。历史课堂的史料教学，一定要把历史材料的运用与问题的解决和核心素养的培养结合起来，即强调有针对性地应用史料，做到有的放矢。通过研习史料解决历史认识问题，通过时空定位发展时空观念，通过史料解读提升史料实证能力，通过问题解决促进对历史的理解、提高历史解释能力。

(4)要精心设计和组织学生的学习活动。教师须依据教学目标，通过史料对教学内容进行整合和串联，为学生创设适宜的史料情境，并设计出学生自主学习、合作探究的学习活动，组织学生开展有序、高效的探究学习。史料教学忌讳由教师直接讲析史料，学生被动接受结论。

延伸阅读

西周分封制的史料教学

必修课程“早期中华文明”的学习专题中，有关分封制的教学涉及实行分封的过程、如何进行分封、分封给什么人、分封的作用等问题。教师的教学设计不是直接讲授这些内容，而是让学生研习通过以下史料及问题得出结论。

材料

武王追思先圣王，乃褒封神农之后于焦，黄帝之后于祝，帝尧之后于蓟，帝舜之后于陈，大禹之后于杞。于是封功臣谋士，而师尚父为首封。封尚父于营丘，曰齐。封弟周公旦于曲阜，曰鲁。封召公奭于燕。封弟叔鲜于管，弟叔度于蔡。余各以次受封。

——《史记·周本纪》

问题

1. 被封侯的是哪几类人？

2. 周王分封的目的是什么？

结论

受封的是先王之后、功臣和王室贵族；结合地图，从封国的位置看出周王分封的主要目的是拱卫王畿、经略边疆。

4. 图示教学法

图示法，也称纲要信号法、图文示意法，是以符号、文字、色块所组成的简要图示来表示历史内容的内在逻辑关系的一种方法，教师对教学重点知识进行编排处理，形成图示，使有关的历史信息更加简要鲜明，内在的层次、关系更为清晰，借以补充教师讲述的不足。

(1)图示法在历史教学中的应用

图示法的独特优势：在历史教学中，图示法能在较短的时间内迅速向学生展示或提供较为完整的知识结构或体系。这种知识结构或体系以简明性、形象性和系列性等方面见长，能调动学生感官的合力作用，加强学生的记忆，激发学生的学习兴趣。基于这些优点，图示法在中学历史教学中被广泛使用。

使用图示法的主要步骤：教师根据教学目标进行生动形象的讲述；接着出示图示，依照图示简明扼要介绍相关教学内容，强调图示所显示的思维路线；学生边听边抄录图示；课堂小结时，让学生根据图示回忆主要教学内容，以巩固本课所学内容。图示设计必须具有科学性和简洁性，能够准确清晰地揭示复杂的历史问题或历史现象。

(2)运用图示法应注意的问题

历史课堂运用图示法，须注意以下几点：

其一，图示设计要简明、形象、科学。图示能够对复杂的历史内容加以高度概括、提炼，其起"信号示意"的作用。对一个历史概念可以从不同角度设计出多种图示，教师应选择最科学准确、最简明实用的图示，以发展学生的概括能力、形象思维和抽象思维能力。

其二，所用的图示符号、格式要统一，以便于学生识读。

其三，图示法必须与讲授法相结合。图示是对历史内容的概括和提炼，图示法只能作为一种辅助教学方法配合讲授法使用，不能替代教师的讲授。只有把图示法与讲授法巧妙结合起来，才能取得良好的教学效果。

通常教师在讲授法中会将"图示""问答""谈话"的方法结合使用，在教学中调动学生的思维，变单向信息传递为师生间的互动；另外，图示法还可以和信息媒体技术相联系，利用计算机网络的强大功能，以简洁的图示来表示复杂的教学内容，优化历史课堂教学。

5. 情境教学法

历史情境教学法是教师根据教学目标及教学内容的需要，凭借一定教学手段，模拟创设历史场景或情境，使学生融入情境进行历史体验，并围绕史料积极思维，培养学生思维能力和学科素养的一种教学方法。

历史情境教学法根据学生心理年龄特点，从激发学生学习兴趣和动机入手，通过创设生动具体、形象逼真的历史场景，从视觉、听觉、心理等多方面给予信息刺激，有助于将抽象、枯燥的历史现象以形象的形式呈现在学生面前，进而强化、加深学生对历史内容的认识和理解。

(1)创设历史情境的形式

第一，通过教师生动的描述或提供再现历史场景的丰富史料，复现历史情境。

第二，运用现代媒体技术，利用图文音像资料创设历史场景或情境。

第三，组织学生亲身参与，模拟历史情境。如让学生扮演历史人物、表演历史剧等。

(2)历史情境教学法的步骤

第一，教师做好历史资料的搜集、整理和准备工作，要从多方面多途径搜集、整理与本课教学有关的历史资料，如历史典籍文献、名人名言、历史图片、考古介绍、音像资料、遗址景观和历史物品的图像资料或文字记述等。教师手中教学素材越充足，在教学中越容易创设出生动的历史情境。

第二，历史情境的创设要确定明确具体的主题，围绕教学目标和教学主题有目的地选择、编排素材，创设出既能说明主题目标又能触动学生心灵、引发学生探究欲望的历史情境。

第三，教师根据所创设的历史情境，围绕教学目标提出启发性问题，引发学生思考、讨论并尝试进行历史探究，得出历史结论或形成历史认识。

历史情境教学法不仅有助于学生在历史情境中感悟历史，还有利于学生的表达、思维等能力的培养。

6. 谈话法

谈话法是教师引导学生运用已有知识和经验，回答教师或同伴提出的问题，借以获得新知识和巩固旧知识的教学方法。它以师生和生生对话的方式开展教学，易于集中学生的注意力，激发思维活动，培养独立思考和语言表述能力，提高教学效果，是中学历史教学中经常使用的能充分形成课堂互动的有效方法。

谈话法教学中，教师不直接将历史知识传授给学生，而是为学生提供一系列思考的方向和线索，采取问答式和讨论式等谈话方式，启发学生根据已有知识和经验开展思维活动而获取新知。

谈话法重视学生的学习主动性，调动学生的思维积极性，培养学生的学习灵活性。借助于谈话法，可随时进行课堂教学的非正式评价，有助于师生对教与学作出适时的调整。根据教学任务和教学程序不同，谈话法分为四类。

(1)检测性谈话

检测性谈话法是指为了检测学生学习效果而采取的评价式谈话教学方法。它可用于课堂导入时，教师通过几个关联性的问题检查学生对已学内容的掌握情况，建立起新旧知识的联系，自然引出新课题；也可用于课堂教学过程中，教师一边讲授知识一边进行谈话式提问，检查学生对知识的掌握情况，督促学生及时再现已学知识，以便对教学活动进行适切性的调整；还可用于课堂小结，教师检测学生本课所学，为后续学习做好铺垫。

(2)启发性谈话

启发性谈话法一般是由教师根据教学目的提出一系列前后连贯而又富有启发性的问题，引导学生依据已有经验和知识或根据对课堂事物的观察，进行积极的思考和回答，借以获得新知识的教学方法。这种谈话法主要用于引导学生形成分析问题的视角，进入解决问题的思维状态。启发性谈话的问题设计应依据教学内容的内在联系和逻辑结构以及学生的认知水平形成有机联系的整体，环环相扣、步步深入，不断给予学生

启发和提示，帮助学生运用已有的知识掌握新的知识。

(3)概括性谈话

概括性谈话法是指教师在讲述史实后，根据历史教学目标和重点、难点提出一些相应的归纳性问题，引导学生自己分析、比较、综合和整理，理解、巩固所学，得出认识、结论的教学方法。这种谈话法多用于课堂教学某一环节或某一专题、单元的复习课中，也可以用在课堂教学的后段，重在引导学生由历史事实推导生成历史认识。

(4)巩固性谈话

巩固性谈话法是指教师在讲授历史新知后，为了帮助学生理解、巩固所学，依据历史教学目标和关键点提出若干问题，让学生思考解答的教学方法。它根据学生已学知识提出问题，让学生通过回忆旧知识进行回答，经过知识的再现达到巩固或检查的目的。在巩固性谈话中，如果学生未掌握所学，应及时重复强化学习，使学生掌握相关内容。

课堂教学中运用谈话法需要注意以下几点：

其一，要采取多样化的提问方式。谈话的问题要面向全班学生提问，然后指定个别学生回答，使各个层次的学生都能参与并得到启迪和鼓舞；提问的对象要普遍，不同性质、不同程度的问题要适当地让不同水平的学生回答。谈话不限于教师提问学生，学生也可以质疑教师。

其二，关照学生的年龄特征、认知水平和思维特点。谈话的问题要适合学生认知水平，能引起学生的兴趣，并对学生具有启发性和挑战性，引发学生的积极思考；问题的表述应通俗易懂、含义明确、便于理解，忌讳提出过于复杂的问题和模棱两可的问题；提出的问题要有一定的逻辑联系，避免简单肯定与否定、出现无意义的谈话。

其三，正确对待学生作答。对学生回答作出合理、及时的评价和鼓励，可点燃学生探究、思考的热情。对学生回答问题的评价不能局限于判断正误、订正答案，更重要的是要使评价成为一种手段，变成学生学习的动力源。对学生作答中出现的问题，教师不能越俎代庖，应从实际出发启发学生解决疑难。遇到课堂冷场，教师不能因噎废食、改对话为灌输，而应转换角度，鼓励学生努力思考，逐步形成完善的答案。

其四，应及时把握生成性因素。谈话法是最能充分调动师生双边活动的教学方法，在师生对话中随时会出现一些教学设计之外的观点和想法。教师可适时捕捉一些有价值的生成性因素，为历史课堂教学注入活力、提升内涵。

其五，教师要做好充分准备。谈话教学强调计划性，须拟定具体谈话提纲，精心准备和设计谈话问题，并设置情境材料使问题形象具体，易于学生理解掌握。谈话结束后，教师要做好归纳和总结，帮助学生纠正谈话中的一些错误认识和思维，使学生获得系统、科学、准确的认识。

此外，历史教学还有角色扮演法、读书批注法、直观演示法、任务驱动法、参观游学法、自主学习法等诸多方法。这些教学方法中，有些是各学科共有的，有些是历史学科所独有的，通常可以与上述主要教学方法穿插组合设计使用。

(三)选择历史教学方法的原则与依据

选择历史教学方法，要遵循教学规律，要体现以学生为本、学科特点和内容要求，应注意把握以下基本原则。

1. 学生为本原则

在课堂教学活动中，学生永远居于学习主体地位。教师应关注、激发、调动学生积极参与教学过程的内驱力和主动性，使他们能够做到"要学"，继而要特别重视对学生的学法指导，使他们能够做到"会学"。教师教法的运用应更多地有利于学生的学法。只有当学生真正做到愿学、要学、会学，教法的实施才能产生预期的效果。

2. 启发引导原则

启发式教学意在使学生主动发现问题、获取知识、发展智能、陶冶个性，促进个性健康发展。历史课堂教学的目的不只是使学生掌握历史知识，更重要的是要培养学生独立探究问题、思考问题和解决问题的能力和方法，陶冶其情感与人格。所以，教师不论运用哪种历史教学方法，都要坚持启发引导的基本原则，注意将启发式教学指导思想贯穿始终。

延伸阅读

讲授法与启发性之辨

如果教师在运用讲授法时无视学生的主体性和教学的交互作用，只是一味单向、枯燥地一讲到底，就成了注入式教学，不能引发学生的积极思考和能力的锻炼与提升。而如果教师的讲述和讲解中充满着强烈的问题意识和启发性，重视与学生的有机互动，就能够激发学生的学习动机与求知欲望，使之全身心积极投入课堂教学过程中，积极思考问题并主动寻求解决问题的途径和问题的答案。这样运用讲授法，就不再是机械灌输的注入式，而变成了积极有效的启发式。可见，各种教学方法既有启发性质又有注入性质，是"双刃剑"，全在于教师如何应用了。

3. 综合运用原则

在教育理念、教育技术迅速发展的今天，教学方法也在发生着转变和进步。因此，在教学中不能拘泥于某一种教学方法，而要根据教学过程，从学生的需要出发使用不同的教学方法。任何教学方法都具有一定的针对性和局限性，而历史教学目标、教学内容却是多种多样的。教师在课堂教学中不能指望仅凭某种方法一以贯之，而要树立整体观念，根据教学的实际需要灵活地综合运用各种适当的教学方法，形成最优化的教学方法组合，实现教学效果的最优化。

教师在选择教学方法时，要考虑到教学目标、教学对象、教学过程以及具体的客观条件和自身情况等多种因素，进行综合考量设计。要做到以下几个有利于：

1. 有利于教学目标实现

教学目标既是课堂教学的出发点，也是课堂教学的核心。教学方法是实现教学目

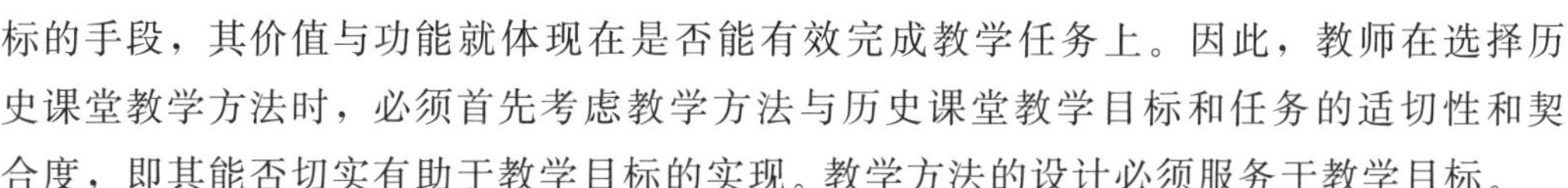

标的手段，其价值与功能就体现在是否能有效完成教学任务上。因此，教师在选择历史课堂教学方法时，必须首先考虑教学方法与历史课堂教学目标和任务的适切性和契合度，即其能否切实有助于教学目标的实现。教学方法的设计必须服务于教学目标。

延伸阅读

不同的教学目标与不同的教学方法

历史课堂教学中，每节课的具体目标是不同的，但按照新课标的要求，都要围绕历史学科核心素养来展开。对于具体的学习目标，则可以灵活运用。比如，对于那些要求学生理解和掌握，但对他们来说又比较难以理解的抽象而枯燥的历史概念类知识目标，教师可以重点选择使用讲授法来进行深入浅出的解析；对于那些旨在要求培养、提高学生的历史思维能力尤其是批判性思维能力的目标，教师则可以更多地选择采用史料教学法或探究教学法等来引导学生展开全方位、多维度的探讨与认识。

教师需要明确的是：在历史课堂教学中，各种教学方法本身并无好坏、高下之分，能够最充分、最有效地促成教学目标全面实现的方法就是最合适的教学方法。有什么样的历史课堂教学目标，就应当选择、匹配与其主旨最适切的什么样的教学方法。

2. 有利于教学内容展开

历史教学内容极其丰富，通常涉及政治、经济、文化、军事、社会生活等不同的专题史知识，或者分为历史表象、历史概念和历史规律等内容。历史教学内容的性质和特点如此复杂多样，就需要教师精心选择与其性质和特点相契合的教学方法。例如，就一个历史事件的教学来说，对其发生背景可采用概述法，对其具体过程可采用叙述法，对其故事细节可采用描述法，而对其性质、因果、影响和意义等既可采用讲授法或谈话法，也可根据实际情况综合运用讨论法、探究法等。总之，教学内容的性质和特点决定选择什么教学方法。

3. 有利于学生的学习特点

课堂教学的主体是学生，教师所有的教学行为都是为了促使学生取得更好的学习效果，教师的“教”是为了学生的“学”。所以，选择教学方法必须紧紧围绕学生的身心特点，必须体现明确的针对性和有效性。由于学生年龄、性别、性格、兴趣和爱好等各异，生活经历、知识积累、思维类型和审美情趣等也不相同，所以“没有一种教学方法对任何学生来说都是最优的”。教师在选择历史课堂教学方法时，必须全面了解学生已有历史知识水平、能力状况和兴趣特长，准确把握学生的身心发展规律和认知特点，既要面向全体学生，又要关注不同学生的差异，据此才能选出最具有针对性和有效性的教学方法。

4. 有利于发挥教师的专长

每位教师的个性素养和特点各不相同、各有长短。因此，教师必须对自身的素养条件进行实事求是的分析，清晰认识自己的优势与不足，根据自身的实际情况“量体裁衣”，扬长避短，选择那些自己可以驾驭自如的得心应手的教学方法，而不能盲目追风、机械照搬别人的所谓“高效”方法。这样才能发挥出教学方法应有的功用，收到良好的教学效果。

延伸阅读

选择适切的教学方法

有的教师口头语言表达能力特别强，极易打动、感染学生；也有的教师口头语言表达能力比较弱，常常令学生不知所云或昏昏欲睡。前者在历史课堂教学中采用讲授法，效果会比较好；而后者如果同样采用讲授法，效果往往比较差。因此“教师自身的素质条件和驾驭能力，直接关系到选用的教学方法能否发挥其应有的作用”。即便是某种被普遍认为特别有效的教学方法，如果使用它的教师自身素质、个性优势和驾驭能力与之不相符，那么其实际教学效果也就未必一定会好。教师在选择教学方法时必须清醒地认识到：“教师的素养总是一定的，并不是每一个教师都有能力使用任何教学方法。”

(四)高中历史教学方法的优化组合

教学有法，教无定法，贵在得法。随着现代教学对课堂教学整体效果要求的提升，中学历史教师科学合理地优化组合各种教学方法来进行教学日益受到关注和重视。历史教学方法种类繁多且处于不断创新变化之中，每一种教学方法都有其特点与适用范围。一堂精彩的历史课需要运用多种不同的教学方法组合，教师也可以根据自身特点和教学实际自由组合，其最终目标是实现教学效果的最优化。教学方法的优化组合，就是教学过程最优化的基本原则和要求在选择教学方法上的具体化。它要求历史教师在最少的必要时间和现有条件下科学合理地选择运用教学方法，以取得最佳教育效果。

教学方法的优化组合受到教师水平高低、学生能力大小、课程学习难度等因素的影响，教师应针对每一课的特点选择合适的教学方法组合，以充分调动学生学习的积极性，提高学习实效。教学方法的优化组合具有视听效果生动、刺激和反馈调节及时、纠错能力强等优点。充分利用每种教学方法的适用范围，发挥其整体功效，对于丰富教学内容、促进教学改革、提高教学质量具有重要实践价值和意义。

二、高中历史教学的媒体选择与运用

1. 历史教学媒体及类型

一般意义上的教学媒体是指在教学活动中传递教育信息的载体和中介，有广义和狭义之分：狭义的教学媒体专指幻灯、投影、电影、电视、录像、计算机等现代化教学工具和黑板、教科书、图片等传统教学工具；广义的教学媒体还包括讲授、参观、实验和讨论在内。教学媒体还分为硬件和软件两种形态：硬件指各种教学机器，包括幻灯机、投影机、电视机、电影机、摄像机、计算机、视盘机、放像机、录音机、语言实验室等；软件指各种教学片，包括幻灯片、投影片、录音带、计算机磁盘、视盘等。

教学媒体的分类方法有很多，按感官与物理性质分类是常见的两种。按学习者使用教学媒体的感知器官分类，可分为：听觉型媒体，如口头语言、广播录音等；视觉型媒体，如教科书、板书、板画、挂图、幻灯、投影等；视听型媒体，如电影、电视等；交互型媒体，如多媒体课件、语言实验室等。按物理性质分类，可分为光学投影教学媒体、电声教学媒体、电视教学媒体、计算机教学媒体等。除此之外，传统的图片、标本等也都属于教学媒体。

常用的历史教学媒体是指围绕学生历史学科核心素养的培养、具有历史学科特征的现代媒体呈现方式，包括通过计算机、大屏幕、投影仪等现代化设备所呈现的具有史料意义的影像、声音、文字等。

2. 常用历史教学媒体的特点

在常规的历史课堂教学中，教师应用比较多的教学媒体是计算机和大屏幕，以此呈现文字史料、图片、地图、视频、声音档案等。常用历史教学媒体具有以下几个特点：

（1）直观性

历史学科教学媒体最突出的特点就是直观性，无论是文物实体、图片、纪录片还是文字史料都能较好地创设出相关的历史情境，使学生获得对历史发展过程的较为直接的观察和体验。

（2）史料性

历史学科的媒体史料性突出，即历史课堂上通过各种手段所呈现的教学媒体内容如文字、图片、地图等都应当具有史料意义，而不是虚构的。即使是文物的模型，比如教师讲述秦始皇陵兵马俑时拿出的兵马俑的实物模型，也应来源于真实的文物。

（3）辅助性

和大多数学科一样，历史学科教学媒体属于教学的辅助，是培养学生正确价值观念、必备品格和关键能力的手段，是提升学生历史学科核心素养的重要路径。当代历史教学还着眼于如何利用现代信息技术改变学生的学习方式，如何促进学生历史学习的拓展和深入，如何为学生提供自主学习、合作学习和探究学习的空间，如何通过现代信息技术的整合更好地提升学生历史学科核心素养。

（4）实用性

历史学科教学媒体具有较高的实用价值，各种媒体所呈现的教学信息都能够对教学起到直接的帮助作用。比如减轻教师的书写压力、提供更加丰富的教学内容、增强课堂教学情境的创设以及师生、人机、生生互动，都可以通过媒体实现。

（5）扩展性

历史学科教学媒体具有极大的扩展性，教师可以根据课堂教学需要设计出丰富多彩的媒体方式，有效落实对学生基础知识、基本能力以及核心素养的培养。当然，人类历史发展历程积累了浩瀚的史料和知识，在课堂教学中要做到扩展有度。

3. 历史教学媒体的功能

历史学习和历史认识的发展，都要建立在掌握历史信息的基础上。一方面，现代信息技术下的历史教学多媒体运用能够拓宽有关历史的信息源，开阔历史视野，使师生获取更多、更具体的历史信息，有助于教学重点和难点问题的解决。另一方面，现代信息技术的应用能够有效改变传统的教学方式，适应信息时代个性化、多样化的学习习惯和学习方式，使学生的学习过程由封闭转向开放、由单一转向多样、由被动转向主动，促进教与学的互动和交流。因此，在历史教学中应用现代信息技术是推进历史教学改革的重要方面之一，尤其对教师教学方式和学生学习方式的改变具有重要作用。

历史教学媒体为课堂达成核心素养目标提供了丰富的教学手段。

(1)创设情境

历史是过去的事情，学生要了解和认识历史，需要了解、感受、体会历史的真实境况和当时人们所面临的实际问题，才能进而去理解和解释历史。在教学过程的设计中，教师可以通过应用多媒体技术创设历史情境，引领学生对历史进行探究。

延伸阅读

“马克思主义的诞生”教学情境

“马克思主义的诞生”一课，在教学设计中包括如何引导学生认识马克思主义产生的时代背景。其中，工业革命后出现的工人运动与当时工人阶级生存境况有直接的关系。为此，教师可选取有关的文字和图片材料，使学生感受当时工厂制度下工人所面临的恶劣境况，如劳动时间长、工作条件差、工资低、生活环境恶劣、劳动权益没有保障，以及资本家大量雇佣童工和女工、排挤成年男工等。通过这样的情境展现，引导学生认识当时的工人为什么要开展反抗活动，进而引出工人阶级在斗争中认识到组织起来的必要性。

(2)史料实证

在漫长的人类历史发展过程中，留下了丰富的历史遗存，包括各种文物和文字史料。在课堂教学中，无论是文字史料还是文物都可以通过多媒体设备在大屏幕上得以呈现。通过史料的呈现对学生进行相关的史料辨析、信息提取、概括说明、分析比较、历史阐释等，落实以史料实证为代表的历史核心素养培养目标。

延伸阅读

2019 年高考天津历史试卷史料实证能力考查

阅读材料，回答问题。

材料一　孔子称赞管仲辅佐齐桓公“霸诸侯，一匡天下”。孔子企望周之复兴，“如有用我者，吾其为东周乎”。

孟子提出“定于一”，尊新王。“当今之时，万乘之国行仁政，民之悦之，犹解倒悬也”，他希望改朝易姓之后，重现孔子所说“礼乐征伐自天子出”的盛世。

——据《论语》《孟子》

(1)依据材料一，指出孔子与孟子主张的异同，并结合所学知识分析其出现异同的原因。

材料二　“万乘之主，有能服术行法……其兼天下不难矣。”

“故治民无常……法与时转则治，治与世宜则有功。”

“是故诸侯之博大，天子之害也……万物莫如身之至贵也，位之至尊也，主威之重，主势之隆也。”

——《韩非子》

(2)依据材料二，概括韩非子“兼天下”思想的特点。结合所学知识，简述秦在实践法家思想上的成败。

材料三　董仲舒说：“今汉继秦之后，如朽木粪墙矣，虽欲善治之，亡可奈何……为政而不行，甚者必变而更化之，乃可理也……当更化而不更化，虽有大贤不能善治也。故汉得天下以来，常欲善治而至今不可善治者，失之于当更化而不更化也。”“《春秋》大一统者，天地之常经，古今之通谊也。”

——《汉书》

(3)材料三中，董仲舒看到“至今不可善治”的一些问题，提出了“《春秋》大一统”。依据材料一、二、三，结合所学知识，概述董仲舒“大一统”理论的历史意义。

答案：(1)实现国家统一，恢复礼乐制度。

孔子主张复兴周王朝；孟子主张由推行仁政的诸侯建立新的王朝。

春秋战国时期，礼崩乐坏，天下大乱，民心思定。

春秋时期，周王室仍有影响力，孔子对周天子抱有期望；战国时期，诸侯纷纷称王，孟子对周王室不再抱有幻想。

(2)强调法、术、势的作用；主张以法治国、法随时变；宣扬君权至上。

秦奉行法家思想，富国强兵，进行统一战争，结束割据局面，建立了专制主义中央集权制度，开创了统一的多民族国家；秦朝推行严刑峻法，实施暴政，迅速灭亡。

(3)适应时代需要，发展了大一统理论，加强了中央集权，维护了统一的多民族国家，对后世产生深远影响。

(3)时空观念

时空观念是在特定的时间联系和空间联系中对事物进行观察、分析的意识和思维方式。任何历史事物都是在特定的、具体的时间和空间条件下发生的，只有在特定的时空框架当中才可能对史事有准确的理解，历史教学离不开时间和空间教学。多媒体技术能更好地呈现时空观念的历史情境，历史地图所体现的空间概念在课堂教学中尤其不可或缺。

延伸阅读

2019年高考天津历史试卷试题

中国很多地区出土了大量青铜器，它们包含着丰富的历史文化内容。图片中的两件青铜器出土于同一地点，该地点位于地图中

A. ①　　B. ②　　C. ③　　D. ④

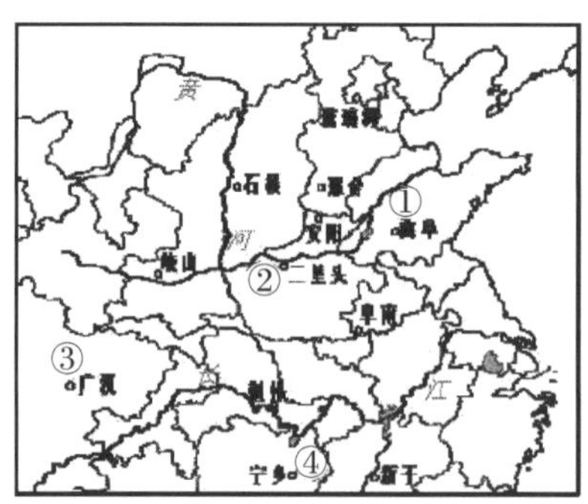

(4)家国情怀

历史教学服务于立德树人的教育根本目标。家国情怀是历史学习和探究应具备的人文素养目标，体现了对国家富强、人民幸福的情感，以及对国家的高度认同感、归属感、责任感和使命感。培养家国情怀，进行思想政治教育，发挥历史学科德育功能，是历史教学的核心内容与目标。通过各种媒体的设计应用，可以非常生动直观地发挥历史学科的育人功能。如纪录片、红色文物、先烈故事、革命文献等都可以通过媒体加以呈现，从而使家国情怀核心素养得以落地。

4. 历史教学媒体的设计程序及注意事项

历史教学媒体的设计应用一般没有固定的模式，但通常依据以下基本步骤：

(1)以落实课程标准要求为首要考虑。

(2)媒体的应用要体现教学目标，有利于突出重点、突破难点。

(3)查找选择相关媒体素材：音像、图片、地图、文字等。

(4)根据课堂教学环节需要设计制作相关的媒体模式，呈现教学内容。

在设计媒体过程中，要注意以下几个方面：

(1)媒体设计应用的目的是服务于教与学，不能单纯或过于追求媒体技术的呈现。

(2)媒体的使用要得体、适度，避免整堂课都是各种媒体的展示，防止由教师的“满堂灌”变成“满堂电灌”。

(3)对各种媒体素材的选择要注意辨析真伪。历史学科尤其强调史料的真实性，因而引用的各种素材要力求真实可靠。可有选择地用影视剧营造氛围，但须提醒学生史事与艺术的区别。

5. 教学媒体在历史教学中的应用策略

高中历史教学多是采用专题教学的方式，而专题教学可以采用多种基于网络的学

习方式，如深度学习、项目学习、微课学习、翻转课堂学习以及课下自主学习等。例如，必修课程的大多数专题时间跨度较大，所涉及的史事较多，教师不仅要进一步整合教材，而且要充分调动学生自主学习，鼓励学生在课前和课后开展基于网络的学习与探讨，深入掌握所学专题的内容，并利用网络平台进行学习交流。教师也可以通过网络对学生的学习过程和学习结果进行动态的、实时的监控与评价，及时进行指导。

延伸阅读

必修课程"马克思主义的诞生"学习专题设计思路

本专题涉及马克思主义产生的时代背景、马克思和恩格斯的理论探索与革命实践、马克思主义产生的世界意义三方面的内容。这些内容有着一定的时间跨度，既包括一些重要的历史事件，又包括重要历史人物的活动；既涉及革命理论，又涉及革命运动等。为了使学生全面把握、深入理解这些内容，教师除了课堂讲授之外，还可运用网络环境下的深度学习方式，引导学生充分运用网络技术及资源进行自主探究学习，使学习活动从表层走向深层，使学习过程从封闭走向开放，并由此促进学生多方面的素养得到发展。

步骤一：教师与学生共同讨论并拟订本专题三方面学习内容的具体项目，如"马克思主义产生的时代背景"这一专题，可分为"资本主义的发展""工人阶级的状况""工人运动的发展""马克思主义三个理论来源的情况"等。

步骤二：学生分为三个大组，每个大组负责研究一个学习主题。每个大组可再分为若干学习小组，每个小组承担一个具体的研究问题。如承担"马克思主义产生的世界意义"的大组，可分别对"无产阶级政党组织的发展""国际工人运动的发展""建立无产阶级政权的历史过程""马克思主义在中国的传播与发展"等问题进行研究。

步骤三：各组在明确任务的基础上分头活动，查阅相关的网络信息和图书资源。各小组对搜集的相关资料进行选择、分析和整理，组建相应的资源库。在小组资源库的基础上，各大组创建本组的资源库，形成本组学习项目的网页。

步骤四：各大组将本组网页的核心内容制作成微课或演示文稿，在课堂上演示和解说。然后教师组织学生讨论，师生之间进行互动式的答疑解惑。

步骤五：各大组开展课下的继续学习活动，如跨组别的网页学习、对本组网页内容的充实与拓展、问题讨论与解答等。

在学习活动中，教师可通过反馈系统软件(如网页制作的反馈系统、课上即时反馈系统、网页交流的反馈系统、网络评价成绩系统等)对学生的学习过程进行动态评价，对学生的学习状况及结果进行及时诊断和个性化指导。

专题网络学习的特点是使学习方式通过运用现代信息技术向着以学生为主体的自主学习、合作学习和探究学习转化，实现学生学习的个性化、交互式、拓展性。

复习注意问题

1. 教学方法作为历史教学过程的重要要素之一，其选择设计与使用应以课标和历史教学目标为根本导向，以学生特征为主要依据，从历史教学内容出发，结合教师自身的条件和特点。同时，不同教学方法的功能与效率以及教学所用时间等也都是设计选择教学方法时应考虑到的因素。具体教学手段、教学设备和环境等条件，也影响着教学方法的取舍。所有这些要求历史教师在教学实践中应从整体的观念出发，在了解和掌握各种教学方法的基础之上结合实际情况创造性地加以设计和选择，实现多种教学方法的最佳组合。

2. 在历史教学中，只有通过各种教学方法的组合、补充、渗透，综合设计、选择应用，才能发挥各种教学方法的优势和特点，提高历史课堂教与学的质量，取得最佳的教学效果。

本章小结

历史教学方法丰富多彩。今天的历史教学方法既包括教师的教授方法，也包括学生的学习方法，两者相辅相成、辩证统一。教师在选择设计教学方法时，既要设计教师的教，更要考虑学生的学，努力使教学方法更具针对性、可行性，以达到预期教学目标，达成理想的教学效果。常用的历史教学媒体包括多种类型，教师须熟悉不同教学媒体的特点和功能；在选择使用常用教学媒体时，应依据课标要求和教学目标合理适度设计使用，以发挥其辅助效用。

关键术语

历史教学方法　优化选择　组合　历史教学媒体　应用策略

思考题

1. 在高中历史教学中，怎样在使用讲授法、探究教学法和史料教学法的过程中实现教师的教与学生的学的辩证统一？

2. 在高中历史教学中，如何发挥常用教学媒体对培养学生历史学科核心素养的影响作用？

拓展阅读

1. 薛伟强等主编：《中学历史课程与教学概论》，北京，北京师范大学出版社，2019。

2. 杜芳、刘汝明主编：《中学历史教学设计与案例研究》，北京，科学出版社，2013。

3. 方美玲等编著：《历史学科网络课件拼装教程》，北京，中央广播电视大学出版社，2003。

实训练习

【简答题】

1.(2018 年下半年教师资格考试题)简要说明教学中讲述历史细节的主要作用。

2. 简述史料教学法的含义和历史教师使用史料教学法时应注意的内容。

【材料分析题】

3. 根据下图所示教学过程，说明本教学设计所体现的教学理念和使用的主要教学方法。

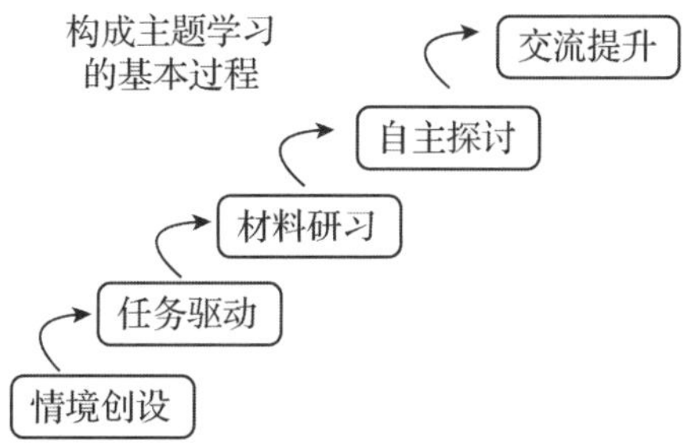

4.(2018 年上半年教师资格考试题)阅读下列材料并回答问题。

材料：

教师："作为君主立宪制下的国家，英国有三个重要机构——议会、内阁、王室，它们的首领分别是议长、首相、英王。请大家推荐三位同学分别担任议长、首相、英王，并每人回答一个问题，给 2 分钟的准备时间，等会儿到讲台上阐述。别的同学分别是议长、首相、英王的谋士。"教师展示议长、首相、英王要回答的问题。

议长的问题：介绍议会的人员构成，议会的权限是什么？

首相的问题：介绍你是如何当选的，你有哪些权力？

英王的问题：介绍你是怎样当上国王的，你有哪些权力？

2 分钟后，教师请三名学生分别阐述。

教师："通过三位同学的回答，我们不难看出英国君主立宪制的特点，即国王作为国家的象征，'统而不治'；议会掌权，但真正掌握国家实权的是内阁和首相。说到英国，我不禁将其与中国做对比，18 世纪的英国内阁与同时期中国的军机处有什么区别？"

学生看书并回答问题。

教师："(板书总结)英国内阁——内阁掌握实权，不对君主负责。君主'统而不治'、虚有其位，是政治民主化的产物。中国的军机处——为皇帝决策提供建议，负责处理日常事务。君主专制、大权独揽，是皇权专制的产物。"

问题：

(1)上述教学片段中，教师运用了哪些历史教学方法？你更喜欢哪种教学方法？为什么？

(2)在历史课堂上运用情境教学法时，应该注意什么?

5.(2018年上半年教师资格考试题)阅读下列材料并回答问题。

材料：

关于新航路开辟，《普通高中历史课程标准(实验)》要求：“概述迪亚士、哥伦布开辟新航路的史实，认识地理大发现对世界市场形成的意义。”某版本历史教科书“开辟新航路”一课包括三个子目：“东方的诱惑”“新航路的开辟”和“走向会合的世界”。某教师在讲完新航路开辟的历史背景后，针对第二子目，为调动学生参与活动的积极性，围绕《新航路开辟示意图》开展了两个教学活动：

(1)让学生用不同颜色的彩笔在地图上按时间顺序描出四条航线；

(2)分组讨论哪一条航线最容易到达东方。

为此，学生对航海路线、造船技术、洋流、季风等展开了热烈讨论，直至下课，讨论活动仍未结束。

问题：

(1)这位教师的教学有哪些可取之处?存在哪些问题?

(2)请你对这位教师提出改进建议。

【参考答案】

1. 历史细节包含的内容十分广泛，如时间、地点、人物、事件、概念、文物等。历史教师在教学中讲述历史细节的主要作用如下。

(1)教师充分利用历史细节，能够营造浓郁的历史氛围，激发学生的历史学习兴趣。

(2)教师挑选历史细节进行设疑，能够创设新颖的历史情境，引导学生主动参与和思考。

(3)教师利用历史细节，能够帮助学生加深对相关历史知识的认识，体现历史教学的科学性、系统性和思想性。

(4)教师详细讲述历史细节，能够帮助学生形成历史时空概念，理解地理环境、时间与历史发展间的关系。

(5)教师讲解历史人物时提供相关的历史细节，可以引导学生运用历史唯物主义观点对历史人物进行正确评价，帮助学生认清历史人物的本质，实现历史德育教育。

2.(1)史料教学法是教师将作为媒介的文本和搜集的史料引入教学，让学生能够更清晰地、真实地掌握历史知识，在对史料进行理性分析和归纳的过程中张扬个性，培养历史思维能力和正确历史观。

(2)①历史教师使用史料教学法时应注意将历史和实际相结合，以史鉴今，与时俱进，传授给学生客观的、唯物的历史分析方法，帮助学生全面地、系统地掌握史实。教师应培养学生的历史思维能力和唯物史观，进而培养其史料辨析能力，使其养成探究精神。

②历史教师使用史料教学法时应注意史料的可靠性、问题的渐进性和对象的全面性。

3. 本案例是一个主题学习的教学过程设计模式，突出体现了以学生自主学习探究为主，蕴含师生教学互动以及学生自主学习、合作学习、探究学习的理念。

使用的教学和学习方法包括情境教学法、任务驱动教学法、史料教学法、探究教学法、自主学习法、合作探究学习法等。

4.(1)教师运用了讲授法、谈话法、情境教学法。我喜欢情境教学法。情境教学法是在教师指导下，以历史问题为主线，以师生深入历史情境为前提，以学生自主探究学习为中心，以师生、生生互动为特征的一种教学方法。通过教师的适当引导使学生积极思考，能够提高学生的学习参与度，令学生更有兴趣参与课堂学习交流，让学生在身临其境的感觉中进行历史的体验和思维，激发求知欲和情感，培养各种学习能力，促进智力发展。

(2)运用情境教学法要注意以下内容。

①直观性。创设的教学情境要直观，有很强的历史真实感，才能使学生有情境感。材料中运用的是情境教学法中的角色情境，要通过了解历史人物的心理去掌握课堂内容。

②启发性。创设形式要新颖，能激发学生求知欲；选择的内容要有讨论的价值，能启发学生进行思考，培养学生的思维能力。材料中提出的问题过于单一，因而启发性不够。

③灵活性。具体的授课环节在教学实践中往往是交叉进行或平行的，引导参与时情境创设可能就在其中，实践探索的过程可能就是成果交流的过程，重要的是要将这些环节灵活地融合，使学生身临其境。

5.(1)可取之处如下：

①教师在教学中有意识地调动学生参与课堂活动的积极性，充分体现了以学生为主体的新课程改革理念，能够激发学生的历史学习兴趣。

②教师采取让学生动手画航线和小组讨论的活动方式，说明教师在教学中注重采取启发式、互动式的教学方式，积极探索多种教学途径，组织丰富多彩的教学活动，充分落实了新课程标准中提倡的教学方式、方法多样化的教学建议。

③教师没有采用灌输式教育，而是以转变学生的学习方式为核心，注重学生学习历史知识的过程与对学生学习能力的培养，在教学过程中加强对学生的学习方法的指导，使学生学会学习。这样做有利于培养学生提出问题和分析问题的能力，使学生逐步养成探究式学习的习惯。

存在的问题如下：

①教师在学生动手画完航线之后并没有带领学生对新航路开辟的史实进行进一步的归纳，导致学生对这一问题的认识停留在动手画图的层面，并没有达到新课程标准中“概述迪亚士、哥伦布开辟新航路的史实”这一教学目标。

②小组讨论的过程中，教师没有落实组织性原则。首先，教师没有规定讨论的时间；其次，教师没有深入每一个活动小组指导学生的讨论；最后，教师没有适时结束学生的讨论，导致授课结束时讨论仍未结束，致使教学任务没有完成。

(2)改进建议如下：

①在学生画完航海家的航线之后，教师可以让学生扮演航海家讲述自己的航海历程和路上的艰险。这样创设情境、身临其境地去感悟历史，有利于学生加深对航海史实的认识，进一步落实教学目标，同时也会增强学生学习历史的兴趣。

②在学生讲述完航海经历之后，为了帮助学生更好地掌握这一史实，教师可以在PPT上展示相关表格，引导学生从时间、人物、航线方向、开辟航线原因等角度强化对新航路开辟的理解。

③针对小组讨论，教师需对讨论的时间进行详细的规定；小组讨论过程中，教师应该深入小组内部，对学生讨论的方向进行引导；讨论结束后，教师应该让小组代表发言、其他小组做补充，最后由师生共同总结归纳。

第十八章　高中历史教学过程设计

【本章要点】

历史教学过程就是培养和发展学生历史学科核心素养的过程。高中历史教学过程的基本流程设计包括导入设计、过程设计、总结设计三个环节。高中历史教学过程设计的主要路径是合理组织教学内容，有效设计教学过程。高中历史“活动探究”教学过程设计要明确实施活动探究的基本要求。

【学习目标】

1. 熟悉高中历史教学过程的基本流程设计。
2. 掌握高中历史教学过程设计的主要路径。
3. 熟悉高中历史“活动探究”教学过程设计的基本要求。

【课程导言】

历史教学过程就是培养和发展学生历史学科核心素养的过程，这既要发挥教师的主导作用，也要激发学生的主体作用。为此，教师须熟悉高中历史教学过程的基本流程设计，掌握高中历史教学过程设计的主要路径，熟悉高中历史“活动探究”教学过程设计的基本要求。

一、历史教学过程概述

教学过程集中体现教学论的本质。从行为主义的“感知—记忆—理解—判断”等相对封闭的教学程式到建构主义的“问题(环境)—对话(理解)—生成(协作)—意义化”的开放模式，历史教学已逐渐从“听讲”的过程转变为“探究”的过程。

传统的教学认识论认为，教学过程是一种特殊的认识过程，其任务、内容和整个活动都是认识世界或对世界的反映。其特点在于强调学生的个体性认识具有间接性、被领导性和教育性，即学生只能在教师的指导下把社会历史经验变为个体的精神财富。教学过程中，教师的教学行为就是将书本知识转化为学生头脑里记得住的知识的过程，基本形式是教师说、学生听或教师讲、学生记。

现代教学论所定义的教学过程，则更重视教学的形式、方法和教学对于学习生活的当下意义。即无论从何种角度看，教学的主体都是学生，教师的关键作用是通过多种教学方法，最大程度地发挥学生的主体作用。

对于如何获得知识特别是如何拥有知识，建构主义者的观点最为鲜明。他们强调，知识并不是对现实的准确表征，它只是一种解释、一种假设。科学的知识包含真理性，但不是绝对的、唯一的答案。随着人类的不断进步，新的假设将不断产生。建构主义的理论提倡在教师的指导下以学生为中心的学习，其基本要素有四个：创设学习环境、积极协作(或参与)、多角度和有挑战性的对话(对思维而言)、对知识的意义建构。即教师在整个教学过程中起组织者、指导者、帮助者和促进者的作用，利用情境、协作、对话等学习环境要素充分发挥学生的主动性、积极性和首创精神，最终达到使学生有效地实现对当前所学知识的意义建构。据此要求学生积极主动地投入建构知识的过程，使学生真正成为课堂的主角。

建构主义是20世纪90年代以后的产物，它引发了当代学习理论领域的一场革命。建构主义的代表人物有皮亚杰、科恩伯格、斯腾伯格、卡茨等，他们认为：知识是人们对客观世界的一种解释和假设，随着人们认识程度的深入和人类的进步而不断发展；知识依赖于具体的认知个体而存在，具有个人性；需要针对具体问题情境对原有知识进行再加工和再创造，其具有情境性；学习是学习者让原有的认知结构与从环境中接收的感觉信息(新知识)相互作用，主动选择信息和注意信息以及主动建构信息的意义的过程；建构是对新知识的意义的建构，同时又包含对原有经验的改造和重组。

学习者总是以个人独有的方式建构事物的意义，因此，相互合作学习可以使学习者对知识的理解更加丰富、全面、深刻。建构主义者提倡，学习者可以通过支架式建构、抛锚式建构、导引式建构等途径建构新知识。建构主义学习理论认为情境、协作、会话和意义的建构是学习环境中的四大要素，主张学习要基于情境、基于资源、基于协作、基于探究、基于问题解决。建构主义学习理论对于教学设计的指导作用在于：必须考虑学生的原有经验(即学习起点)、学习态度和认知特点等，并为学生的主动建构提供情境和支架。

延伸阅读

建构主义课堂教学设计需要思考的问题

(1)教学中要解决的主题是什么？(2)学生对主题有什么先前的体验？(3)主题与学生有什么关系？(4)如何联系学生生活？(5)教学中将提供什么材料给学生？(6)教学中将给学生提供什么样的相关故事和经验？(7)设计什么样的学习小组？(8)组织学习中心，使其拥有学生探究概念所需的材料。(9)如何促进对话，评定学生现在的思考？(10)估计学生探索该概念所需的时间。(11)反思对学生知识准备的了解。是否需要给学生提供其他技能和信息？是否给学生提供一些电影、录像、光盘等资源用于意义建构？(12)确保提供充分的供教师和学生进行反思的时间。

——引自欧阳芬编著：《多元智能与建构主义理论在课堂教学中的应用》

依据高中历史课程标准，历史教学过程就是培养和发展学生历史学科核心素养的过程。要实现基于历史学科核心素养的教学，教师须确立新的认知观、教学观和评价观，从知识本位转变为素养本位，努力将学生对知识的学习过程转化为发展核心素养的过程。

二、高中历史课堂教学基本流程的设计

教学过程的基本流程设计包括导入设计、过程设计、总结设计三个环节。

1. 导入设计

(1)要了解不同导入方法的优缺点、使用方式、适用范围和要求。例如，直接导入的优点是能快速切入主题，节省教学时间；缺点则是生硬、枯燥、缺乏感染力。所以，直接导入用于复习课较为合适。

(2)导入的整体要求包括：导入的目的要明确、切题，有效引导学生快速进入学习状态；导入的话题要难易适中；导入的时间不宜过长，以2～3分钟为宜。

2. 过程设计

根据不同课型，进行不同的教学过程流程设计。

(1)导言课教学过程流程结构：组织教学——讲述学习的目的和意义——介绍要学习的主要内容——提出学习方法和要求。导言课在新学期(新学年)、新单元(新专题)教学开始时采用，一般具有三个内容：一是说明学习历史或新单元(新专题)的目的和意义；二是介绍本学期(本学年)、本单元(本专题)所学历史的时间范围、基本线索与主要内容；三是提出具体要求和学习方法(如作业要求、参考资料等)。

(2)新授课教学过程流程结构：组织教学——导入新课——新课学习——巩固总结——布置课上练习或课后作业。

(3)复习课教学过程流程结构：组织教学——说明复习要求——梳理线索要点——练习巩固——指导、讲解、再练习。

(4)活动展示课教学过程流程结构：组织教学——小组活动成果展示——小组间互评——教师评价总结。

3. 总结设计

总结大体可以分为两类：一类是以教师讲述为主的概括式总结，另一类是学生参与的活动式总结。

(1)以教师讲述为主的概括式总结指新课结束后(或某一个子目讲完后)，教师对新知识内容做概括全貌式的总结。要求提纲挈领、重点突出、全面准确、简明扼要，使学生新旧知识贯通，形成知识体系结构。总结可辅助运用表格、图示，可采用分析比较的方法，找出历史事物本质特征和不同点。无论采用何种形式，其特点均是从新课内容的特点与主题出发，引申形成规律性认识。

(2)学生参与的活动式总结指在教师的组织指导下，学生参与探讨与论证结论，形成师生对话式的总结。要求教师针对教学主题或重点知识精选出相关问题，师生共同讨论，引导学生形成认识、得出结论，构建知识体系。

总结并非教学内容的简单重复，它需要教师引导学生一起归纳概括、提炼精要、厘清线索，最后使知识得到升华，并从中引出规律性的认识。

三、高中历史课堂教学过程设计的主要路径

(一)合理组织教学内容

教学内容是为实现教学目标，依据课程标准和教科书并结合教学实际传授给学生的知识或信息，它不同于课标内容和教科书内容。教师在进行教学设计时，需要整体梳理教学内容。教学内容的选择应突破教科书的局限，根据教学目标灵活确定。要把握每一学习专题所涉及的范围、重要史事和核心问题，并将核心问题的解决与学生历史学科核心素养的发展联系起来。

1. 把握学习专题中的关键问题

教师要结合教科书对学习专题的内容进行梳理，明确该专题所涉及的范围及重要史事；在此基础上，概括和确定该专题中的关键问题，并建立起这些关键问题的解决与历史学科核心素养的发展的联系，围绕关键问题对教学内容进行整合。

例如必修课程中的“人民解放战争”这一学习专题，史事的范围是解放战争的进程，关键问题有两个：一是国民党政权在大陆统治灭亡的原因，二是中国共产党领导人民取得中国革命胜利的原因和意义。教师要通过教学使学生能够全面、正确地认识这两个问题，并在此过程中提升学生的唯物史观、历史解释与家国情怀等核心素养。

2. 确定教学内容中的重点与难点

教学重点是指实现教学目标最基本、最主要的内容，教学难点是指学生不经教师启发和讲解难以理解掌握的知识。确定教学重点和教学难点，可深化学生对教学内容的理解，在有效时间里达到最佳的教学效果。要根据课程标准和教学目标，结合具体的教学内容分析和确定教学重难点。教学内容中的主要历史事件、历史现象或关键历史知识，体现时代特征和教育意义的知识内容等，均可确定为教学重点。确定教学难点的关键是用科学方法精准分析学情，如典章制度等比较抽象的历史概念、重大历史事件之间错综复杂的关系、与现实社会联系密切并对现实生活产生重大影响的史事以及超越学生认知水平、专业性较强且难以理解的知识等，均可成为教学难点。

例如，在必修课程的“春秋战国的政治、社会及思想变动”这一学习专题中，有关春秋战国时期的政治、社会变动的主要表现是各国的变法。其中，最有代表性的是战国时期秦国的商鞅变法。商鞅变法包括诸多内容，如什伍连坐制度、奖励耕织、重农抑商、奖励军功、废井田开阡陌、推广县制、统一度量衡、移风易俗等。诸多的变法内容如果逐一讲授，很难在规定课时内完成，而且学生在初中已学过很多内容。在高中教学中，教师可将这些变法内容中最核心的措施及其作用列为重点，如奖励军功——打破世卿世禄、贵族垄断政治的局面，提高军队战斗力；废井田开阡陌——井田制瓦解，实行土地私有；推广县制——废除分封制，建立了中央集权体制。突出这三个要点，不仅使学生认识到变法从政治、军事、经济等方面进行了较为彻底的改制，而且有助于学生理解和解释能力的发展。

3. 设计新的综合性的学习主题

对历史教学内容的整合，还可以根据学生的学习情况，运用主题教学、问题教学、深度教学、结构—联系教学等手段，对教科书的顺序、结构进行适当的调整，对教学内容进行有跨度、有深度的重新整合，也可以对必修、选择性必修、选修的不同模块进行整合，设计出更具有探究意义的综合性的学习主题。这种整合主要有两种方式：

一是加强历史横向联系的整合，即将同一历史时期的中外史事整合在一起，使学生以更为宽阔的历史视野进行认识。例如，可将必修课程中的“中华民族的抗日战争”与第二次世界大战的相关内容整合为一个新的学习主题，使世界反法西斯战争的教学内容更有整体性，而且有利于学生认识中国的抗战作为世界反法西斯战争的东方主战场的地位和作用。

二是凸显历史纵向联系的整合，即对历史发展中有前后关联的内容加以梳理，将分散在各专题中的相关内容整合在一起，形成新的学习主题，或设计出更有意义的教学活动。例如，在必修课程中的中国史的教学基本完成后，可以设计“中国历代疆域的变迁”“西学东渐与近代中国社会的嬗变”等综合性教学主题，通过综合探究的教学活动组织学生运用已学知识，在问题解决中提升历史学科核心素养。

(二)有效设计教学过程

1. 创设历史情境

由历史的过去性和不可复制性决定，学生只有在尽可能接近真实、具体、生动的情境中去体验、感受，才能切实理解和认识历史，进而去解释历史。因此，在教学过程的设计中，教师要设法引领学生在历史情境中开展学习活动，对历史进行探究。

在课堂教学中，并非每个环节都适合创设历史情境，也不是每个环节都一定要创设情境，而是需要选择能够突出教学重点与核心素养的环节。通过创设历史情境，使学生学会站在特定的历史时空中感悟历史变迁，促进学生对历史问题的理解，逐渐培养学生运用历史思维和历史方法解决真实情境中的问题的能力。

2. 以问题为引领

学生历史学科核心素养的发展，绝不是取决于对现成的历史结论的记忆，而是要在解决学习问题的过程中理解历史，在说明自己对学习问题的看法中解释历史。教师要以问题引领作为开展教学的切入点，结合教学内容的逻辑层次，设置需要在教学过程中解决的问题。

在高中历史教学中，教师还可以从学生主动学习的角度引导学生自己提出问题。例如，可先让学生对将要在课堂教学中学习的内容进行预习，提出自己的疑问，如有哪些不明白的问题？有哪些希望教师在课堂上解答的问题？有哪些想自己在课堂上阐发的问题？等等。教师在汇集学生的问题后，结合问题的解决设计教学过程和教学内容，使教学的针对性更强。

3. 开展基于史料研习的教学活动

学生对历史学习问题的真正解决，不是通过简单地接受现成的答案，而是通过自已对相关史事的了解，尤其是对有价值的史料进行分析，用实证的方式对问题的要点逐一探讨，以可靠的史料作为证据来说明自己对问题的看法。因此，教师在进行教学设计时，要考虑如何构建基于史料研习的教学方式，在教学过程中如何运用史料引导学生进行探究。基于史料研习的教学中，最重要的是要设计以史料研习为基础的学生探究活动，在活动中引导学生学会通过搜集、整理、辨析、运用历史材料来解释历史。

开展基于史料研习的教学活动，教师需要考虑四点：一是明确运用史料的目的；二是选择典型的、有价值的、有说服力的史料；三是将史料的展示与问题的解决相结合；四是根据史料的运用组织学生的学习活动。

4. 有效运用现代信息技术

历史学习和历史认识的发展，都要建立在掌握历史信息的基础上。现代信息技术在历史教学中的运用，能够在课堂单位时空中增大历史信息量，拓展历史视野和思维空间，使学生在更加丰富、生动、具体的情境中体验历史事物，探究和解决学习的重点问题。同时，现代信息技术的应用可有效促进历史教学方式的转变，适应信息时代个性化、多样化的要求，使教育教学过程由封闭、单向，转向开放、多样，促进课堂教学的互动生成。

现代信息技术已经成为当下历史课堂教学的基本手段，而其更重要的意义在于通过信息技术促进学生历史学习方式的改变，给学生提供自主学习、合作学习、探究学习的环境条件，进一步拓展和深化学生的历史学习，有效提升历史课堂教与学的实效，更好地落实历史学科核心素养的目标和任务。

高中历史教学要尽可能利用互联网的资源共享和交互功能，引导学生体验基于互联网的开放式学习，改变传统教学中过度依赖教师、过度依据教科书、过度注重知识记诵的学习方式。教师要不断探寻现代信息技术下的历史教学方式，诸如运用现代信息技术模拟历史情境，让学生进行体验学习；利用网络资源进行项目学习，让学生自主探究和解决问题等。

当下诸多创新式学习方式，如学生自主学习、深度学习、项目式学习、翻转课堂学习等，都可以与现代技术整合，运用网络技术进行设计和实施。现行高中统编新教科书内容密集、信息量大，教师在整合教材、实行单元主题教学的同时，还可以结合实际，适度利用网络平台，设计和组织学生或自主或合作的网络学习、探究与交流。对应这种学习，教师也须设计和利用网络平台与技术，有效指导、监控和测评学生的学习过程与学习结果。

延伸阅读

网络环境下“改革开放以来的巨大成就”的深度学习

《中外历史纲要(上)》第29课“改革开放以来的巨大成就”涉及中国特色社会主义理论体系的形成与发展、中国综合国力不断提升、中国国际影响力不断扩大三方面的内容。这些内容有着较大的时间跨度，既包括一些重要的历史事件，又包括重要的思想理论等。为有效实施教学，除常规课堂教学设计、处理之外，教师还可以尝试运用网络技术和资源组织学生进行自主学习、探究学习和深度学习。

步骤一：教师与学生共同讨论并拟订本专题三方面学习内容的具体项目，如“中国特色社会主义理论体系的形成与发展”这一专题，可分为“邓小平理论”“三个代表重要思想”“科学发展观”“习近平新时代中国特色社会主义思想”等。

步骤二：学生分为三个大组，每个大组负责研究一个学习主题。每个大组织之下，可根据学生情况，再划分若干学习小组，分别承担具体探究学习的任务或问题。如承担“中国综合国力不断提升”的大组，可分别对“经济领域的成就”“精神文明建设的成就”“教育和文化成就”“国防军事成就”等问题进行研究。

步骤三：各组根据承担的学习任务或探究学习问题，利用网络信息或者书刊资源进行资料查询搜集，而后对搜集的资料进行分类归档、分析整理，并创建本组的资源库，制作专题学习网页。

步骤四：组织课堂学习交流。各大组可以微课视频、演示文稿等形式在课堂上进行展示、交流。然后教师组织学生讨论，师生之间进行互动式的答疑解惑。

步骤五：安排课后拓展学习。根据学情实际，组织各组学生进行课下跨组学习、借鉴交流，拓展和延伸已有主题学习内容。

在网络探究的学生主体学习过程中，教师须贯彻“教—学—评一体化”的理念，发挥主导作用，依据校情、学情和网络技术支持程度，建立相应环节的网络反馈评价系统，对学生的学习状况进行整体监控、指导与评价，以保障教学目标的落实。

在运用现代信息技术进行历史教学的过程中，教师也要注意解决可能出现的问题。例如，对“海量”信息的甄别与选择，对虚假信息的判断与辨明，对虚拟情境与真实情境的确认与说明，对学生深度阅读与理性思考的引导等。总之，教师要扬长避短，充分发挥现代信息技术的优势和长处，使历史教学充满新的活力。

四、高中历史“活动探究”教学过程设计

(一)历史教学方法——探究法

总体而言，凡是教师从学科内容或现实社会生活中选择或确定研究主题，在教学中创设一种类似于学术研究的情境，通过学生自主、独立地发现问题、建构知识，并经历设计、调查、信息搜集和处理、技术与操作、分析与实证、表达与交流等探索活动，获得知识与技能、发展情感与态度(特别是探索精神和创新能力)的学习过程和学习方式，都属于探究法的范畴。探究性学习的形态很多，包括自主探究、小组探究、问题探究、活动探究、主题探究等。

与传统教学方法相比，探究法为学生提供了自主探究历史的空间，有利于学生积极、主动地进行历史学习，有利于学生历史思维能力、研究问题与解决问题的实践能力的培养。探究法对教师的教学理念和教学组织、调控与指导能力等提出了更高的

要求。

(二)实施活动探究的基本要求

课上组织活动探究要注意：教师创设问题情境，提出有效的问题，引导学生进行探究；提供丰富的历史材料，拓宽学生的视野和思维广度；给学生充足的探究时间，引导学生对问题展开深入的讨论并形成正确的认识、结论；活动探究结束后，教师要进行总结和评价，并有意识地指导学生在探究学习过程中不断提出新问题。

课后进行活动探究要注意：以问题为基础，强调问题的真实性和拓展性，探究问题可以由教师事先确定，或者是由学生自己设计；以思想成长为中心，即探究学习过程中最主要的活动是高水平的思维练习，是思想的持续改进，而不是重复记忆；鼓励学生选用适合自己的方式去探究，学生可以个人自主探究，也可以分组合作探究；学生在探究、发现过程中必然会遇到许多困惑或走入迷途，需要教师适时进行有针对性的启发和点拨，教师的有效指导是提高学生探究学习效果的必要保障；学生在完成活动探究之后，要提交"探究学习报告"，教师也可以组织展示交流活动；教师对学生活动探究的评价，既要看学生最后的探究学习结果，又要注重考察学生在活动探究过程中的表现。

延伸阅读

《"老兵"的故事》课后活动探究

涉及教材内容：《中外历史纲要(上)》第八单元　中华民族的抗日战争和人民解放战争

活动主题："老兵"的故事

活动目标：

1. 寻找战争时期的"老兵"，了解他们的事迹，尝试从历史当事者的角度看历史。

2. 通过查找材料、走访"老兵"或其知情人等方式，对历史有具体、深入的理解，提高搜集和运用历史材料解释及书写历史的能力。

3. 学习感悟革命先辈为国家、为中华民族复兴而奋斗的精神。

活动过程：

1. 以个人活动为主，通过文献查找、书籍阅读、人物探访等方式，了解和研究一名"老兵"的事迹。

2. 整理所研究对象的相关材料，写一篇《"老兵"的故事》，叙述其事迹，说明自己的感受和认识。

3. 用学生所写的文章出一期墙报或将其汇编成册，也可以选择几篇优秀文章在课上进行展示交流，有条件的地方可利用校园网站进行交流。

复习注意问题

1. 高中历史教学过程的基本流程设计。

2. 高中历史教学过程设计的主要路径。

3. 高中历史“活动探究”教学过程设计的基本要求。

本章小结

历史教学过程就是培养和发展学生历史学科核心素养的过程。高中历史教学过程的基本流程设计包括导入设计、过程设计、总结设计三个环节。高中历史教学过程设计首先须合理组织教学内容：把握学习专题中的关键问题，确定教学内容中的重点与难点，设计新的综合性的学习主题；其次须有效设计教学过程：创设历史情境，以问题为引领，开展基于史料研习的教学活动，有效运用现代信息技术。高中历史“活动探究”教学过程设计要明确实施活动探究的基本要求。

关键术语

教学过程　教学设计　活动探究

拓展阅读

1. 袁从秀主编：《中学历史教学设计与案例研究》，北京，科学出版社，2013。

2. 何成刚、赵剑峰、柯志强：《以历史解释为核心的教学设计——以“早期国家的产生与发展”为例》，载《中学历史教学参考》，2018(11)。

3. 王德民、李应平：《指向历史核心素养的教学目标设计》，载《历史教学问题》，2019(2)。

4. 邓家勇：《核心素养视角下高中历史教学设计思考》，载《中学历史教学参考》，2019(6)。

5. 薛伟强：《以中国现代外交为例的专题教学设计》，载《历史教学(上半月刊)》，2017(8)。

实训练习

【简答题】

1. 高中历史教学内容的整合主要有哪两种方式？

2. 开展基于史料研习的教学活动，教师需要考虑哪些问题？

3. 课上组织活动探究，要注意哪些问题？

【教学设计题】

4. 根据下列材料，按要求完成教学设计任务。

材料一：

《普通高中历史课程标准(2017 年版 2020 年修订)》规定：“通过了解冷战结束后世界多极化、经济全球化、社会信息化、文化多样化的发展特点，以及出现的全球性问题，认识人类社会面临的机遇与挑战，理解和平、发展、合作、共赢成为时代潮流；

牢固树立构建人类命运共同体意识，共同担当，同舟共济，共促全球的和平与发展。”

材料二：课文摘录

社会信息化

社会信息化是指发展以计算机为主的智能化工具为代表的新生产力，建立有组织的信息网络体系，促进信息交流和知识共享，提高经济增长质量，推动经济社会向高效、优质发展转型的历史进程。进入21世纪，社会信息化已经成为不可逆转的时代潮流，正在使人类社会发生极其深刻的变化。另外，在人们享受社会信息化带来的便利之时，如何保卫自己的信息安全也成为各国必须解决的现实问题。

1946年，美国研制成功世界上第一台电子计算机，奠定了现代信息技术的基础。20世纪60年代末，世界正处于冷战时期，美国担心苏联的人造卫星破坏其军事通信系统，加紧了对信息技术的研究和开发。1969年，美国国防部建立了包括四个站点的网络，促成了互联网的诞生。20世纪90年代以后，互联网进一步发展为全球信息网。

互联网可以提供文件传输、聊天等服务，在社会各个领域发挥了巨大的作用，信息化社会开始出现。信息经济在世界各地全面发展，加快了经济全球化的步伐。传统产业也借助于互联网提高管理水平，并通过全球营销和采购扩大市场。在互联网时代，人们可以在家里完成很多工作，提高了工作效率，增加了工作乐趣。人们的社会交往方式也发生着改变，网络聊天、网上购物使人们足不出户也能够与其他人沟通并享受服务。但是，网络也给人们特别是青少年带来一定的负面影响。

要求：根据《普通高中历史课程标准(2017年版2020年修订)》要求和课文内容设计出相关的教学过程(包括教学环节、教师活动和学生活动)，并说明设计意图。

【参考答案】

1. 一是加强历史横向联系的整合，即将同一历史时期的中外史事整合在一起，使学生以更为宽阔的历史视野进行认识。二是凸显历史纵向联系的整合，即对历史发展中有前后关联的内容加以梳理，将分散在各专题中的相关内容整合在一起，形成新的学习主题，或设计出更有意义的教学活动。

2. 一是明确运用史料的目的；二是选择典型的、有价值的、有说服力的史料；三是将史料的展示与问题的解决相结合；四是根据史料的运用组织学生的学习活动。

3. 教师创设问题情境，提出有效的问题，引导学生进行探究；提供丰富的历史材料，拓展学生的视野和思维广度；给学生充足的探究时间，引导学生对问题展开深入的讨论并形成正确的认识、结论；活动探究结束后，教师要进行总结和评价，并有意识地指导学生在探究学习过程中不断提出新问题。

4.【参考设计】

环节一：导入新课

生活实例导入法：教师向学生展示冷战结束后社会发生了翻天覆地的变化的相关图片，引导学生通过生活实际感受世界多极化、经济全球化、社会信息化、文化多样化对我们生活的影响，尤其是信息网络的建立加速了世界连成一个整体。由此，顺势导入新课。

【设计意图】用生活中常见的事物进行导入，更好地拉近了历史与现实的距离，激发了学生的好奇心和求知欲，为新课教学做好铺垫。

环节二：新课讲授

(一)社会信息化的产生

教师用多媒体展示电子计算机图片，并设问：互联网信息技术是什么时候产生的？为什么会产生？

学生回答：冷战中美国出于争夺世界霸权的需要，加紧了对信息科学技术的研究和开发，1946 年研制成功世界上第一台电子计算机。

教师提问：那时候的电子计算机有何特点？

学生阅读教材回答：很笨重、耗资巨大且功能不够完善。

【设计意图】播放图片能激发学生的学习兴趣，活跃课堂氛围。

(二)社会信息化的概况

教师用多媒体展示有关信息技术发展的相关史料，并设问：随着社会发展，网络信息技术在不断更新换代。同学们知道其发展历程是怎样的吗？

学生发言归纳：首先是信息系统功能的强化和扩大化，其次是信息系统的网络化，最后是系统利用的高速化和高效化，从而形成了国际互联网络。全球性信息网络使信息共享的程度得到极大提高。

教师结合生活实际提问：大家对信息技术已经非常熟悉了，现在来谈谈互联网有什么功能？

学生回答：收发电子邮件、资料检索、浏览新闻、休闲娱乐、购物等。

教师追问：互联网有何特点？

学生发言：界面直观、音色兼备、链接灵活和高速传输。

【设计意图】通过史料分析法能帮助学生提高史料分析能力、有效提取信息的能力。一系列的设问也能引发学生的思考，激发他们的深层思维。

(三)社会信息化的影响

教师安排学生举行辩论赛："互联网给我们的生活带来的积极影响大还是消极影响大？"

学生分组辩论。

最后教师总结：网络信息技术的迅速发展给我们的生活、学习带来了便利，但也不可忽视其负面作用，它严重影响了青少年的健康成长，很多青少年沉迷于网络。因此我们要辩证地看待它，学会如何正确使用它。

【设计意图】通过辩论赛能体现学生的主体地位，落实"以学生为主体，教师为主导"的新课改理念。

环节三：小结作业

1. 小结：师生共同总结。

2. 作业：根据互联网提供的信息服务如新闻、娱乐和购物等组成兴趣小组，分别追踪这些信息对社会和各类人群造成的影响，写出调查报告。

【设计意图】通过小结能检验学生对知识的掌握程度，而开放式的作业能有效提高学生课后学习的积极性。

第十九章　高中历史课程资源与史料教学

【本章要点】

本章概述历史课程资源的概念、种类及功能；历史课程资源的开发与利用现状以及价值；高中史料教学的现状、理念与方法。

【学习目标】

1. 熟悉历史课程资源范围与种类、功能。

2. 了解各种历史课程资源的优缺点，能够在高中历史教学中开发和利用历史课程资源。

3. 理解史料教学的理念，能够灵活地运用史料教学的基本方法。

【课程导入】

传统的历史课堂教学一般以教师为主导，以讲授法为主要教学方法，对于除了教科书之外的历史课程资源利用不够。为了更好地提升历史课堂的教学效果，加深学生对于历史知识的理解与掌握，教师必须加强对于历史课程资源的开发与利用，开展基于史料的教学活动。

第一节　高中历史课程资源开发

一、历史课程资源的内涵

课程资源是课程与教学信息的来源。广义的课程资源指有利于课程教学的一切因素，狭义的课程资源仅指有利于课程教学的直接因素。《普通高中历史课程标准(2017年版 2020 年修订)》认为："历史的课程资源是指有利于历史课程目标实现，能够服务于历史课程的一切可资利用的物质和非物质资源的总和。"

中学阶段的历史课程是公民教育的重要组成部分，其终极目标是服务于学生的人生发展与完善。在此过程中，历史课程资源起着很重要的作用。

二、历史课程资源的种类

在不同的标准下，我们可以将历史课程资源分为很多种类。按照存在的形式，历史课程资源一般分为校内课程资源、校外课程资源、信息化课程资源、人力课程资源四种。

(一)校内课程资源

1. 历史教材

历史教材是历史教学的核心，也是历史课堂上最常使用的历史课程资源。历史教材始终是历史课堂上所使用的主要历史课程资源之一，其重要性不言而喻。有很多教师和学生不重视教材、不理解教材、不挖掘教材，这样不利于提升历史课堂的质量与效率。目前，根据新的课程标准编写的全国统一的新版高中历史教材已经开始逐步推广。

2. 学校图书馆

学校图书馆是历史课程资源的重要组成部分，是教师与学生在进行传统的课堂教学时最容易取得的历史课程资源之一。学校图书馆馆藏图书的质量与数量往往关系着历史课程资源的利用效果。学校图书馆课程资源的开发要求历史教师具有较高的专业素养，能够从纷繁复杂的各学科甚至各类型材料里准确选取合适的资料。

3. 历史工具书

历史工具书的范围包括一切有助于增进历史理解与学习能力的辅助类书籍，包括但不限于历史地图册、历史辞典、历史图表等。历史工具书往往具有直观和简单明了的特点，可以在最大程度上便于教师的讲授与学生对于课堂的理解。比如涉及战争的内容，如果教师能熟练地使用历史地图，无疑会为学生理解战争的过程提供很大便利。

(二)校外课程资源

1. 社区历史课程资源

这些资源包括社区的图书馆、资料室以及社区文体活动中心的各项与历史文化有关的活动。此外，社区中还有丰富的历史课程人力资源可以利用，其中包括居住在社区内的历史学者、历史教师以及历史事件和历史阶段的亲历者。这些都是社区宝贵的历史课程资源。社区历史课程资源对于历史课堂的补充与升华有着重要的意义和作用。利用好社区历史课程资源，需要学校与社区加强合作，广泛地挖掘各类历史课程资源，营造多样化的历史课堂。

2. 历史音像资料

历史音像资料主要分为两种。一种是实况纪录片，是当时的历史情况的第一手记录，具有很高的历史价值。但是实况纪录片存量较少，寻找有一定困难。且其经过一定加工，教师应注意辨析其价值。另一类是以历史为主题的影视剧，资源非常丰富，但往往带有戏说或者改编性质，使用此类资源时尤其需认真辨析。

3. 历史遗迹、博物馆和纪念馆

中国漫长而辉煌的历史留在了数不清的历史遗迹、博物馆和纪念馆中，这些都是鲜活的历史课程资源，有很强的生动性和直观性。在条件允许的情况下，应组织学生参观历史遗迹、博物馆和纪念馆。

(三)信息化课程资源

新兴的各种网络信息技术极大地革新了历史课堂的教学形式与教学方法，运用网络信息技术制作历史教学课件目前已经成为历史教学中的常见手段。通过教学课件的直观演示，学生可以直观地触摸历史、感受历史。学生们还可以在网络上访问与参观世界各地的名胜古迹、各类博物馆与纪念馆，这有助于学生拓宽视野、走向世界。需要注意的是，网络信息技术再发达也只是一种教学手段，绝不能喧宾夺主，更不能彻底取代教师的作用。

(四)人力课程资源

与物化课程资源相对的是人力课程资源，在学校教学中主要指教师和学生。

1. 教师

在以往的认识中，我们往往把教师视为历史课程资源的利用者，而没有认识到教师本身也具有巨大的历史课程资源价值。教师的素质直接决定了历史课程资源的应用方式、应用范围，乃至于最终的应用效果。

2. 学生

学生也是一种宝贵的历史课程资源。学生有一定的历史知识，对历史有一定的理解和认识。如果教师在课堂教学中能够熟练地引导并且开发学生课程资源，引导学生深刻和正确地认识历史，会对课堂教学效果产生事半功倍的影响。对于一个优秀的教师来说，调动学生的积极性，让学生参与到课堂教学的过程中去，进而变教师主导课堂为学生主导课堂、变教师讲授为主的课堂为学生主动参与的课堂，这是极其考验教师综合素养的。

三、历史课程资源的开发与利用

(一)历史课程资源的开发与利用现状

合理地开发与利用课程资源，是提高课堂教学质量的重要基础。从其他国家的经验和发展现状来看，凡是教育水平较高的地方，其相应的课程资源的开发与利用情况也较好。在我国，课程资源的开发长期局限在教科书这一领域。

长期以来，我国在课程资源的开发主体、开发空间和开发目的等方面也都较为落后。从开发主体来讲，主要是依靠少数的专家学者，没有重视一线教师具有的极大潜力。这样容易造成两个后果：一个是开发的资源不符合一线教学实践的实际情况；另一个是上下沟通渠道不畅通，很难将一线教学实践中所遇到的困难和所得到的经验及时反馈上去。从开发空间来讲，课程资源的开发主要集中在教室以内，甚至主要集中在教科书以内。不少教师对教科书不敢加以丝毫变通和改动，对教科书以外的历史课程资源毫不热心。从开发目的来讲，目前的课程资源开发仍然是以学科专业知识的学习为主，而不重视学生实践能力与素质的提升与发展，这不利于学生综合素质的养成与发展。

近年来，国内历史课程资源的开发与利用取得了很大的进步，但仍有很大发展空间。在课程资源的开发与利用过程中，我们要始终把教师队伍的建设与素质的提高放在首位。通过对教师课程资源的开发，带动其他课程资源的整体开发与利用。

(二)历史课程资源的开发与利用原则

1. 科学性原则

科学性原则要求在开发与利用历史课程资源特别是各种历史材料时尽量选用第一手史料，并且要对史料的真伪和价值进行辨析。例如讲述美国独立战争的直接起因时，不少教师都引用美国历史学家关于“莱克星顿的枪声”的描述，认为英军先向民兵开枪，随后导致各个殖民地倒向独立一方。然而这种脸谱化的刻板叙述显然不是当时的真实情况。美国通用历史教材之一《美国的历程》就写道：“在莱克星顿，皮凯恩发现殖民地民兵已在乡村的草地上整好了队。在他的命令下，民兵们开始散开，接着突然响了一枪。”这一枪究竟是英军还是民兵开的，用的是手枪还是步枪，是偶然的还是故意的，都搞不清楚。如果按照英军先开枪的叙事逻辑，就难以反映出北美殖民地人民在独立问题上的分歧与争论。不明白这一点，学生们就很难明白美国政治体制的建构与宪法的制定为什么会充满艰难与妥协。

2. 适用性原则

历史课程资源的开发与利用首先要以课程标准为基础。要结合教材的要求，选取符合课程标准要求、适合学生自身特点与课堂教学实际情况、体现历史学科核心素养的历史课程资源。比如在讲述中国近代生活的变迁的时候，可以选取学生比较熟悉的吃、穿、行方面，通过百姓餐桌、衣着和出行方式的变化反映出中国近代社会所经历的巨大变迁。

3. 典型性原则

在历史教学设计过程中，有很多材料具有使用与开发价值。但课堂的时间和讲授内容都是有限的，这就要求我们注意选取典型的史料，让其在最短的时间之内起到作用，才能达到最好的课堂效果。比如在讲述张骞出使西域的内容时，但《史记》和《汉书》都有记载。《史记》的叙述更加完整，加之其作者司马迁与张骞是同时期人，可信度更高。所以，选取《史记》的史料作为课程资源更为典型。

4. 个性化原则

在历史课程资源的开发与利用过程中，教师要充分发挥主观能动性，调动一切可利用的资源，结合具体教学内容以及当地特色和学校特色，形成自己的特色。很多历史悠久的学校本身就是极其重要的课程资源，教师应该根据学校的特色开发出有助于历史课堂教学的特色校本课程资源。各地都有地方特色历史课程资源，比如历史遗址或者是英雄人物。教师如果能合理地利用地方特色历史课程资源，会让学生感同身受，加深对于知识的记忆与理解，还可以培养学生的家国情怀。

第二节　高中历史与史料教学

一、高中史料教学的现状与问题

我国的历史课堂中，史料的运用一向具有重要的地位，但是目前在史料教学方面仍然存在一些误区。第一，史料运用缺乏明确方向。部分教师对于史料的运用没有计划、不成体系，很难发挥史料教学的真正效果。第二，史料引用缺乏鉴别。有很多教师对于史料不加鉴别、人云亦云，甚至错误地解读与运用史料。第三，引用史料种类过于单一。目前历史课堂上所引用的史料以正史为主，对于地方性史料和口述史料等开发不够。第四，学生参与不足。目前历史课堂上的史料运用与解读中，教师占据绝对主导地位，学生实际上没有提出异议的机会。

教学是一个非常复杂的系统，运用史料教学培育中学生的历史思维并非如表面上那样单纯，可以说这是一项比历史学家所面对的东西还要复杂的挑战。以此为目标的历史教师，需要如历史学家一样对历史学科知识有相当的理解，还需要具备将这些知识教给一般中学生的相关教育教学知识与能力。事实上，连许多教师都承认，如果史料用得不好，史料教学只会使学生感到困惑，让他们只记住片断、混乱的图像。而在课堂、课本或试卷上，那些篇幅简短但数量很多而又不一定与问题明确相关的史料也令许多学生感到反胃，以致“被条条史料烦死”。更严重的问题是，学生往往被要求使用这些简短的史料摘录去对一个很大的历史问题作出判断。事实上，这些材料常简短得连是否可称之为史料都有疑问，很可能不足以提供充分的证据，等于是鼓励学生在空虚的基础上作出判断。剑桥大学历史教育专家康赛尔对这种做法提出了严厉的批判，认为：“这根本是在伤害学生的证据概念，而不是增进它。”

很多科班出身的历史教师熟稔史证理论与方法，史料教学也早已蔚然成风。然而大部分学生对此仍知之甚少，这显然是执教者教学理念、方法及能力的问题。长期以来，教条的灌输是历史教学的主要形式。“重结论、轻史实”“重史料、轻考辨”的现象仍然比较突出，灌输“是什么”比较多、分析“为什么”比较少，引用各种材料比较多、对材料的考辨分析比较少。学生常常将史料视为关于过去的“直接报导”，把它当成教材的补充，不能在历史的脉络中以证据进行推理。这完全与历史学科建构知识的路径背道而驰，也全然无法对应历史学家的研究和思考。

二、核心素养理念下史料教学观念的更新

(一)重视史料教学的价值

史料教学是中学历史课堂培养历史学科核心素养的重要途径，五个核心素养的具体要求无一不与史料教学发生重要的联系。历史学科核心素养包括核心理论(唯物史

观)、核心思维(时空观念)、核心方法(史料实证)、核心能力(历史解释)、核心价值观(家国情怀),五个核心素养是一个相互联系的整体。

(二)运用史料时要树立正确的教学观念

首先,史料是历史解读与认识的基础,也是历史建构的重要基石,必须要重视史料、了解史料、分析史料、走进史料;其次,史料是历史教学的重要手段,但绝不是历史教学的全部,不能将历史教学的过程变成史料解读与理解的集合;最后,在解读与认识史料的过程中,要明确史料的历史价值和现实意义,对学生的发展成长产生影响。总之,通过史料教学,引导学生学会搜集、整理、辨析、运用史料来解释历史。

(三)运用史料时要进行深度剖析

首先要对史料本身有充分的了解,其次还要对史料所处的时代以及史料的作者与出处有充分的了解,这样才能充分发掘史料的价值和意义。例如在讲述明初政治演变时,教师往往会引用以下史料:“罢丞相不设,析中书省之政归六部,以尚书任天下事,侍郎贰之。而殿阁大学士只备顾问,帝方自操威柄,学士鲜所参决。”教师指出这体现了明代废除丞相的史实,这只是该史料最表层的信息。通过进一步对比史料原文以及联系时代背景,我们还可以认识到该史料实际上还含有明初君主专制加强的信息。朱元璋在废除丞相之后,在平衡君主专权与政务负担的过程中先后尝试了多种制度,包括设立该史料中提到的殿阁大学士。

三、核心素养理念下史料教学的基本路径

一是明确运用史料的目的;二是选择典型的、有价值的、有说服力的史料;三是将史料的展示与问题的解决相结合;四是根据史料的运用组织学生的学习活动。

首先要善于创设情境,提出好问题;其次还要科学实施,用好问题。关于如何提出好问题,学界已有不少成果,如结论反思、矛盾置疑、身份模拟、事实假设、专题训练这 5 种方法。[①] 其中,结论反思和矛盾置疑是高中最常用、最容易上手的方法。

科学实施问题引领,最重要的是问题前置,材料后出,循循善诱。提问可以采取直问、反问、追问、群问(提出相互联系的系列问题)等方式,根据具体情况可以让学生齐答、抢答或点答(指定学生回答)。关于材料和问题的关系处理,长久以来,一线教学中普遍重视通过材料提出和解决问题,但绝大部分教师都是先出材料,后出问题(目前市面上绝大部分统编新教材的教学设计也是如此),甚至在教学实践中还常用醒目的颜色或符号标注材料中的关键词句。如果作为材料分析的学法指导,这样的训练当然具有合理性。但很多教师已经把它作为教学日常,这就有很大的弊端。

对于绝大部分问题,首先应该让学生结合教材的相关信息独立思考,然后进行师

---

① 薛伟强:《培育初中生历史思维的三大路径》,载《历史教学(上半月刊)》,2019(10)。

生对话，其间教师尤其要注重思路点拨和方法引导，最后再出示相关材料。这样才可以有效地锻炼学生的历史思维能力，培育历史学科核心素养。

四、核心素养理念下史料教学的升华

(一)强化时空观念的构筑

时空观念是了解和理解历史的基础，是认识历史所必备的重要观念。史料教学必须立足于搭建准确合理的时空框架，为历史教学的展开提供合适的时空视角。

(二)培养史料实证的能力

史料实证是学习历史和认识历史所必备的思维品质，是理解和解释历史的关键能力与方法。史料教学必须立足于培养史料实证的能力，为历史教学的推进提供客观的实证基础。

(三)提升历史理解的思维

历史理解是历史教学的核心价值所在，是时空观念、史料实证、历史解释、家国情怀等素养要求能够实现的重要依托。史料教学必须立足于提升历史理解的思维，为历史教学的优化提供强大的思维动力。

(四)掌握历史解释的方法

历史解释是在形成历史理解和认识的基础上叙述历史的能力，是检验学生的历史观和历史知识、能力、方法等方面发展水平的重要指标。史料教学应该引导学生掌握历史解释的方法，为历史教学的质量提升提供方法支撑。

(五)激发家国情怀的共鸣

家国情怀是学习历史和认识历史在思想、情感、观念、态度等方面的重要体现，是实现历史教育育人功能的重要标志。史料教学应该致力于激发家国情怀的共鸣，为历史教学的价值升华提供丰富的人文资源。

复习注意问题

1. 把握“课程资源相互配合使用”原则。历史课程资源只是一种教学上的手段，而不是教学的全部。在实践中，要发挥各类课程资源的优点，取其精华，达到最好的课堂教学效果。

2. 把握史料实证原则。课堂教学要从史料出发，而不能反过来随意编造与解释史料，从而使史料丧失真实性与准确性。

本章小结

课程资源是课程与教学信息的来源。按照存在的形式，历史课程资源一般分为校内课程资源、校外课程资源、信息化课程资源、人力课程资源四种。历史课程资源的开发与利用要遵循科学性原则、适用性原则、典型性原则、个性化原则。史料教学是中学历史课堂培养历史学科核心素养的重要途径，运用史料时要树立正确的教学观念，实现核心素养理念下史料教学的升华。

关键术语

历史课程资源　史料教学

拓展阅读

1. 周靖、罗明主编：《核心素养：中学历史学科育人机制研究》，上海，复旦大学出版社，2018。

2. 凤光宇主编：《上海乡土历史德育资源开发和教学应用》，上海，上海社会科学院出版社，2013。

3. 薛伟强：《中学生史证能力素养的内涵、现状与培育》，载《历史教学(上半月刊)》，2018(8)。

实训练习

【单项选择题】

1. 某教师在进行指南针、火药、造纸术、印刷术四大发明的传播的教学中，发给学生相应的文献资料，要求学生分析资料、得出结论并且在地图上标出路线，这一教学活动培养的能力主要是(　　)。

A. 历史感知　B. 史料实证　C. 历史想象　D. 读图用图

2. 要了解班超的史实，可查阅(　　)。

①《史记》　②《后汉书》　③《三国志》　④《资治通鉴》

A. ①②　B. ②③　C. ②④　D. ③④

3. 史料大致可以分为文献、实物、口传三种，下列史料兼具文献和口传两种属性的是(　　)。

A.《汉谟拉比法典》　B.《荷马史诗》　C. 秦始皇兵马俑　D. 银雀山竹简

4. 下列选项中能帮助学生形成历史空间概念的直观教具是(　　)。

A. 历史年表　B. 历史地图　C. 历史照片　D. 历史文物

5. 王国维说：“吾辈生于今日，幸于纸上材料之外更得地下之新材料。”他所说的“新材料”指的是(　　)。

A. 甲骨文　B. 石鼓文　C. 秦简　D. 魏碑

6. 下列属于史学理论著作的是(　　)。

A.《史记》　B.《资治通鉴》　C.《通典》　D.《文史通义》

【简答题】

7. 教师应从哪些方面引导学生判断文献史料的价值？

8. 教师应从哪些方面培养学生的历史证据意识？

【材料分析题】

9. 某教师在设计“瓜分狂潮”子目的内容时，用到了下面两幅图。

(1)该教师对两幅图进行了比较，认为右图更适合教学，试分析其理由。

(2)历史教师选择漫画等图片类资源进行教学时，应该考虑哪些问题？

【参考答案】

1. B　2. C　3. B　4. B　5. A　6. D

7. 教师指导学生判断文献史料的价值要从三方面考虑：材料的真实可信程度；材料的具体、丰富程度以及它反映的历史现象的重要程度；材料的独到性及其稀见程度。其中，材料的真实可信程度是最重要的。

8. 教师应尊重史实，处理好史实、史证、史论三者之间的关系。教师本身有了重视历史证据的教学意识，在教学过程中会感染学生。

教师应注意引导学生突破思维定势，指导学生搜集、整理史料，进而对史料进行鉴别、解读，引导学生从论证教材结论入手，形成自身观点。

教师应充分挖掘和利用历史资源，对史料进行甄别和分析。在运用史实进行论证时，教师要注意史实的真实性、关联性、充分性，去伪存真、去粗取精、由此及彼，能评判争议问题并联系现实，从寻常内容中发现问题进行论证。

教师应结合史学研究新成果开展研究性学习课，引导学生在探索的过程中接近历史、认清历史，同时让他们在合作探究中交流意见，为自己的论点寻求史料证据。

9. (1)右边的《时局图》将代表列强的不同的动物等形象画在地图上，能让学生更加清楚地看到19世纪末中国面临被帝国主义列强瓜分的危机，画面中心的贪官形象更加显示出民族危机的根源是腐朽落后的封建政治制度。画面线索层层递进、深浅适度，有利于教师通过解读图片内容引导学生了解本课的学习内容。而左图只表现出列强瓜分中国的现象，没有揭露现象反映的本质问题。

(2)保证清晰完整，以便学生细致观察、提取信息。符合学情、深浅适度，让学生有看懂的部分，也有存疑之处。求同存异、多元开放，学生的观点只要言之成理，就允许各执一词、百花齐放。

第二十章　高中历史课时教案与板书

【本章要点】

历史课时教案是历史教师上课前所做的教学设计和设想的物质呈现。它是教师实施课堂教学的文本依据，对教学实施与落实具有特别意义。历史教案的具体形式多样，教师可根据不同的课型和教学内容选择恰当的具体呈现形式，并创造性地编制教案。板书是课堂教学的基本手段，板书设计是教案不可缺少的一部分，具有不可忽视的作用，也是历史教师应该具备的教学基本功之一。

【学习目标】

1. 了解高中历史教案的内涵与意义，掌握编制撰写历史教案的基本内容和形式。

2. 了解高中历史板书的功能特点，掌握板书设计的基本要求与形式等。

【课程导言】

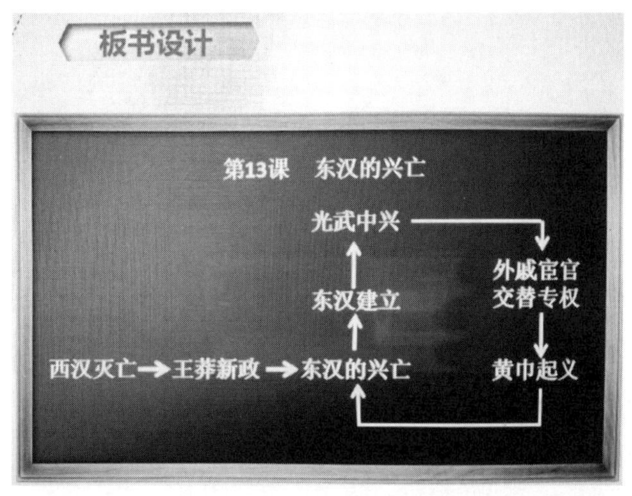

这是某历史教师编制的中国古代历史“东汉的兴亡”一课教案中的板书设计。你能说出这个板书设计属于哪种形式吗？它具有怎样的特点？除了这种类型的板书设计形式，你还知道哪些常见的历史教学板书设计形式？

一、高中历史教案的内涵与作用

教案又称课时教学计划，是教师在备课、进行教学设计时以课时为单位而设计出的教学方案。它是一节课各个教学环节设计成果的综合呈现，具有鲜明的操作性。历史教案是教案在历史学科中的具体化，是历史教学实施的蓝图。

(一)历史教案的内涵

历史教案是历史教师依据历史课程标准，为实施课堂教学而设计的以课时为单位的具体教学行动计划和教学方案，是教师备课、设计教学方案的成果。教学方案设计是指教师对要达到的教学效果、教学内容分析、教学方法与媒体选择以及教学步骤进行的精心安排和设计，这些方面都具体呈现在教学方案当中。

(二)历史教案的作用

写好教案是教师备好课的重要前提。教案的作用表现在以下几个方面。

第一，帮助教师理清思路，巩固备课成果。教师在研究课程标准、教科书及教学参考书时获得的知识是杂乱的，在课堂上结合学生的特点有条不紊地开展教学活动需要教师对备课成果进行条理化、系统化的整理，编制教案即可达到这一目的，并使备课设计的成果得到巩固。

第二，指导教学实施，保证教学质量。教师在教案的指导下实施课堂教学，有助于克服教学中的盲目性和随意性，有利于课堂教学的顺利开展，以保证教学目标的落实，取得理想的教学效果，为提高教学质量创造良好条件。有了规范的教案，也有助于教师充满自信，有的放矢。

第三，编制教案的过程也是教师消化备课所得、总结经验的过程，因此，认真编制教案有助于教师积累教育智慧，提高专业素质。

第四，编制教案还可为教师之间相互学习及学校有关部门的检查、评价和指导提供基本依据，这对教师个体、群体的专业成长也非常有益。

二、高中历史教案的内容构成与形式

(一)历史教案的内容结构与要求

历史教案的内容结构一般要求包括以下基本项目：

(1)授课学校、班级、主讲教师和日期。

(2)课题、课型及课时：课题一般用课本中的章、节标题名称命名。课型指课的类型，如序言课、新授课、习题课、复习课等。课时根据课标要求和教学内容而定。

(3)教材分析：本课内容的课标要求，本课内容在模块、单元中的地位、作用，本课内部知识点、内容结构关系，新旧教材的变化比较，初高中内容的衔接等。

(4)学情分析：授课学生的一般心理特征，相关认知储备，学习习惯，学习本课可能遇到的问题、困难等。

(5)教学目标：本课教学预计达成的目标，依托重点知识预期达成的历史学科核心素养目标要素及水平层次。

(6)教学重点、难点：重点一般指对学生学习和发展有重要作用的历史基础知识、

基本概念、基本技能，是本课必须解决的关键问题；难点一般指学生在学习过程中不太容易理解和掌握的知识点。

(7)教学方法与媒介：选择和设计适合本课内容和教学目标要求的教学方法、学习方法。根据教学内容需要、学校教学条件和学生特点，选择适当的教学媒介。

(8)教学过程：导入新课、讲授新课、课堂小结、教师活动、学生活动、练习和作业等。每一环节均应有教学设计意图。

(9)板书设计：多是教学提纲的呈现，一般放在教案的最后。

(10)教学后记(教学反思)：是把教学设计作为意识的对象进行再评价，反思成功的地方，找出不足并加以修改、调整、补充，进一步完善教学设计。

历史教案编制的一般要求：

(1)格式明确、层次分明、叙述扼要、文字精练、书写清楚、方法可行。

(2)内容既不能寥寥数语、过于简单，也不能拖沓冗长、写成讲稿；青年教师要写详案，老教师可写简案，但均不得直接摘抄或翻版他人教案。

(3)教案应源于教材、高于教材，应是对教材的整合和挖掘、提炼和补充、加工和改造、再创和发展。

(二)历史教案的常见形式

由于学科和教材性质、教学目的和课程的类型不同，教案没有绝对统一、固定不变的标准模式。因此，在教学实践中，教案编制不必墨守成规、强求统一。

历史学科的教案编制和呈现，最常见的有叙述式教案和表格式教案。

1. 叙述式教案

叙述式教案，即用文字叙述呈现教案内容的形式，常见的有详案和简案两种形式。详案是把所有教案项目和整个教学过程甚至课堂上要说的每一句话都写在教案上，这种教案格式适合刚刚走上工作岗位的青年教师。简案又称纲要式教案，即用简明的语言把课堂教学的主要内容按教案编写步骤呈现在教案上。

叙述式教案样例：

第26课　中华人民共和国成立和向社会主义的过渡[①]

一、教材分析

课标要求：认识中华人民共和国成立的伟大意义，概述新中国巩固人民政权的主要举措，认识新中国为民主政治建设和向社会主义过渡所作出的努力。

本课是《中外历史纲要(上)》第九单元“中华人民共和国的成立和社会主义建设”中的第一课。本课内容上承“人民解放战争”，下启“社会主义建设在探索中曲折发展”，按时间顺序勾勒出中国现代史初期(1949—1956年)新中国为巩固人民政权采取的措施，以及新中国为民主政治建设和向社会主义过渡作出的努力。从横向看，20世纪中期，

① 选自天津市102中学任沙沙的教学案例。本设计获全国统编高中历史教科书优秀教学设计案例征集“优秀教学设计”。

资本主义和社会主义两大阵营基本形成，并走向对立。帝国主义对新政权采取政治上孤立、经济上封锁、军事上威胁，新中国的政权巩固及国内经济发展面临严峻的国际环境。从纵向看，中华人民共和国的成立，开创了中国历史的新纪元。站起来的中国各族人民在中国共产党领导下，实现了从新民主主义到社会主义的历史性转变，为当代中国一切发展进步奠定了根本政治前提和制度基础。

二、学情分析

1. 学生知识基础

学生在初中阶段通过历史课的学习，对中华人民共和国成立、抗美援朝、土地改革、第一个五年计划、人民代表大会制度的确立、三大改造、新中国初期的外交等知识有一定的了解；通过课外读物及影视作品等，对1949—1956年这段时期内的主要大事有所感知。因而，对本节课，学生具备了一定的知识基础。

2. 学生认知能力

高一的学生好奇心较强，思维比较活跃，对历史问题有自己的见解。但其历史认知基本停留在就事论事上，缺乏对史实的理解和前后贯通，不能以“长时段”“大历史”的观察视角来审视史实，在理性认识和情感认同方面有待提升。

三、教学目标

1. 通过阅读史料、师生对话和识读时间轴，梳理中国共产党领导新民主主义革命的史实，认识中华人民共和国的成立开辟了中国历史的新纪元。

2. 运用时空定位，了解中华人民共和国成立初期国内国际面临的问题；通过自主梳理教材及研读史料，感悟新中国在解决国内国际问题上的责任与担当，认识新中国为向社会主义过渡所作出的努力。

3. 通过教师方法指导、小组合作探究，从唯物史观角度阐述中华人民共和国成立的伟大历史意义，认识人类社会形态从低级向高级发展的总趋势。

四、重点难点

教学重点：巩固新生政权的主要举措、独立自主的和平外交、新中国为民主政治建设和向社会主义过渡所作出的努力。

教学难点：运用唯物史观认识中华人民共和国成立的历史意义。

五、理念与思路

以唯物史观为指导，引领学生通过历史学习认清历史发展规律，对历史与现实形成全面、正确的认识，培养学生运用唯物史观把握历史发展脉络，正确认识人类社会形态从低级向高级发展的总趋势。

以“历史性转变”为教学线索，通过从半殖民地半封建的旧中国到民族独立与人民当家作主的新中国、从新民主主义到社会主义两个历史性转变的方向引导，通过对中国共产党领导人民成功解决中华人民共和国成立后面临的国内外一系列问题的史实阐述，引导学生认证和阐释中华人民共和国成立的伟大历史意义，即领导中国人民克服重重困难，最终走上一条正确道路——社会主义道路，这条道路成为当代中国一切发展进步的根本政治前提和制度基础。

六、教法学法

1. 谈话法

2. 自主学习、合作探究

七、教学流程

1. 导入

出示中共一大会址和浙江嘉兴南湖游船照片。

今年是中国共产党成立一百周年，百年已是风雨兼程，百年恰是风华正茂。2017年10月31日，习近平总书记在瞻仰上海中共一大会址和嘉兴南湖红船时说道："我们党的全部历史都是从中共一大开启的，我们走得再远都不能忘记来时的路。事业发展永无止境，共产党人的初心永远不能改变。"

提问：共产党人最初的革命奋斗目标是什么？

今天这节课，我们一起来了解一下，中国共产党如何坚守初心，带领站起来的中国各族人民，在新民主主义革命胜利成果的基础上，实现从新民主主义到社会主义的历史性转变。

设计意图：结合建党百年历史，引导学生回顾史实，唤醒学生以往所学的知识，将以往经验融入当下教学，并得到进一步提升。

2. 讲授新课

教学活动一：师生对话，简要了解中华人民共和国成立的史实。

情境呈现：

照片：《中国人民政治协商会议第一届全体会议开幕时代表入场》。

时间轴：

问题设计：(1)1949年9月，为筹备建立中华人民共和国，召开了什么会议？(2)在这次会议上，主要通过了哪些决议内容？

学生活动：挖掘教材、史料及历史时间轴中蕴含的丰富信息，了解中华人民共和国成立的基本史实。回顾新民主主义革命发展历程，长时段理解中华人民共和国成立的历史意义。

设计意图：通过史料和时间轴，引导学生将史实定位在特定的时间和空间框架下，初步了解中华人民共和国成立的基本史实和意义，为接下来探究从新民主主义到社会主义的历史性转变做准备。

过渡：中华人民共和国的成立，可以说结束了帝国主义、封建主义和官僚资本主义长期奴役和剥削中国各族人民的历史，完成了新民主主义革命反帝反封建的任务，为实现由新民主主义向社会主义过渡创造了前提条件。那么我们接下来能否马上向社会主义过渡了呢？正如毛泽东主席所说："我们用了28年办了一件大事，把三座大山搬掉了，也就是头上的问题解决了，下一步要解决脚下的问题了。解决脚下的问题任务还很重，建设我们这样大的国家要花更大的气力。"

——李家骥：《我做毛泽东卫士十三年》

"脚下的问题"指哪些问题？这些问题又是如何解决的呢？

教学活动二：小组看图说话，了解人民政权的巩固。

情境呈现：土地改革示意图、朝鲜战争形势图等。

问题设计：中华人民共和国成立后，面临着哪些严峻的问题？这些问题通过什么措施解决的？这些措施起到了怎样的共同作用？对此你有何感悟？

学生活动：以小组为单位，观看地图册，在地图上分析中华人民共和国成立后面临的严峻形势；阅读教材，了解这些问题是如何解决的；其余同学思考作用，谈个人感悟。

设计意图：学生围绕人民政权巩固的知识阅读教材，提炼关键信息，在地图上梳理知识，增强学生的时空观念；小组相互交流感悟，培养学生的历史思维能力。从梳理归纳到探究认识再到情感感悟，层层递进，逐步培养学生的核心素养。

重点突破：抗美援朝精神。

情境呈现：播放抗美援朝视频资料《国家记忆——冰湖血战》。

问题设计：是什么样的精神支撑着志愿军战士，与阵地永恒坚守在一起？

学生活动：观看视频，思考问题，感受抗美援朝精神。

教师引导：志愿军战士为了保家卫国，保卫的是哪个家哪个国？为什么他们宁愿献出自己宝贵的生命也要保卫新中国？(新中国给他们带来了什么？)新中国给国家和人民带来了希望，国家不再任人欺凌，人民真正独立自主、当家作主。他们可歌可泣的英雄事迹汇成强大的民族凝聚力，也极大地鼓舞着全国人民为保卫和建设祖国而团结奋斗。

过渡：抗美援朝战争保卫了新中国的安全，维护了世界和平，为新中国的经济建设创造了有利的和平环境。它深刻影响和改变了第二次世界大战结束后亚洲乃至世界的政治格局，在新中国的历史上留下了浓墨重彩的一笔。面对"二战"后殖民体系瓦解、亚非民族解放运动兴起的世界大势，新中国敏锐地觉察到时代巨变，开创了独立自主的和平外交。

教学活动三：生生互动，针对独立自主的和平外交答疑解惑。

情境呈现："新中国初期的外交"地图

问题设计：中华人民共和国成立后，围绕“赢得国际承认”和“树立国际形象”都开展了哪些外交活动？请你用大事年表的方式进行梳理。

学生活动：阅读本子目内容，结合新中国初期的外交形势图，动手制作外交大事年表。课前搜集学生困惑的问题，一组提问、一组回答，生生互动，相互答疑解惑。

搜集到的学生问题如下：

(1)中华人民共和国成立初期，面临怎样的外交形势？

(2)面对这种形势，新中国在外交上采取了哪些措施？

(3)和平共处五项原则何时提出？具体内容是什么？与新中国之前的外交举措有何不同？

(4)新中国通过这些外交活动树立起怎样的国际形象？

设计意图：对于独立自主的和平外交内容，学生在初中有一定的学习基础，因此从略处理。让学生经过自学拥有自己的思想、观点、疑惑后，真正做到生生互动，实现思想的交流、思维的碰撞。

史料阅读：

“很清楚的，中国现时社会的性质，既然是殖民地、半殖民地、半封建的性质，它就决定了中国革命必须分为两个步骤。第一步，改变这个殖民地、半殖民地、半封建的社会形态，使之变成一个独立的民主主义的社会。第二步，使革命向前发展，建立一个社会主义的社会。”

——毛泽东：《新民主主义论》

过渡：到 1952 年年底，解放前遭到严重破坏的国民经济得到全面恢复，此时中国共产党是否就满足了呢？我们的奋斗目标是什么？什么是社会主义？进入社会主义的标志是什么？(生产资料公有制占支配地位，消灭人剥削人的制度，建立互助合作的关系)我们又是如何进入社会主义的？

教学活动四：通过史料阅读解析社会主义基本制度的建立。

其一，经济制度

情境呈现：

材料一　农业方面，土改后我国农业还是一家一户的个体经营……分散的个体农民生产率低，在生产、销售、分工等方面均不能满足国家工业化的迫切需要。在手工业方面，作为个体经济的手工业，分散经营，生产规模小，技术落后，劳动生产率低。资本主义工商业的资本主义性质使它存在剥削工人剩余劳动，唯利是图，与社会主义生产目标相左，抑制劳动者的生产积极性等负面作用。

——《中外历史纲要(上)教师教学用书》

材料二　从中华人民共和国成立，到社会主义改造基本完成，这是一个过渡时期。党在这个过渡时期的总路线和总任务，是要在一个相当长的时期内，逐步实现国家的社会主义工业化，并逐步实现国家对农业、手工业和资本主义工商业的社会主义改造。

——《毛泽东著作选读》

问题设计：(1)我国农业、手工业、资本主义工商业 1953 年的现状是怎样的？(2)

面对这些状况，中国共产党是如何解决的？(3)结合材料一、二思考中国的社会主义改造有何特点。

学生活动：阅读分析材料，了解我国农业、手工业、资本主义工商业1953年的现状，从生产力与生产关系角度来理解社会主义改造是由新民主主义走向社会主义的必经之路；结合中国近代史上民族资产阶级的贡献来理解和平过渡之路。

设计意图：通过分析国内经济形势，让学生认识是现实的发展需要党采取新的方针来解决社会经济中的新矛盾、新问题，社会主义改造是顺势而为，是历史的必然。通过对过渡时期总路线的分析，引导学生认识中国成功开辟出一条适合自身特点的社会主义改造之路。

情境呈现：

至1956年年底，中国对农业、手工业、资本主义工商业的社会主义改造情况统计

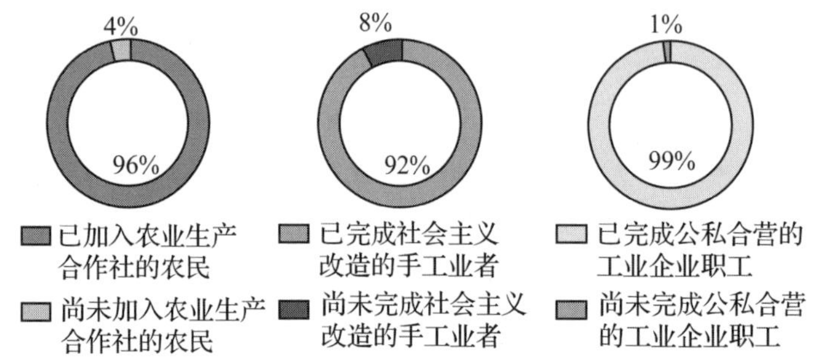

1956年年底，我国基本上完成了对农业、手工业和资本主义工商业的社会主义改造，实质上是生产资料私有制转变为生产资料公有制，标志着生产资料公有制占绝对优势的社会主义经济制度在我国初步建立起来。在工业化建设中，人民群众迸发出极大的积极性和热情，自力更生，艰苦创业。经过有计划的社会主义经济建设，第一个五年计划提前完成，我国开始改变工业落后的面貌，人民生活水平得到提高。

过渡：经济和经济制度是整个社会的基础，伴随着生产资料公有制的建立和发展，我国确立的社会主义政治制度以及党和国家工作的各个方面都应适应和服务于社会主义经济制度的建立，而得到加强和改善。

其二，政治制度

情境呈现：

第一章　总纲

第一条　中华人民共和国是工人阶级领导的、以工农联盟为基础的人民民主国家。

第二条　中华人民共和国的一切权力属于人民。人民行使权力的机关是全国人民代表大会和地方各级人民代表大会。

全国人民代表大会、地方各级人民代表大会和其他国家机关，一律实行民主集中制。

第三条　中华人民共和国是统一的多民族的国家。

各民族一律平等……

第四条　中华人民共和国依靠国家机关和社会力量，通过社会主义工业化和社会主义改造，保证逐步消灭剥削制度，建立社会主义社会。

康有为与梁启超

孙中山

1898年 —— 1911年 —— 1949年 —— 1954年 →

问题设计：(1)1954 年宪法规定我国的国家性质是什么？(2)人民民主也就是人民当家作主是通过什么途径实现的？(3)与近代的民主探索相比，现代民主梦能实现的重要保证和前提是什么？

学生活动：以 1954 年宪法为例，分析人民代表大会制度是我国的根本政治制度，国家以根本大法的形式保证了社会主义发展方向；回顾近代史上的资产阶级民主革命，认识只有国家和民族独立，人民才会有真正的民主可言。

设计意图：通过分析 1954 年宪法内容，让学生理解人民代表大会制度是我国的根本政治制度，三大政治制度构成了我国过渡到社会主义的政治制度体系，为我国进入社会主义提供了根本政治保障。通过与近代民主探索失败的对比，让学生体会国家和民族独立是人民当家作主的前提条件，从社会意义上理解中华人民共和国成立的意义。

教学活动五：学生小组合作讨论，阐述中华人民共和国成立的伟大历史意义。

方法指导：

什么是历史意义？

(意义是褒义词，与影响不同，它代表历史事件正面的价值。)

从哪几个角度分析意义？

(从分析历史事件的地位入手，把它放置在人类历史或某一个历史阶段中去考察；从分析历史事件的影响入手，分为国内和国际两个方面；从历史事件的背景、内容、结果入手分析。)

学生活动：在教师方法引领下，以小组为单位进行讨论，小组代表阐述自己的观点，教师追问“你为什么这样看”，引导学生运用史实论证观点。

设计意图：在详细了解和学习新中国为向社会主义过渡作出的努力的基础上，教会学生方法，用所学的知识去印证中华人民共和国成立的伟大历史意义，培养学生论从史出的历史思维。

课堂小结：

刚才同学们说了很多，纵向看，中华人民共和国成立结束了半殖民地半封建社会，取得了新民主主义革命的胜利，改变了中国社会发展方向，走上了社会主义道路；横向看，中华人民共和国成立冲破了帝国主义在世界东方的殖民体系，壮大了世界和平、民主和社会主义的力量。总之，中华人民共和国成立开启了中华民族伟大复兴的历史新纪元，使中华民族以崭新的姿态屹立于世界民族之林。

经过几年努力，一个新国家和新社会初步展现在人们面前。实践证明，中国特色社会主义道路，是中国共产党带领人民长期艰辛探索的必然结果，是一条引领中国走向繁荣富强、民族振兴、人民幸福的伟大道路，是历史和人民的共同选择。正如习近平总书记 2015 年 10 月 21 日在伦敦金融城发表的演讲所说的：

“历史是现实的源头。近代以后，中国饱受战乱动荡，历经长达一个多世纪的磨难。100 多年前，中国人民开始‘睁眼看世界’，努力探索救国救民的道路。在经历君主立宪制、议会制、总统制等的失败尝试后，中国最终选择了社会主义道路。这是历史的选择，人民的选择。”

拓展作业：

时间	事件
1949 年	中国人民政治协商会议第一届全体会议召开 通过《中国人民政治协商会议共同纲领》
	中华人民共和国成立
1950 年	《中华人民共和国土地改革法》颁布
	中国人民志愿军赴朝作战
1953 年	第一个五年计划开始实行
	抗美援朝战争结束
	和平共处五项原则提出
1954 年	第一届全国人民代表大会召开 通过《中华人民共和国宪法》
	中国以五大国之一的身份参加日内瓦国际会议
1955 年	周恩来率团参加万隆会议
1956 年	三大改造基本完成，社会主义基本制度建立

从 1949—1956 年大事年表里任选一件大事，运用唯物史观阐述所选大事的伟大历史意义。

学习评价：(略)

板书设计：

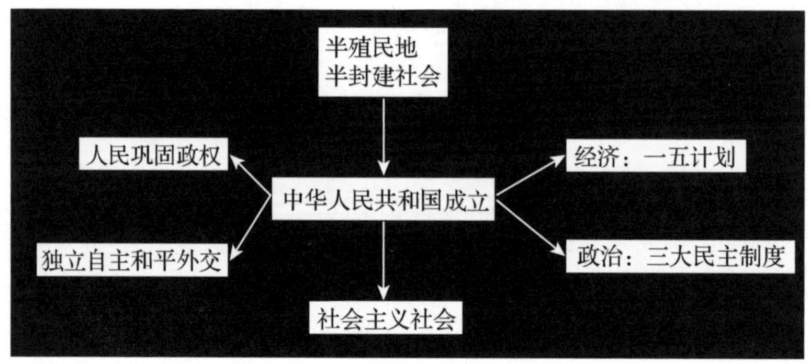

教学反思：(略)

2. 表格式教案

表格式教案，是对教案的基本内容进行合理组合，对应地填入表格中。表格的栏目设置、位置安排等，可根据具体情况而定。在编写表格式教案时，要求简明扼要，纵横联系，富有创新。

表格式教案样例：

<table>
<tr><td colspan="4">历史学科教学设计表①
学科 历史　　授课年级 高二　　学校 东华高级中学　　授课教师 夏辉辉</td></tr>
<tr><td>课题名称</td><td>导言课：认识历史课程</td><td>计划学时</td><td>1课时</td></tr>
<tr><td>学习内容分析</td><td colspan="3">本课为初、高中衔接课。意在帮助学生认识高中历史课程的基本特点和一般学习方法。</td></tr>
<tr><td>学情分析</td><td colspan="3">高一新生对高中历史课程有一定的兴趣，初步具有探索人类历史发展中出现的问题的意识，但学生初中所学通史的基础普遍比较薄弱，对高中历史专题式编写方式比较陌生，同时历史学习的方法大多还停留在听故事的层面。</td></tr>
<tr><td rowspan="4">教学目标</td><td colspan="3">课程标准要求：帮助学生认识历史学习的价值，了解高中历史课程，掌握相应的历史学习方法，做好高中历史学习的心理准备。</td></tr>
<tr><td colspan="3">知识技能：能区分历史事实与历史解释；知道通史与专题史都是历史阐释方式；了解必修一主要章节。</td></tr>
<tr><td colspan="3">过程与方法：感受历史的智慧和历史思维的巨大魅力。</td></tr>
<tr><td colspan="3">情感态度与价值观：明白历史学习的价值，感受“读史使人明智”，理解“明智地读史”。</td></tr>
<tr><td>教学重点及解决措施</td><td colspan="3">教学重点：历史学习的价值。
解决措施：从学生熟悉的事物入手，采取学生自由讨论的方式，引发学生的思考，认识生活之中处处皆有历史，历史的教育价值在于培养有自信力的现代社会公民。</td></tr>
<tr><td>教学难点及解决措施</td><td colspan="3">教学难点：历史事实与历史解释、专题式学习方法的探索。
解决措施：从学生熟悉的历史事件入手分析，由于阶级立场、时代和价值观的不同，对同一客观事物会产生不同的评价；梳理必修一知识纲目，初步认识专题史的编排体例。</td></tr>
</table>

① 本案例摘引自何成刚等：《历史教学设计》，25～27页，上海，华东师范大学出版社，2009。

续表

教学设计思路	本课分为以下几个主要部分： 1. 让学生说说生活中的历史，从学生熟悉的知识着手，说明生活之中处处皆有历史。对这些历史信息进行科学分类，既包括历史事实，也包括历史解释。 2. 深入思考为什么要学习历史，从案例分析中得出以史为鉴的重要作用。以史为鉴是人类解决未来各种问题的依据，是现代公民的必备素养。 3. 了解高中历史课程和历史学习的基本方法。学生分组讨论高中历史必修一(岳麓版)教材目录中所反映出来的编排顺序，探索其特点，从中感悟学习的要求与方法。 4. 课堂小结，教师提出学习的基本要求和目标。
依据的理论	建构主义；历史主义

信息技术应用分析

知识点	学习水平	媒体内容与形式	使用方式	使用效果
生活中的历史	能举出生活中的历史，并有效地进行分类。	用计算机、投影机显示内容(邮票、歌曲、电影、文物、遗址等)。	多媒体教学	引起学生兴趣，鲜活的实物形象使学生投入到历史学习中来。
学习历史的价值	感悟“读史使人明智”和“明智地读史”。	用计算机、投影机显示案例。	用计算机、投影机显示案例。	引导学生分析案例，进行深入思考。
高中历史课程特点及学习方法	认识高中历史课程，探索学习方法。	用计算机、投影机显示示意图，勾画高中历史课程的结构。	用计算机、投影机显示示意图，勾画高中历史课程的结构。	形象、直观地了解高中历史课程结构。

教学过程

教学环节	教学内容	使用时间	教师活动	学生活动	设计意图
从学生身边熟悉的事物入手，寻找身边的历史。	以邮票、歌曲、电影、文物、遗址等为例，理解生活之中处处皆有历史。	约10分钟	1. 提问：同学们知道生活中哪些是历史吗？ 2. 播放幻灯片，根据学生所列指出生活之中无处不存在历史的影子。 3. 教师设问：这些历史现象里面，哪些是具体的史实？哪些是后人的评价？	1. 举例回答。 2. 观看幻灯片或影灯，或欣赏歌曲。 3. 讨论，回答老师的问题。	从学生熟悉的事物着手，引发学习兴趣，同时提出新问题，引发深入思考，进行历史科学思维。

续表

教学环节	教学内容	使用时间	教师活动	学生活动	设计意图
案例分析	思考历史学习的价值。	约20分钟	案例1：谁更接近历史的真实？（两顶不同的八路军帽）从而引导学生根据历史知识进行判断，感悟“读史使人明智”的道理。 案例2：为什么不同的人对义和团会有不同的评价？从而引导学生要“明智地读史”。	观察、思考、讨论、发言	通过历史案例，引发学生进行思考
了解高中历史课程和学习方法。	以必修一目录为依托，了解高中专题史特点，并提出相应的学习方法。	约10分钟	引导学生阅读课本，组织学生分组讨论，提出具体的学习要求。	阅读、讨论并派代表发言。	具体落实学习任务，掌握一定的学习方法。

三、高中历史教学板书的功能、形式与编制要求

板书是教师在教学过程中运用文字、符号、图示、列表等形式和手段，反映教学内容、有效提高教学质量的一种教学行为，是教案编制的必备环节，也是整个课堂教学的有机组成部分，是教师应当具备的教学基本功。

(一)历史板书的功能

1. 明晰脉络，突出重点

板书按照一定的逻辑顺序反映教学进程，引起学生的注意和思考，帮助学生掌握教学的要点、脉络和体系。板书一般都对教学内容删繁就简，突出重点、难点，形成知识结构。

2. 搭建框架，巩固记忆

板书通常提纲挈领地反映教材内容中部分与部分之间、部分与整体之间的关系，突出重点、难点，补充教学信息，调动多种感官，帮助学生充分理解并记忆教学内容，强化信息的巩固。

3. 激发兴趣，启发思维

板书具有直观性的特点，可以将复杂的教学信息凝练成简明醒目的艺术化符号和

构图，激发学生的认知兴趣和积极心理活动，从而提高学生学习兴趣，启迪学生思维，增强学生学习效果。

优秀的板书可以充分体现教材的层次性、系统性和逻辑性。教师通过书写文字规范、条理清晰、层次分明的板书，能够潜移默化地影响学生的思维，培养其良好的分析、综合、归纳和概括的习惯，提高其逻辑思维能力。

(二)历史板书的要求

1. 科学性

科学性是历史板书设计的关键，主要体现在历史学科内容的科学性和形式结构的合理性上。一是板书的文字表达要准确无误，运用的文字、图表所表达的历史内容必须是科学、正确的；二是板书中的各种文字、符号、图表要按一定的形式结构进行组合，这种形式结构必须简明扼要，合理、形象、直观地表达历史概念、历史线索、历史特征。

2. 联系性

历史板书设计要关注历史事物的整体性和联系性，综合考虑相关历史信息。要保证教学内容的系统完整，勾勒出教学内容的整体框架，反映教学内容的联系和脉络，使学生根据板书即可掌握所学的重点和中心。同时，板书信息量要适中，深度要适宜。板书过于复杂、信息量过大，会增加学生负担，难以消化；板书过于简单，又不能充分体现教学内容，不利于学生理解掌握。

3. 启发性

历史板书可以启发学生思维，发展学生智力，培养其分析问题、解决问题的能力。这里有两点要求：一是板书内容设计要有启发性；二是板书布局形式要有启发性。这就要求教师必须认真分析教学内容的本质及内在联系，构建科学的知识框架，设计出合理的认知结构，启发学生进行逻辑思考，以提高理解能力。

4. 审美性

历史板书设计应力求美观大方，具有艺术性，给学生以美的感受，以此吸引其注意力，激发其学习动机和兴趣。历史板书的审美体现在两方面：一是内容美，内容完善益智，字、词、句准确无误，少而精；二是形式美，文字工整流畅、大小适度，结构布局合理得体，符号清晰美观，使人赏心悦目。

(三)历史板书的形式

历史板书的形式丰富多彩，常见的有以下几种。

1. 提纲式板书

提纲式板书是历史教学中最常见和普遍采用的一种板书形式，教师在对一节课的教学内容进行综合分析的基础上，以提纲、要点的形式将其按顺序呈现出来。

从隋唐盛世到五代十国

（一）隋唐的统一
　　杨坚建隋→李渊灭隋建唐

（二）唐朝前期的鼎盛局面
　　1.贞观之治→政启开元，治宏贞观→开元盛世
　　2.民族关系

（三）安史之乱、黄巢起义和五代十国
　　安史之乱→黄巢起义→唐灭→五代十国

提纲式板书

2. 结构式板书

结构式板书是经过对教学内容的分析整理，按照历史事物的从属关系、因果联系等，以箭头、括号等形式表现出整体的知识结构体系。这种板书使无序的历史内容形成有序的框架体系，便于抓住特征、分析因果，也便于理解和记忆。

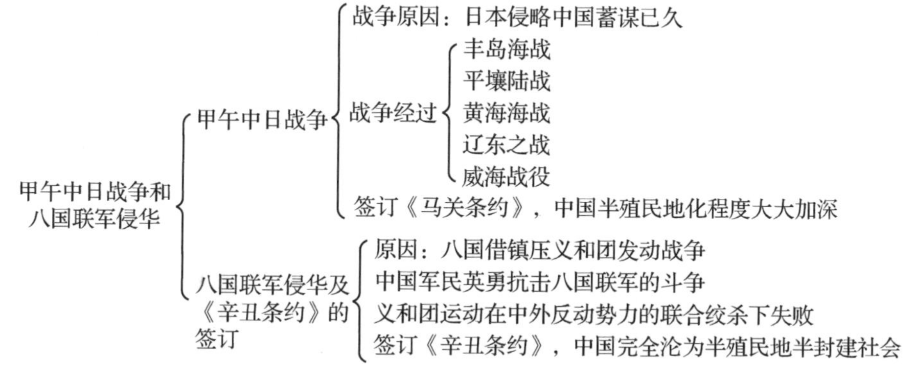

结构式板书

3. 数轴式板书

数轴式板书是在一条时间数轴上将一连串历史事件按照时序呈现出来，直观交代历史发展的脉络，勾勒历史事件间的内在联系，提炼并展示出相关历史事物发展变化的规律。

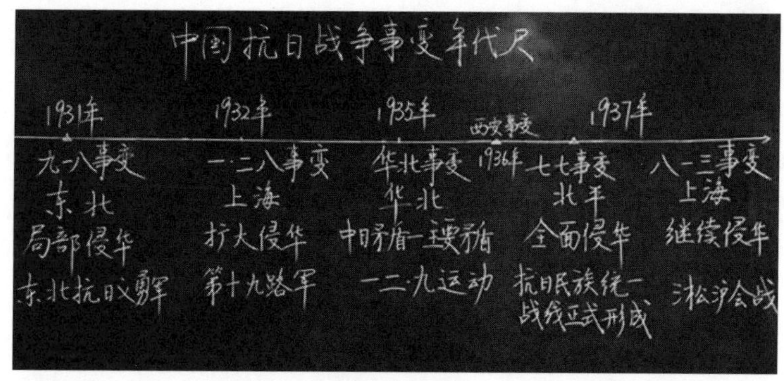

数轴式板书

4. 线索式板书

线索式板书是将教学内容化繁为简，整理提炼出要点，用线条、箭头把它们串联起来，以交代各个知识点之间的联系。

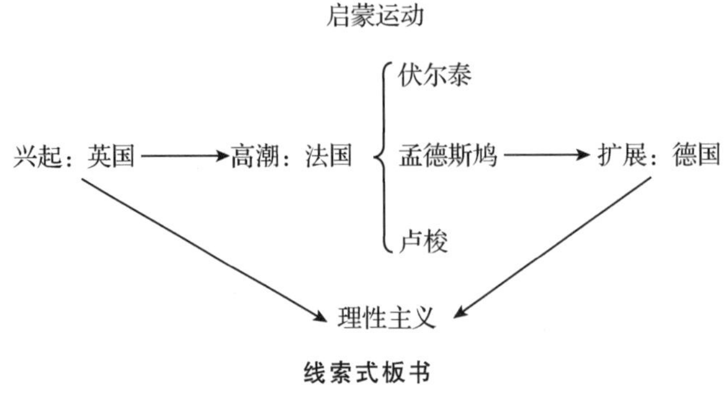

线索式板书

5. 图示式板书

图示式板书是一种以图示意、以图导学的教学方法。它将数字、符号、线条、图形和简要文字等整合为一体，示意教学内容及其关系，变抽象为具体、变深奥为浅显，直观、简洁、形象，能帮助学生深刻把握各历史概念之间的关系，激发学生的求知欲和学习兴趣，是教师在知识结构与知识体系的基础上的艺术创造。

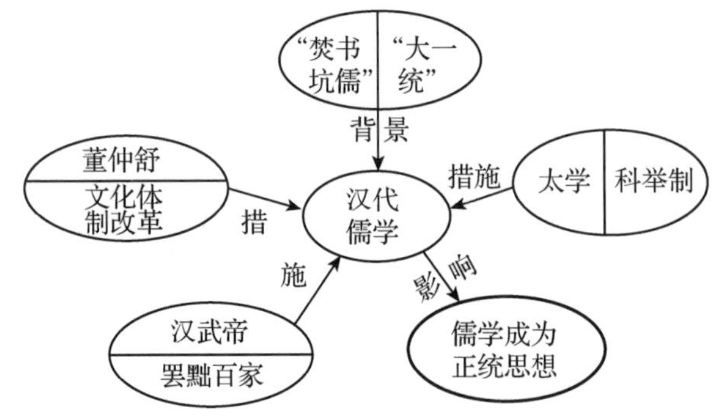

图示式板书

6. 表格式板书

表格式板书最大的特点是条理清楚、一目了然，具有整齐、对称、均匀、清晰、简洁之美，能体现板书的条理性和逻辑关系。可引导学生从学习内容中找出重要的词语或关键语句填入相应的空格，培养学生对有效信息的提取、解读和运用能力，加深学生的感知印象。

张骞通西域

次数	时间	目的	结果
第一次	公元前138年	联络大月氏，突击匈奴	熟悉了西域的地理环境和风土人情
第二次	公元前119年	劝乌孙归故地，与汉夹击匈奴	汉朝和西域的交往日益频繁

表格式板书

(四)历史板书设计与运用应注意的问题

板书是课堂教学的必要手段之一，设计和运用好历史板书可以大大提高课堂教学质量。在课堂教学具体实践中，应该注意处理好以下几个关系：

1. 板书内容与形式的关系

历史课堂板书的设计应内容重于形式，形式为内容服务。不能为了追求某种形式而使内容失真、遗漏，或者表达不准确。要保证知识的系统性和完整性，在此前提下考虑适当的形式，使板书具有较高的可教育性。

2. 板书书写与讲解的关系

历史课堂板书作为教师的书面语言，与教师的讲解共同完成教学任务，二者相辅相成，互相联系。在教学过程中，有时可以边讲边写。有时是先写板书，然后师生一起分析；也有时是先讨论、分析、归纳，然后再写板书。这些都可以根据教学的需要来决定，讲究板书出现的最佳时效，力求更好地服务于教学。

3. 板书设计与运用的关系

板书设计是在课前充分备课的基础上根据教学需要而设计的。板书在实际课堂教学运用中可能会遇到一些情况，例如设计内容的多与少、书写空间的大与小、因某些因素来不及书写等。要解决这些问题，除了在实践中不断积累经验外，还要靠在课前进行必要的试写，也可根据课堂实际情况作出适当增减和调整等。

4. 板书设计运用与PPT课件的关系

当下，信息媒体技术广泛运用，PPT课件已成为普遍的教学媒体。如何实现常规板书与PPT课件设计与运用的有机结合，是一个值得研究的实操问题。应注意板书与PPT课件各自的特点，发挥各自的功能和优势，避免简单替代和重叠，实现设计与运用的优化组合。

复习注意问题

掌握历史教案的基本内容构成及规范编写要求，区分不同形式的历史教案的优缺点，以便选择合适的形式编写教案；学会设计不同形式的历史教案，并对不同的教学设计进行评析。

教案的设计编写既要注意其完整性，又应针对实际和不同要求进行酌情设计和灵活处理；切实理解历史课堂板书的功能作用与基本要求；能够评析或举例说明常用历史课堂板书的设计特点。

要注意板书与媒体课件设计运用的优化组合。

本章小结

编写历史教案，是历史教师研究历史课程标准、教科书，分析教学内容、学生特征以及教法学法的综合过程；设计编写好教案，是取得教学成功、保证教学质量的基本条件，同时也是开展教学研究、提升教学研究能力的过程。历史教案最常见的形式有叙述式教案、表格式教案。历史课堂板书是教学设计与实施的重要内容。

关键术语

高中历史教学方案　高中历史教案设计　高中历史板书设计

思考题

1. 近年来，很多地区的学校实施“双案”教学，即教师的教案和学生的学案；有人提出教案“学案化”或编制“教学案”。对这些问题你如何理解？

2. 在PPT课件普遍应用的背景下，如何设计和使用历史课堂板书？

拓展阅读

1. 何成刚等：《历史教学设计》，上海，华东师范大学出版社，2009。

2. 薛伟强等主编：《中学历史课程与教学概论》，北京，北京师范大学出版社，2019。

3. 薛伟强编著：《基于学科核心素养的历史教学课例研究》，上海，华东师范大学出版社，2019。

实训练习

【简答题】

1. 简述历史教案编制设计的主要内容。

2. 简述历史课堂板书设计与运用的基本要求。

【材料分析题】

3. 根据历史教案编制基本要求，试对本章所列高中历史叙述式教案作出简要分析与点评。

4. 阅读下列材料并回答问题。

材料一：

甲老师在讲授“罗斯福新政”时，设计的板书内容如下：

第 12 课　罗斯福新政

一、“柯立芝繁荣”与胡佛对经济的放任

二、罗斯福新政(金融、工业、农业、社会保障)

三、罗斯福新政的影响(对美国、对世界)

材料二：

乙老师在讲授“罗斯福新政”时，设计的板书内容如下：

第 12 课　罗斯福新政

一、罗斯福新政实施的背景

1. 根本矛盾：资本主义生产资料私有制同社会化大生产的矛盾

2. 其他矛盾：

①金融市场上投机盛行

②人民收入增长有限，导致消费品积压

③自由主义市场的盲目性与政府的不干预

二、资本主义世界经济危机

1. 时间：1929—1933 年

2. 范围：欧美资本主义国家

3. 特点：持续时间长、波及范围广、造成的破坏大

三、罗斯福新政

1. 性质：国家行政力量对市场的干预

2. 具体举措：

①金融——整顿银行业，恢复金融信誉

②工业——颁布《全国工业复兴法》

③农业——给予农民补贴、缩减农作物种植面积

④社会保障——建立社会保障体系、实行“以工代赈”

四、罗斯福新政的影响

1. 对美国的影响：维护社会制度，避免法西斯势力的崛起，维护人民的权利

2. 对世界的影响：开创国家干预经济的范例，影响“二战”后各国的管理模式

注：乙老师利用副板位展示了一幅反映经济大危机期间普通美国民众贫困生活的图片《胡佛村》。

问题：

(1)结合材料内容，评价甲、乙老师的板书内容。

(2)谈谈设计历史课堂板书应注意的问题。

【教学设计题】

5.(2020 年下半年教师资格考试题)

材料一：

《普通高中历史课程标准(2017 年版 2020 年修订)》规定：通过了解马克思主义产生的时代背景以及马克思、恩格斯的理论探索与革命实践，了解《共产党宣言》的主要内

容，理解马克思主义产生的世界意义。

材料二：课文摘录

马克思主义的诞生

19世纪中叶，德国思想家、革命家马克思和恩格斯在广泛吸收人类优秀思想成果的基础上，进一步探讨工业革命引起的社会变化，总结工人运动的经验，共同创立了富有生命力的马克思主义。

1846—1847年，马克思和恩格斯先后在布鲁塞尔建立了共产主义通讯委员会和德意志工人协会，还加入了德意志流亡工人的组织“正义者同盟”，并帮助该同盟改组为共产主义者同盟。在伦敦召开的共产主义者同盟第二次代表大会上，马克思和恩格斯受大会委托起草同盟纲领，这就是1848年2月发表的《共产党宣言》。

《共产党宣言》肯定了资本主义的历史进步作用，指出“资产阶级在它的不到一百年的阶级统治中所创造的生产力，比过去一切世代创造的全部生产力还要多，还要大”。《共产党宣言》揭示了资本主义在积累财富和资本的同时对工人阶级的残酷剥夺必将引起工人阶级反抗的社会现实，论证了资本主义必然灭亡、共产主义必然胜利的客观规律。《共产党宣言》肯定阶级斗争在阶级社会中推动历史发展的重要作用，宣告了无产阶级作为资本主义掘墓人和共产主义建设者的伟大使命，阐明了共产党的性质、目的和策略原则。

《共产党宣言》第一次较为完整系统地阐述了科学社会主义的基本原理，阐明了社会发展的客观规律，标志着马克思主义的诞生。

要求：根据《普通高中历史课程标准(2017年版2020年修订)》要求和课文内容，设计出相关的教学过程，包括教学环节、教师活动和学生活动，并说明设计意图。

【参考答案】

1. 包括的主要内容有：授课学校、班级、主讲教师和日期；课题、课型及课时；教材分析；学情分析；教学目标；教学重点、难点；教学方法与媒介；教学过程；板书设计；教学反思等。

2. 应注意把握好几个关系：一是板书内容与形式的关系；二是板书书写与讲解的关系；三是板书设计与运用的关系；四是板书设计运用与PPT课件的关系。(详细内容略)

3. 答案思路提示：评析要点，包含教案内容是否完整，设计思路是否清晰；教案的优点与不足；导入设计是否新颖，能否引发学习兴趣；教学目标是否体现历史课程核心素养目标，是否明确具体、具有可操作性；教学过程是否完整，是否设计选用了相应的教学方法，有益于促进学生历史思维，开阔视野，注重学生综合素养能力的培养；是否渗透情感态度与价值观及家国情怀的教育等。

4. (1)从材料可看出，同一课题内容，乙老师的板书设计明显优于甲老师的板书设计。理由：①乙老师的板书能够突出本课教学的重点和难点，能帮助学生掌握罗斯福新政的主要内容。②乙老师的板书设计逻辑清晰，井然有序，衔接得当，形成罗斯福新政的完整历史线索。③乙老师的板书注重历史基础知识，副板位上展示相关图片，

有助于学生直观地了解经济大危机期间美国人民的困苦生活，体现了历史图片在学习中的重要性，也扩大了学生的知识面。

(2)设计历史课堂板书应注意的问题：①板书的内容要突出教学重点和难点，有助于学生掌握历史基础知识。教师设计板书首先要考虑将历史教学的重点内容和疑难点写入板书中，并尽可能列出逻辑层次和要点。②板书设计要逻辑清楚、井然有序，构成完整的历史线索。对头绪众多、复杂跌宕的历史内容，应提炼简要的文字进行书写，形成简单明了的历史线索，起到提纲挈领的作用。

5. 教学设计内容：

一、新课导入

教师在多媒体教学设备上播放习近平总书记赞美马克思一生的话："胸怀崇高理想、为人类解放不懈奋斗的一生；不畏艰难险阻、为追求真理而勇攀思想高峰的一生；为推翻旧世界、建立新世界而不息战斗的一生。"

教师追问：为什么马克思会获得如此崇高的赞誉？由此引发学生进行思考，顺利导入新课。

【设计意图】教师采用时政热点进行新课导入，能拉近历史与现实的距离，提升学生对新课的学习兴趣，为新课讲授做好铺垫。

二、新课讲授

(一)科学社会主义诞生的背景

教师用多媒体教学设备展示马克思及恩格斯的图片并附上资料卡片，同时加以讲述：马克思是德国思想家、革命家，他的革命友人恩格斯也是如此。马克思和恩格斯使社会主义从空想转变为科学。

教师提问：为什么马克思和恩格斯能够提出科学社会主义？学生阅读教材后回答：国际工人运动推动；吸收前人优秀思想，总结经验。

教师在多媒体教学设备上展示有关马克思和恩格斯的革命活动史料，请学生思考：马克思和恩格斯从事了哪些组织建设活动？学生回答：1846—1847 年，马克思和恩格斯先后在布鲁塞尔建立了共产主义通讯委员会和德意志工人协会，还加入了德意志流亡工人的组织"正义者同盟"，并帮助该同盟改组为共产主义者同盟。

(二)科学社会主义的诞生

教师用多媒体教学设备播放纪录片片段，学生观看结束后，教师提问：科学社会主义是在什么时候诞生的？

学生回答：1848 年 2 月，在共产主义者同盟第二次代表大会上，马克思和恩格斯起草并发表同盟纲领《共产党宣言》。

(三)科学社会主义的意义

教师出示《共产党宣言》的节选内容，并请学生以历史小组为单位讨论以下问题：科学社会主义到底是什么？它的诞生有何意义？学生小组内部讨论结束后，选出代表进行回答。教师对学生代表的回答进行简单点评并总结，具体内容如下：

1. 内容：揭示了资本主义在积累财富和资本的同时对工人阶级的残酷剥夺必将引

起工人阶级反抗的社会现实，论证了资本主义必然灭亡、共产主义必然胜利的客观规律，肯定阶级斗争在阶级社会中推动历史发展的重要作用，宣告了无产阶级的伟大使命，阐明了共产党的性质、目的和策略原则。

2. 意义：第一次较为完整系统地阐述了科学社会主义的基本原理，阐明了社会发展的客观规律，标志着马克思主义的诞生。

【设计意图】教师通过带领学生分析史料，可以锻炼学生形成史料分析能力，培养论从史出的意识。小组讨论能够激发学生自主合作探究的意识。

三、课堂小结和作业

1. 课堂小结：师生共同总结本节课所学的主要内容，感悟马克思及恩格斯的革命精神。

2. 作业：教师要求学生在课下搜集资料，为马克思和恩格斯各写一段墓志铭。

【设计意图】师生共同对本课所学内容进行总结，可以增强学生对相关内容的理解和记忆。开放式的作业能够拓展学生思维，激发学生对于历史学习的兴趣。

模块六　高中历史学业评价与教学评价

第二十一章　高中历史课程评价

【本章要点】

课程评价具有导向、诊断、反馈、激励等功能，包含诊断性、形成性、终结性等基本评价类型，包含定性、定量等课程评价方式。教学质量评价和学业质量评价是基础教育课程评价最主要的两个内容。要掌握高中学业质量评价的内涵、课标要求及实施原则。

【学习目标】

1. 理解教育教学评价是课程设计的重要环节。

2. 理解历史课程评价的导向、诊断、反馈、激励等主要功能。

3. 掌握诊断性、形成性、终结性等课程评价类型和定性、定量等课程评价方式。

【课程导言】

1929—1933 年波及全球的经济大危机，以一种不可抗拒的力量对学校教育提出了挑战：一方面，失业率剧增，致使大多数中学毕业生无法找到工作；另一方面，少数进入大学的学生中又有相当多一部分人在读了一年之后就退学了。因此，如何改进学校的课程与教学，以缓和日趋激化的社会矛盾，成了当时美国教育界亟待解决的问题。在这样的历史条件下，1934 年和 1949 年，美国教育家泰勒先后出版了《成绩测验的编制》与《课程与教学的基本原理》。前者使他被誉为当代教育评价之父，后者使他被誉为现代课程理论之父。

想一想：泰勒为什么要把评价引入课程和教学呢？

一、高中历史课程评价

所谓课程，是指课业及其进程。广义的课程是指各级各类学校为了实现培养目标而规定的学生在校期间所学内容的总和及其进程安排，狭义的课程特指某一门学科内容及其教学。

(一)考察课程与教学问题的基本原理

现代课程理论之父泰勒认为，如果编制课程，就必须回答以下四个问题：一是学校应该达到哪些教育目标？二是提供哪些教育经验才能实现这些目标？三是怎样才能有效地组织这些教育经验？四是我们怎样才能确定这些目标正在得到实现？在他看来，研究这些问题的方法和程序就构成了考察课程与教学问题的基本原理(见图 21-1)。

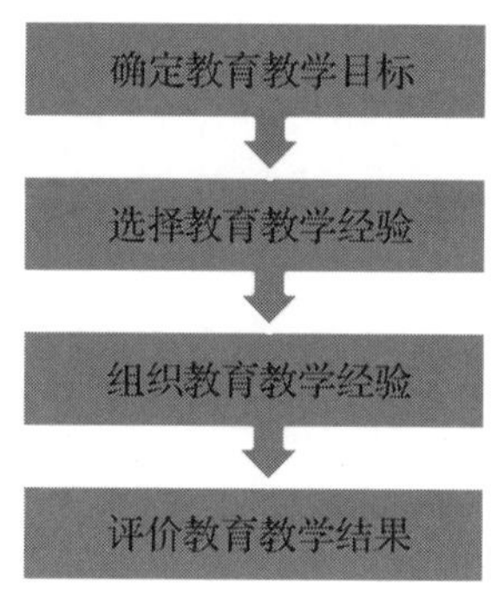

图 21-1　泰勒课程设计过程模式

泰勒的上述原理成为当代课程领域的一个范式，教育教学评价成为课程设计的重要环节。

延伸阅读

“八年研究(Eight-year Study)”

经济大危机下，为了寻找帮助学校教育走出绝境的途径，美国“进步教育协会”(PEA)率先发起了一项著名的“八年研究”(1934—1942 年)。参与这项实验研究的除了专业研究人员外，还有遍布美国的 300 所大学、学院和选择出来的 30 所中学。“八年研究”对美国大学入学要求和中学课程产生了深远的影响。同时，由于它指出了教育目标、课程设计和评价过程之间存在着密切的联系，既孕育了教育评价领域，又为现代课程理论奠定了基础。

——张人杰、王卫东主编：《20 世纪教育学名家名著》

(二)课程评价

课程评价是对课程的价值判断，即在事实描述的基础上体现评价者的价值观念和主观愿望，不同的评价主体对同一事物或活动会产生不同的判断。课程评价的方式是多样的，既可以是定量的方法也可以是定性的方法，教育测试或测量只是其中的一种方法；课程评价的对象包括课程的计划、实施、结果等所有课程要素，既包括课程计划，又包括参与课程实施的教师、学生、学校，以及课程活动的结果即学生和教师的发展。教学质量评价和学业质量评价是基础教育课程评价最主要的两个内容。

课程评价的主要功能包括导向、诊断、反馈、激励等；课程评价的类型包括诊断性、形成性、终结性等；课程评价的方式主要有定量与定性等。

1. 课程评价的导向、诊断、反馈、激励等功能

(1)导向功能。课程评价的导向功能是指评价对教育教学活动的引导作用，即引导评价对象朝着预定目标前进的功能。

在教育测量和评价中，对任何测评对象所做的价值判断都是依据一定的评价目标、评价标准进行的。评价的目标、标准对学生来说如同一根“指挥棒”，引领着他们努力

的方向。高中历史课程评价依据课程标准细化课程目标、教学目标，以目标为参照观察学生的学业变化，通过课堂对话、作业评语等对学生的学业成就予以评定，对存在的不足提出改进方向。通过持续的课程评价，引导学生向着课程目标迈进，不断提升历史学科核心素养。

(2)诊断功能。课程评价的诊断功能是指评价能够对教育教学活动作出诊断，尤其是揭示和分析存在的问题，以利于调整和补救的功能。

发挥历史课程评价的诊断功能，首先要掌握评价的标准，然后尽可能多地搜集学生的学业信息；通过对比分析，找出学生现有的学业水平与课程标准之间存在的差距，进而对差距产生的原因作出分析判断。在此基础上，教师反思教学上的不足，调整教学策略，从而提高教师教学和学生发展的水平。

(3)反馈功能。通过课程评价，可以获得大量的教育教学信息。通过信息分析，评价者可依据预定的目标调整下一步的教育教学活动，使之尽快尽可能地接近既定目标。这一过程被称为课程评价的调控过程，同时也是课程评价所具有的反馈功能。

需要强调的是，课程评价的反馈功能须通过教师和学生的双边活动才能实现。教师要引导学生主动将自己的学习效果与课程标准相对照而进行评价，促进学生思考历史课程学习的价值，提升学习动机；体验学习成就感，保持学习兴趣的稳定性，激发深度学习的欲望；反思失利的教训，调整学习行为，提高学习的自我监控能力。

(4)激励功能。课程评价的激励功能是指通过合理有效的评价，激发评价对象的内在动力和潜能，从而达到提高学习积极性和创造性的功能。

通过历史课程评价，学生在正确认识自己优势与不足的基础上从正反两方面受到激励，激发内驱力，增强发展的积极性和创造性。在课程评价中，肯定评价可增强学生自信心，对其学习心理具有正向的、有力的强化作用。适度的否定评价则可起到提醒作用，引导学生发现自己的不足，明确自己的责任，激励并促进学生更加努力地学习和发展。要避免使学生滋生失败、气馁、厌学等情绪的消极的评价。

要发挥历史课程评价的激励功能，需掌握一系列评价技巧，如遵循以个人发展为参照的原则、鼓励学生在学习过程中所付出的努力，也要引导学生学会自我评价等。在这个过程中，教师也会产生成功的体验，从而为改进历史教学、实现自我专业发展提供动力。

课程评价的这些功能，其核心就是强调发展性功能，即促进学生在原有水平上不断提高的功能。评价不再只是为了选拔和甄别，更重要的是发挥评价的激励与促进作用，关注学生在历史学习中的成长与进步。评价也不再只是关注学生历史知识的积累和掌握，而是更关注学生阅读、观察、研习、阐释等能力的发展，更关注学生学习历史的过程与方法，更关注学生情感态度与价值观的形成与发展。

延伸阅读

新的评价理念

坚持把立德树人成效作为根本标准……健全学校内部质量保障制度，坚决克服重智育轻德育、重分数轻素质等片面办学行为，促进学生身心健康、全面发展。

——中共中央、国务院印发：《深化新时代教育评价改革总体方案》(2020 年)

2. 课程评价的三种主要类型

(1)诊断性评价。诊断性评价也称准备性评价，一般是指在某项历史教学活动开始之前，为了使教学内容适合学生的需要和背景以实现因材施教，对学生已具有的历史学科知识、能力素养以及情感态度与价值观方面的状态所进行的评价。评价结果是重要的课程资源，可为历史教学的有效开展提供重要参照。方法包括问卷调查、测试、访谈等，还可以根据对学生的熟悉程度进行经验判断。诊断性评价强调围绕课程重点与难点有针对性地设计，避免空谈和“走过场”。

诊断性评价的实施可在新学期、新学年或新课程开始之前，内容可以包括学生的家庭背景、前期知识掌握程度、对历史学科的学习态度、对学校学习生活的适应程度、身体健康状况、性格特征、学习风格等，主要用来确定学生的学习准备程度，为实现因材施教提供依据。诊断性评价也可在教学进程中进行，主要用来确认影响学生学习的原因，以寻找有效的解决策略。

(2)形成性评价。形成性评价也称过程性评价或发展性评价，是指在教学过程中为了解学生的知识掌握和能力发展情况，及时发现教学中的问题而进行的评价。目的是及时了解学生的学习情况，以便调整教学过程，提高教学的有效性。形成性评价常采用非正式评价或单元测验的形式来进行，具有全面性、及时性、灵活性、深入性、持续性等优势。

形成性评价是对课程实施意义上的学习动机、过程和效果的三位一体的评价，它是对学习结果的价值判断，还对学习过程有明显的回流作用，引导学习过程(包括对学习任务的价值判断、投入程度、采取的策略方法、表现出来的情感和态度等)不断修正，成为促进学生发展的媒介。通过回流作用，评价过程与学习过程交织，成为学生发展必由的途径。学生学会评价是学会学习的一部分，也是人生不可或缺的一种能力。

新课程改革大力提倡和推广形成性评价，但形成性评价也有客观性不强、选拔功能不强、耗时费力等局限性。因此，我们不能夸大形成性评价的作用，更不能以形成性评价取代终结性评价。

(3)终结性评价。终结性评价也称总结性评价，主要是指依据课程标准，在某个学习阶段对学习效果进行的评价，侧重于学习任务的质量和进步程度。纸笔测验是终结性评价的主要形式，但不是唯一形式。在纸笔测验中，要注重对课程目标的全面考查，体现基础性、时代性、科学性，贴近学生和社会，确保考试的信度和效度，适当注意试题的开放性与探究性。

概念链接

生成性评价

生成性评价也称为表现性评价，是指在教学活动的过程中，教师对学生的表现所作出的即时价值判断，主要通过客观测验以外的行动、表演、展示、操作、写作等更真实的表现来评价学生口头表达能力、文字表达能力、思维能力、创造能力、实践能力等。

3. 课程评价的两种主要方法

(1)定量评价。定量评价是对评价对象进行数量化的计算和分析，从而判断出它的价值。定量评价有助于一些概念的精确化，加强评价的区分度，降低评价的主观性和模糊性，增加评价的说服力。

(2)定性评价。定性评价是对评价对象进行概念、程度上的质的规定，继而进行分析评定，以说明它的性质或程度。科学的定性评价往往需要合理设计有效的评价量规。

在实际评价中，有些可以量化，有些不能量化或不易量化，所以应该将定量评价和定性评价结合起来。

概念链接

评价量规

评价量规是一种评价工具或者评价标准，用来评价学生作品或者学生的表现和行为。

量规不仅是一种评价工具，可以评价学生的作品、表现和行为；而且是一种学习工具，可以帮助学生制订学习计划，检查学习情况；同时还是一种教学工具，可以给教学提供更多的反馈，帮助教师改进教学。

——马丹霞：《历史科表现性评价量规设计的研究》

(三)高中历史课程评价案例与分析

高中历史课程评价设计遵循课程与教学问题的基本原理，在评价功能、类型、方式等体现课程评价特点的一般范式上反映历史学科特点和育人价值。

案例 1　诊断性评价

以《第一次工业革命》为例，天津市第十四中学沈媛老师课前利用问卷星调查方式，对某班学生的学情进行了摸底了解。

调查发现，对于第一次工业革命的常识类题目，大多数学生基本能够正确回答。比如，第一次工业革命最早发轫于哪个国家？第一次工业革命率先在哪个行业发端？了解了学生对这些问题的把握程度较高，教师就无须在课上多占时间，可把更多的精力放在攻克学生的薄弱点上。

调查也明确地反映出学生对第一次工业革命的内容把握的薄弱之处。见下面统计表：

第10题：你对第一次工业革命内容中认为比较薄弱的是哪一块？（可多选） [多选题]

选项	小计	比例
工业革命的概念	38	55.88%
工业革命最早开始于英国的原因	33	48.53%
工业革命开始的时间、过程及结束的时间	30	44.12%
工业革命的重大成果（创造）	16	23.53%
工业革命的影响	18	26.47%

调查反馈显示，55.88%的学生对工业革命的概念比较模糊，其次是工业革命最早开始于英国的原因以及工业革命的过程。而对于工业革命的重大成果(创造)和影响相对比较熟悉。

问卷第6题、第11题的结果也可作为佐证。在第6题中，学生对第一次工业革命的成就的回答较为准确和全面。见下面统计表：

第6题：写出你认为第一次工业革命的杰出成果（个数不限）

搜索答案文本 | 搜索 | 关键词分析

序号	提交答卷时间	答案文本
1	3月21日 14:30	蒸汽机
2	3月21日 14:30	蒸汽机
3	3月21日 14:31	珍妮机的出现
4	3月21日 14:32	珍妮纺纱机
5	3月21日 14:33	蒸汽机，珍妮纺纱机，铁路建设
6	3月21日 14:34	蒸汽机的发明
7	3月21日 14:35	珍妮纺纱机、蒸汽机
8	3月21日 14:36	蒸汽机、珍妮机
9	3月21日 14:37	纺织机
10	3月21日 14:37	珍妮机、蒸汽机火车

学生对第11题的回答，在一定程度上印证了他们对第一次工业革命的影响的了解程度。见下面统计表：

第11题：你对第一次工业革命的已有认识还有什么？

搜索答案文本 | 搜索 | 关键词分析 | ☑过滤空选项

序号	提交答卷时间	答案文本
41	3月22日 08:17	工业革命起始于英国
42	3月22日 10:49	时代进步
43	3月22日 12:45	是一次技术革命
44	3月22日 13:10	概念
45	3月22日 13:11	促进资本主义发展
46	3月22日 13:12	提高生产力，进入蒸汽时代，使社会面貌发生改变。
47	3月22日 13:13	轻工业的崛起
48	3月22日 13:30	1.大幅度提高了社会生产力，丰富了人们的物质生活。2.引起了社会结构的变化，产生了对立的两大新兴阶级——工业资产阶级和工业无产阶级。
49	3月22日 13:39	1.大幅度提高了社会生产力,丰富了人们的物质生活。2.引起了社会结构的变化,产生了对立的两大新兴阶级——工业资产阶级和工业无产阶级。工业资产阶级势力随着经济实力的迅速增长而膨胀,逐渐战胜了封建势力,掌握了政权;无产阶级逐渐觉悟,为改变自己受剥削受压迫的悲惨地位,开始斗争。3.改变了社会生活。

经过调查分析，教师确定了本节课教学的重点，即学生相对薄弱的上述三个问题。上课伊始，教师向学生展示了对第10题的反馈统计截图，直截了当地告诉学生，通过问卷调查，发现同学们本节课的薄弱环节在前三个内容，因此本节课老师将会对这三个内容进行重点剖析。结果发现，当对这个反馈截图进行展示的时候，学生们的注意力是高度集中的，因为他们对有自己参与的调查问卷的统计结果非常关注，并且大多数学生对这个反馈是认同的。这样，教师就能有效把握学生的求知心理倾向，学生就能带着问题参与课堂学习，从而大大提高了听课效率。

案例2　形成性评价

以天津市武清区杨村第一中学梁春雨老师的思维导图教学为例。梁老师在引导学生使用思维导图学习一个学期以后，利用问卷星调查方式，了解所教班级学生使用思维导图进行历史学习的效果。

第9题：

你认为历史学科绘制思维导图的好处是？　[多选题]

选项	小计	比例
条理清晰	493	84.56%
能够关注角度	292	50.09%
提炼关键词能力提高	399	68.44%
思维逻辑能力提高	394	67.58%
能够迁移，其他学科也能够运用	224	38.42%
没用过，不知道	42	7.2%
语言表达更加简洁	265	45.45%
本题有效填写人次	583	

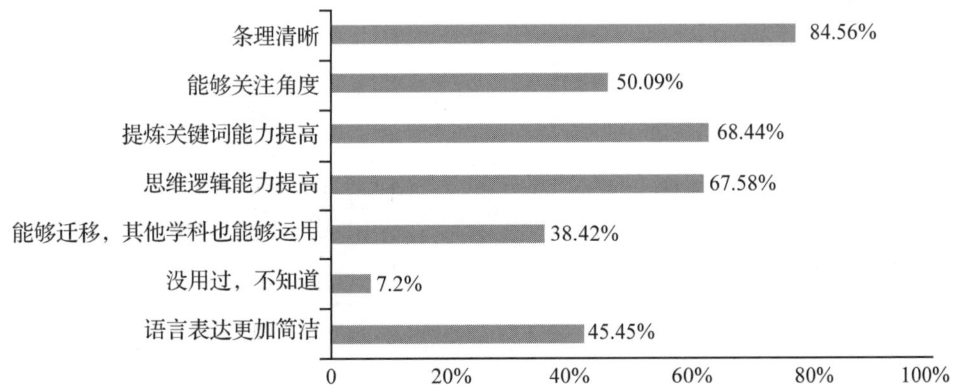

调查统计表明，学生使用思维导图学习历史，68.44%人次认为提高了提炼关键词的能力，45.45%人次认为语言表达更加简洁，这表明使用思维导图学习历史有利于提升学生的阅读能力与表达能力。84.56%人次认为思考问题的条理性增强，67.58%人次认为自己的思维逻辑能力得到提高，50.09%人次认为能够关注更多思考问题的角度，这表明使用思维导图学习历史有效提升了学生的历史解释素养。还有38.42%人次将历史课上学到的思维导图工具迁移运用到了其他学科。上述统计分析肯定了梁老师对思维导图应用效果的预判，增强了她引导学生拓展应用思维导图学习历史的信心。同时，7.2%人次的回应也启发了梁老师思考思维导图的不足之处以及在教学指导上的欠缺。

案例3　形成性评价

以天津市第五十七中学孙岩老师对学生学习效果差异原因的调查为例。孙老师设计的调查问卷从学生学习的元认知监控能力角度进行统计分析。

选项		差			中	优
		稍好	稍差	平均		
你经常在学习某个知识点后	经常问自己懂了没有	2.1	22.3	14.5	26.2	28.4
	偶尔问自己懂了没有	67.2	71.5	69.3	70.2	61.8
	从没有问过自己	7.3	8.1	7.6	2.5	7.3
遇到困难材料时，你的方法是	从不放弃	25.0	32.9	29.3	5.1	21.2
	立即请教	58.3	42.6	47.5	56.1	31.7
	先思考，不行再请教	18.3	24.8	24.1	41.2	44.2
解决一个难题后，你是	立即做下一题	72.6	78.1	74.2	69.2	68.5
	思考还有什么补充内容	18.2	9.1	11.7	10.3	9.4
	思考问题有无可变之处	9.1	11.5	10.2	21.5	21.0
对作业中的错误	立即订正	70.2	50.4	57.3	82.4	65.1
	从不订正	2.4	5.3	4.7	0	0
	老师要求才订正	26.4	31.2	30.1	18.2	34.8
发现某个答案与其他同学不一样时	不管它	11.6	14.2	12.7	6.1	12.5
	立即修改答案	1.5	13.2	7.9	0	5.2
	自己思考有无错误	87.2	72.4	77.8	93.5	82.1
对一个难记的知识点	想方法记忆	70.5	54.2	61.3	89.6	72.1
	死记硬背	27.8	44.8	37.2	10.4	29.2
	放弃不背	1.5	0	0.7	0	8.1
对老师没有要求记忆的知识	课后开始记忆	51.8	54.2	55.7	72.6	47.3
	考前再背	36.5	36.1	36.2	10.4	31.2
	放弃不背	8.8	8.2	8.5	15.7	21.6
某次测验发现某个知识点记不住	无所谓	2.8	7.2	6.4	8.1	14.6
	与同学讨论	14.6	25.8	20.8	26.2	18.6
	主动看书或笔记	80.1	63.9	72.8	63.2	64.1

上表统计表明，优秀学生的自我监控、自我调节能力要比成绩差的学生强得多。这是由于优秀学生具有较多的关于学习任务和学习策略等方面的知识和意识(基于相关调查分析)，他们在学习过程中能够很好地监控自己的学习活动，灵活运用各种学习策略，并能及时对学习中的错误和误区进行修改和纠正，最终完成学习任务。同时也能不断丰富自己原有的学习策略，并对不同的学习问题进行知识和方法的迁移，达到举

一反三、触类旁通的效果。而成绩差的学生的学习策略本来就劣于优秀学生，又不善于根据具体学习任务选择和运用适当的学习策略进行有效的学习，也不能很好地进行总结反思，缺少有效的监控和调节，使得他们虽然学习非常用功，但学习的效果依旧事倍功半。

在调查分析的基础上，孙老师意识到与学生讨论元认知知识等学习理论的重要意义，并且提示自己在多种形式的评价中要更加关注学生的个体差异，以丰富学生的元认知体验，增强学生学习的元认知监控能力，促进不同层次学生的发展。

案例 4　终结性评价

下表为天津市河北区某学校学生 2020 年高考历史学科在诸核心素养上的得分率统计。

核心素养	唯物史观	时空观念	史料实证	历史解释	家国情怀
得分率	0.63	0.53	0.59	0.54	0.64

考试后比较发现，该校学生的唯物史观、时空观念、史料实证、历史解释素养的得分率均高于或持平于全市，但家国情怀素养的得分率低于全市 0.06。这引起该校学科组的反思。

“家国情怀是学习和探究历史应具有的人文追求，体现了对国家富强、人民幸福的情感，以及对国家的高度认同感、归属感、责任感和使命感。学习和探究历史应具有价值关怀，要充满人文情怀并关注现实问题，以服务于国家强盛、民族自强和人类社会的进步为使命。”家国情怀是《普通高中历史课程标准(2017 年版 2020 年修订)》中提出的历史学科核心素养之一，体现出对高中历史课程所承载的涵养正确的价值观的高度重视和深切期望，是历史教育的根本宗旨和归宿。该校学科组经过集体反思，认识到学生的家国情怀素养的得分率偏低的原因出现在教学上：一是重知识落实，轻情感体验；二是重历史分析，轻现实联系。问题的原因找到了，才能寻找有针对性的解决策略，更好地落实立德树人的育人目标。

以上案例均体现了定量评价与定性评价相结合的原则。定量评价具有客观性、直观性的特点，为定性评价提供了明确的方向、表明了程度；基于经验的阐释，定性评价赋予定量评价以意义和价值，在评价过程中发挥其导向、诊断、激励、反馈功能。

二、高中历史学业质量评价

学业质量评价是课程评价的重要组成部分。高中历史学业质量评价应以课程目标为依据，以学生历史学科核心素养的整体发展为着眼点，贯穿学生历史学习的整个过程。

(一)历史学业质量内涵

历史学业质量是学生在完成历史学科课程学习后的学业成就表现。历史学业质量标准是以历史学科核心素养及其表现水平为主要维度，结合课程内容，对学生学业成就表现的总体刻画。依据不同水平学业成就表现的关键特征，学业质量标准明确将学业质量划分为不同水平，并描述了不同水平学习结果的具体表现。

(二)高中历史学业质量水平标准

《普通高中历史课程标准(2017 年版 2020 年修订)》将学业质量水平分为 4 级。高中历史学业质量水平标准是阶段性评价、学业水平合格性考试和等级性考试命题的重要依据(见表 21-1)。

表 21-1　高中历史学业质量水平标准

水平	质量描述
1	1-1 能够知道人类物质生活资料的生产是社会生活的基础，知道生产力是历史发展的决定因素，知道经济基础与上层建筑之间的辩证关系，了解人类社会形态从低级到高级发展的规律；能够理解唯物史观是科学的历史观。 1-2 能够了解所学内容的历史分期方式，理解历史时期是按时序划分的；能够知道认识史事要考虑到历史地理的状况；能够识别历史地图中的相关信息，知道古今地名的区别。 1-3 能够知道史料分为文献史料、图像史料、实物史料、口述史料等多种类型；能够在解答某一历史问题时，尝试从多种渠道获取与其有关的材料；能够从所获得的史料中提取有关的信息。 1-4 能够有条理地讲述历史上的事情，概述历史发展的基本进程；能够说出重要历史事件的经过及结果、重要历史人物的事略、重要历史现象的基本状况。 1-5 能够发现历史上认同家乡、民族、国家的事例，知道中外优秀文化遗产的主要内容，认识社会主义核心价值观的历史依据，具有对祖国和人民的深情大爱。
2	2-1 能够知道人类物质生活资料的生产是社会生活的基础，知道生产力是历史发展的决定因素，知道经济基础与上层建筑之间的辩证关系，了解人类社会形态从低级到高级发展的规律；能够理解唯物史观是科学的历史观。 2-2 能够将某一史事定位在特定的时间和空间框架下；能够运用各种时间术语描述过去；能够利用历史年表、历史地图等方式对相关史事加以描述；能够认识事物发生的来龙去脉，理解空间和环境因素对认识历史与现实的重要性。 2-3 能够认识不同类型的史料所具有的不同价值；能够掌握获取史料的基本方法；能够在对史事与现实问题进行论述的过程中，尝试运用史料作为证据论证自己的观点。 2-4 能够分析有关的历史结论；能够区分历史叙述中的史实与解释；能够在叙述历史时把握历史发展的各种联系，如古今联系、中外联系等，并将历史知识与其他相关学科如地理、语文、艺术等知识加以联系；能够选择、组织和运用相关材料并使用相关历史术语，对具体史事作出解释；能够尝试从历史的角度解释现实问题。 2-5 能够发现历史上认同家乡、民族、国家的事例，知道中外优秀文化遗产的主要内容，认识社会主义核心价值观的历史依据，具有对祖国和人民的深情大爱。

续表

水平	质量描述
3	3-1 能够从生产力与生产关系、经济基础与上层建筑的辩证关系来理解历史上的发展变化和社会形态的演变过程，理解阶级斗争是推动阶级社会发展的直接动力；理解人民群众在历史发展中的重要作用；能够史论结合、实事求是地论述历史与现实问题。 3-2 能够把握相关史事的时间、空间联系，运用特定的时间和空间术语对较长时段(如古代、近现代)、较大范围(如跨国家、跨地区)的史事加以概括和说明。 3-3 能够在探究特定历史问题时，自主地搜集有关史料；能够对史料进行整理和辨析，并判断其价值；能够利用不同类型史料的长处，对所探究的问题进行互证。 3-4 能够分辨不同的历史解释，尝试从来源、性质和目的等多方面，说明导致这些不同解释的原因并加以评析；能够选择、组织和运用相关材料并使用相关历史术语，在正确的历史观和方法论的指导下，对系列史事作出解释。 3-5 能够把握中华民族多元一体的发展趋势，以及世界历史发展的进步历程，形成正确的世界观、人生观、价值观和历史观；能够表现出对历史的反思，从历史中汲取经验教训，更全面、客观地认识历史和现实社会问题；能够将历史学习所得与家乡、民族和国家的发展繁荣结合起来，立志为新时代中国特色社会主义建设、中华民族伟大复兴作出自己的贡献。
4	4-1 能够从生产力与生产关系、经济基础与上层建筑的辩证关系来理解历史上的发展变化和社会形态的演变过程，理解阶级斗争是推动阶级社会发展的直接动力；理解人民群众在历史发展中的重要作用；能够史论结合、实事求是地论述历史与现实问题。 4-2 在对历史和现实问题进行独立探究的过程中，能够将其置于具体的时空框架下；能够选择恰当的时空尺度对其进行分析、综合、比较，在此基础上作出合理的论述；能够根据需要并运用相关材料和正确方法，独立绘制相关图表，并加以说明。 4-3 能够比较、分析不同来源、不同观点的史料；能够在辨别史料作者意图的基础上利用史料；在评述历史时，能够对材料进行适当的取舍；在对历史和现实问题进行探究的过程中，能够恰当地运用史料对所探究问题进行论述；能够符合规范地引用史料。 4-4 能够在独立探究历史问题时，在尽可能占有史料的基础上，尝试验证以往的说法或提出新的解释；能够在正确的历史观和方法论的指导下，全面、客观地论述历史和现实问题。 4-5 能够把握中华民族多元一体的发展趋势，以及世界历史发展的进步历程，形成正确的世界观、人生观、价值观和历史观；能够表现出对历史的反思，从历史中汲取经验教训，更全面、客观地认识历史和现实社会问题；能够将历史学习所得与家乡、民族和国家的发展繁荣结合起来，立志为新时代中国特色社会主义建设、中华民族伟大复兴作出自己的贡献。

(三)高中历史学业质量评价的基本原则

学业质量评价应该从教学目标出发，运用恰当有效的评价方法，系统地搜集学生学业质量表现信息，进行科学的分析处理，并对学生的学业质量变化进行价值判断，进而改善教师的教学和学生的学习。

1. 评价理念——聚焦历史学科核心素养

学科核心素养是学科育人价值的集中体现，“以学生发展为本”的核心就是发展学生的学科核心素养。本着教、学、评一致的原则，历史学科学业评价的出发点和落脚点都在于促进学生历史学科核心素养的养成。

教师要转变评价观，从注重甄别优劣到着眼于促进学生学科素养发展。在具体评价过程中，自始至终以历史学科五大核心素养为核心，以历史学科核心素养的四个层次要求为依据，评价主体、评价内容、评价方法都必须围绕历史学科核心素养。评价学生学业水平的证据不仅仅是分数和“答案”，还应该综合评价学生的价值观念、必备品格和关键能力，特别关注学生将所学历史知识与技能运用于解决具体问题时表现出来的学科核心素养水平。

2. 评价目标——依据历史学业质量要求

《普通高中历史课程标准(2017年版2020年修订)》的“学业质量”，对核心素养的五个方面给出了明确的质量描述。学生达到学业质量水平2即为合格，是学生学分认定和毕业的重要依据；学业质量水平4是等级性考试命题的基本参照。历史学科核心素养的四级水平划分，既可以反映出学生核心素养达成的不同水平，也可作为对学生进行学业质量评价的等级指标，实现了学科核心素养水平划分与学业质量标准之间达成的有机统一。

教师制订评价目标，要以学业质量标准为依据；深刻理解核心素养的内涵，准确把握学业质量不同水平所描述的表现特征；整体规划和设计学业评价目标，把学科素养的表述转变成具体可操作的测量目标。要特别关注全体学生均须达到的学业质量水平2的评价目标，这是学生进一步学习历史和发展学科核心素养的基础。同时，还要观照不同层次的学生，满足学生更高学业水平发展的需求。

3. 评价过程——贯穿学生历史学习始终

教学是有目的、有计划地促进学生学科核心素质提高的活动，“目标来源于并运行于教学行动之中”。因此，课程与教学的评价就必然贯穿于学生历史学习的整个过程。学业评价要关注结果，更要关注过程。

课堂师生互动过程是培养和发展学生历史学科核心素养的主渠道。教师通过不断与学生交流，观察、了解学生的学科核心素养水平并加以反馈，使教和学随时间情境、条件的状态而变化、调整，形成一个动态的“教—学—评”循环体系。这种生成性的目标反映了教师和学生教学活动的主动性、创造性，是有效教学的重要保证。

纸笔测试是正式评价中经常使用的学业质量评价手段。在试题命制上，应选取对评价历史学科核心素养具有重要意义的内容。比如，正确的价值观主要包括正确的国家观、民族观、文化观、历史观等；必备品格主要指以史为鉴的心智水平和心理特质、家国情怀的情感素质和认知高度、批判性思维的理性程度和表达方式等；关键能力主要包括理论能力、时序能力、解释能力等。此外，要注重对历史学科核心素养的综合评价，并关注测试梯度反映的学业质量水平的不同层次。

4. 评价类型和方式——提倡多元化与多样化

基于不同的分类标准，学业评价的类型多种多样。比如，根据参与评价主体的不同，学业评价包括自我评价、外部评价两种类型；根据评价功能的不同，学业评价包括诊断性评价、形成性评价和终结性评价三种类型；根据评价分析方法的不同，学业评价包括定量评价、定性评价两种类型。不同类型的评价的侧重点和操作方法各不相同，比如同伴互评、纸笔测试、数据实证分析等。

不同的评价类型和方式，各具优长和局限。所以，在评价类型和方式的选择上，要遵循多元化、多样化的原则。应根据学生的不同特点制定个性化、等级化的评价标准，教师、学生、家长都应成为评价主体，评价的内容和方法都应多样化。以便全方位、多角度地搜集学生历史学业质量表现信息，客观呈现学生的历史学科核心素养发展水平，促进每名学生在原有基础上获得发展。

5. 评价结果反馈——突出调节教学策略功用

学业质量反馈是教学活动的重要环节，是学业评价的重要组成部分。反馈的目的是随时掌握学生历史学习的水平表现，并根据评价结果及时发现问题，调整教学策略。

在学业评价结果的应用上，教师要结合历史学科核心素养水平、学业质量表现和学生个人能力等因素，寻找学生学业表现和目标要求之间的差距；针对学生的具体情况，调整、修改教学策略；丰富情感体验，为进一步改进历史教学、实现自我发展提供动力。同时，要建立师生对话交流的沟通途径，及时、准确地向学生反馈学业水平信息，提出有针对性的学习建议。师生共同解读学生学业评价结果信息，引导学生学会评价，主动将学习效果与历史学业标准相对照，以改善学习方式方法、分析努力程度等非智力因素，发挥学业评价反馈的最大效用。

复习注意问题

1. 提倡“逆向教学设计”。即先确定学习的预期结果，继而明确预期结果达到的证据，最后设计教学活动以发现证据的教学设计模式。逆向教学设计的流程设计有别于将学习评价置于教学活动结束后的传统做法，坚持评价设计先行，教学目标设计与评价目标设计相对应，从而达到教学目标可操作、可观察、可测量，从而有效促进教—学—评的一致性。

2. 提升学生元认知监控能力。即引导认知主体在进行认知活动的过程中，把自己正在进行的认知活动作为意识对象，不断对其进行自觉地监控、调节的过程。教师要引导学生以个人发展为参照，主动将学习效果与课程标准相对照而进行评价，提升学习动机；体验学习成就感，激发深度学习的欲望；反思失利的教训，调整学习行为，提高学习的自我监控能力。元认知监控与认知策略是学生如何学习的核心内容。

3. 把握历史学业质量水平之间的关系。每个素养的不同水平具有连续性和递进性，水平 1 和水平 2 表现程度属于基础层次，水平 3 和水平 4 表现程度属于发展层次。在教学实践中，教师应减少评价偏于经验的问题，要通过对学生表现信息的搜集、整理和运用，客观评价学生达成历史学科核心素养的程度。

本章小结

教学质量评价和学业质量评价是基础教育课程评价最主要的两个内容。高中历史课程评价具有导向、诊断、反馈、激励等方面的基本功能；根据评价功能的不同，历史课程评价包括诊断性评价、形成性评价和终结性评价等类型；根据评价分析方法的不同，历史课程评价包括定量评价和定性评价两种类型。学业评价要遵循聚焦历史学科核心素养、依据历史学业质量要求、贯穿学生历史学习始终、多元化与多样化、突出调节教学策略功用等原则。

关键术语

课程评价　学业质量评价　诊断性评价　形成性评价　终结性评价　定量评价　定性评价

思考题

高中历史课程评价的主要功能有哪些？诊断性评价、形成性评价和终结性评价各自具有怎样的功用？

拓展阅读

1. 黄光扬主编：《教育测量与评价(第 2 版)》，上海，华东师范大学出版社，2012。

2. 史晓燕主编：《教育测量与评价》，北京，北京师范大学出版社，2016。

实训练习

【单项选择题】

1.(2018 年下半年教师资格考试题)为了更好地因材施教，新学期伊始，高一历史课李老师对所教班级学生的学习情况进行了摸底考试，初步了解学生已有的知识基础和有关能力。这种考试属于(　　)

A. 形成性评价　　B. 诊断性评价　　C. 总结性评价　　D. 相对性评价

【辨析题】

2.(2021 年上半年教师资格考试题)教学评价就是某一学段结束后，对学生学业成绩的总评价。

【材料分析题】

3.《2020 年高考历史学科教师调查问卷》反映出教师对新一轮课程改革及高考改革的认识与对教学的反思情况。

Q4：您认为今年天津历史题的主要变化有哪些？部分教师回答如下：

⊙ 对核心素养的考查明显上升。

⊙ 文字增多，重点考查学生阅读理解能力；漫画出题，形式创新；评述题出现，答案灵活多样；重点落实核心素养中的家国情怀。

⊙ 重视能力考查，考查语言的分析和表述。

⊙ 更加灵活，考查内容贴近时代生活。

⊙ 更加注重考查学生的史料阅读和史料分析能力。

Q5：反思历史教学，您觉得需要作出怎样的调整和改进？部分教师回答如下：

➤ 增加学生知识量。

➢ 相关知识的拓展。

➢ 教材的细化。

➢ 面面俱到。

➢ 还是课本。

➢ 如果狠抓基础知识，但是选择题和教材联系不大，学生就认为背书没有用，不背书。但是大题又考查背书能力，很矛盾。

➢ 没有。

问题：

(1)对 Q4 及 Q5 两个问题的回答，可以如何见微知著地反映出教师对新一轮课程改革及高考改革的认识与实践总体状况？

(2)为了促进新一轮课程改革及高考改革理念的落实，请你从学业评价的角度对高中历史教师提出建议。

【参考答案】

1. B

2. 这种说法不正确。

教学评价是指以教学目标为依据，通过一定的标准和手段，对教学活动及其结果给予价值上的判断，即对教学活动及其结果进行测量、分析和评定的过程。它一般包括对教学过程中的教师、学生、教学内容、教学方法、教学环境、教学管理等诸因素的评价，但主要是对学生学习效果和教师教学工作过程的评价。因此，教学评价不仅仅是某一学段结束后，对学生学业成绩的总评价。

3. (1)从对 Q4 及 Q5 两个问题的回答来看，教师们对新一轮课程改革及高考改革的认识与实践存在着较大程度上的分化。对《普通高中历史课程标准(2017 年版 2020 年修订)》提出的学科核心素养要求及其在高考中的反映，部分教师有深刻的理解和清晰的认识。但是，也有一部分教师尚不明确新一轮课程改革及高考改革的方向，墨守成规，强调知识中心，不利于落实新时代对人才培养的要求。

(2)建议教师本着教、学、评一致的思想，在学业评价的设计与实施过程中聚焦历史学科核心素养，依据历史学业质量要求设计评价目标，将评价贯穿学生历史学习始终，提倡多元化、多样化的评价类型和方式，并突出评价的反馈、激励功能。

第二十二章　高中历史课堂教学评价与教学反思

【本章要点】

高中历史课堂教学评价是促进学生成长、教师专业发展和提高课堂教学质量的重要手段，评价标准包括教学目标、教学过程和教学效果三方面，评价类型和方法主要包括奖惩性评价和发展性评价、外部评价和内部评价以及现场观察评价、监视监听评价、录像评价、量表评价等。高中历史教师的教学反思是其将自己的教育教学活动作为认知对象，对教育教学行为和过程进行有意识的、批判性的分析与再认识，从而实现自身专业发展的过程。

【学习目标】

1. 掌握历史课堂教学评价的基本理论与方法。

2. 掌握历史教学反思的基本方法。

【课程导言】

下列说法你同意吗？请说出理由。

1. 进行高中历史课堂教学评价，只需观察教师教的情况，就可以判断教师教学质量的高低。

2. 历史课堂教学评价应以学生为中心，以“立德树人”、促进学生发展为目标。

3. 教师的反思就是用批判的眼光多角度观察、分析、反省自己的教育教学思想、观念和行为，并作出理性判断和选择的过程。

一、高中历史课堂教学评价

新课程背景下，课堂教学评价主要包括对教师教学的评价与对学生学习的评价两方面，以评学作为评价重点，以培养和提高学生的历史学科核心素养作为评价目标，关注学生的学习状态，发挥促进学生全面发展的导向功能。评价不仅关注学生必备历史知识的积累与掌握，而且关注学生关键能力的发展，关注学生情感、态度、正确价值观及必备品格的形成与发展。

（一）课堂教学评价的含义

课堂教学评价是指依据现代教育评价理论和一定的教育目标，对课堂教学过程中教师的教、学生的学的状态和结果进行的价值判断。即在真实的课堂教学中，观察教师和学生的表现，搜集并整理分析教学信息，为教师进一步提高课堂教学质量提供依据。一般而言，课堂教学评价通常包括过程和结果、教师和学生两个方面的维度。评价有两个核心环节：对教师教学工作(教学设计、组织、实施等)的评价；对学生学习效果的评价。

课堂教学是整个教育过程中最重要、最关键的环节，它的质量决定了整个教学质量的高低。

(二)课堂教学评价的理念及标准

1. 课堂教学评价的理念

新课程标准中，历史课堂教学评价的基本理念有三：一是促进学生的发展；二是促进教师的成长；三是“以学论教”，即以学生的“学”来评价教师的“教”。它强调以学生在课堂学习中呈现的情绪状态、交往状态、思维状态和历史学科核心素养目标达成状态为参考，评价教师教学质量的高低。

2. 课堂教学评价的标准

新课程标准背景下，历史课堂教学评价的基本依据是《普通高中历史课程标准(2017年版2020年修订)》。历史课堂教学评价标准主要有：

(1)有效的课堂教学目标

有效的课堂教学目标表现为基础性目标与发展性目标的协调与统一。基础性目标是按照高中历史课程标准和教学内容的科学体系进行有序的教学，完成必备知识、关键技能教学；发展性目标包括以培养学生学习能力为重点的学习素质和以培养学生品格为重点的良好社会素质。优质的课堂教学目标就是把必备知识、关键能力的教学与学科素养、核心价值提升的教学有机结合起来。

(2)科学的课堂教学过程

科学的课堂教学过程表现为课堂教学策略的有机统一。课堂教学策略主要解决学生“爱学”“会学”“善学”三方面的问题。历史课堂教学策略包括三方面：一是激励性教学策略体系；二是自主性教学策略体系；三是探究性教学策略体系。

(3)理想的课堂教学效果

理想的课堂教学效果表现为情绪状态、交往状态和目标达成状态的和谐统一。“以学论教”是现代课堂教学评价的指导思想。“学”一是指学生能否学得轻松、学得自主，主要包括课堂教学的情绪状态、交往状态；二是指学生是否会学、有没有学会，主要指课堂教学的思维状态、目标达成状态。“论教”主要是从课堂教学的四大状态(情绪、交往、思维、目标达成状态)来评价课堂教学效果，判断的角度包括三方面：一是看师生是否保持良好的情绪状态和交往状态；二是看学生的思维状态是否被激活，教师是否对学生的认知进行积极的干预；三是看课堂教学目标的达成状态如何，即学生有没有不同程度、不同方面的收获。

(三)课堂教学评价的对象与主体

1. 课堂教学评价的对象

广义的课堂教学评价对象包括教学的一切方面，狭义的课堂教学评价对象为学生。

作为历史教学的对象与历史教学活动最终目标实现与否的体现者，学生在课堂教学评价中占据核心地位。

2. 课堂教学评价的主体

在课堂教学评价活动中，进行评价的个人或组织称为评价主体。课堂教学评价是用同行评价、学生评价以及自我评价的方法开展的评价活动，一般以随堂听课的形式进行。

(1)同行评价。是由本校或外校的历史学科教师(如教研员、评价专家和同行教师等)对某历史教师的课堂教学所作出的评价。由于同行拥有共同的历史专业知识背景，所以对教师课堂教学的表现(如专业知识基础、教学目标设定、教学方法选择)能够作出合理、客观的判断。但本校同行评价与外校同行评价有所区别，即本校同行对授课教师业务素养有更全面的了解，而外校同行只能对授课教师的某一节课作出评价。

(2)学生评价。学生是教师课堂教学的对象，对教师课堂教学的质量最有发言权。学生评价可以反映出教师的教学方法是否符合学生的要求，教师的教学艺术是否受到学生的欢迎，教师在学生心目中的威信如何等。应该注意的是，由于在认知水平上的局限，学生不可能对教师课堂教学的所有方面都作出恰当的评价(如教师的历史专业知识是否呈现了最新的学术成果等)。因此，不宜把所有课堂教学内容都纳入学生评价的内容。

(3)自我评价。是授课教师本人对自己的课堂教学所做的评价。教师本人也是课堂教学评价的主体，自我评价也是课堂教学评价的主要途径之一。自我评价基于教师对自己的课堂教学的自我反思和自我分析，通过撰写教学日志的方式来进行，短期内便于教师及时总结经验教训，长期内有助于教师的专业发展。当自我评价与同行评价、学生评价发生矛盾冲突时，评价者与被评价者应该进行协商，通过充分深入的交流达成共识，达到促进教师专业发展的目标。

(四)课堂教学评价的类型与方法

从不同的角度，可以对教师课堂教学评价进行不同分类。

1. 按评价目的，可以分为奖惩性评价和发展性评价

奖惩性评价的目的是根据评价的结果对教师进行奖惩，它将课堂教学评价的结果与教师的奖惩相结合，并以此作为教师晋级、嘉奖、降级、解聘等的依据。

发展性评价的目的是期望通过对教师的课堂教学进行点评、讨论、反思，使教师的教学技能和水平得到提高，评价结果不与教师的奖惩挂钩，通过教师之间相互交流发现各自的优缺点，为制订教师发展目标和对策提供依据。

2. 按评价主体，可以分为外部评价和内部评价

这种分类方法以评价者是否参与课堂教学活动为依据。外部评价是指由教育行政主管部门的人员如教研员、评价专家、学校领导、教务人员以及同行教师等不参与课堂教学活动的评价者对教师课堂教学进行的评价；内部评价则是指由直接从事课堂教学活动的教师本人和学生群体所进行的评价。

无论是外部评价者还是内部评价者，在评价的过程中都会遵循一定的评价标准。而不同评价者的评价标准可能会有所不同，如同行更多地会从学科的角度对课堂教学提出要求，学校领导会从学校管理的角度提出要求，教师本人会从自我教学风格方面进行评述，而学生则可能从教学内容的多寡和教学中的情绪反应等方面进行评价。

3. 按评价资料的搜集手段，可以分为现场观察评价、监视监听评价、录像评价、量表评价等

现场观察评价是评价者进入课堂，实时实地听教师讲课并及时进行评价。这种评价在实际运用过程中往往表现为随堂听课、评课，具有很强的时效性，能关注到各种临时发生的情况，对教师的教学激情和学生的参与积极性有较深的体会。缺点是可能受到评价者注意力分配和记录速度等的限制，以及评价者的出现可能会使教师和学生的心理和行为发生一定变化。

监视监听评价是利用单向玻璃或摄像设备等进行的实时课堂评价。评价者不直接进入课堂，这样可以在很大程度上避免给师生带来压力，使获取的信息更加真实。缺点在于可能会受到观察角度等的限制，无法全面了解整个课堂的情况。

录像评价是利用录像将教师的教学过程和学生的活动记录下来，进行课后的评价和分析。其优点在于可供多人反复观看和讨论，还可以让教师参与讨论，从而使整个评价资料更为全面、客观、准确。而且可将不同教师的教学录像进行对比，或者将同一教师的不同教学录像进行对比，分析教师教学的进步情况。

量表评价是采用事先编制好的评价量表，由教师和学生根据他们对教学过程和效果的主观印象进行回答。这种评价的关键是评价量表的编制，它有时也被称为问卷评价。问卷评价是目前课堂教学评价最主要的方式，也是实践中应用最广泛的方式。

(五)课堂教学评价的指标要素

1. 课堂教学目标

历史教学要求以设计适切的目标为落脚点，提倡以目标为导向开展教学，坚持基础性目标与发展性目标的协调统一，用教学目标引导学生全面发展；目标设计要符合学生实际，分层、具体、可观察、可测量。

(1)明晰教学目标。根据新课程标准，理清学年、单元、课时目标的层级关系，准确定位；设计具体明确的课时目标，并以可观察、可测量的方式加以陈述。

(2)优化教学目标。要体现基础性目标与发展性目标的有机统一；学生要参与设定教学目标；教学目标要有挑战性和生成性，还要问题化。

(3)综合五大素养。高中历史教学的评价应以学生历史学科核心素养的整体发展为着眼点，主要针对学生将所学历史知识与技能运用于解决具体问题时体现出的学科核心素养水平，注重对学生历史学科核心素养五个方面的发展状况进行综合评价。尽可能使教学与评价围绕学生学习这一中心展开，使教、学、评相互促进，共同服务于学生历史学科核心素养的发展。

2. 课堂教学内容

在围绕教学目标认真研究教学内容的基础上，把握教学内容的整体结构，建立不同内容间的有机联系。要明确教材编写意图，选择有意义的教学材料，注意联系生活，力求把课标信息、教材信息、资源信息转化为自己的信息。具体表现为：确保历史知识的真实；史学观念的把握准确到位；史料的选用可信且具有说服力；核心价值观的提炼富有教育意义。

3. 课堂教学过程

关注与课堂教学发生关联的全过程，通过优化学生参与、科学组织、启发引领、动态生成、精致讲练、即时评价等教学过程，展示知识的发生发展过程、思维发展过程、知识应用过程、认知和情感态度形成过程。

(1)学生参与过程。创设使学生主动参与到课堂教学过程中的情境，把教学与学生的生活经验联系起来。鼓励学生亲历活动、参与实践、独立思考、讨论交流，关注学生参与的广度、深度和自觉度。

(2)科学组织过程。建立合理的课堂规则和程序，有条不紊地安排教学和学习活动，保证学生完成学习任务的时间；学习组织管理要有利于提供学生高效学习所需的一切帮助，适时处理教学中出现的突发问题，使教学按照教学计划设定的方向顺利进行。

(3)启发引领过程。不把“结论”直接抛给学生，而是通过展示和分析知识的发生发展过程、思维过程、改变现实的创造过程等活动，启发、引领学生向结论靠近；强调学生要经过一系列的质疑、判断、比较、选择，以及相应的分析、综合、概括等认知活动，最终获得“结论”。

(4)动态生成过程。根据课堂学情的变化，随机调整教学的程序、减少教学的环节；学习目标可在生成中随机升降，学习重点可在生成中调适，探究的主题可在生成中替换；充分开发和利用生成资源，使教学取得最佳的效果。

(5)精致讲练过程。用少而精的语言抓住中心，揭示教学内容的内在规律和本质特征，以讲促思、以讲解惑，讲科学的思维方法和学习方法等；在精致讲练中向学生提供精心设计的练习，要有目的性、层次性、递进性、探究性、典型性和综合性，使学生在精致讲练中提升学习效果。

(6)即时评价过程。把学生学习过程中的表现及取得的成果作为评价对象，评价学生观察、讨论、解决问题、完成任务等活动的质量和行为表现，以及在活动中表现出的兴趣、好奇心、投入程度、合作态度、意志力和探索精神等，尤其是在活动中表现出的独特的思维方式和解决问题的有效方法。

4. 课堂学习方式

重视策略的教学，使学生在掌握知识与技能的同时掌握学习策略，逐渐形成学习能力，学会学习；力求形成五个转变：变在“听”中学为在“做”或“玩”中学，变“被动”地学为“主动而自主”地学，变“单一个体”地学为“独立自主与合作交流结合”地学，变“机械模仿”地学为“探究创新”地学，变“只向书本”学为“在多情境、多媒体的体验中”

学。追求一种开放的、互动的、动态的、多元的学习方式。

(1)指导自主学习。让学生在参与确定学习目标的过程中实现自我引导的学习，激发学生的学习兴趣与热情，确保学习有内部动力的支持，实现自我驱动的学习。帮助学生掌握各种学习策略，如让学生先识后记、学会组块，引导学生把新旧知识联系起来、学会精加工，教学生把知识组织起来、学会构建图式等。

(2)组织合作学习。激发学生在实现学习目标过程中相互帮助；选择合适的教学内容和任务，精心组织活动，为合作学习提供机会；有效设计学生之间面对面的互动，引导学生承担共同任务中的个人责任，并努力促使小组其他成员履行自己的职责；促使小组成员相互尊重与信任，有效地解决冲突，实现共同发展。

(3)鼓励探究学习。善于创设问题情境，并将现实生活的真实问题引入课堂，树立“问题意识”。激发学生进行探究的兴趣；鼓励学生反思自己的学习生活实践与经验，质疑他人的知识与观点。探究知识的意义，使其在解决问题的过程中学会元认知；与学生共同探究新知，让学生敢于提问与猜想，让思维求变、求异、求新，支持并指导学生在创新思维中学习。

5. 课堂教学效果

历史教学要求落实“以学论教”的现代课堂教学评价理念。一方面要关注学生在课堂学习中的情绪状态和交往状态，看学生能否学得轻松自如；另一方面要重视学生在课堂学习中的思维状态和目标达成状态，看学生是否学会、会学，追求多种状态的和谐统一。

(1)交往情绪良好。始终以饱满的热情投入教与学，平等交流，有效互动合作。注意对学生学习情绪的激励，促使学生的注意力、学习兴趣和求知欲得以提升，能令教材之情、学生之情、教师之情交融，形成历史教学活动的动力，使课堂充满快乐体验。

(2)学生思维激活。善于创设思维情境，激活学生思维状态，对学生认知形成积极正面的干预，注重从质量的角度对学生完成学习任务的方法和技巧予以指点，要求学生用有意义的方式来思考和运用学习材料，学会反思，引导学生从不同角度提出问题和作出解答，并巧妙地点拨、引导和训练学生的思维。

(3)学习目标达成。通过课堂听学生答问、查学生练习、看学生操作等途径，获取学生真正理解、掌握、运用知识的程度，判定学生获得基本技能的实际水平。不同层次的学生在原有水平上得到不同程度、不同方面的收获和提高。认知、过程、体验的目标达成率高，教学相长，共促发展。

6. 课堂教学环境

教学要求课堂的物理环境和人文环境都具有支持性，重视课堂的常规和程序、具体环境的安排、学生行为规范和要求的制定，以及民主、和谐、自由、安全的教学氛围的营造。要以学生为主体，平等对待每一个学生；建立师生间、生生间和谐的互动关系；注意激发与维持学生学习的兴趣，让学生畅所欲言、充分表现和张扬个性、体验成功；鼓励学生大胆设想、质疑，允许学生冒险、犯错误。

总之，基于新课改以来的教育理念，课堂教学评价突出关注的主要有三方面：一是课堂教学能否促进学生发展；二是课堂教学能否促进教师的专业发展；三是课堂教学能否充分调动师生双方的积极性。

二、高中历史教师的教学反思

(一)教学反思及其意义

教学反思是教师将自己的教育教学活动作为认知对象，对教育教学行为和过程进行批判性的、有意识的分析与再认识，从而实现自身专业发展的过程，也就是教师在教学实践过程中发现问题、思考问题、解决问题的一种行为。

高中历史教师的教学反思指教师根据历史学科的特点，围绕教学设计对历史教育教学经验、设计、实践进行重新认识和思考，从中发现成功经验和有必要修正完善的环节，进行必要的理论重建，从而使教学设计更具科学性、有效性，推动教师的专业化成长，进而使历史教学达到提升学生历史学科核心素养、促进学生全面发展的目的。

(二)教学反思的内容

课堂教学具有以下特点：一是教学情境的不确定性；二是教学对象的复杂性和差异性；三是教学决策的不可预见性和不可重复性。这些特点决定了教师专业本领的核心在于经验基础之上的反思、积淀和升华。教学反思应贯穿于教学的整个过程中，教师在教学前、教学中、教学后都要进行反思。

1. 教学前反思

指教学开始前，反思学生知识水平、心理年龄特征等情况，以及教师此前的教学经验，按照课程标准的要求，对学习内容、学习目标、教学方法等进行比较全面和符合学情的思考和预设。教学前反思是对教案编写是否符合学生实际进行反思。

2. 教学中反思

指在教学实施过程中，出现教学预设之外的新情况尤其是学生提出的新问题或出现不寻常的学习行为以及其他行为时，反思已有的教学经验，调整教学行为，寻求解决办法，解决生成问题，克服无关因素，求得最佳教学效果。教学中反思是对课堂教学过程是否有利于学生的发展进行反思，具体包括：

(1)对教师自身教育理念的反思

即以新教育理念反思自己的教学行为，发现缺陷和不足，以求改进。

(2)对教学过程中的内容、组织、方法的反思

即反思教学过程中呈现的知识是否科学准确？自己在教学环境下采用了哪些教学组织、调控与管理方法？为什么采用这些方法？效果如何？还应反思信息化教学环境下各种信息技术在教学支持上的有效性以及更好地利用信息技术开展教学的方法。

(3)对师生课堂参与的反思

对教师的教如何诱发学生的课堂主动参与进行追问和反思，观察学生参与的程度、

获取知识的过程，以营造和谐的“教”与“学”的课堂氛围，构建师生互动新机制、学生学习新方式。

(4)对教学目标达成的反思

高中历史课程要求以培养和提高学生的历史学科核心素养为目标，教师应贴紧历史学科核心素养的角度制订教学目标，在教学中要反思教学效果是否达到教学目标要求等。

3. 教学后反思

指完成教学任务后，针对教学过程各个主要环节或者某个特别关注的问题，在科学的教育教学理论指导下总结经验和不足，作出分析思考，使以后的教学设计和教学行为日臻完善。教学后反思是对自己已经上过的课的情况进行回顾和评价。

(三)教学反思的基本原则

1. 科学性原则

教学反思必须遵循科学性，科学性是确定中学历史教学内容的首要原则。高中历史教材以高中历史课程标准为依据，采取恰当的内容取舍和体系呈现方式，帮助学生构建科学的知识体系。高中历史课堂教学中，在对制订教学目标、选择教学方法、设计教学环节、进行教学评价等方面进行反思时，都必须坚持科学性原则，即必须符合学生的心理年龄特征，而不能脱离教育科学规律去主观臆造。当我们深刻认识到中学历史教学本身就是一个科学的过程，必须秉承科学性原则时，才会建立和践行教学反思的科学性原则。

2. 有效性原则

进行教学反思的重要目的之一就是优化教学，通过多次“实践—反思—实践”的过程，不断摒弃无效、低效的教学环节，探索并完善有效、高效的教学方法，实现教学的有效、高效。有效性原则主要体现在以下几个方面：

(1)兼顾师生双方，反思是否实现了教师“会教”和学生“会学”。“会教”的教师具有问题意识，经常反问“为什么”，对自己的教学行为和结果进行深刻反思，并以此作为选择教学方法的依据。通过观察“会学”的学生，进行历史学习方法的完善与迁移，教会学生循序渐进地掌握、优化历史学习方法，实现主体发展。

(2)反思教学环境。教学环境包含“软件”和“硬件”两个方面。一方面，良好的学习氛围有利于教学效果提升，包括师生互动、及时点评学生表现、教学民主平等思想体现等；另一方面，对教学媒体等硬件的多样化和不同历史学习内容的针对性也应该加以反思，以保证学生在相同时间内实现教学效果的最大化。

(3)重视学习过程。随着教学评价的多元化和学习的开放性，日益需要加强学生历史学习过程的反思。学生不只应收获知识与能力，还应收获一些从历史学习中迁移出来的基本方法和有助于个体成长的人生理念，以实现历史教学的终极目标——助力学生成长。

3. 特殊性原则

由于历史学科的独特性，历史教学反思具有自己的特点，即特殊性原则。历史学科具有过去性、时空性、史论统一性等特点，因此，历史教学反思必然涉及以上方面，呈现出不同于其他学科的反思内容、重点和方法。例如，是否采用多种方法创设新情境，帮助学生克服过去性特点带来的学习困难；是否强调“论从史出”，通过对历史文献等学习资源的解读总结历史发展规律；是否以其独特的人文色彩和教育功能，帮助学生观察社会和为学生提供生活借鉴等。

4. 实践性原则

教学反思起于实践，终于实践。历史教学反思的一般过程是：(1)发现、确定历史教学问题；(2)尽量多地提出解决办法；(3)比较各种方法的异同，寻求最佳方案；(4)教学实践运用与总结。教学反思的问题来源于教学实践，对某一问题的解决过程及方法的总结将运用于后续教学设计及实践中。离开实践，反思毫无价值可言。

(四)教学反思的方法

一般而言，教育叙事、教育日志、教学案例、教学课例及教学后记是教学反思的基本形式。

1. 教育叙事

教育叙事是教师把自己在日常生活、课堂教学、教改实践活动中曾经发生或正在发生的事件记录下来的文本资料。叙述自己在教育教学中遇到的事件，分析它们所蕴含的意义，是教育叙事的表现形式。

教育叙事(包括教学叙事)既可理解为研究方式，也可理解为研究成果的表述形式。作为研究成果的表述形式的教育叙事，即指教师在研究过程中用叙事的方法所做的某些简短的记录。

教育叙事的主要目的是反思自己的教育教学活动，并通过反思来改进自己的行为，不断提高教育教学质量。

延伸阅读

教育叙事研究的基本特征

教育叙事研究的基本特征是研究者以叙事、讲故事的形式表达自己对教育的理解和解释，主要有如下特点：

第一，叙述教师自己亲自经历过的或正在经历的教育事件。叙述的内容是实际发生的真实的教育事件，而不是教师的主观想象。教师既是说故事的人，也是故事中的角色。

第二，教师以讲故事的形式来叙述自己的经历，有典型性、有故事情节，能触动读者的心灵。叙事不是记流水账，而是记述有情节、有意义的相对完整的故事。

第三，教师要对自己的亲身经历有感悟和反思，不仅把自己置于事件的场景之中，而且注重对个人或学生的行为作出解释和合理说明。

历史教师进行教育叙事的写作具有得天独厚的优势，因为历史文献大多是以叙事的方式呈现的，历史教师可以借鉴历史文献作品的写法，学会选取典型事例，把自己经历的客观过程、真实体验、主观阐释等有机融为一体，叙述出来与人分享。

2. 教育日志

教育日志是教师对自己在教学活动中出现的或观察到的、记忆深刻的事件(包括问题、经验、体会、想法等)进行总结和分析并记录下来的档案资料。

延伸阅读

教育日志的种类

1. 跟踪式教育日志

跟踪式教育日志是按照时间的先后顺序对某事件发生的过程进行全程跟踪的记述。这种日志针对的对象可以是某件事情(如实施某项教学改革)，也可以是某个人(教师或学生)，其特征是时间线索非常清晰，以“天”为单位逐日记录该事件发生的过程。

2. 专题式教育日志

专题式教育日志是围绕某一教育专题所发生的事件进行观察、记录和分析的记述，其特点是主题鲜明、针对性强、分析深入到位。这种日志的撰写中，选择专题非常重要。专题可以源自教师的个人实践，也可以源自教师的个人阅读，还可以源自教师与他人的交流。专题式教育日志完成后，比较容易转化成为教学研究论文。

3. 随笔式教育日志

随笔式教育日志是把发生在自己身边的、深有感触的教育教学事件记录下来。这种日志的内容非常广泛，可以是当天教学中的偶发事件，也可以是当天阅读中的心得体会，还可以是当天听课中的思考感悟。日志的内容虽然比较散乱，但是通过日积月累，可以帮助教师记录自己的教学思想发展历程，为接下来的研究提供充足的素材。

4. 网络式教育日志

网络日志(Blog)是一种以互联网为载体的日志形式，被应用到教育领域中，就被称为网络式教育日志。网络式教育日志最主要的特征是“平等、开放、共享”的发布机制，在互联网这个平台上，全国乃至全球的教师都可以把自己的做法、经验拿出来交流共享。

3. 教学案例

教学案例是包含某些决策或疑难问题在内的真实发生过的教学情境故事。它是从教育教学实践活动中挑选出来的实例，在被描述的具体情境中包含一个或多个引人入胜的问题，同时也包含解决这些问题的方法和技巧，既有对具体情境的介绍和描述，也有一定的理论思考和对实际活动的反思。

教学案例可以是对教学的反思，也可以是教学中对教育的反思。案例分析就是运用一个教学案例来反思自己或他人的教学行为，揭示教学案例背后所蕴含的教育教学理念。其操作程序为：第一，从分析教学任务的目标出发，通过阅读、课堂观察、调查等方式搜集教学案例；第二，对案例做多角度、全方位的解读；第三，写出反思性总结。

(1)案例的基本结构

主题与背景：任何教学案例都有其特定的时空背景，突出一个鲜明的主题，它与课程改革的核心理念、实际教学中的常见疑难问题和容易引起困惑的事件相关。

情境描述：需要围绕主题剪裁情节，完整叙述一个教学故事。包括教学思路、教学过程的描述，教学结果的交代即这种教学措施的即时效果，以及学生的反应和教师的感受等。

问题讨论：要有对问题思考和反思的分析，要设计讨论作业单，讨论的问题要具有开放性。

诠释评析：要分析通过案例得到的经验或教训，要多角度解读并且回归到教学基本面。

(2)案例的基本特征

① 要有问题情境，提出一个问题并能解决；② 必须是真实发生的事情，不能虚构；③ 必须是典型而有代表性的事情，能在一定程度上说明如何解决一个教学疑难问题；④ 要有情节，能够完整地叙述一个教学故事。

历史教师可以在阅读案例的过程中一边阅读一边思考："如果我遇到这样的情况，应该怎样去做?"通过这种案例反思来提高自己的教学水平。

4. 教学课例

教学课例是呈现课堂教学实录并对其进行分析研究。教学课例不同于课堂教学实录或教案，后者只有现象，没有理论分析；教学课例也有别于教学案例，前者需要展现整节课的教学流程，而后者只需要针对某个教学问题的解决即可。从严格意义上讲，教学课例必须在教案、教学设计和课堂实录的基础上进行探讨分析，只有体现自己研究成果的论文才称得上是教学课例。

通过撰写教学课例进行反思的几种方法：

(1)对自己或别人的课例进行反思。先把自己的或别人的教学设计记录下来，然后对设计的整个过程或部分环节进行分析。

(2)撰写课堂观察。观察报告可进行质的分析和量的分析，质的分析侧重观察者的主观研究，量的分析侧重观察者的数量统计。

(3)教学设计的修改实录。可以把自己在不同阶段对某一课例进行设计的成稿呈现出来，然后分析发生了哪些变化、为什么有这些变化。

5. 教学后记

教学后记是指教师在完成一个教案的教学之后，对整个教学设计的实施情况进行回顾、总结，记录实施后的经验、教训和其他体会。

教学后记的内容基于教学设计与实践的比较。教学预设与教学实际效果之间往往存在一定差距，再完善的教学设计也可能存在考虑不周之处。因此，教学设计实施之

后的反思至关重要，它能帮助教师根据课堂教学的反馈信息积累在后续的课堂教学中抗干扰的能力。

教学后记的目的是全面思考教学设计在具体实施过程中的成功和不足之处，为调整教学和提升教学设计能力提供可靠依据，据此加深对高中历史课程标准的领会、对教材的理解与整合、对适当教法和学法的筛选等。教学后记的全面性和反思性，使其成为促进教师教学水平和能力提高的有效途径。

复习注意问题

1. 教学评价是研究教师的教和学生的学的价值的过程。历史教学评价是历史课程重要的有机组成部分，是实现历史课程目标的保障。

2. 评价与教学是一体的，历史教学评价与学生的学习密切相关，要“以学生发展为中心”。

3. 要实施“以学生发展为中心”的历史教学评价，首先要建立“以学生为中心”的历史课堂教学；其次要把课程、教学和评价体系贯通起来，从“立德树人”的教育目标出发，树立“以学生为中心”的历史教学评价；最后要选择适应“以学生为中心”的历史教学评价的方式，采用灵活的评价方法。

本章小结

本章阐释了历史课堂教学评价的含义、标准、类型、要素、内容和实施方法；历史教师进行教学反思、改进提升的原则、内容与方法。其中，教学反思的实施方法又主要包括撰写教育叙事、教育日志、教学案例、教学课例、教学后记等。

关键术语

课堂教学评价　教学反思

思考题

1. 掌握高中历史课堂教学评价的具体方法对历史教学有何意义？
2. 运用怎样的评价方法能够对历史课堂教学活动成果及活动表现进行有效评价？
3. 简述历史教师进行课堂教学反思的方法及意义。

拓展阅读

1. 余林主编：《课堂教学评价》，北京，人民教育出版社，2007。
2. 王维臣主编：《现代教学——理论和实践》，上海，上海教育出版社，2012。
3. 韩锋编著：《高效教学过程的优化策略》，重庆，西南师范大学出版社，2013。
4. 吕洪波编著：《教师反思的方法》，北京，教育科学出版社，2006。

实训练习

【简答题】

1. 简述历史课堂教学评价的一般要素。

2. 简述历史教师进行教学反思的主要内容。

【参考答案】

1.(1)教学目标：目标的科学性与可行性、学生对目标的理解以及教学活动的目标指向性。

(2)教学内容：对课程标准的理解、教科书分析、教学内容编排与设计等。

(3)教学过程：课堂教学环节的整体设计、教学方法的选择与使用、活动安排是否合理等。

(4)学习方式：学生学习的积极性与主动性，自主、合作、探究学习。

(5)教学效果：师生交往情绪、学生思维激活和教学目标的达成情况。

(6)教学环境：课堂氛围严肃而不呆板、活跃而不杂乱，民主、和谐、自由、安全。

2.(1)对教师自身教育理念的反思。

(2)对教学过程中的内容、组织、方法、手段的反思。

(3)对师生课堂参与的反思。

(4)对教学目标达成的反思。

第二十三章　高中历史教育测量与评价

【本章要点】

本章阐明了常见的高中历史教育测量与评价的类别与标准，并从试题的编制到测量信息的搜集，介绍了高中历史教育测量与评价技术方法。

【学习目标】

1. 了解高中历史教育测量的类别与标准。
2. 掌握高中历史教育测量与评价的常用方法。
3. 掌握高中历史学科基本的试题编制技术。

【课程导言】

范老师是一位特别善于思考的青年历史教师。高考改革后，他遇到了一个困惑："好试题"的标准到底是什么呢？为什么每年都有高考题引起较大的争议？新形势下如何才能综合、客观地评价学生的学业成绩呢？

一、高中历史教育测量与评价的类别与标准

(一)高中历史教育测量与评价的内涵

历史教育测量是对学生素养水平和心智水准以及历史教育过程中许多问题的数量化测定。历史教育的有效性和测量的有效性的关系是一致的，它们是学科素养在教学和测量两个层面的反映。教育测量的主要任务是提供尽量客观的数量化资料——量度；而评价则是从教育目标角度对教育测量所提供的数量化资料和通过观察等所获得的质的分析资料作出解释与应用，并朝着价值判断与释放教育功能的方向拓展。

延伸阅读

评价之义

当把评价一词特别地用于课堂教学情境时，其含义存在一些混乱。在一些情况下，它与测量是同义词。在另外一些情况下，它与测验是同义词。例如，当教师进行一次成就测验时，他们可以说在"测验"学生的成绩、"测量"学生的成绩，也可以说在"评价"学生的成绩。

——[美]N. E. 格朗兰德：《教学测量与评价》

《普通高中历史课程标准(2017 年版 2020 年修订)》的出台，为打造科学的测量工具

提供了契机。从评价的角度看，课程标准就是一个完整的评价体系，它明确了评价内容，提供了评价标准、评价规格、命题建议等一系列指导性原则，使考试评价有机融入到整体的教育过程中，成为教育过程当中的重要一环。尤其是对学科素养的水平层级划分来说，它使考试能够更好地服务于不同水平层级的评价需求，从而真正体现新课程标准的教育特质。

延伸阅读

新课程的历史教育评价

历史课程要将培养和提高学生的历史学科核心素养作为目标，使学生通过历史课程的学习逐步形成具有历史学科特征的正确价值观、必备品格与关键能力。课程结构的设计、课程内容的选择、课程的实施等，都要始终贯穿发展学生历史学科核心素养这一任务……在课程实施上，进一步改进教学方式、学习方式和评价机制，将教、学、评有机结合，促进学生的自主学习、合作学习和探究学习，提高实践能力，培养创新精神。

——《普通高中历史课程标准(2017 年版 2020 年修订)》

(二)高中历史教育测量与评价的常见类别

概念链接

测验与考试

测验是测量的工具，用它能引起人的代表性的行为，以便对人的行为特性或心理特性进行测量与评价。因此，测验一词往往是教育测验或心理测验的简称。

教育考试是根据教育内容和目标，选择有代表性的内容与问题，按照一定的方式，对应试者的知识、技能等进行测量与评价的过程。

测验的概念比考试的概念更广泛，教育测验包含教育考试。

——黄光扬主编：《教学测量与评价(第三版)》

1. 形成性测量与评价

学校常见的历史教育测量与评价，主要是以教师自编的测验为工具，对学生的学业成就进行随机测量。一般而言，测验和测量往往不加区分。这种随机测量只是检验和评价学习者的学习水平，以便更好地制订教学或学习方略。在教学过程中，形成性测量与评价是不可或缺的。

2. 终结性测量与评价

终结性测量与评价用于教学结束后，在性质上相当于学校举行的期末考试。其目的有两个：一是在教学目标之下检查学生一学期的学业程度，从而判断教学效果的得失。二是根据终结性测量与评价的结果评定学生的学业成就，并将评定结果通知学生

家长或记入档案。高中学业质量是阶段性评价命题的重要依据。

3. 标准参照测量与评价

标准参照测量与评价是将被试的表现与既定的教育目标或行为标准相比较，以评价被试在多大程度上达到该标准。

高中历史学业水平合格性考试属于标准参照测量，它以学业质量水平 2 为基准，然后把各个评价对象与基准进行比较，确定每个评价对象在集合中所处的相对位置。标准参照测量的试题取样范围广泛，所谓的基准近似学生群体的平均水平。学业质量水平 2 是学业水平合格性考试命题的重要依据，是高中毕业生应该达到的合格要求。

4. 常模参照测量与评价

概念链接

常模

常模是一种供比较的标准量数，由标准化样本测试结果计算而来，即某一标准化样本的平均数和标准差。它是心理测评用于比较和解释测验结果时的参照分数标准。测验分数必须与某种标准比较，才能显示出它所代表的意义。

常模参照测量与评价是将被试水平与测验常模相比较，以评价被试在团体中的相对地位。即常模参照测量与评价对学生学习成就的解释是采用了相对的观点。学生在试卷上得到的分数要跟他所在的团体的常模比较后，才能显示他的实力。这种相对比较论高低的评价方法在选拔性考试中得到重要的应用。

高中历史学业水平等级性考试属于常模参照测量，学业质量水平 4 是学业水平等级性考试的命题依据。

5. 增值测量与评价

增值评价是以评价对象的自身状况为基准，根据两个或多个时间点的表现作出与学生、班级、教师和学校有关的解释。增值评价不仅可以更准确地了解学生学习的实际成效，而且可以更准确、清晰地了解教师、学校对学生成绩的提高产生的实际影响。

增值评价主要是评价学生交流沟通、逻辑推理和审辩式思维等核心能力的发展。它体现了尊重个性、因材施教的教育原则，注重发展学生的自我意识。

(三)高中历史教育测量与评价的标准

1.《深化新时代教育评价改革总体方案》

2020 年 10 月，中共中央、国务院印发《深化新时代教育评价改革总体方案》，强调要扭转不科学的教育评价导向，克服唯分数等顽瘴痼疾，提出到 2035 年，基本形成富有时代特征、彰显中国特色、体现世界水平的教育评价体系。在学业考评方面，方案提出要完善过程性考核与结果性考核有机结合的学业考评制度。强调要稳步推进中高考改革，构建引导学生德智体美劳全面发展的考试内容体系，改变相对固化的试题形式，增强试题开放性，减少死记硬背和“机械刷题”现象。

2.《中国高考评价体系》

2020 年 1 月，教育部颁布了《中国高考评价体系》和《中国高考评价体系说明》。高考评价体系是综合高校人才选拔要求和国家课程标准而形成的考试评价理论框架(见图 23-1)。

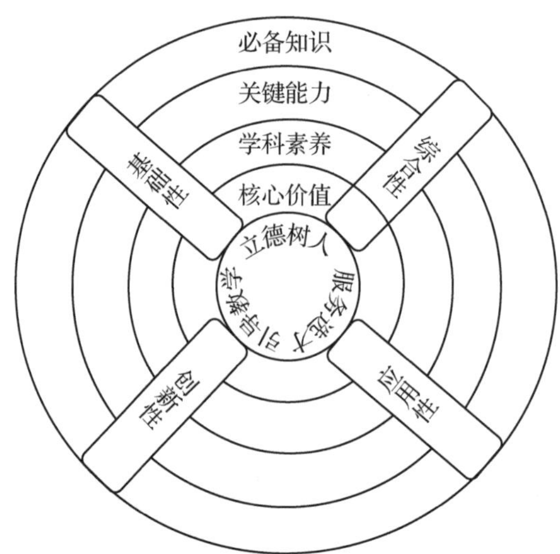

图 23-1　高考评价体系的主要内容

高考评价体系的主要内容可概括为“一核”“四层”“四翼”。其中，“一核”为核心功能，即“立德树人、服务选才、引导教学”，是对素质教育中高考核心功能的概括，回答“为什么考”的问题；“四层”为考查内容，即“核心价值、学科素养、关键能力、必备知识”，是素质教育目标在高考中的提炼，回答“考什么”的问题；“四翼”为考查要求，即“基础性、综合性、应用性、创新性”，是素质教育的评价维度在高考中的体现，回答“怎么考”的问题。

高考评价体系创新主要体现在三个方面：一是在教育功能上，实现了由单纯的考试评价向立德树人重要载体和素质教育关键环节的转变；二是在评价理念上，实现了高考由传统的“知识立意”“能力立意”评价向“价值引领、素养导向、能力为重、知识为基”综合评价的转变；三是在评价模式上，实现了高考从主要基于“考查内容”的一维评价模式向“考查内容、考查要求、考查载体”三位一体的评价模式的转变。

高考评价体系从高考的核心功能、考查内容、考查要求三个方面回答“为什么考、考什么、怎么考”的考试本源性问题，从而给出“培养什么人、怎样培养人、为谁培养人”这一教育根本问题在高考领域的答案，为实现对核心素养的有效测量奠定理论基础，将高中课程标准核心素养理念和学业质量标准切实落实到高考当中，促进教考衔接、同向同行。

二、高中历史教育测量与评价的技术方法

(一)高中历史考试试题的编制

1. 试题编制的一般要求

(1)试题内容应具有代表性。即试题所选取的考核点、提出的问题、设置的解题任务应该是考试内容中实质性的东西。

(2)试题针对的考核点必须明确。在命题中选取的考核点是通过试题客观体现出来的，无论这个考核点是单一的还是综合的，编制的试题都应当题意明确、答案确定。

(3)根据同一考核点，编制出不同层次的试题。编制试题时，不仅要确定考核的是哪一部分知识，而且要明确其考核的是关于这一部分知识的哪一种能力。对于同一考核点，可以按多视角、多跨度的方式编制出不同层次的试题。

(4)试题的文字表述应准确、简练、通顺，避免因试题文字表述含混而引起歧义或令人费解。

(5)试题内容应能为学科知识所消化。考试的目的是检查学生对本学科知识掌握和运用的程度，因此试题的内容不应涉及太多的属于其他学科的专门知识，以免影响考试的客观效果。

(6)试题的答案要求应明确。即每一种试题都要在导语或说明中具体规定答题要求，一方面避免因答题要求不明确而影响解答的完整性、准确性，另一方面也有利于评卷的客观性。

(7)试题的答案准确、规范，分值适当、合理。即题目难度和分值要协调一致，应遵循难题赋分多、易题赋分少的原则，评分标准完整、客观。

2. 高中历史试题编制的基本要求

(1)试题情境创设。高中历史试题的编制应以新情境下的问题解决为重心，应对和解决陌生的、复杂的、开放性的真实问题情境是检验学生历史学科核心素养水平的重要方面。

考查历史学科核心素养的试题情境的类型包括：学习情境，指在历史学习中遇到的问题，如史料、图表、历史叙述、史论等；生活情境，指个人生活、家庭生活、社区生活中遇到的与历史有关的问题，如倾听长辈的回忆、观看影视剧、游览名胜古迹时遇到的问题；社会情境，指对社会问题的历史考察，如某种社会风俗的来源、某一国际争端的历史背景；学术情境，指历史学术研究中的问题，如历史学家对某一历史问题的多种看法等。多维度创设试题情境，考查如何在新情境下解决问题，有利于检测和评价学生历史学科核心素养水平。

(2)考试命题框架。包括考试目标、考试内容、核心素养水平分布、试题类型与数量、考试时间等。在研制考试命题框架时，要注意考试范围、历史学科核心素养水平分布等应符合课程标准的规定和要求，保证考试与课程标准相对应。命题要关注试卷、

试题能否综合考查学生历史学科核心素养的整体水平。试卷中要有侧重考查某一两个方面历史学科核心素养的试题，更要有对历史学科核心素养进行综合测评的试题。

3. 高中历史试题的题型功能与编制

目前，高中历史试题主要分为客观题和主观题两大题型。所谓“客观”与“主观”，是就评分标准而言。客观性试题的答案是唯一的、明确的，不受评卷人及其他因素干扰；主观性试题是“发挥性题目”，评卷也往往带有主观性。

(1)历史客观题的题型功能与编制

选择题是历史客观性试题的最主要形式，具有题材广泛、知识覆盖面大等特点，有利于较全面地考查学生的识记、理解、应用能力以及多方面的基本素养。在等级性考试历史卷中，客观题的分值比重通常占到总分近半。

选择题的含义是选择符合题干要求的选项，题干和选项之间是逻辑联系(对于正确选项而言)和非逻辑联系(对于干扰选项而言)的关系。题干的作用是提出问题；选项设计目前基本是A、B、C、D四个，要服从内容的要求。目前，高考历史卷的选择题绝大多数是材料型题干，且材料形式多样。题型可分为直接提问式、不完整表述式、最佳式、组合式、排序式、等级赋分式等，考查考生的综合素养。

第一，直接提问式。

例题：(2017年天津高考题)毛泽东说：“我们的国家现在是空前统一的。资产阶级民主革命和社会主义革命的胜利，以及社会主义建设的成就，迅速地改变了旧中国的面貌。祖国的更加美好的将来，正摆在我们的面前。”这段话出自(　　)。

A.《新民主主义论》　　B.《论联合政府》

C.《论人民民主专政》　　D.《关于正确处理人民内部矛盾问题》

这种形式的选择题要求学生依据题干信息选出选项中的具体事件、人物、著作等，相当于用选项代替填空内容，主要考查学生对基础知识的再认再现能力。

第二，不完整表述式。

例题：(2019年天津高考题)明朝嘉靖年间，山西武城县县令鉴于该县“集日寡而旷多”，每逢集日，便组织“歌舞剧戏之徒，各呈其技于要街”，结果“众且观且市，远近毕至，喧声沸腾……粟米丝麻布帛，禽而鸡鹜，兽而牛羊，食而鱼肉果菰，与夫南北水陆之产，可以供民生所需者，错然填街溢巷”。从史料可知，当时武城县(　　)。

A. 农村集市贸易从无到有　　B. 文化与商业结合活跃经济

C. 居民日常文化活动丰富　　D. 乡村城镇化发展比较迅速

这种形式的选择题考查指向不够明确，需要根据所给材料提取有效信息，综合概括材料主旨，联系选项作出选择判断，在一定程度上淡化了题干的提示性作用，加大了思维强度，反映出题干与选项之间的深层逻辑联系。

第三，最佳式。

例题：(2017年天津高考题)1830年，英国正式启用第一条商业铁路，十年后公布火车时刻表。因为火车比马车快太多，所以各地时间的微小差异就造成了巨大的困扰。1880年，英国首次立法规定全国的时刻表都必须以格林尼治时间为准，这就要求人们依据人工的时钟而非依据当地日升日落周期来生活。这段材料重在说明(　　)。

A. 工业革命带来社会生活的变化　　B. 技术发展对人类生活有所制约

C. 时间的精确成为日常生活的必要　　D. 统一的时间有利于国家管理

这种形式的选择题不同于一般选择题的正、误关系，而是质、量关系，或是程度关系。这种试题的题干往往设置一个程度副词，如“主要”“重在”或者“最主要”“最重大”等，往往侧重于考查题干信息与正确选项之间的因果逻辑关系，同时满足最明确表达题干主旨的条件。

第四，组合式。

例题：(2019年浙江高考题)右图是古希腊陶器上描绘重装步兵赛跑的画面。它反映了(　　)。

①奋发上进的城邦精神

②重视公民素质的培养

③追求健美的心理和审美观念

④尊重基本公德原则为基础的生活方式

A. ①②③　　B. ①②④

C. ①③④　　D. ②③④

这种形式的选择题是同时有两个或两个以上的答案符合题干要求，选项将错误答案混合其中进行组合，要求选出反映题干所含全部主要信息的组合。要注意穷尽题干与选项之间的联系，还要辨析选项之间的关系。

第五，排序式。

例题：(2017年北京高考题)有同学以14年抗战为题材，制作了“抗战史事示意图”，其中五个序号代表五个事件，按时间先后顺序排列正确的是(　　)。

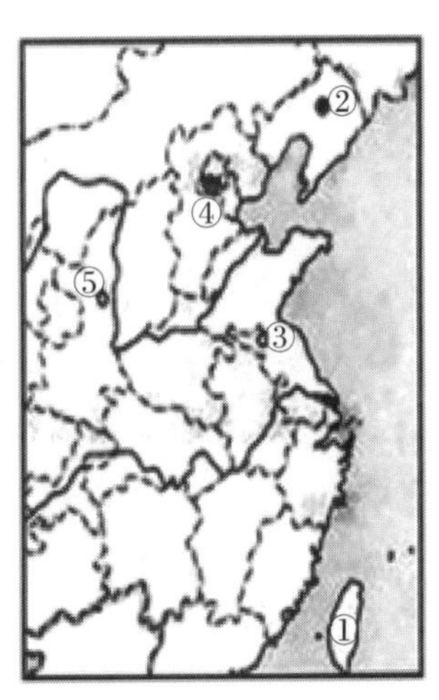

①“宝岛回归”

②“家园沦陷”

③“血战台儿庄”

④“全民族抵抗的枪声”

⑤“中共七大召开”

A. ①②④③⑤

B. ④③⑤①②

C. ②③④⑤①

D. ②④③⑤①

这种形式的选择题要求把某些历史事件或现象按一定时间先后顺序排列，特点是时间跨度大、内容涉及面较广。它既可考查学生再认再现历史事实、历史概念的能力，也可考查学生理解、分析、比较问题的能力。还有一种比较少见的排序式，要求按照历史发展的逻辑关系排列。

第六，等级赋分式。

例题：(2020年天津高考题)自鸦片战争以来，中国经历了太平天国运动、洋务运动、戊戌维新、义和团运动、辛亥革命、新文化运动及五四运动、国民革命运动、抗日战争、解放战争和中华人民共和国建立。纵观近代中国百年巨变，前后相继，波澜壮阔，从中可以更深刻地认识到，近代中国(　　)。

A. 历史演变的主要线索　　B. 历史进步的基本趋势

C. 历史过程的因果关联　　D. 历史变化的循环往复

这种形式的选择题要求“选出最佳一项，多选不得分”，每一选项的分值分别为3、1、1、0分。这类选择题可以说是最佳选择题的变式，但又体现了史学研究具有主观性的特点。

(2)历史主观题的题型功能与编制

主观题要做到真正意义上的主观，不重复已知方能称为主观。要求充分借助于所学知识探究问题、解释历史，重在言之成理、史论结合，体现探究的品质、路径和方法等。当前，历史主观题的基本类型包括材料解析式与开放式。

第一，材料解析式。

例题：[《普通高中历史课程标准(2017年版2020年修订)》·学业水平考试与命题建议·典型试题及说明—试题1]

材料1　1899年1月，康有为在回忆“公车上书”时说：“再命大学士李鸿章求和，议定割辽、台，并偿款二万万两。三月二十一日电到北京，吾先知消息，即令卓如(梁启超)鼓动各省，并先鼓动粤中公车，上折拒和议，湖南人和之……时以士气可用，乃合十八省举人于松筠庵会议，与名者千二百余人，以一昼二夜草万言书，请拒和、迁都、变法三者……并日缮写……遍传都下，士气愤涌，联轨察院(都察院)前里许，至四月八日投递，则察院以既已用宝(光绪帝批准和约)，无法挽回，却不收。”许多论著据此认为康有为发起和组织了“公车上书”，并将之视为资产阶级改良派走上政治舞台的标志。

——摘编自《康南海自编年谱》等

材料2　二十世纪七八十年代以来，史学界对康有为的说法提出了诸多质疑。茅海建详细查阅清朝军机处《随手档》《早事档》《上谕档》《电报档》《洋务档》《收电》《交发档》《宫中电报电旨》等档案，提出：“从二月二十七日至四月二十一日，在不到两个月的日子里，上奏、代奏或电奏的次数达154次，加入的人数超过2464人次……在各省，封疆大吏电奏反对者(反对签订和约)已过其半数；在京城，翰林院、总理衙门、国子监、内阁、吏部官员皆有大规模的联名上书；举人们的单独上书也达到了31次，加入的人数达到了1555人次；举人们参加官员领衔的上书为7次，加入人数为135人次。”“四月初八日(5月2日)，即康有为所称‘不收’其上书的当日，都察院代奏了官员举人的上书共计十五件。”“由此可以证明，康有为组织的十八行省公车联名上书，并非都察院不收，而是康有为根本没有去送。”

——摘编自茅海建《戊戌变法史事考二集》

问题：

(1)评析材料1、2论点所依据的不同类型史料的价值。

(2)根据材料1、2概述士大夫阶层对甲午中日战争失败的反应。

本题所考查的是学业质量水平2，重点考查学生认识不同类型史料所具有的不同价值，并利用材料作出自己的论述。材料1属于个人回忆，记述者为当事人，反映了记述者从自身立场出发对史事的记载，对研究记述者或史事有较高史料价值；但由于回忆录包含记述者的主观意图，因此有时所记内容并非真实的历史。材料2属于史学研究，作者查阅了大量宫廷档案。档案属于原始性第一手资料，客观性和真实性较高，与回忆录相比具有更高的史料价值。对问题(1)的解答，如果能够知道材料1是个人回忆、材料2是历史档案，可达到水平1；在此基础上，能够对这两类史料的价值进行说明或分析，可达到水平2。对问题(2)的解答，在论证士大夫阶层对甲午中日战争失败的反应中，能涉及材料的内容，可达到水平1；能对两则材料进行比对，并以此作为论述的证据，说明两则材料中相同的记述更接近于历史真实，而记述存在差异的内容需要辨析，材料2证明材料1中康有为的“公车上书”是不存在的，据此对是否有康有为组织的十八行省公车联名上书一事存疑，可达到水平2。

材料解析式主观题的材料形式多为文献、实物、口述、图像、数字等。引导学生基于唯物史观去分析材料、提取信息，运用材料中的信息(或结合所学)分析、解决问题。考查学生不尚空谈、注重论据的思想方法。

第二，开放式。

例题：[《普通高中历史课程标准(2017年版2020年修订)》·学业水平考试与命题建议·典型试题及说明—试题2]

材料　　**关于第二次世界大战起点的各种观点**

起点	主要的主张者
1931年九一八事变	部分中国学者
1937年七七事变	部分中国学者
1939年德国进攻波兰	国际上大部分学者
1940年德国进攻西欧	部分欧洲学者
1941年6月德国进攻苏联	部分苏联和俄罗斯学者
1941年12月日本偷袭珍珠港	部分欧美学者

——摘编自张海鹏《第二次世界大战的宏观反思》等

问题：

(1)关于第二次世界大战起点存在多种观点，分析其原因。

(2)从材料中选择你赞成的一种观点并说明理由(也可提出你自己的观点并加以说明)。

本题设定的考查目标是学业质量水平3和水平4，重点考查历史解释的能力。根据这两个水平的具体要求，需要选择符合以下条件的一件具体史事：首先，对该史事存在着多种解释；其次，学生根据所学知识和提供的材料，可从多方面说明导致这些不同解释的原因并加以评析；最后，学生根据所学知识和提供的材料，可验证已有的历史解释或者提出新的解释。根据这些条件，本题选择第二次世界大战这一具体史事，对战争起点的判断是人们对它所做的历史解释，战争起点的不同观点是人们对它的多种解释。问题(1)要求学生分析第二次世界大战起点存在不同观点的原因，对应学业质量水平 3。学生根据所学关于第二次世界大战进程的历史知识和上述材料中所给各种观点的主张者，可以完成要求。问题(2)要求学生从材料中选择自己赞成的一种观点并说明理由(也可提出自己的观点并加以说明)，对应学业质量水平 4。学生根据所学关于第二次世界大战进程的历史知识，结合材料中所给的各种观点，可以完成要求。

开放式主观题指的是在纸笔考试测验中所命制的没有严格的唯一标准答案的题目。一般所说的开放包括两方面：一是结论开放，只要答题者提供的答案能够自圆其说、合情合理即可得分；二是思维结构开放，允许和鼓励答题者运用不同的思维方式来解决问题。开放式主观题的意义是多方面的，最根本的是为学生运用高层次的思维能力提供条件，从而培养学生的探索精神和创造能力。

历史学科开放式主观题的研究重点有三个：一是如何实现基于课程标准的试题命制；二是如何结合历史学科的特点来命制；三是如何进行有效可信的评分。这种试题的考查意图和题型意在落实“对历史和现实问题进行独立探究”的学业质量要求，即独立提出问题、分析问题、解释问题和论证问题，或提出有价值的问题并予以有价值的解释。

4. 试卷质量的控制

难度、区分度和信度是评价试卷质量的基本指标。

(1)难度。难度是指试题的难易程度，通常用全体考生对该试题作出正确回答的百分数 即试题难度值来表示。难度应根据测量的目的而定。难度值越高，难度越低。设计和控制试题的难度是编制试卷的重要方面。对于一般的常模参照测验，试题平均难度值以 0.50 为宜，各试题难度值可在 0.80～0.30。

难度受到多种因素影响，在考生水平相对确定的情况下，其主要包括试题考查的能力层次、内容的深度、内容的广度、内容的熟悉度、试题情境的新颖性、试题条件的隐蔽性或干扰性、试题的类型、试题解答的简繁度、试题解答的可猜度、试题解答的时分比等。新的学业质量标准为考试命题设置了底线和上限，基本可以杜绝难度的大起大落。

(2)区分度。试题的区分度是指某题对于不同水平的测试者加以区分的量度，即让水平高的考生得高分、水平低的考生得低分的一种倾向程度。它是评价试卷质量和筛选试题的主要指标和依据。通常认为，试题的区分度在 0.15～0.30 为良好试题，大于 0.30 为优秀试题，小于 0.15 则应淘汰或加以改造。

试题的区分度和难度关系密切，太难、太易的题目区分度都不很好，只有中等难度的题区分度才比较好。研究表明，难度低或高的试题区分度也可达到优良；部分区分度低的试题不一定是质量低劣，而可能是暴露了实际教学的问题或漏洞。

(3)信度。信度是对测试对象而言的，主要回答前后测量是否一致，即针对测试结

果的可靠性问题。一般试卷的信度要求达到 0.7 以上。

影响信度的主要因素有：①试卷的长度。试卷项目取样数量越多，就可能越有代表性，信度就会提高。②测试的时间。增加测试的时间，保证被试能完成所有题目，可提高信度。③试卷项目的同质性。同质项目多，信度会提高。④测验的区分度。区分能力强的题目多，信度也会提高。⑤试卷的难度。难度适中的试题可使试卷具有较高的信度和较好的区分度。⑥测验的形式。选择题等客观性试题比论述题等主观性试题信度更高。⑦被试的差异性。被试能力差异越大，信度也越高。⑧施测的环境条件。

(二)高中历史测量信息的搜集

1. 利用问卷星及问卷网

问卷星及问卷网是在线问卷调查、测评、投票平台，可提供在线设计问卷、采集数据、自定义报表、调查结果分析。利用问卷星及问卷网搜集高中历史测量信息十分便捷，可用于诊断性评价、形成性评价以及终结性评价过程；选择题类客观题以及简答题类主观题均可使用。

2. 利用电子交互白板

电子交互白板具有十分丰富的辅助工具功能。比如，在当堂反馈检测中，教师可以使用电子计时工具，要求学生计时完成选择题测试，培养学生的时间观念；使用电子投票器统计学生作答情况。通过数据分析技术，学生答案会第一时间显示在电子交互白板的屏幕 h，并以柱状图或饼状图等不同形式呈现出选择 A、B、C、D 各个选项的学生数，同时显示每一位学生的作答情况。互动分析后，教师可以使用电子奖状对优胜者进行嘉奖，并设定期限进行阶段统计，作为学生学期学业评价和年终评优参考的一部分。

3. 利用阅卷平台

随着大数据技术发展，依据命题细目表，借助于 APMS 全通纸笔王等网上阅卷系统，可以随时统计学生作答状况，最后分学科形成区级版、校级版和班级版数据包。班级版数据包可以细化到每名学生在每一小题的作答状况，为教师引导学生自我评价学业成就、改进学习提供了条件。

4. 运用 SOLO 分类评价法

SOLO 分类评价法是最新的历史评分方法，由香港大学比格斯教授首创，是一种以等级描述为基本特征的质性评价方法。SOLO 是英文“Structure of the Observed Learning Outcome ”的缩写，意为“可观察的学习成果结构”。比格斯等通过大量的实践研究，根据学生的回答能力、回答思路、回答一致性和相对熟练程度、整体结构这四个特征，将学生回答问题由低到高划分为五个层次，见表 23-1：

表 23-1 SOLO 分类评价法的五个层次

层次	层次表现
层次 1 前结构	没有形成对问题的理解，回答问题逻辑混乱，或同义反复。
层次 2 单点结构	回答问题时，只能联系单一事件，找到一个线索就立即跳到结论上去。
层次 3 多点结构	回答问题时，能联系多个孤立事件，但未形成相关问题的知识网络。
层次 4 关联结构	回答问题时，能联系多个事件，并能将多个事件联系起来。
层次 5 拓展抽象结构	回答问题时，能够进行抽象概括，结论具有开放性，使得问题本身的意义得到拓展。

运用 SOLO 分类评价法的前三个层次，主要考查学生史实识记的多寡，主要是量的问题；后两个层次主要考查学生依据事实得出结论和运用理论分析结论的能力，是从量变到质变的表现。它可使学生的思维层次得到有效区分，同时为高层次的思维活动提供表现空间。SOLO 分类评价法能够帮助教师判断学生在回答某一具体问题时思维结构所处的层次，在评价上相对容易拉开学生的差距。

延伸阅读

教育信息化 2.0

通过实施教育信息化 2.0 行动计划，到 2022 年基本实现“三全两高一大”的发展目标，即教学应用覆盖全体教师、学习应用覆盖全体适龄学生、数字校园建设覆盖全体学校，信息化应用水平和师生信息素养普遍提高，建成“互联网＋教育”大平台，推动从教育专用资源向教育大资源转变、从提升师生信息技术应用能力向全面提升其信息素养转变、从融合应用向创新发展转变，努力构建“互联网＋”条件下的人才培养新模式、发展基于互联网的教育服务新模式、探索信息时代教育治理新模式。

——中华人民共和国教育部：《教育信息化 2.0 行动计划》(2018 年 4 月 18 日)

随着计算机技术和互联网的发展，数据采集从人工转变为自动化。通过挖掘、分析教育数据，研究者可以量化学习过程、表征学习状态、发现影响因素、找到干预策略，从更深的层次揭示教育规律。

在大数据时代背景下，数据意味着信息和资源。掌握信息和资源越丰富，对信息的处理和整合越精细，就越有利于了解学情、有利于教学的有效开展。比如，在诊断性评价过程中，可以利用问卷星了解学情，增强备课与上课的针对性；在形成性评价过程中，可以利用电子交互白板了解学情，发挥学业评价的反馈和激励功能；在终结性评价过程中，可以利用阅卷平台生成的阶段统测数据引导学生发现自己的优势与短板，学会自我评估与调试。

(三)高中历史考试信息的分析与评价

考试信息是客观的，需要经过分析与评价以发挥其价值。对于考试信息分析与评

价的操作步骤，以2017年高考天津卷数据分析与评价为例说明。

1. 确定评价主题

如：基于史料阅读能力层次标准的考生水平评价。

2. 制定评价量规（见表23-2）

表23-2　史料阅读能力层次标准

层次名称	水平表现
历史材料的甄别与分类	依据历史材料制作的年代、来源、载体、属性等方面甄别史料类型，判断史料的客观性与价值性。
历史信息的获取与解读	依据解决问题的需要，通过对史料进行分析、归纳与概括，最大程度地获取历史材料所包含的有效信息；借助于历史语境和史学语境，将有效信息还原到相关的历史情境中，从而对史料予以准确和完整的解读。
历史信息的综合与运用	将对有效信息的解读与已有历史知识进行综合，以构建新的历史认知；针对具体问题，有效调用相关知识予以解答。
历史材料的评价与反思	分析史料制作者的思想意图，比较不同时期、不同人群对该史料的认识差异，反省自我对该史料认识判断所持有的基本立场、观点与方法；在反思的基础上，评价该史料的史学价值、社会价值以及教育价值。

3. 依据评价量规评价学业质量

(1)从历史材料的甄别与分类看考生史料阅读水平。

(2)从历史信息的获取与解读看考生史料阅读水平。

(3)从历史信息的综合与运用看考生史料阅读水平。

(4)从历史材料的反思与评价看考生史料阅读水平。

4. 依据学业质量标准提出教学改进策略

(1)进一步明确史料阅读在教学中的地位。

(2)准确了解学生史料阅读能力的“最近发展区”。

(3)养成习惯，逐步提高学生史料阅读能力。

复习注意问题

1. 要把立德树人成效作为评价的根本标准。克服重智育轻德育、重分数轻素质等评价行为，通过形成性评价和终结性评价，客观考量学生家国情怀素养水平，引导学生形成正确的世界观、人生观、价值观和历史观，立志为新时代中国特色社会主义建设、中华民族伟大复兴作出自己的贡献。

2. 命题要以新情境下的问题解决为重心。学生能否应对和解决陌生的、复杂的、开放性的真实问题情境，是检验其核心素养水平的重要方面。历史学科核心素养的测试应多维度地创设试题情境，考查学生在“新情境”下分析问题、解决问题的能力，减少死记硬背和“机械刷题”现象。

本章小结

1. 形成性与终结性测量与评价、标准参照与常模参照测量与评价、增值测量与评价是常见的高中历史教育测量与评价的类型。

2.《深化新时代教育评价改革总体方案》和《中国高考评价体系》是新时代高中历史教育测量与评价的标准。

3. 从高中历史测试题的编制到测试信息的搜集及处理，需要掌握一定的操作技术与方法。

关键术语

高中历史　教育测量与评价　技术方法

思考题

历史学科核心素养对高中历史教育测量与评价有哪些指导作用?

拓展阅读

1. 刘芃:《刘芃考试文集》，北京，人民教育出版社，2012。

2. 郭光明:《简论高考试卷难度控制》，载《教学与管理》，2011(10)。

3. 薛伟强、李宝江:《引用材料命题须尊重材料的原意》，载《历史教学(中学版)》，2009(9)。

4. 薛伟强、王会明:《材料选择题要提供足够的解题信息》，载《中学历史教学》，2010(10)。

实训练习

【简答题】

1. 高中历史教育测量与评价的常见类型有哪些?

2. 高中历史教育测量与评价的标准是什么?

【参考答案】

1. 形成性与终结性测量评价、标准参照与常模参照测量与评价、增值测量与评价是常见的高中历史教育测量与评价的类型。

2.《深化新时代教育评价改革总体方案》和《中国高考评价体系》是新时代高中历史教育测量与评价的标准。